2009年度国家社会科学基金重大招标项目《中国特色社会主义司法制度研究》
（批准号：09&ZD062）系列成果之一

国家“2011计划”司法文明协同创新中心（CCIJC）相关成果之一

中国司法学

江国华　著

WUHAN UNIVERSITY PRESS
武汉大学出版社

图书在版编目(CIP)数据

中国司法学/江国华著．—武汉：武汉大学出版社，2016.7
ISBN 978-7-307-17852-6

Ⅰ.中… Ⅱ.江… Ⅲ.司法—法的理论—中国 Ⅳ.D926

中国版本图书馆 CIP 数据核字(2016)第103583号

责任编辑：钱 静　　责任校对：汪欣怡　　版式设计：马 佳

出版发行：**武汉大学出版社**　(430072 武昌 珞珈山)
(电子邮件：cbs22@whu.edu.cn 网址：www.wdp.com.cn)
印刷：湖北省荆州市今印印务有限公司
开本：720×1000 1/16　印张：21.25　字数：381千字　插页：1
版次：2016年7月第1版　2016年7月第1次印刷
ISBN 978-7-307-17852-6　定价：45.00元

目　　录

第一章　司法与司法权 …… 1
第一节　“司法”词义探源 …… 1
一、西方司法词源 …… 2
二、中国司法词源 …… 4
第二节　近代“司法”的概念形成 …… 7
一、西方“分权”语境下的司法 …… 8
二、中国传统司法的近代转型 …… 9
第三节　现代“司法”的意涵 …… 12
一、多维视角的大“司法”概念 …… 12
二、当代中国语境中的“司法”概念 …… 17
第四节　司法权 …… 19
一、西方语境中的司法权 …… 20
二、中国语境中的司法权 …… 24

第二章　司法原则 …… 29
第一节　司法公正原则 …… 29
一、司法公正观念的历史考察 …… 29
二、司法公正原则的具体内容 …… 33
第二节　司法独立原则 …… 38
一、司法独立原则的历史演进 …… 38
二、司法独立的现代意涵 …… 40
三、司法独立原则的价值 …… 43
第三节　司法法治原则 …… 45
一、法治原则的历史发展 …… 45
二、司法法治原则的内涵 …… 48
三、司法法治原则的意义 …… 50

第三章　司法主体 ………………………………………………………… 52
第一节　司法主体之界定 ………………………………………………… 52
一、理论定义 ………………………………………………………… 52
二、司法主体的特征 ………………………………………………… 55
第二节　法院 ……………………………………………………………… 57
一、西方国家法院制度 ……………………………………………… 57
二、中国的法院制度 ………………………………………………… 69
第三节　检察院 …………………………………………………………… 76
一、西方国家检察机关制度 ………………………………………… 76
二、中国的检察机关 ………………………………………………… 83

第四章　司法行为(一) ……………………………………………………… 89
第一节　司法行为概说 …………………………………………………… 89
一、“行为”与“法行为” ………………………………………………… 89
二、“司法行为”之意涵 ………………………………………………… 90
三、中国宪法体制中的司法行为 …………………………………… 91
第二节　司法行为的构成 ………………………………………………… 92
一、主体要素 ………………………………………………………… 92
二、职权要素 ………………………………………………………… 94
三、目的要素 ………………………………………………………… 95
四、法律效果要素 …………………………………………………… 97
第三节　司法行为模式 …………………………………………………… 98
一、司法目的行为模式——以抽象司法解释为例 ………………… 99
二、司法戏剧行为模式——以司法审判为例…………………… 103
三、司法规范调节行为模式——以司法监督为例……………… 108
四、司法交往行为模式——以司法调解为例…………………… 113
第四节　司法行为的规制………………………………………………… 117
一、层级监督………………………………………………………… 117
二、司法考评………………………………………………………… 120
三、法院的检察监督………………………………………………… 121
四、人大监督………………………………………………………… 121
五、社会监督………………………………………………………… 122

第五章　司法行为(二)：法院行为 …… 125
第一节　审判行为 …… 125
一、审判行为界定 …… 126
二、审判行为的特性 …… 131
三、审判行为的功能 …… 135
第二节　法院调解行为 …… 137
一、法院调解行为的界定 …… 137
二、法院调解行为的特征 …… 139
三、法院调解行为的功能 …… 141
四、法院调解行为的局限性 …… 143
第三节　执行行为 …… 144
一、执行行为的界定 …… 145
二、执行行为的特征 …… 147
三、民事诉讼中的“执行难”问题 …… 148

第六章　司法行为(三)：检察行为 …… 150
第一节　检察侦查行为 …… 150
一、检察侦查行为的界定 …… 151
二、检察侦查行为的模式 …… 153
三、检察侦查行为的特征 …… 156
第二节　批准和决定逮捕行为 …… 158
一、“批准和决定逮捕行为”的界定 …… 158
二、“批准和决定逮捕行为”之行为模式 …… 158
三、“批准和决定逮捕行为”之特点 …… 160
第三节　公诉行为 …… 161
一、“公诉行为”的界定 …… 161
二、公诉行为之特点 …… 162
三、公诉行为之依据 …… 164

第七章　司法程序 …… 168
第一节　司法程序的构造 …… 168
一、司法活动中的“程序”观念 …… 168
二、现代司法程序的学界观点 …… 169

三、现代司法程序之形式构成…… 171
四、现代司法程序之实质构成…… 173
第二节　司法程序的价值…… 176
一、司法程序的本体价值…… 176
二、司法程序的功能价值…… 182
第三节　现代司法的程序规制…… 184
一、程序自治对司法的规制…… 185
二、程序理性对司法的规制…… 186
三、程序自缚对司法的规制…… 188

第八章　司法技术…… 189
第一节　司法审判技术…… 189
一、司法技术之意涵…… 189
二、审判技术的特点…… 190
三、审判技术的内容…… 191
第二节　司法调解技术…… 198
一、调解概述…… 198
二、调解的原则与要求…… 200
三、调解的一般技巧…… 203
四、个案调解技巧…… 208
第三节　侦查与检察技术…… 209
一、侦查技术…… 209
二、检察技术…… 214
第四节　司法文书技术…… 218
一、司法文书制作的特点…… 218
二、司法文书的制作要求…… 220
三、司法文书的制作技巧…… 221

第九章　司法功能…… 228
第一节　司法功能的历史分析…… 228
一、司法功能形态的演进…… 229
二、传统社会的司法功能…… 230
三、现代社会的司法功能…… 230

第二节　司法功能的层级分析…… 232
一、第一层级司法功能——定纷止争…… 233
二、第二层级功能…… 235
三、第三层级功能——人权保障…… 242
第三节　当代中国司法的功能定位…… 243
一、当代中国提升司法功能的必要性…… 243
二、我国司法功能定位的历史流变…… 244

第十章　司法价值…… 247
第一节　司法的元价值…… 247
一、秩序…… 247
二、正义…… 252
三、法治…… 256
四、人权…… 259
第二节　中国当代司法价值观的演变…… 262
一、政治司法价值观：为阶级斗争冲锋陷阵…… 263
二、经济司法价值观：为经济建设保驾护航…… 265
三、社会司法价值观：为社会稳定排忧解难…… 269
四、走向衡平司法价值观：为法治文明注译导航…… 272
第三节　司法价值与司法效率…… 276
一、司法效率与效率意涵…… 276
二、司法价值与效率的对立…… 278
三、司法价值与效率的融合…… 280

第十一章　司法评价…… 283
第一节　司法评价概述…… 283
一、司法评价的概念与意涵…… 284
二、司法评价的功能与意义…… 285
三、司法评价的原则…… 289
第二节　司法评价的主体…… 292
一、司法评价主体概述…… 292
二、社会公众作为司法评价主体…… 294
三、国家作为司法评价主体…… 297

四、法律职业人作为司法评价主体………………………………………… 299
第三节　司法评价的客体……………………………………………………… 300
一、法院的司法活动…………………………………………………………… 301
二、检察院的司法活动………………………………………………………… 306
三、公检法三机关的协作与制衡……………………………………………… 312
第四节　司法评价的标准……………………………………………………… 314
一、司法评价的社会标准……………………………………………………… 314
二、司法评价的政治标准……………………………………………………… 317
三、司法评价的法律标准……………………………………………………… 319
第五节　司法评价指标体系的建构…………………………………………… 326
一、司法评价指标体系之意涵………………………………………………… 326
二、司法评价指标体系的设计逻辑…………………………………………… 329
三、司法评价指标体系之设置………………………………………………… 330

第一章　司法与司法权

司法与人类社会活动相伴而生。早在古希腊时期，亚里士多德在其《政治学》中就最先提出了司法权的概念；在中世纪的欧洲，地方行政首领掌握着广泛的权力，其中就包括司法权；在中国古代，行政长官也与司法长官兼于一身……当然，古代意义上的司法与近代意义上的司法相去甚远，但仍然体现了人类社会由神权审判到民权司法的历史性进步之轨迹。司法与司法权都是不断发展中的概念，其内涵和外延经历了古代、近代和现代的时间过程。西方资本主义国家出现后，在“分权”理论的指引下，逐渐形成了以审判权为核心的“司法”与“司法权”概念。随后，中国古代司法在完成近代转型以后，吸收了诸多西方与前苏联的司法理念，并在探索自身法治道路的过程中逐渐形成了以“审判权”与“检察权”为核心的二元司法格局，是为司法权的“中国语境”。

第一节　“司法”词义探源

探索事物的本质首先应从源头开始。列宁曾指出：“在社会科学问题上有一种最可靠的方法，它是真正养成正确分析这个问题的本领而不致淹没在一大堆细节或大量争执意见之中所必需的，对于用科学眼光分析这个问题来说是最重要的，那就是不要忘记基本的历史联系，考察每个问题都要看某种现象在历史上怎样产生、在发展中经过了哪些主要阶段，并根据它的这种发展去考察这一事物现在是怎样的。”①因此，要对司法的相关问题进行深刻把握，就必须进行追根溯源式的探讨。

---

① 《列宁选集》（第四卷），人民出版社 1995 年版，第 26 页。

一、西方司法词源

关于西方司法词源的寻找，从相关史料和辞典的记录中不难看出，要先从"jus"开始，再到"law"的含义解析，最后到"justice"与"judicial"的词义形成，从而把握西方司法的涵义。

（一）"jus"与"law"的字义

对于"jus"词义的探讨最早可以追溯到古罗马时期。马库斯·图留斯·西塞罗认为，法律(lex)来源于选择(lego)，"希腊人赋予法律以公平概念，我们赋予法律以选择概念，实际上二者兼而有之……法(jus)的始端应来源于法律，因为法律乃是自然之力量，是明理之士的智慧和理性，是合法和不合法的尺度。但是因为我们的语言离不开民众的观念，因此必然有时按照民众的观念说话，从而像民众称呼的那样，称那些成文的、对他们希望的东西进行限定——或允许或禁止——的条规为法律。"①在他看来，实体法律源于自然正义，法律除了蕴含公平之理念外，还兼有选择之概念。

关于"law"这一词语，西方法律学者也在不断探讨中丰富其内容。1798年，英国学者马利欧特在其撰写的《新法律字典》中对"law"解释如下："law，也指 lex……就其最为一般的含义而言，意指活动规则，而且无一例外地适用于所有种类的活动，无论有生命的或者无生命的，有理性的或者无理性的。因此，我们说到运动规律、引力定律、光学定律、机械定律，还有自然规律以及国家法律。此外，正是这一活动规则，其由某个地位较高者作出规定，要求地位较低者必须服从。"②1839 年，英国学者霍尔特豪斯在其编撰的《新法律字典》中这样解释"law"："'law'一词，在一般意义上，布莱克斯通将其定义为优势者规定的行为规则；在最为严格的意义上，布莱克斯通将其定义为'人类行为的规则'。"③1871 年，美国法律顾问博律尔类似地在其编撰的《字典—术

---

① ［古罗马］西塞罗：《论共和国 论法律》，王焕生译，中国政法大学出版社 1997 年版，第 189~190 页。

② William Marriot, A New Law Dictionary, London: Printed for W. and J. Stratford, 1797-1798. Vol. III, p. 24. 转引自刘星：《一种历史实践——近现代中西法概念理论比较研究》，法律出版社 2007 年版，第 75~76 页。

③ Henry J. Holthouse, A New Law Dictionary, London: William Crofts, 1839. 转引自刘星：《一种历史实践——近现代中西法概念理论比较研究》，法律出版社 2007 年版，第 108~109 页。

语》中提到：“law，拉丁语 lex、jus……就其最广泛的意思来说，是指优势者制定的行为规则，人类行为或行动规则，其又指这些规则体系。”①日本学者滋贺秀三认为：在欧洲法律史上，所谓“法”与诉讼有着本质上的相同之处，也就是说，法的原意是指通过诉讼达到“正义”之结果。②

《牛津法律大辞典》对“律法(jus)”和“法律(lex)”的解释分别如下：“在罗马法中，是法的统称，或指法律任何重要的分支(如市民法)，或指作为研究课题的法，或指执政官进行行政审判的地点，或指审判活动本身，有别于神法”；“指罗马法中的一种特殊法，通常以适用该法的行政长官的名字命名”。③ 对“法(law)”则有这样的描述：“在英语中不仅用于法律领域，而且也用在科学领域，如说明某些永久性的自然现象或者一定条件下的必然结果……在其他科学领域，该词是用于描述自然现象的，而不像政治社会中的法律那样是对人类行为的规定……这个词的特殊性、具体性含义与一般性、抽象性含义之间的区别更多地用另外一些语言来表示……值得注意的也可以说有意义的是，在这些语言中，具有一般性、抽象性的法一词同时也表示权利和正义观念。”④

总之，西方“法”之含义同样具有丰富的层次性：在最一般的意义上，法是指活动规则。在法学层面上，又有抽象意义和具体意义之分。抽象意义上除了指“法”外，还有权利、正义等含义；具体意义上则指实体意义上的自然法。正如我国学者梁治平先生的论述：拉丁语汇中能译作“法”的词不胜其多，最有意义的是 Jus 和 Lex。Jus 兼指法、权利，同时又有正义、衡平、道德的涵义，其义抽象，富有哲学意味；Lex 原意是指罗马王政时期国王制定的法律和共和国时期各立法机构通过的法律。其义明确、具体、技术性强，得用于纯粹

① Alexander Burrill, A Dictionary and Glossary, New York: Voorhis &Co. , 1871. 转引自刘星：《一种历史实践——近现代中西法概念理论比较研究》，法律出版社 2007 年版，第 109 页。

② [日]滋贺秀三：《中国法文化的考察——以诉讼的形态为素材》，参见王亚新、梁治平编：《明清时期的民事审判与民间契约》，法律出版社 1998 年版，第 4 页。

③ [英]戴维·M. 沃克：《牛津法律大辞典》，李双元等译，法律出版社 2003 年版，第 627、694 页。

④ [英]戴维·M. 沃克：《牛津法律大辞典》，李双元等译，法律出版社 2003 年版，第 654 页。

司法领域，可以指任何一项立法。①

(二)“justice”与“judicial”

《牛津法律大辞典》将“justice”一词对译为“正义”，解释为“通常被认为是法律应努力达到的目的的道德价值。正义要求人认识到自己的行为受法律约束。正义是法律上的善良和行为标准尺度或准则，可以根据正义对行为进行评论或评价……正义还可以司法方式实现，即通过把这个责任委托给经挑选的、有知识、有经验、公正无私并永久专门从事裁判争议问题的人来实现”。② 如果将该词与“司法”联系而理解，更多的是对“司法”蕴含的“正义”理念之阐释。与现代西方对“司法”的普遍理解更为接近的是“judicial”一词。《牛津法律大辞典》对“司法的(judicial)”一词解释为“关于法官的术语，在很多情形下区别于‘立法的’和‘行政的’，在另外一些情况下区别于‘司法之外的’，后者指不经法院的处理以及没有法官干预的处理”。③

二、中国司法词源

我国古代较早即出现“司”和“法”的各自使用之例。对“司”的涵义之理解较为一致，一般认为即执掌、主管之意。对“法”的起源及构词意义则探讨颇多且观点各异。一般认为，“司法”作为语词的出现始于唐朝，其涵义与近现代司法之涵义亦有相通之处，但不尽相同。

(一)“司”与“法”的含义

“司”的本义为“主持、掌管”。《广雅·释诂三》解释：“司，主也。”《说文解字》中对“司”的解释是“臣司事于外者也”；元代徐元瑞在《吏学指南》中认为“职掌曰司”；古代法律及官名中一些词语中的“司”大多是“职掌”之义，如“司徒”、“司马”、“司空”、“司士”、“司寇”等。现代汉语语汇中，由“司”

---

① 参见梁治平：《法辨——中国法的过去、现在与未来》，中国政法大学出版社 2002 年版，第 64 页。

② [英]戴维·M. 沃克：《牛津法律大辞典》，李双元等译，法律出版社 2003 年版，第 628~631 页。

③ [英]戴维·M. 沃克：《牛津法律大辞典》，李双元等译，法律出版社 2003 年版，第 613 页。

构成的动名形态词语中，对“司”的解释一般都沿用古义，指掌管、主管之意，① 如“司机”、“司令”、“司仪”等。

法的古体为“灋”。《说文·廌部》解释：“法，刑也。平之如水，从水。廌，所以触不直者去之，从去。”长期以来，对“法”字的形体及其造字意图不乏争论。具有代表性的观点大致有以下几种：(1)认为“灋”字是古人对“法”这一社会现象的真实记录，“水”源于远古禁忌和流放；“廌”即蚩尤皋陶，是世代执掌军事和司法之职的部族的图腾；“去”是源于争讼的证据制度。② 因此，“法”是由社会权威机构行使的、通过查明证据来判明是非曲直以解决纠纷并对违法者施以刑罚的社会活动，同时这一活动亦体现了人们须遵守的公共生活之准则。③ (2)认为“法”中的偏旁“水”意味着古人强调法是由自上而下颁布的。“法者，宪令著于官府，赏罚必于民心”(《韩非子·定法》)；“法者，编著之图籍，设之于官府，而布之于百姓者也”(《韩非子·难三》)；“法者，上之所以一民保下也”(《管子·任法》)；“法者，奇天下之动，至公大定之制”(《慎子·佚文》)。这些关于法的界定都强调法是自上而下颁布的命令。“廌”与“去”字组合，可解释为“去”除“兽”性，意味着“明分使群”、“化性起伪”(《荀子》)，要启蒙使人民得到法律文明的熏陶，接受法律的教育。④ (3)从“法”的书写演变过程探讨法的本源含义，认为“廌”介入裁判是人们在自我意识发展过程中异化的结果，加入偏旁“水”这一在功能上最能表现“平”之义项，表达对“廌”公平正义性的确认，“去”加入“灋”字中以进一步从功能上对“灋”予以确定。⑤ (4)分析“灋”的各个组成部分及其结构之后，认为其最初含意应是“判决”，是我国古代神判的一种速写记录，描绘廌触人和器进入流水时，若人与器沉入水底则判定为有罪，若人与器浮于水面则判定为无罪。⑥

---

① 参见吴卫军：《司法改革原理研究》，中国人民公安大学出版社2003年版，第14~15页。

② 参见武树臣：《寻找最初的“法”——对古“法”字形成过程的法文化考察》，载《学习与探索》1997年第1期。

③ 参见武树臣：《“法”字新考》，载《中外法学》1994年第1期。

④ 参见苏力：《“法”的故事》，载《读书》1998年第7期。

⑤ 参见张永和：《“灋”义探源》，载《法学研究》2005年第3期。

⑥ 参见胡大展：《“灋”意考辨——兼论“判决”是法的一种起源形式》，载《比较法研究》2003年第6期。

（二）“司法”的词义探源

我国唐代始出现“司法”一词，称“司法参军事”，其职权为主管刑事审判，与主管民事审判的“司户参军事”等一起构成州县判官。《通典·职官总论》解释：“司法参军，两汉有决曹、大唐掌律令，定罪盗贼、赃赎之事。”①《辞源》对“司法”的解释如下：“司法：官名。如两汉郡之佐吏有决曹，贼曹椽，主管刑法。北齐称法曹参军。唐制，在府叫法曹参军。元废。”②据此认为，在中国古代，“司法”的词源学解释为主管、执掌刑法或者主管、执掌刑法的官制。

彼时“司法”与近代意义的“司法”概念不尽相同。中国古代虽无“司法”之名，但有“听讼断狱”、“决讼治狱”等名异而实同之词。③ 近代意义上“司法”一词之出现至少可追溯至康梁变法时期。1895 年，康有为在《上清帝第六书》中提到“近泰西政论，皆言三权，有议政之官，有行政之官，有司法之官，三权立，然后政体备”。④ 在《请定立宪开国会折》中，也提及“臣窃闻东西各国之强，皆以立宪法、开国会之故。国会者，君与国民共议一国之政法也。盖自三权鼎立之说出，以国会立法，以法官司法，以政府行政，而人主总之”。⑤梁启超在 1898 年《各国宪法异同论》一书中谈到“行政、立法、司法三权鼎立，不相侵轶，以防政府之专恣，以保人民之自由……今日凡立宪之国，必分立三大权。行政权则政府大臣辅佐君主而掌之，立法权则君主与国会（即议会也）同掌之，司法权则法院承君主之命而掌之，而三权皆统一于君主焉”。⑥ 在 1902 年《法理学大家孟德斯鸠之学说》一文中也提到“自 1776 年美国独立，建新政体，置大统领及国务大臣，以任行政；置上下两议院，以任立法；置独立法院，以任司法……”⑦由此，自西方传入的近代“司法”之概念在我国出现并

① （唐）杜佑：《通典·卷三十三·职官十五》，中华书局 1988 年版，第 191 页。

② 《辞源》（重修排订册版本）（第一册），商务印书馆 2010 年版，第 508 页。

③ 参见熊先觉：《司法学》，法律出版社 2008 年版，第 10 页。

④ 康有为：《上清帝第六书》，载汤志钧编：《康有为政论集》，中华书局 1998 年版，第 211 页。

⑤ 康有为：《请定立宪开国会折》，载汤志钧编：《康有为政论集》（上册），中华书局 1998 年版，第 338 页。

⑥ 梁启超：《各国宪法异同论》，载范忠信编：《梁启超法学文集》，中国政法大学出版社 2004 年版，第 2~3 页。

⑦ 梁启超：《法理学大家孟德斯鸠之学说》，载范忠信编：《梁启超法学文集》，中国政法大学出版社 2004 年版，第 17 页。

逐步发展。

民国时期相关法律辞典也将“司法”作为词条纳入。如郑竞毅编著的《法律大辞典》对“司法”的解释为：“所谓司法在三权分立之国家乃与行政、立法相对称……法院依已定法令加以解释，并以之对特定事实而实施审判，是曰司法。”①汪翰章主编的《法律大辞典》认为：“对于立法行政而言，法院解释已定法令，而适用于特定事实以行裁判曰司法。换言之，通常法院受理民刑诉讼案件为审判，并办理非诉讼事件是也。”②因此，此时的“司法”一般解释为法院依法审理案件的裁判行为。

基于上述“司法”的词义探源可知，中西方在对司法的解读路径及结论上是有差异的。一方面是对“司”的解读。我国古代的“司”与西方的“judge”都蕴含适用法律之意，但在我国，“司”更多是主管、执掌之意，体现出强烈的行政意味，而西方的“judge”的基本意为判断，更倾向于强调裁断性。另一方面是对“法”的解读。我国古代的“法”与西方的“jus”都蕴含普遍适用的规则之特质，但“法”更强调判断是否有罪以适用刑罚，而“jus”则更多体现了公平正义之观念。

第二节　近代“司法”的概念形成

在中国古代社会，司法概由地方行政长官兼理，同时也由社会共同体或社区的首领主持，而二者都是在共同体成员的广泛参与下进行的，因此，彼时之司法其社会自治性色彩极为强烈。③ 随着社会的发展，“人类社会发现由确定的官员按照正式规范来解决纠纷是便利的。因此便有了法官，他们的工作就是以一种证明规范是正确的、并且更根本地是满足社会需要的方式来化解纠纷”。④ 如此一来，司法就逐渐演化为由专职人员组成的国家机构即法院开展的审判活动。是故，近代“司法”概念的形成经历了古代行政兼理司法到近代司法与行政分离的过程。

---

① 郑竞毅编著：《法律大辞典》，商务印书馆1940年版，第282页。

② 汪翰章主编：《法律大辞典》，大东书局1934年版，第279页。

③ 参见杨一平、俞静尧：《司法概念的现代诠释》，载《中国社会科学院研究生学报》1997年第2期。

④ ［美］理查德·A. 波斯纳：《法理学问题》，苏力译，中国政法大学出版社2002年版，第296页。

中国古代意义上的司法，是一种全能型的衙门式司法，而近代意义上的司法，则是与立法、行政相对应的一个概念。中国传统社会中一直维持着司法与行政合一的体制，司法实际上是从属于行政的，且最高司法权由君主垄断。自秦朝以后，地方司法权均由郡守、州牧、督抚及县令等各级地方行政长官掌管，州县行政长官兼理司法。地方政府中设立的专职司法官只是行政长官理讼断狱的佐吏，无独立的司法权限。省级政府中所设专门司法机关之判决须经省行政长官批准。中央虽在历朝都设有专门的司法机关，如先秦的大理、司寇，秦朝以后的廷尉、大理寺、刑部等，但都受制于中央的行政机关，并最终要绝对服从君主的命令。① 在西方，中世纪后期欧洲的法院和法官开始呈现专业化、职业化趋势，但这也未能使司法权从行政权中完全独立出来。因此，无论在中国古代还是古代西方，司法权都是从属于行政权并集权于专制君主的。到了近代，随着资产阶级革命的胜利，具有近代意义的司法在西方迅速崛起。②受启蒙思想家洛克、孟德斯鸠等人分权理论的影响，法国、美国等资本主义国家建立起立法权、行政权与司法权三权之间相互独立和制衡的国家体制。

一、西方"分权"语境下的司法

在西方"三权分立"的语境中，司法权仅指审判权，与立法权、行政权对应而言。近代分权制衡学说的主张者在对分权制衡理论进行阐述时，对司法权之特性也有精辟见解，对司法权的独立性尤为强调。

孟德斯鸠在阐释司法权时认为"司法权不应该给予永久性的元老院，而应由选自人民阶层中的人员，在每年一定的时间内，依照法律规定的方式来行使；由他们组成一个法院，它的存续期间要看需要而定。这样，人人畏惧的司法权，既不为某一个特定阶级或某一个特定职业所专有，就仿佛看不见、不存在了。法官不经常出现在人们的眼前；人们所畏惧的是官职，而不是官吏。"③孟德斯鸠之言无疑突出地强调了西方对司法机构独立性和权威性的重视。

美国制宪者认为司法机关相对于立法和行政机关而言最为弱小。"大凡认真考虑权力分配方案者必可察觉在分权的政府中，司法部门的任务性质决定该

① 参见顾元：《衡平司法与中国传统法律秩序：兼与英国衡平法相比较》，中国政法大学出版社 2006 年版，第 31~32 页。

② 参见傅思明主编：《宪法学》，法律出版社 2007 年版，第 186 页。

③ ［法］孟德斯鸠：《论法的精神》（上），张雁深译，商务印书馆 1961 年版，第 157 页。

部对宪法授予的政治权力危害最寡，因其具备的干扰与为害能力最小……司法机关既无军权、又无财权，不能支配社会的力量与财富，不能采取任何主动的行动。故可正确断言：司法部门既无强制、又无意志，而只有判断，而且为实施其判断亦需借助于行政部门的力量。”①“因司法部门的软弱必然招致其他两方的侵犯、威胁与影响；是故除使司法人员任职固定之外，别无他法以增强其坚定性与独立性；故可将此项规定视为宪法的不可或缺的条款，在很大程度上并可视为人民维护公正与安全的支柱。”②不难看出，正是鉴于司法机关是最为弱小、最不危险的部门，因此，美国法赋予司法人员充分的任职保障以增强司法机关的坚定性和独立性。

二、中国传统司法的近代转型

肇始于20世纪初的清末预备立宪，揭开了我国传统司法转型的序幕。在历经沈家本改制之后，司法逐渐从行政中分离；在民国后期，以1946年宪法的颁行为标志，中国传统司法在形式上完成了近代化转型。

（一）清末时期司法变革

1906年，清廷官制编纂大臣提交《厘定中央各衙门官制单进呈》，要求按照立宪国制，以立法、行政、司法三权分立为原则，对现有官制加以改革。他们认为：“立法、行政、司法三者，除立法当属议院，今日尚难实行，拟暂设资政院以为预备外，行政之事则专属之内阁各部大臣”，“司法之权则专属法部，以大理院任审判，而法部监督之，均与行政官相对峙，而不为所节制”。③同年，清廷颁布《厘定中央官制谕》，决定“刑部著改为法部，专任司法”，“大理寺著改为大理院，专掌审判”。随后，清政府编订《大理院审判编制法》和《高等以下各级审判厅试办章程》，将法院分为初级审判厅、地方审判厅、高等审判厅和大理院共四级，并相应规定了各层级审判厅的权限及人员设置。1910年初，法部颁行《法院编制法》，规定在地方设立各级专门的法院以独立

① ［美］汉密尔顿、杰伊、麦迪逊：《联邦党人文集》，程逢如等译，商务印书馆2009年版，第453页。

② ［美］汉密尔顿、杰伊、麦迪逊：《联邦党人文集》，程逢如等译，商务印书馆2009年版，第454页。

③ 故宫博物院明清档案馆编：《清末筹备立宪档案史料》（上），中华书局1979年版，第464页。

行使审判权。至此，一套独立的审判组织体系得以建立。但是，由于改革在体系构建上维持了法部和大理院对内阁和军机处之政务中枢的隶属关系。因此，审判组织体系的建立在中央层面很难防止行政权对审判权的干预；加之地方势力的崛起、军政大权统掌于督抚等现象的存在，故在地方上，其军政机关对司法的把持程度同样严重。①

清末修律实现了从传统法律向近代法律的转型：审判方面，除了县一级仍实行县知事兼理司法外，基本改变了以往行政长官兼理司法的旧制；检察方面，在大理院和各级审判厅内设各级检察厅，在刑事案件中负责侦查和提起公诉，在民事案件中作为公益代理人并有权监督审判。传统的审检合一的纠问式控审机制为审检对峙的弹劾式控审机制所取代。② 民事案件和刑事案件逐步分开，新型审级制度开始确立。自此，独立的司法权体系初现端倪。

（二）民国时期司法变革

1912 年《中华民国临时约法》规定："中华民国之主权，属于全体国民。"在此前提下，明确规定在新政府成立过程中按照行政、立法、司法三权分立的理论进行运作。《临时约法》内容主要包括法院组织机构的独立和法院行使审判权的独立。如《临时约法》第 4 条规定："中华民国以参议院、临时大总统、国务员、法院，行使其统治权。"第 48 条规定："法院以临时大总统及司法总长分别任命之法官组织之。法院之编制，及法官之资格，以法律定之。"第 49 条规定："法院以法律审判民事诉讼及刑事诉讼。但关于行政诉讼以及其他特别诉讼，别以法律定之。"第 51 条规定："法官独立审判，不受上级官厅之干涉。"为保障司法独立的实施，《临时约法》还规定了相关配套制度。如为保障法院和法官的独立审判，明确强调法官的职业保障。③ 第 52 条规定："法官在任中，不得减俸或转职，非依法律受刑罚宣告，或应免职之惩戒处分，不得解职。惩戒条规以法律定之。"

袁世凯当政后，于 1914 年颁了《中华民国约法》。从《中华民国临时约法》到《中华民国约法》，最大的不同是变"三权分立"为"一权独裁"，但在形式上

---

① 参见方立新：《传统与超越——中国司法变革源流》，法律出版社 2006 年版，第 68~69 页。

② 参见张仁善：《百年中国司法权体系的发展进程及现实反思》，载《河南省政法管理干部学院学报》2007 年第 4 期。

③ 参见公丕祥：《中国的法制现代化》，中国政法大学出版社 2004 年版，第 312 页。

仍规定了人民的诉讼权、法官任职资格和保障及公开审判、实行法院独立审判等。但在实践中推行司法独立的努力受到两方面的严重冲击：一是裁撤地方及初级审判庭，实行兼理司法制度，使司法独立仅在省级以上司法制度中存在；二是随着军事审判制度的渐次实行，普通司法与军事司法并行且军事司法占主导的体制逐步形成。①

北洋军阀执政时期，曹锟通过贿选担任总统后公布实施《中华民国宪法》。在《中国民国宪法》中，关于司法独立的规定更为明确：(1)按照三权分立的政体框架明确规定由国会行使立法权、大总统并国务员行使行政权、法院行使司法权，并严格界定三权划分及各自职能范围。(2)强调权力分立的同时更注重权力之间的制约，以保证司法权能够独立运行，不受立法、行政之侵扰。如规定国会有权对政府提出不信任案、对违法失职的官吏咨请查办、弹劾大总统及副总统，但审判和定罪由最高法院决定。大总统对国会制定的法律有权依法律程序以法律形式提出异议。(3)一改司法官由行政长官选任的办法，规定“最高法院院长之任命须经参议院同意”。②

南京国民政府主要根据孙中山“五权制”政府体制学说构建了以司法院为核心的相对独立的司法体系。司法院集司法审判与司法行政组织于一身，这种制度安排为司法权能的扩展留下一定空间，使司法权能不仅限于审判权。③ 在五权宪法思想中，司法权与立法、行政等其他四权并不是既分立又制约的权力，而仅是政府在实现民权时职能上的分工。1931 年国民政府颁布《中华民国训政时期约法》，强调国民党在训政时期的绝对领导地位，否定三权分立的政体组织原则；重申司法权只是作为政府的一项治权之存在，且没有独立行使权力的空间。④ 其后，《中华民国宪法草案》公布，在形式上对司法独立制度进行了规定，如规定法官独立审判、法官职务上的法律保障及司法院作为行使司法权的最高机关享有的相关权力。

综上所述，不难看出，中国传统司法文化并未对司法独立予以支持，“司

① 参见韩秀桃：《司法独立与近代中国》，清华大学出版社 2003 年版，第 196～200 页。

② 参见韩秀桃：《司法独立与近代中国》，清华大学出版社 2003 年版，第 211～212 页。

③ 参见方立新：《传统与超越——中国司法变革源流》，法律出版社 2006 年版，第 122 页。

④ 参见韩秀桃：《司法独立与近代中国》，清华大学出版社 2003 年版，第 368、399 页。

法”只是行政机构的一部分职责。“每一个官员不论是中央行政机关还是地方行政机关，其首脑均拥有司法职权，官僚政治体制中的每一个机构都负有天生职责来处理案件。”①这主要体现于司法组织结构、司法主体、司法权行使等各个方面。

近代中国在构建司法与行政分离制度的过程中，更多的是使司法独立归依于中国的现实，将其作为一种解决政权危机的应急手段。司法独立的强力出现与传统政制下司法权势微的现状激烈碰撞，受到来自于内的行政权尤其是军权及来自于外的领事裁判权的侵扰。司法独立思想始终是作为预备立宪的环节之一被推进，独立的品性一直被机械化的仿制或理想化的构建所淹没；新旧交织的复杂社会环境无法赋予新文化展示其话语内涵的空间，因为这里对皇权的尊重是分权和司法独立的前提。② 但从历史发展的角度看，其进步性依然不容置疑，至少在形式上建立了司法与行政分离的制度化模式，揭开了中国近代司法的序幕。

第三节　现代“司法”的意涵

在现代社会，权力之间的职能界限日益模糊，权力形态类型也呈现出多样化的发展趋势，司法的功能和权限得到进一步发展和扩展。司法的概念也呈现出多元化的趋势。厘清“司法”之意涵，尤其是当代中国语境下的“司法”之概念，是司法学研究之基础。

一、多维视角的大“司法”概念

司法是一个以审判为核心的向外呈放射状的多元一体化开放性体系，是处于不断发展中的概念。其开放性可分为两个最基本的层次：核心与外围。司法的核心较为确定，指以法院和法官为主体的案件审判活动。司法的外围则更为丰富多变，可概括为两个基本类型：(1)基本功能、运行机制和构成要素与法院相类似的“准司法”活动，主要包括行政司法、调解和仲裁；(2)围绕着审判和准司法活动而开展或以此为最终目的而展开的执行、管理、教育、服务等

① 张中秋：《中西法律文化比较研究》，法律出版社 2009 年版，第 302 页。

② 参见韩秀桃：《司法独立与近代中国》，清华大学出版社 2003 年版，第 422、144 页。

“涉讼”性活动。① 以下从权限视角、事务视角和功能视角对大司法概念体系进行简要阐述。

(一)权限视角：审判与法律监督

法律监督权是众多国家检察机关职权的重要内容，也是我国检察机关所行使权力的根本性质。法律监督权与检察权，是一个事物的两种命题，是从不同角度的表述。提及法律监督权时，强调的是其性质和功能；提及检察权时，强调的是其具体权能和实际行使。② “法律监督权”反映检察机关在国家权力机构中的地位和功能，着眼于解决检察机关与行政机关、审判机关的关系问题；而“检察权”是对检察机关权力的一种总体性描述，指检察机关是一个代表国家行使权力的国家机关。③ 其中，检察权和审判权相分离，是诉讼发展史上意义重大的一次分工，是现代刑事诉讼的重要原则和制度。它为审检机构分离提供了法理依据和制度基础。一定意义上讲，现代国家采“审检分设”的机构模式，其出发点就是为了增强检察机关的独立性，避免审判权和检察权交互影响，从而更有效地发挥检察机关的监督职能，实现检察权对审判权的横向制衡，防止审判权的滥用或异化。

同时，检察权与审判权是密切联系的。在现代控审分离的刑事诉讼模式下，只有在检察机关行使公诉权对案件提起控诉的前提下，法院才能对案件行使审判权，且审判权的范围受到控诉范围的限制，这表明在刑事诉讼中检察权具有启动审判权的作用。同时只有在法院行使审判权后，检察机关才能进一步行使支持公诉、提起抗诉等权力；检察机关行使公诉权时，若决定提起公诉，其决定存在根据与否要接受法院的审查；若决定不起诉，被害人或有关人员向法院申诉或直接起诉时，法院对检察机关的不起诉决定进行审查。法院对案件作出裁判后，检察机关若认为其裁判不正确，可依法通过行使抗诉权对审判权进行监督。④ 其中检察机关对法院裁判的法律监督权将二者之联系体现得尤为明显。

---

① 参见杨一平：《司法正义论》，法律出版社 1999 年版，第 25~26 页。

② 参见孙谦：《中国的检察改革》，载《法学研究》2003 年第 6 期。

③ 参见万毅：《检察权若干基本理论问题研究——返回检察理论研究的始点》，载《政法论坛》2008 年第 3 期。

④ 参见邓思清：《检察权研究》，北京大学出版社 2007 年版，第 84 页。

（二）事务视角：围绕审判的司法行政管理

相对于检察权及侦查权而言，司法行政的事务性质更为强烈，权力色彩则较弱，故在此将其纳入事务视角。司法行政权是为保障司法机关依法独立行使职权而提供人、财、物保障的服务，司法行政权的这种服务性，一方面体现在"司法中的行政"，即为司法机关正常运转提供基本保障的行政，主要包括对人、财、物的管理；另一方面体现在"与司法有关的行政"，即为司法机关开展司法活动提供各类法律或技术保障的行政，主要包括对律师、司法鉴定、裁判执行等的管理。① 具体而言，司法行政管理的内容包括司法人事管理、司法财政及设备管理、司法考试和司法职业培训的组织管理、法律服务行业的指导和监督管理、司法裁判的强制执行、法律援助和法律宣传等事务管理。②

（三）功能视角：类似审判的准司法活动

从纠纷解决的功能视角，可将类似审判的准司法活动纳入"司法"的范畴，主要包括行政司法、调解和仲裁。"诉诸审判并不是一个优先选择。人们首先会力图避免纠纷，回避不了的时候多采取协商和交涉的办法去化解之。双方的努力没有结果时就会向第三者求助。调解是有第三者介入下的双方交涉。仲裁是在交涉基础上的第三者判断。只有当这些非正式的社会控制方式都缺乏效果的场合，诉讼被作为最后手段而采用。"③

"裁判是一种很奢侈的纠纷解决方式，故欲让所有的民事纠纷都通过裁判来解决的想法是不现实的。即使无视现实的制约而大肆鼓吹裁判万能论，但大多数纠纷通过裁判以外方式加以解决的事实依然是不会改变的。"④诉讼的积压、高成本、强对抗性等局限凸显司法在调控纷繁复杂的社会关系时的不足，使得行政司法、调解、仲裁等非诉讼纠纷解决方式重新得到重视。多元化纠纷解决方式的长期共存和发展也在事实上表明非诉讼纠纷解决方式有其存在的历

---

① 参见董开军：《构建和谐社会视野下司法行政的几个问题》，载《中国司法》2005年第10期。

② 参见刘武俊：《司法行政权的法理分析》，载《岭南学刊》2007年第5期。

③ [日]谷口安平：《程序的正义与诉讼》，王亚新、刘荣军译，中国政法大学出版社2002年版，第29页。

④ [日]小岛武司：《诉讼制度改革的法理与实证》，陈刚等译，法律出版社2001年版，第161页。

史必然性和价值合理性。① 在多元化纠纷解决机制中，诉讼制度处于核心地位。“在当代法治社会，毫无疑问，司法诉讼制度在多元化纠纷解决机制中占据最重要的核心地位……司法诉讼制度是非诉讼机制存在、运行和发展的基础与前提。”②非诉讼纠纷解决方式与审判制度的现实机能密切联系。如在交涉、调解中因诉讼费时费财而不得不违心接受对方要求的事例正是这种联系的表现。通过审判的纠纷解决实际上也因诉讼外的纠纷解决方式而受到种种制约。如在对通过协议解决纠纷有一般期待且这种解决方式在社会中也占主导地位的情形下，可能只有到纠纷无法化解的程度才会诉至法院，这种情况会给法院的审判方式带来微妙的影响。③

审判与其他类型的第三方介入之纠纷解决方式是互相作用的。“审判这类纠纷解决形式会逐渐演变成其他类型的‘第三方’裁决形式(调解、仲裁、治疗性恢复、行政处理、政治决策)。这些第三方是大多数社会中复杂的纠纷处理生态系统的构成要素。审判中所主张的诉辩及所运用的论据也可能用于其他纠纷处理模式。而诉诸审判的可能性就是其他模式中的一种重要资源。最后，其他模式的运作也会影响审判机构的日常事务安排和构成。”④“审判为私人机构和政府机构的谈判及管理提供作为基础的规则、程序。这一贡献包括但不限于告诉潜在的诉讼当事人若其选择司法解决将会如何。法院不仅会告知在该纠纷的审理中将适用哪些规则，同时也会昭示获得救济及追求特定结果的过程中可能遇到的困难、确定性和成本。”⑤

通过对“司法”或“正义”的扩大解释，把法院的纠纷解决功能向社会化的非诉讼纠纷解决方式转移。非诉讼纠纷解决方式的广泛应用，为社会主体提供更为便捷和适宜的纠纷解决渠道，同时能进一步扩大司法利用的范围和方式。⑥ 非诉讼纠纷解决方式可以从质和量两方面改善司法：从量的方面改善司

---

① 参见王国锋：《司法权的限度与司法能力建设》，载《法律适用》2006年第1期。

② 范愉：《纠纷解决的理论与实践》，清华大学出版社2007年版，第242页。

③ 参见[日]棚濑孝雄：《纠纷的解决与审判制度》，王亚新译，中国政法大学出版社2004年版，第3页。

④ 马克·格兰特：《审判、诉讼及相关现象》，李满奎译，载徐昕主编：《司法程序的实证研究(第二辑)》，中国法制出版社2007年版，第221页。

⑤ 马克·格兰特：《审判、诉讼及相关现象》，李满奎译，载徐昕主编：《司法程序的实证研究(第二辑)》，中国法制出版社2007年版，第287页。

⑥ 参见范愉：《诉前调解与法院的社会责任——从司法社会化到司法能动主义》，载《法律适用》2007年第11期。

法，是分流法院的诉讼量，同时减轻法院和当事人的负担，降低纠纷解决的整体成本；从质的方面改善司法，是因为司法往往强调国家权力和法律的统一性与单一性，而社会则需要通过民间自治性或其他方式的纠纷解决来增加民众的参与度和司法的民主化，改善纠纷解决的效果。①

行政司法指行政主体根据法律的授权，运用准司法程序审理和裁处行政争议及与行政管理相关的民事争议的行为，包括行政复议、行政裁决、行政调解、行政仲裁等。行政司法作为一种类似审判的纠纷解决方式，相较于诉讼而言具有程序简便、成本较低等优势。行政司法将可能涌入法院的纠纷在行政系统内解决，诉讼的相关依据和规则也能为行政司法的进行提供依据和借鉴。

调解是一种古老的非诉讼纠纷解决方式。调解员协助当事人解决纠纷有如下功能：增进交流的丰富性；提供交涉的程序；理性交涉的简单化；增强交涉的合法性；易向法律专业人士和正式机关靠拢；发现问题、疏通意见；促成现实的妥协、增强调解的实际效果；用苦肉计来泄愤；起到引导和管理的作用。② 调解既是高质量的审判，能够实现纠纷化解与权利保护的统一；也是高效益的审判，既可以减轻当事人的讼累又可以节省大量的司法资源。③ 二者之间相互作用，一方面，对审判结果的预测可能成为调解过程中当事人进行利益博弈的筹码，当事人可能出于尽可能避免将纠纷提至成本高昂的诉讼领域的考虑而以更积极的态度促成调解的成功。法院还可能围绕审判职能对调解进行监督和指导；另一方面，法院对调解协议进行司法确认和执行，通过审查对调解协议予以监督和支持。④

仲裁一般是当事人根据他们之间订立的仲裁协议，自愿将其争议提交由非官方身份的仲裁员组成的仲裁庭进行裁判，并受该裁判约束的一种制度。仲裁活动和法院的审判活动一样，关乎当事人的实体权益，是解决民事争议的方式之一。起初仲裁在国家司法制度外发展，处于自治状态。随着仲裁的作用和影响不断扩大，国家运用立法权使仲裁与诉讼接轨，将仲裁纳入国家司法体系。

---

① 参见范愉主编：《多元化纠纷解决机制》，厦门大学出版社2005年版，第60页。

② Chriatopher W. Moore, The Mediation Process: Practical Strategies for Resolving Conflict, Jossey-Bass Publishers, 1987, p. 18.

③ 参见陈永辉、吕爱哲：《王胜俊在全国法院调解工作经验交流会上强调　全面理解和正确把握"调解优先、调判结合"原则　积极推动建设诉讼与非诉讼相衔接的矛盾纠纷解决机制》，载《人民法院报》2009年7月29日。

④ 参见齐树洁主编：《纠纷解决与和谐社会》，厦门大学出版社2010年版，第51~53页。

在自由贸易的环境中，仲裁在商事领域得到充分运用，出现弱化司法干预仲裁的趋势。① 仲裁有其自身的便捷性和灵活性，不仅在法律规则和纠纷事实方面不如法院审判要求严格，而且在程序方面也不如审判繁琐。费用低、时间短以及合意的成分高等也是审判远远比不上的。② 仲裁作为一种准司法手段，与诉讼具有多方面的联系，主要体现为立法上的借鉴和互补以及司法上的支持与监督两个方面：③ 仲裁程序的某些事项准用民事诉讼法的规定；仲裁程序中的某些事项需要由法院按照诉讼的规定协助办理，如仲裁员的指定、财产保全、证据保全及对仲裁裁决的承认与执行；法院对仲裁进行某种程度的监督，如对仲裁庭仲裁管辖权的控制、对仲裁协议效力的审查及对仲裁裁决的质量监督。

可见，纠纷的诉讼解决与非诉讼解决方式有着各自的优势和不足，并且二者能相互促进。行政司法、调解、仲裁等类似审判的准司法活动与审判一起承担着纠纷解决功能，可将第三方介入的非诉讼纠纷解决方式纳入大司法概念体系。

二、当代中国语境中的“司法”概念

司法是司法权的动态运行，人们通常将拥有司法权的主体依职权所作出的活动称为司法，可见司法与司法权之间的紧密联系是毋庸置疑的。而关于司法与司法权的定义却极具争议性。目前，基于主体范围的不同，理论界主要有最广义说、广义说、狭义说。但不管这些界定差异有多大，司法都离不开三个要素：(1)它以社会纠纷为对象，司法就是解决纠纷的；(2)由第三者出面解决纠纷，即主要由官方的法官来解决；(3)解决纠纷的尺度是法律，即以法律、司法解释、判例、法理、习惯为解决纠纷的是非标准。据此，所谓中国司法大致可以界定为法院和检察院依照法定职权和合法的程序适用法律处理诉讼案件的一种专业化的活动，既包括法院对各种刑事、民事、行政案件的审判活动，也包括检察院在刑事、民事、行政案件中的诉讼和监督活动。

(一)最广义说司法

“我国的‘司法’在‘人民民主专政’中，具体是指国家的侦查、检察、审判

① 参见谭兵主编：《中国仲裁制度研究》，法律出版社1995年版，第16页。

② 参见杨一平、俞静尧：《司法概念的现代诠释》，载《中国社会科学院研究生学报》1997年第2期。

③ 参见张斌生主编：《仲裁法新论》，厦门大学出版社2002年版，第56~60页。

等国家司法权力的构成、运作和实现，以及人民调解、民间仲裁等具有公信力的活动。”①这是对司法进行的较为广义的理解，持这种观点的学者认为，“司法是多样化的，不为法官和法院所独有，也不单是国家的职能。实际上，一些非法院的国家机关，甚至于某些非国家的社会组织也具有一定的司法性质和作用。”②由这些定义可以看出，持最广义说的学者们几乎将司法与法的适用相等同，认为司法不仅包括国家司法机关，甚至包括行政机关的执法活动，如此看来司法主体不仅包括法院、检察院，还包括带有部分司法活动性质的行政机关，如司法局、公安局、监狱等；律师、公证、仲裁等组织从事具有司法性质的活动也被这种广义的司法包括在内。

最广义说中司法的范围较大，这种学说虽然不是我国目前学界的主流观点，但持最广义说学者也有其合理的理由，即最广义说符合立法的原旨。在我国《宪法》中，并没有出现司法、司法权等字眼，只是在第 123 条和第 129 条分别规定：“中华人民共和国人民法院是国家的审判机关”，“中华人民共和国人民检察院是国家法律监督机关”。显然，立法者认为审判和法律监督的范围小于司法，为了权力的合理分配所以并未规定法院、检察院是国家的司法机关。由此从侧面可以推断，立法者并不希望司法权这一字眼的出现扩大审判机关的权力，在司法实践中司法权和审判权也极易出现权力的冲突和混淆，司法权大于审判权和检察权之和是立法者的原意，也符合逻辑推理。

（二）广义司法说

张文显教授认为：“司法是指人民法院和人民检察院依照法定的职权与程序处理案件、适用法律的活动；与此相应，司法权一般包括审判权和检察权，审判权由人民法院行使，检察权由人民检察院行使。”刘作翔教授认为“所谓司法主体，是指由国家所固定的享有司法权能、依法处理案件的国家司法机关。”③并认为根据最高人民法院司法解释的规定，监管人员和侦查人员也是司法主体，依据是《刑法》第 94 条规定：“本法所称司法工作人员，是指有侦查、检察、审判、监管职责的工作人员。”这一规定有违我国目前的宪法安排。也就是说行使司法权的主体只是法院和检察院，其他任何国家机关、社会组织和个人都被排除在司法主体之外。广义说是目前我国学界的主流观点，被大多数

---

① 于慈珂：《司法机关与司法机关组织法论纲》，载《现代法学》1993 年第 2 期。

② 王圣诵、王成儒：《中国司法制度研究》，人民出版社 2006 年版，第 4 页。

③ 刘作翔：《法理学视野中的司法问题》，上海人民出版社 2003 年版，第 10 页。

学者所接受。理由主要有如下两点：

其一，宪法的文本规定。我国《宪法》第126条规定："人民法院依照法律规定独立行使审判权，不受行政机关、社会团体和个人的干涉。"第131条规定："人民检察院依照法律规定规定独立行使检察权，不受行政机关、社会团体和个人的干涉"。《宪法》条文没有明确将法院、检察院定义为司法机关，却都提到了"独立"行使职权，并明确将法院、检察院行使职权与行政机关的干涉划分开来，这就体现了法院、检察院作为司法机关的独立性。

其二，司法实践中法院和检察院都行使司法权职能。法院与检察院的相互配合、相互协调已经成为我国目前司法活动中对公正、效率评价的重要标准。除了法院对案件的审理，检察院已经更多的介入司法审理程序（特别是刑事司法程序），无论是"严打"时期的联合办公还是日常司法活动中的公诉、审判等一系列使两者紧密联系的司法活动，都表明检察院作为司法机关一部分的观念已经深入人心。

（三）狭义司法说

狭义的司法仅指法院的审判活动，换言之，法院是司法权的唯一主体，这一狭义的理解受到了多数西方国家的认同。美国《布莱克法律词典》对"司法权"（judicial power）的解释是："法官职务所应行使的权力和履行的职责是裁判权，即审理和解决争议问题的官方权力。"①持该观点的学者认为：

其一，检察权不符合司法权的基本特征。司法权独立性、中立性、终结性、被动性等基本特征已为绝大多数学者所接受，而检察权的特性却显得与这些司法权的基本特征格格不入。检察权的公诉职能只是一种请求权，这使得终极性与检察权无关；检察院的上下级垂直领导关系使得独立成为一种奢望；检察院在诉讼中作为控方的地位也不具备中立性的特征；检察院作为法律监督机关必须积极主动地行使职权，侦查、公诉被动的开启是不可想象的。因此，由于检察权与司法权特征上的差异，检察院理应被排除在司法机关的范围之外。

第四节　司　法　权

司法权，又称为裁判权、审判权、法官权，在德国司法权被称为第三权

① Henry Campbell Black, M. A., Black's Law Dictionary, West Publishing Co., 2004, p. 2478.

(Die Dritte Gew alt)。司法权是指特定的国家机关通过开展依其法定职权和一定程序，由审判的形式将相关法律适用于具体案件的专门化活动而享有的权力。司法权有广义和狭义之分，从狭义上看，司法权仅指与法院相关的审判权，或虽包括检察权在内，但却明显偏重于审判权。从广义上看，司法权是包括检察权在内的。但目前通说认为，人们提到的“司法权”多指狭义司法权。

司法权作为一种判断权，其基本功能是指其直接满足一定的主要目标所具有的功能，即排除法律运行中的障碍，以维护法律的价值。为了实现司法权的基本功能，人们在国家权力体系中实现权利的制度性配置时赋予了司法权通过解决纠纷以维护法律价值体系这一独特的功能，正是由于司法权的这种功能，司法权才能成为终局性的权力。

司法权发展至今，已具有独立性、中立性、统一性、程序性和公正性等特征。然而在各国不同的制度下，司法权也有着不同的意涵与特性，因此，从中西方不同语境的角度研究司法权也就变得尤为必要。

一、西方语境中的司法权

孟德斯鸠在《论法的精神》中曾说道：“司法权在某种意义上可以说是不存在的。”但孟德斯鸠在这里提到的司法权并不是现代意义上司法权，而更多的是一种原生的、带有“市民性”的司法权。相较于孟德斯鸠时期的司法权，现代司法权更加具有现代宪法所赋予的本质属性，也更能满足司法参与权力制衡和人权保障的需要。

(一)美国式的司法权

西方的三权分立理论主张：“为了政治自由的建立和维护，关键是要将政府划分为立法、行政和司法三部门或三部分。三个部门中的每个部门都有相应的、可确定的政府职能，即立法、行政和司法的职能。政府的每个部门都一定要限于行使自己的职能，不允许侵蚀其他部门的职能。进而，组成这三个政府机构的人员一定要保持分离和不同，不允许任何个人同时是一个以上部门的成员。这样一来，每个部门将对其他部门都是一个制约，没有任何一群人将能够控制国家的全部机器。”①由此得知，就理论而言，西方三权分立学说明确区分了司法权、立法权与行政权。司法权作为独立的权力与其他权力是相互制约的，此后的司法权运用也都是基于此制度之上的。

① [英]M. J. C. 维尔：《宪政与分权》，苏力译，三联书店 1997 年版，第 12~13 页。

三权分立学说理论基本在美国得到了贯彻和实施。但是美国司法权依旧面临着一个问题，即民主与法治的冲突。从美国联邦司法权发展的历史来看，最高法院的司法权设立的目的就是为了抵制民主而存在的，也是在民主主义者的抗议声中发展起来的。在“谁应当统治”和“如何有效地防止暴政”这两个问题之间，处于社会阶层中少数派地位的制宪者更关注的是后者。① 不能否认，相较于其他两个民主选举出来的部门，司法权的来源与归属均不属于民主途径，且司法部门的组成人员主要强调其专业性与独立性，其更具有解释宪法的权力。基于以上原因，民主人士担心司法权会凌驾于行政权与立法权之上从而影响民主进程似乎也不无道理。然而，即便如此，司法权对民主制度的负面影响显然被保守主义者夸大。事实上，时至今日，美国的司法部门基本上严格地把司法权局限在了有章可循的范围之内。因为无论是以大多数人的统治为根本，还是民主受司法权威的约束，其前提都是广大人民对宪法所要保护的自然权利(尤其是私有财产权)达成的共识。司法部门虽非经由人民直接选举产生，但其是由民选的行政首脑所组织的行政部门提名，并经国民选举的立法部门行使任命同意权的，即在强调司法独立性、专业性的同时，又显示出其是由人民间接行使其提名与任命的权利(力)。正如汉密尔顿在《联邦党人文集》中所说的，抵制“多数的暴政”的有效武器是司法权。对于处于三权分立制度下的美国来讲，司法权最值得关注与争议的问题在于其是否在行使职权的过程中，间接或直接将立法权的职权加以实施，并且借由实现宪法制定之精神或检视法律之目的为由，以积极或消极的判决干预行政部门之举。②

众所周知，美国立宪的基础是三权分立。权力分立确定行政、立法、司法的各自职司与相互尊重的权力关系，然而无可否认的是，三权分立之制在不同时期皆出现某一权力相较其他二项权力更为强势的局面，但多出现由行政与立法某一方较为强劲之态，尚少有由司法掌握此一优势，司法甚至于是处于三权之中力量最为薄弱或受行政与立法所胁迫之态。司法权得以在美国政治实际操作过程中摆脱行政与立法的禁脔之窘态并确立其“司法审查权”的地位，可以说约翰·马歇尔首席大法官的政治智慧与巧计居功厥伟，精妙地以其权力之运作与权衡，获得行政与立法部门所认同的司法审查权，确立联邦最高法院在三

① 参见王维：《论美国联邦司法权的政治地位及其影响》，载《中国矿业大学学报》(社会科学版)2004 年第 2 期。

② 参见郭杨骞：《司法权与司法能动——美国司法能动主义的发展与启示》，载《研究生法学》2010 年第 4 期。

权分立中的地位。① 也正基于以上原因，美国的司法权延续至今保留了三个显著特征：(1)只要没有依法提出诉讼的案件，司法权便没有用武之地。如果一个法官在开始审理案件前就对法律说三道四，即可被视为越权。(2)审理私人案件时，不能对全国的一般性原则进行宣判。当法官直接指责一般原则或没有待审的私人案件而破坏一般原则时，该法官会被认为超出了所有国家都同意应予限制的法官的职权范围，因为他擅自取得了比一般官员更重要而且或许是更有用的权限。(3)司法的被动性，只有在审理案件的时候，司法权才采取行动，如果它主动出面以法律的检察者自居，那它就有越权之嫌，这也是三个特征中最重要的一点。

(二)德国式的司法权

德国《基本法》第 92 条规定："司法权授予法官，它由联邦宪法法院、联邦最高法院、基本法规定的各联邦法院和各州法院行使之。"据此而言，德国法律明确将司法权授予了法官，并且由各级法院行使。因此，要了解德国的司法权，首先要了解德国的法院系统。

在德国，司法权首先需要解决的是联邦与各州之间的权限争议，以便更好地发挥其功能；其次则是制约联邦权力过于集中或各自治地区权力过于自重，保障公民权利，解释和发展宪法中关于联邦制的规定；最后是控制社会稳定，协调联邦与各州的政治关系，最终维护联邦制政体。也正是为了实现这一目标，在德国，内在地要求保持司法权的独立性，避免其受到来自行政权与立法权的压制或来自地方的阻挠。②

德国是由十六个自治地方组成的联邦国家，法院体系非常复杂。根据《基本法》及国会后来制定的《法院组织法》、《行政法院法》、《劳工法院法》、《社会法院法》、《宪法法院法》、《财政法院法》等法律的规定，德国在联邦内共设立了三套法院系统。(1)普通法院系统。普通法院系统中最高级别是联邦最高法院，其下设置有州高等法院、州地方法院和区法院，在组织结构上实行一体化，拥有刑事审判权和民事审判权，实行四级三审终审制。(2)专门法院系统。除对民事和刑事案件具有一般管辖权的普通法院以外，德国还设置了四种

---

① 参见郭杨骞：《司法权与司法能动——美国司法能动主义的发展与启示》，载《研究生法学》2010 年第 4 期。

② 参见秦倩、李晓新：《国家结构形式中的司法权配置问题研究》，载《政治与法律》2012 年第 10 期。

具有特殊管辖权的法院体系，即行政法院、劳动法院、社会法院（也称福利法院）和财政法院，分别根据法律的规定对特殊领域内争议裁决享有管辖权。（3）宪法法院系统（das Bundesverfassungsgericht）。1951年制定的《联邦宪法法院法》规定：联邦宪法法院有权对有关联邦的法律、州法律是否符合《基本法》，州法律是否符合联邦法律，国际法的某些规则是否能构成联邦法的组成部分等宪法争议案件进行裁判，其裁决对联邦和各州的宪法机构、议会和所有法院及一切公共权力机关均具有拘束力。由此，德国联邦宪法法院也成为德国《基本法》的最高维护者。① 不难看出，在德国，司法权发挥着特殊的调节作用，联邦与州共同构造了完整的司法系统。

（三）法国式的司法权

与美国、德国不同，相较于之前美德两国的联邦制，法国属于单一制国家，法院由全国统一设置。在法国历史上，司法权的变迁是近代法国权力起伏变迁史的一个风向标。② 由于历史的原因，法国法院系统的设置与众不同，主要特点可以概括为普通法院与行政法院分立、民事法院与刑事法院合一。③

普通法院系统由最高法院主导，其下设有二十七个上诉法院，负责对上诉案件进行法律审与事实审。上诉法院以下的法院可以划分为民事和刑事两大体系，包括民事法院和刑事法院。④ 其中属于民事法院的有大审法院、小审法院、近民法院（街区法院）；属于刑事法院的有重罪法院、轻罪法院、治安法院（违警法院）、近民法院；另外还有特殊法院，包括劳资调解法院、社会保障事务法院、商事法院、农事租赁法院，以及青少年法院，包括青少年法庭和青少年重罪法院。除此以外，商业纠纷案件由商业法庭受理，劳资纠纷案件则首先由劳资协调委员会受理，重大刑事案件一般则由巡回法庭直接受理。值得注意的是，法国法院的设置主要由历史原因决定，同时也根据社会发展进行调整，但与行政区完全脱节，其目的是为了保证司法独立。⑤ 行政法院系统是法

---

① 参见秦倩、李晓新：《国家结构形式中的司法权配置问题研究》，载《政治与法律》2012年第10期。

② 参见王蔚：《司法权是法国权力变迁的风向标》，载《检察日报》2007年8月6日。

③ 参见何家弘主编：《中外司法体制研究》，中国检察出版社2004年版，第177页。

④ 参见秦倩、李晓新：《国家结构形式中的司法权配置问题研究》，载《政治与法律》2012年第10期。

⑤ 参见宋建潮、耿景仪、熊选国：《德国、法国司法制度之比较》，载《人民司法》2000年第3期。

国司法权配置中最为特殊的地方，由法国18世纪资产阶级革命后设立的行政监督和咨询机关演变而来，1799年宪法正式赋予它以司法权。行政法院主要担负两项任务：(1)就现行法律和行政法令向行政部门作出解释，提供建议和拟订草案，属行政职能；(2)审理行政机关之间的纠纷和公民对行政机关的控告，属司法职能。行政法院分为最高行政法院和各省所设的二十七个行政法庭两级。审理时主要以行政法令和该院长期积累的判例为依据。行政法院系统还设有一些专门行政法庭，如审计法院和处理国家补助金纠纷的法庭等。

法国虽然也实施三权分立，但其远不如美国那么严格。在法国，行政权、立法权和司法权并非绝对割裂，这点从法国法院设置中就可窥知一二。在法国，司法权是自上而下进行统一配置的，因此不难看出，其司法权的体制设置本身就包含着对司法公正的统一要求。

二、中国语境中的司法权

中国作为一个多民族的单一制国家，在中央与地方的关系配置上，注重国家的统一性和地方的相对独立性是保证中国的国家结构形式富有生命力的重要要求，为此，强调中央与地方在立法权和行政权上的合理分权是显明且必要的。但司法权却是一个例外。无论是与美国或是德国一样的联邦制国家，还是如法国一样的单一制国家，都需遵从司法权统一原则。中国自然也不例外。但在司法权的设置上，中国建立了区别于西方国家的二元司法体制，将检察权也纳入了司法权当中。

(一)审判权

审判权是国家权力的重要组成部分。《人民法院组织法》第2条第1款规定："中华人民共和国的审判权由下列人民法院行使：(一)地方各级人民法院；(二)军事法院等专门人民法院；(三)最高人民法院。"我国现行《宪法》第123条规定："中华人民共和国人民法院是国家的审判机关。"第126条规定："人民法院依照法律规定独立行使审判权。"第127条第1款规定："最高人民法院是最高审判机关。"在我国，人民法院行使的是审判权，是通过对纠纷的裁判而维持社会的正常秩序，维护社会的公平和正义。我国的审判权除与检察权具有独立性、中立性和程序性的共同特征外，还具有裁断性、终局性和被动性的特征。

其一，裁断性。狭义的裁断性是在争议双方的参与下由第三人居中客观地对争议事实作出裁决，主要是指在审理环节，法院通过对控辩双方争议事实的审理，就案件的实体问题作出的裁决。广义的裁断性还包括立案、侦查和起诉环节就事实认定和证据采信等作出的具有程序意义的判断和决定。对最终司法裁断准确性的要求，一定程度上会制约司法过程能否按照客观公正的标准向前推进，司法过程的每一个环节对证据以及案件事实、乃至法律适用裁断的质量状况，又都可能成为影响和制约最终裁断结果质量的重要因素。因此，司法过程中必须严格依法谨慎地对案件事实、证据和法律适用进行裁断。①

裁断性可以说是司法权最为基本的性质，甚至可以说是其本质。裁断是一种思维、精神上的活动，即法院享有的对纠纷当事人的事实问题主张和法律问题主张通过判断者的理性和良知依法进行判断，以维护法之价值的终局性和具体正义。总之，没有裁断，司法便不复存在。

其二，终局性。司法的终局性是指司法权对于纠纷具有最为权威、最终效力的裁判权；法院一旦对有关的社会纠纷以生效判决的方式加以解决后，其作出的判决则具有最终的效力，除法律规定以外，任何其他机关、组织和个人均无权变更或撤销。详言之，司法权的终局性包括两方面的内容：(1)司法主体裁决效力的至上性。司法裁判是解决社会纠纷的最后一种手段，以国家权力的方式介入社会纠纷之中，并且可以对和解、仲裁等其他手段的纠纷解决方法进行再次审理。而对于司法机关作出的生效裁决，除经司法机关依法改判外，其他任何机关、组织和个人不得变更或撤销。因此，相对于其他纠纷解决方式，司法裁判具有至上之效力，这也直接体现了司法权的终极性。(2)司法裁决效力的终局性。司法机关对案件作出生效的判决后，当事人不能以同一事实和理由要求司法机关或其他国家机关对同一纠纷进行重新处理；非经法定程序及法定事由，司法机关也不能再次审理该项争议；当事人也不能就此争议再次起诉。经过司法裁判所认定的事实关系和法律关系，都被一一贴上封条，成为无可动摇的真正的过去。② 司法权的终局性是现代法治国家普遍奉行的一项司法原则，一个争议案件经过司法程序作出裁决就意味着该争议从法律上已经得到解决，即产生既判力和约束力，这对于司法权威的树立有着重要的意义。我们可以很容易想象的到，当司法裁决反复无常，可以被任意变更和撤销时，不但当事人双方会陷入到持久的诉累之中，人们还会对司法失去应有的尊重和信赖，司法权威不在，法律也会成为一纸空文。因此，司法权的终局性体现了司

---

① 参见向泽选：《遵循司法规律 推动检察工作科学发展》，载《检察日报》2008年11月21日。

② 参见季卫东：《法治秩序的构建》，中国政法大学出版社1999年版，第19页。

法权的权威性。

其三，被动性。一百多年前，托克维尔在其鸿篇巨著《论美国的民主》中对司法权的被动性作出过形象的描述："从性质上来说，司法权自身不是主动的。要想使它行动，就得推动它。向它告发一个犯罪案件，它就惩罚犯罪的人；请它纠正一个非法行为，它就加以纠正；让它审查一项法案，它就予以解释。但是，它不能自己去追捕罪犯、调查非法行为和纠察事实。"①被动性是司法权区别于立法权、行政权的重要特征，主要体现在审判权的以下两个方面：(1)告诉是一案件审理程序开始的前提条件。换言之，如果没有当事人的告诉，法院是不会主动受理任何一起案件的，即所谓的"不告不理"。(2)司法权的被动性还体现在审判范围上，法院对已经受理告诉的审判范围必须局限于当事人起诉书中所载明的事实，超出告诉范围而主动审理未经指控的事实是被绝对禁止的，即所谓"告什么理什么"。裁判者以当事人之诉求范围为当事人服务，居中裁判、保持中立且又不过分参与诉讼。这种被动性的制度设计是由审判权的判断属性决定的，被动性也旨在体现中立性，实现程序上的公平正义。

(二)检察权

检察权是检察机关对对犯罪行为进行追诉的权力。检察权与法律监督权一样，由各级人民检察院行使。检察权虽不等同于审判权，但却有着一些与审判权相同的特征。与审判权一样，检察权也是司法权重要的组成部分。检察权的主要内容有：侦查权、批捕权和公诉权。对于检察权的权力属性，理论界仍有一定争议，如行政权说、司法权说、行政司法二元属性说、法律监督权说等。因此有必要在此对检察权的司法权属性作几点重释：

其一，检察权不是行政权，而是有独立属性的司法权。检察权被称为"革命之子"，从检察制度的历史发展来看，检察官角色及其制度其实是法国大革命中废除纠问式诉讼、改采控辩式诉讼这一司法变革运动的产物，检察官角色及其制度创建的初衷和目的，是为了分割法官权力。② 检察权实际上是纠问制法官权中分离出来的司法权。从权力的基本属性上来看，对犯罪行为的追诉，并没有太多行政目的性，并不是以将犯罪嫌疑人科以刑罚为目的，而是更符合

① [美]托克维尔：《论美国的民主》(上卷)，董果良译，商务印书馆2004年版，第110页。

② 参见万毅：《检察权若干基本理论问题研究——返回检察理论研究的始点》，载《政法论坛》2008年第3期。

法律性的特征，即通过法律来裁断犯罪嫌疑人是否有罪，因此司法权不符合行政权的基本属性。从我国的权力体系架构来看，我国检察机关是独立于国务院行政系统的独立权力机关，这与西方国家检察机关隶属于司法行政部门的制度设计截然不同。而检察机关内部上下级领导与被领导的关系，是人为注入的某些行政性元素的产物，并不影响检察院的司法权渊源。此外，检察权的独立性还表现为独立于审判权，这与部分国家将检察机关附属于法院的机构设置也有很大不同。《人民检察院组织法》和《检察官法》对这种独立性的明确，是一种宪法性确认，以保障检察机关的司法机关地位及其独立性。检察机关行使检察权，是一种“执掌”法律的法律适用活动，这也是检察机关可以行使司法解释权的原因。因此，检察权不是行政权，而是具有独立性的司法权。

其二，检察权不等于法律监督权，而是具有监督属性的司法权。我国《宪法》规定，检察机关是国家法律监督机关，所以有人据此认为检察权等于法律监督权，犯了一种形式逻辑错误。简而示之：检察院是法律监督机关，检察机关行使之职权亦具有监督属性，但并非所有法律监督行为皆属于司法行为。具体而言，检察机关行使的权力分为检察权和其他法律监督权。检察权包括侦查权、批准逮捕权、起诉权；其他法律监督权包括对公安机关的侦查监督权、对法院的审判监督权、对执行部门的执行监督权以及其他监督权均属于其他法律监督权。检察权与其他法律监督权虽然由一个机关行使，均具有法律监督的基本功能，但却有着不同的权利属性。侦查权、逮捕审查权和起诉审查权，在形式上具有监督特征，但程序的司法性、实体的裁量性和决定的终局性等实质属性有别于其他法律监督权；在功能上，三个权力的固有功能是查清事实、保障人权和防止恣意，而监督只是其构成性功能，或言监督属性仅是其特性之一；在视角上，从内部视角看具有一定的法律监督权能，而从外部视角看这些权力的方式和其他法律监督权的方式并不一致，因而检察权是具有监督功能的司法权，也是通过司法活动实现监督功能的法律监督权。

其三，检察权是以公诉权为核心的司法权。法官行使以审判权为核心的司法权，检察官行使以公诉权为核心的司法权，这是我国司法权的基本构造。而就检察权的基本构造而言，检察官的角色涵盖了警察、法官、律师、犯罪矫正者等多个角色，相应地，检察官的权力是一种复合型权力，是一组权力束。①同时，这些角色涵盖也说明，检察官角色实际是对“预审法官”角色的继承。

① 参见万毅：《检察权若干基本理论问题研究——返回检察理论研究的始点》，载《政法论坛》2008 年第 3 期。

公诉权是检察权的核心，而检察机关的侦查权与审查批捕权在一定程度上都是为了实现公诉而服务的，因此可以理解为是公诉权的派生性权力。公诉权具有以下特质：(1)中立性。其不以将追诉对象科以刑罚为目的，而是以利用法律裁断追诉对象是否构成犯罪、构成何种犯罪、应当如何处罚为目的。(2)独立性。与审判独立类似，独立行使公诉权也包括检察机关独立与检察官独立，尤其检察官的人身独立与职务独立，均体现保障司法独立之精神。(3)裁量性。检察官对于是否构成批准逮捕条件、是否提起公诉以及是否提出抗诉等均拥有裁量权。因此，公诉权属于司法权而非其他，检察权即使以公诉权为核心的司法权。

第二章 司法原则

司法原则是司法学的一个基本问题，它是司法活动价值目标的集中体现和综合反映，是具有内在逻辑关系的一系列原则所构成的体系，而并非某几项原则的简单集合。司法原则应当包括相互关联的三个原则：司法公正原则、司法独立原则、司法法治原则。其中，司法公正原则是司法体系的价值核心，处于基础性地位。司法独立原则是司法体系的制度保障，是司法公正的先决条件。司法法治原则是司法运行的根本规律，是司法追求的理想状态。

第一节 司法公正原则

在中文语境中，“公正”本身有“秉中持正”之意，在司法公正之语境下，其要义有三：(1)司法须导向“中正”——法官是社会正义的使者，司法代表着一个社会良知，其基本使命即在于将整个社会共同体导入“中正”之轨道；(2)法官须居中裁断——司法的运作过程即法官“居中”裁断，对两造权利同等保护之过程；所以，司法不能有所倾斜，法官不应存在偏见，而要做到不偏不倚；(3)司法须主持“公道”——司法当明辨是非，使争讼各方得其所应得，失其所应失。

一、司法公正观念的历史考察

尽管在中西差别的语境下，司法的内涵不尽相同，但公正是人们对司法共同的、最根本的价值诉求。人类自有司法活动以来便开始了对司法公正的不懈追求。从古至今，无论中国还是西方，许多学者都对司法公正有着广泛而深入的探讨。

(一)西方学者关于司法公正的论述

在西方，正义或者说公平的观念有着悠久的历史。从远古时代的“运命正义观”、“逻各斯正义观”，到智者学派的“相对正义观”，再到雅典哲学三大巨匠：苏格拉底、柏拉图、亚里士多德等对正义的经典论述，这些正义观都与自然法相并存并与其纠缠在一起。随后，斯多葛学派和古罗马法哲学将自然正义观推向了一个高峰。到了近代，逐渐产生了理性主义、批判主义、历史主义、功利主义、实证主义的正义观。① 在当代，以佩雷尔曼为代表的“形式正义论”，以戈尔丁为代表的“程序正义论”，以罗尔斯为代表的“社会正义论”的兴起，极大地促进了正义理论的发展。虽然学者关于正义、公正的理念不尽相同，但正如罗尔斯所说：“公平正义是社会制度的首要价值，正像真理是思想的首要价值一样。”而司法是实现正义的一种最基本的手段和形式，所以，公正与司法有着内在的联系。

根据西方英美国家的语言，从语意学的角度来看，正义一词与司法和法有着密切的联系。② 在英文中，司法、法官、法院、执法公平等与正义使用了一个词汇或具有同一个词根。如法官(judge)的拉丁词 judex，其本意为宣示何谓公正。拉丁文 jus 一词是法的概念，但该词还包括了法律、权利、义务、审判的含义。在中世纪。托马斯·阿奎那认为，jus 一词的首要含义，是指公正的事情以及法律、法院及裁决。③

西方学者对司法公正的论述主要可以分为“程序公正论”和“实体公正论”。前者强调“正义不仅应该实现，而且还应该以人们看得见的方式得以实现”，后者强调司法结果的公正，司法程序不过是作为实现结果公正目标的工具或手段而存在。

在秉持“程序公正论”的学者看来，历史上最早的正义要求就是一种程序上的正义。程序公正最早起源于古老的“自然公正”原则，古罗马时期的裁判程序规范中已经蕴含了正义的要求，而在古典自然法时期，人们对正义理念的关注就包含着对程序的正义性判断。新自然法学派继续推动着正义观念的发展和演变，其中富勒在坚持法的道德性基础上，认为法的道德可以分为“外在道德”和“内在道德”，其中程序的自然法就是法律的内在道德。同时新分析实证

---

① 参见李龙主编：《法理学》，人民法院出版社 2003 年版，第 175 页。

② 参见徐显明主编：《法理学》，中国政法大学出版社 1994 年版，第 354~356。

③ 参见王利明：《司法改革研究》，法律出版社 2000 年版，第 13 页。

主义法学派也注意到程序与正义之间的联系，并且明确地将程序规则归入自然公正的范畴，哈特指出："'听双方之词'，'不允许任何人作自己案件的法官'之类的程序规则也被认为是正义的要求，在美国和英国，它们日常被归入自然正义的原则"。① 随着罗尔斯《正义论》的出版，程序正义开始在西方法学界被广泛讨论。罗尔斯将程序正义纳入自己的正义理论体系，并提出了程序正义包括三种类型：纯粹的程序正义、完全的程序正义和不完全的程序正义。

与程序公正观相对，结果公正观认为司法程序完全是为发现案件真实这一目的而服务的，如德国学者亨克尔教授认为：刑事程序是为寻找实体真实服务的。边沁认为："对于法的实体部分来说，唯一值得捍卫的对象或目的是社会最大多数成员幸福的最大化。而对于法的附属部分，唯一值得捍卫的对象或者说目的乃是最大限度地把实体法付诸实施。"②在边沁看来，法的实体部分主要是指民法、刑法等部门法，而诉讼法则属于法的附属部分，其存在的目的或价值在于保障实体法的实施。

当然，一些学者认为实体公正与程序公正具有十分密切的联系，程序规范与实体规范不可分开。如英国丹宁法官所说："我所说的'正当程序'指的不是枯燥的诉讼程序条例，它在这里——和麦迪逊提出美国宪法修改时所说的非常相似——即未经法律的正当程序，不得剥夺任何人的生命、自由和财产。"③所以，司法过程中所采取的由法律所确认的各种公正的诉讼方法和制度，如无罪推定原则、逮捕和搜查等强制措施的合法性、公正的调查程序、辩护制度、陪审制度等都属于正当程序的范畴。这些制度不完全是程序法的范畴，在某些情况下，也可以理解为实体法的规则。④

(二)中国古代的司法公正思想

在中国，公平、正义的观念历史久远。追溯公正的观念，可上溯到古代的"灋"字。"法"在古代作"灋"，释曰"灋，刑也。平之如水，从水；廌，所以

---

① 姚莉：《司法公正要素分析》，载《法学研究》2003年第5期。

② J. Bentham, The Principles of Judicial Procedure, Works of Jeremy Bentham 1, 6(J. Bowringed. 1838-1843). 转引自谭世贵、李荣珍：《依法治国视野下的司法改革研究》，法律出版社2007年版，第52页。

③ [英]丹宁勋爵：《法律的正当程序》，李克强、杨百揆、刘庸安译，法律出版社2015年版，第1页。

④ 参见王名扬：《美国行政法》(上)，中国法制出版社2005年版，第380页。

独不直者，去之，从去”。① 中国古代较早讨论“公”的观念的是《礼记》，指出公的含义是超越自我，没有自私自利之心。在古人看来，公正表明不偏私、正直，最早似乎出自于汉朝班固的《白虎通论》：“公之为言，公正无私也。”

根据古代学者的论述，中国古代司法公正的观念主要有以下几个要点：

其一，重视实体公正。韦伯对于中国法律的评价是：“最重要的则是法律适用的内在性质：有伦理倾向的世袭制追求的并非形式的法律，而是实质的公正。”②首先，中国古代的司法活动非常注重“辨曲直”，“平冤狱”，由此形成了许多侦察、辨勘验技术，从而查明案件的事实所在，以防止冤案的出现。其次，对于刑事案件，尤其是重大刑事案件的层层上报，在某种程度上也是为了保证案件的最终公正结果。③ 最后，司法活动的实体公正体现为罪刑相称的原则。荀子主张：“公平者，听之衡也，中和者，听之绳也。”所谓“公平”，“中和”，就是指罪刑相应，重罪重判，轻罪轻判，无罪不罚。正所谓“人君操赏罚之柄以御天下，必在至公，无善而赏是谓私爱，无过而罚是谓私罚，恶此不足以为劝惩”。

其二，强调司法人员严格适用法律。商周之时，“先王议事以制，不为刑辟”，以求“刑不可知则威不可测”的效果，后来随着成文法的大量颁布，特别是高度详备的法典的出现，司法裁判开始转向“事断于法”，④ 例如唐律中明确规定：“诸断罪皆须具引律、令、格、式正文，违者，笞三十。”

其三，提出了“刑无等级”，“法不阿贵”的主张。“刑无等级”一词首先出现在商鞅所著的《商君书》中，“所谓一刑者，刑无等级，自卿相，将军以至大夫、庶人，有不从王令，犯国禁，乱上制者，罪死不涉。”后来，韩非将这一思想发展为“法不阿贵”，即“法不阿贵，绳不绕曲，法之所加，智者弗能辞勇者弗敢争，刑不避大夫，赏善不遗匹夫。”⑤虽然“刑无等级”，“法不阿贵”的思想与近代西方资产阶级提出的“法律面前人人平等”的思想不可等同，但这一思想作为“刑不上大夫，礼不下庶人”观念的对立面，具有反对法外特权的

---

① (汉)许慎：《说文解字(新订)》，臧克和、王平校订，中华书局 2002 年版，第 647 页。

② [德]马克斯·韦伯：《儒教与道教》，王容芬译，商务印书馆 2004 年版，第 155 页。

③ 参见吕芳：《中国法院文化研究》，人民法院出版社 2008 年版，第 69 页。

④ 参见吴永明：《理念、制度与实践——中国法现代化变革研究》，法律出版社 2005 年版，第 24 页。

⑤ 韩非：《韩非子·有度》，陈秉才译注，中华书局 2007 年版，第 16 页。

意义，一定程度上体现了司法公正的要求。

(三)当代中国司法实体公正的要素

司法实体公正是指，司法主体在司法活动中公平、合理地分配当事人的实体权利义务。就狭义的司法概念而言，司法的实体公正指向最终的裁判结果，即指裁判结果的正确性，其本质内涵就是把实体法律规范所确立的一般公正，通过审判转化为对个别人、个别案件处理的公正。①

司法实体公正的要素包括：(1)准确认定证据，查清案件事实。因为一个公正的裁判所依据的事实必须依靠证据的支持。凡是对证据的分析和判断是正确的、富有逻辑性的，则对事实的认定才是正确的，在此基础上作出的裁判结果才有可能是公正的。② 所以，司法人员在司法活动中必须正确、全面地认定证据，使案件的处理建立在被证据证明的事实之上。(2)正确适用法律作出裁判。由于一方面，法律规则只能确立一般公正，而司法所追求的是个别公正；另一方面，法律规则不可避免地具有一定的模糊性、滞后性，所以司法裁判者应该在遵照法律规则的前提下享有一定的自由裁量权，能够通过解释法律来弥合成文规则与社会现实的差距，衡平当事人的利益，从而实现司法裁判的结果公正。(3)“同等情况同等对待”，即司法裁判对相同案件的情况作出相同的处理。因为司法实体公正强调通过司法活动公正地分配实体权利义务，这种公正分配不仅应该涉及某一次司法活动中的当事人，而且应该存在于所有具有相同情况的当事人之间。

二、司法公正原则的具体内容

司法公正不仅是一种抽象的司法理念，更是由一系列下位原则构成的具体制度设计，包括司法实体公正原则，即“以事实为根据、以法律为准绳”的原则，以及司法程序公正原则，即司法公开原则、司法平等原则和司法参与原则。

(一)以事实为根据、以法律为准绳原则

所谓以事实为根据，是指司法机关在处理案件的过程中必须根据查证属实的证据所认定的事实作出处理决定，而不能仅以主观臆断事实作为处理的依

① 参见陈兴良，刘敏：《刑事司法公正论》，载《中国人民大学学报》1997 年第 1 期。

② 参见王利明：《司法改革研究》，法律出版社 2000 年版，第 17 页。

据。从理想状态而言，这里的事实应该是客观真实的事实，但司法活动毕竟是案件发生之后进行，其只能根据案件所遗留的证据来推断案件事实，这就是所谓的法律事实。当然，司法机关应尽量追求法律事实与客观事实的一致性，但囿于人们认识能力和手段的限制，这种一致性几乎不存在，所以"以事实为根据"中的"事实"只能是法律事实，即为证据所证实的事实。

所谓以法律为准绳，是指司法机关及其工作人员在处理案件的过程中，必须严格依照法律规定进行司法活动，即司法工作人员在司法过程中必须依照法律规定处理案件的实体问题和程序问题。

以事实为根据，以法律为准绳，是我国诉讼法的基本原则之一，三大诉讼法中都对这一原则有明确规定。《刑事诉讼法》第 6 条规定，人民法院、人民检察院和公安机关进行刑事诉讼，必须以事实为根据，以法律为准绳。《民事诉讼法》第 7 条规定，人民法院审理民事案件，必须以事实为根据，以法律为准绳。《行政诉讼法》第 5 条规定，人民法院审理行政案件，以事实为根据，以法律为准绳。这不仅是一项重要的司法原则，也是实现公平正义的重要保证。

贯彻以事实为根据、以法律为准绳原则，主要是从两个方面入手：一是严把证据审查关，二是严把法律适用关。① 因而在执法的过程中需要以证据为基础来认定事实，同时坚持以法律为准绳，正确把握法律与政策的关系，确保案件定性准确，裁判公正，适用法律得当。

在我国实务中贯彻以事实为根据，以法律为准绳原则，突出的问题就是处理好客观真实与法律真实②的关系。长期以来我们追求客观真实，以至于一些案件由于查不清客观事实而无法作出裁判，同时对书面证据的盲目崇拜和对证据规则的简单照搬也导致法律真实与客观真实相去甚远。司法的过程应该是客观真实与法律真实结合的过程，以法律真实来发现客观事实。人民法院在办案过程中应当尽可能追求案件的客观真实，追求法律真实与客观真实的统一。

(二) 司法平等原则

诉讼纠纷的起因在于双方当事人之间对利益的不同认识，这种不同认识难以相互妥协的结果便是双方共同期待由某一无关争执利益的第三者凭公裁断。

---

① 参见李方民：《司法理念与方法》，法律出版社 2010 年版，第 20 页。

② 客观真实即实务和发展的原状，法律真实即指根据当事人举证、经法庭程序认定和推定的事实。参见李方民：《司法理念与方法》，法律出版社 2010 年版，第 20 页。

司法平等原则是指司法机关及其人员在处理案件的过程中对于任何当事人，不论其民族、种族、性别、职业、宗教信仰、教育程度、财产状况、居住期限等有何差别，也不论其出身、政治地位有何不同，都应该受到同等的对待。任何当事人的合法权益都平等地受到法律的保护；任何当事人的违法犯罪行为都平等地依法受到法律的追究和制裁。

司法平等原则从司法裁判者的角度来看，即要求裁判者在各方之间保持一种超然和不偏不倚的态度和地位，平等地对待当事人，这也可以称之为司法程序的中立性原则，是现代程序的基本原则，是“程序的基础”。司法平等从当事人的角度来看就是要求当事人的地位是平等的，即控辩双方在诉讼中的法律地位完全平等，不存在一方高于另一方的情形，这种情形被形象地形容为法官在上，原被告双方平等在下的等腰三角形结构。

平等性是衡量一种程序是否公正的基本标准。司法平等原则在一定程度上保证了当事人的合法权益，让法官保持不偏不倚的态度，从而保证司法的结果公平。在贯彻司法平等原则的前提下，通过诉讼可以恢复社会正义，促使诉讼前地位不平等的当事人及其行为发生逆向转变，从而恢复社会的有序状态。如在刑事诉讼之中，由于追诉制度，被告一方的身心往往受到来自司法机关和追诉机关的双重压力，如果在这种情况下不竭力提供给被告人以平等的地位和权利，那么法庭便很难得出事实的真相，亦不可能在诉讼中进行正确的定罪量刑。① 如此一来，不仅原有的不平等之状无法消除，甚至还会产生某些更为意想不到的不堪现状。

（三）司法公开原则

司法公开是指司法程序的每一阶段和步骤都应该以当事人和社会公众看得见的方式进行。司法公开可以分别从公开对象、公开范围、公开内容等方面予以分析。其中司法公开的对象是当事人及社会公众；司法公开的范围包括审判公开和检务公开，审判公开包括公开审理和公开宣判；司法公开的内容包括司法活动的公开和司法文件的公开。

“在相当长的历史时期，司法一直具有神秘主义的特征，尤其是在中世纪的欧洲，无论是教会诉讼还是世俗诉讼，都主要采用秘密的方式进行，诉讼的

① 参见谭世贵主编：《中国司法原理》，高等教育出版社 2004 年版，第 10 页。

整个过程基本是封闭的，不仅对社会而且对当事人也保持着一种隔绝状态。”① 如果说，“神秘化”是封建司法的基本特质，那么“公开性”则是现代司法的内在要求——如果说，在专制时代，司法正是借助其神秘性，而获得恐吓的力量；那么，在民主时代，司法唯有立基于其公开性，方可获得应有的权威。因为，“真正的司法权威并不能依靠将法官个体严实地包裹于机构的神秘面纱之下而得以建立，而是应当建立在司法过程的公开、透明以及司法结果的充分说理之上”。② 在这个意义上，禁止秘密审判，构成了司法公开法则的基本元素。

司法公开还要求避免暗箱猜疑。“猜疑”乃司法公信之天敌。司法一旦被猜疑有“暗箱”，其公信则必荡然无存。而避免暗箱猜疑的最好方式，便是司法公开。其核心意思有三：(1)祛除司法潜规则——“潜规则”是造成司法暗箱猜疑的重要诱因，只要有潜规则存在，就难免暗箱猜疑；因此，祛除潜规则是避免暗箱猜疑的前提条件，而且，唯有祛除潜规则，明规则方能够得以彰显，司法规则的公开才具有现实的意义。(2)避免先入为主——“先定后审”是司法领域中先入为主的典型表现，由于案件结果在审判之前已然“决定”，导致审判过程流于形式，审判公开则因此而成为“公开的骗局”；要解决先定后审的问题，就必须确立“庭审中心”原则；反过来说，唯有坚持庭审中心，审判公开才具有现实的意义。(3)避免审判分离——审判分离即所谓“审者不判，判者不审”，由于“判决”是在审理之后形成的，导致其前的审判公开徒具形骸；要解决审判分离，必须确立“审者判，判者审”审判合一原则；换言之，唯有“判决”与庭审一并公开，才合乎司法公开之本意。

法谚有云：正义不仅应当实现，而且应当以人们看得见的方式实现。司法公开的意义在于增加司法的透明度，使当事人及公众能够了解司法运作的过程，对当事人而言，司法公开满足了其知情权的要求，一方面为其诉讼活动的进行奠定基础，另一方面可以使其切身感受到正义实现的过程，起到良好的法制宣传教育之功。对社会公众而言，公开使其了解司法活动，形成舆论压力，从而实现对司法的监督。

---

① 顾培东：《诉讼制度的哲学思考》，参见柴发邦：《体制改革与完善诉讼制度》，中国人民公安大学出版社1991年版，第194页。

② [美]罗纳德·德沃金：《法律帝国》，李长青译，中国大百科全书出版社1996年版，第273页。

（四）司法参与原则

司法参与原则在英美国家又称为“获得法庭审判机会”的原则，其核心思想是指那些权益可能会受到裁判或诉讼结局影响的人应当有充分的机会富有意义地参与裁判的制作过程，并对裁判结果的形成发挥其有效的影响和作用。司法参与原则主要包括三个方面的要点：(1)当事人对诉讼程序的参与必须是自主的、自愿的，而非强迫的、受他人控制的。(2)当事人对程序的参与必须享有充分的机会，即当事人可以充分表达自己的观点、意见、主张，并有充分机会对对方的主张、证据进行反驳和辩论。美国学者贝勒斯将程序参与机会分解为六个要素，即在合理的时间内公开审理、充分通知、获得帮助的权利、提出和反驳证据的机会、裁判以当事人在诉讼中提供的信息为基础以及当事人对裁判上诉的机会。① (3)当事人的参与必须是实质性的，而不能流于形式，能够通过自己的参与行为实质性地影响裁决的形成，这就要求司法裁判必须建立在当事人所提供的信息基础上。

司法参与原则有着悠久的历史，早在英国传统的“自然正义”原则中就有所体现，“法官在制作裁判时，应听取对方当事人的意见，并须给予所有与案件有直接利害关系的人以充分陈述意见的机会”。司法参与原则也是司法程序公正的要素之一，对此美国学者富勒指出：“使审判区别于其他秩序形成原则的内在特征在于承认审判所作决定将对产生直接影响的人能够通过一种特殊的形式参与审判，即承认他们为了得到对自己有利的决定而提出证据并进行理性的说服和辩论。”②

在我国，司法参与原则除了在诉讼法制度上有所体现外，还要求法官至少应承担以下三项义务：一是必须认真倾听当事人的主张，在法庭中保障当事人发言的权利，给予当事人充分的发言时间；二是必须以认真回答当事人主张的方式，对自己作出决定的根据进行充分的说明，这一点主要体现在我国的审判判决书中，法官需要在其中详细阐述自己驳回当事人请求以及作出决定的理由和法律依据；三是作出的决定必须建立在当事人双方提出的证据和辩论的基础上，并与此相适应。即法官需要在法庭上认真听取当事人的举证和质证，从而

① Michael D. Bayles, Procedural Justice, Kluwer Publishing Company(1990), p. 39. 转引自肖建国：《程序公正的理念及其实现》，载《法学研究》1999年第3期。

② Lon Fuller, The Form and limits of Adjudication, in Harvard Law Review 92 (1978), p. 364. 转引自肖建国：《程序公正的理念及其实现》，载《法学研究》1999年第3期。

认定证据的客观性、真实性、关联性，并以此为基础得出结论。

第二节 司法独立原则

司法独立是现代法治国家对司法权运行的普遍共识，但对司法独立原则的具体认识却有所差异。我国的司法独立思想源于西方，发展于中国本土，随着经济社会之发展，又不断扬弃、进步革新。尤其随着我国司法体制改革的深化，司法独立原则也被赋予新的意涵。

一、司法独立原则的历史演进

司法独立源于西方权力分立的国家学说，是当今国际社会公认的司法原则。其最早起源于西方国家的分权思想，并在西方得以进一步发展演进。于中国而言，由于中国古代有着司法与行政不分的历史传统。直至清末修律以后，西方司法独立之思想才渐渐地传入中国。

(一)司法独立理论的发展

分权制衡思想源于古希腊时期的亚里士多德。他曾在《政治学》一书中指出："一切政体都有三个要素……三者之一为有关城邦一般公务的议事机能；其二为行政机能部分……其三为审判(司法)机能。"①在亚里士多德看来，这三种机能是每一种政体的基础，只有三者均有良好组织时，一个政体才算是健全的、完整的。而后，在亚里士多德思想的基础上，古罗马时期的学者波里比阿通过考察罗马兴盛的历史，指出罗马政体中的执政官、元老院、公民大会和护民官等机构分别掌握着不同的国家权力，彼此之间相互制约以得平衡，从而确保了罗马之伟大强盛。在漫长黑暗的中世纪，虽然国王对全国领土仍保留着名义上的审判管辖权，但随着封建领主和教会所享有之审判权的日益扩大，国王的审判权实质上已丧失殆尽。在此期间，无论是柯克大法官在与国王詹姆斯一世的对话中所引用的"国王贵居于万民之上，却应该受制于法律和上帝"，还是英国著名哲学家哈林顿所说的"建立法治共和国必须采取'均势'之原则，以期实现权力分立"，这一切实际上都隐含着司法独立之主旨与理念。

在世界历史长河中，法国著名思想家孟德斯鸠是第一次系统阐述司法独立原则之人。他提出了"三权分立"的制度设计，并在国家权力中引申出了独立

① [古希腊]亚里士多德：《政治学》，吴寿彭译，商务印书馆2009年版，第218页。

司法权之概念，并且把司法权作为一种独立于行政权的国家权力而加以强调。至资产阶级革命胜利后，司法独立原则逐渐被许多国家的宪法所确认，例如美国宪法第3条第一项规定："合众国的司法权属于最高法院以及国会随时规定与设立的下级法院。"此规定的诞生，正式标志着三权分立之平衡体制在美国的确立。

此后，司法独立原则正式成为国际社会普遍认可的一项司法原则。1987年联合国通过了《关于司法独立的基本原则》，该基本原则对司法机关的独立以及司法机关人员的言论自由和结社自由、资格、甄别和培训、服务条件和任期、职业保密和豁免、纪律处分、停职和撤职等均作出了具体规定。此举对各国推进司法独立及法官制度的建立、改革、完善发挥着积极的促进作用和约束功能。

（二）司法独立原则在我国的确立

在我国，司法独立这一概念的提出始于鸦片战争后领事裁判权的丧失之时。对此，不少思想家进行了深刻的剖析与思考。如康有为从君主立宪制的角度论述了西方国家司法独立的重要性，他指出："近泰西政论，皆言三权，有议政之官，有行政之官，有司法之官，三权立，然后政体备。"①因此，他主张中国应奉行司法独立之原则。而严复通过对西方著作的大量翻译，介绍和传播了近代资产阶级的法律学说，并以此为基础，进一步促进了中国近代诉讼司法思想的发展。此外，严复还进一步指出，中国欲想富强而久安就必须实行新法制、采用西法，实行司法独立。② 1903年，在内外交困的形势下，晚清政府被迫接受了变法修律的主张。而沈家本作为中国近现代著名的法律思想家和改革封建法制的倡导者，便是此次变法修律的主持者。经过多番努力，终于1910年制定了中国历史上第一部全国性的法院组织法即《法院编制法》，此法的编纂诞生标志着中国在法律中第一次确认了司法独立之制度。而沈家本的司法独立之思想，亦成为中国近现代司法独立思想进一步发展和飞跃的重要反映与体现。

在辛亥革命时期，孙中山根据孟德斯鸠的三权分立思想创制了五权宪法，还强调了"司法机关为独立机关"，并进一步明确指出司法机关不受行政干涉，

---

① 康有为：《上清帝第六书》，参见汤志钧编，《康有为政论集》，中华书局1998年版，第211页。

② 参见[法]孟德斯鸠：《法意》（上册），严复译，商务印书馆1981年版，第419～420页。

实行司法独立之原则。1912 年 3 月，孙中山在内务部警务局局长呈送的《律师法草案》上批文指出："查律师制度与司法独立相辅为用，夙为文明各国所通行。现各处既纷纷设立律师公会，尤应亟定法律，俾资依据。"①然而在当时的社会大势下，虽然当时的一些进步思想家积极倡导司法独立，但是资产阶级却并未完成这一使命。

中华人民共和国成立后，1954 年《宪法》第 78 条规定："人民法院独立进行审判。只服从法律。"由此得知，中华人民共和国成立之初，正式确立了司法机关独立行使审判权之原则。然而，随后的"反右斗争"和"文化大革命"使得这一条文形同虚设、等同作废。直至党的十一届三中全会召开，1982 年我国宪法确立了社会主义制度下的司法独立原则。

需要指出的是，我国的司法独立原则与西方三权分立语境下的司法独立有本质的不同。我国的国家权力属于全体人民，全部的国家权力由人民的代表机关行使，人民的代表机关即国家权力机关依法产生司法机关，并有权对司法机关进行监督。我国的司法独立是在国家权力机关监督下的司法独立。

二、司法独立的现代意涵

随着司法改革的深入和现代法治理念的发展，司法独立原则也被赋予更多新的意涵。

（一）法官主体性

保障法官主体性是司法独立原则的本质性要求。在哲学上，主体性是一个包含了意志独立和行为自主的范畴。法官首先是一个"人"，唯其是"人"，②

---

① 孙中山：《大总统令法制局审核呈复律师法草案文》，载《临时政府公报》1912 年 3 月 22 日。

② 作为一个人，法官不可避免地带有自身个性、思维定势和个人偏好等。"有良知的法官将会尽可能地使自己意识到其人格中的各种偏见，不依靠这种自知之明来抵消它们的影响。许多伤害都是由这样一种神话造成，那就是：只要穿上一件黑色的法袍，以法官的身份郑重宣誓，一个人就不再说是人了，他将摆脱所有偏见，变成一架毫无感情的思维机器。在司法过程中，这种对人性因素的掩盖，是在怂恿这些因素以一种增强的方式发挥作用；意识的阳光对偏见有一种杀菌的效果。坦率地承认自己是一个人，依靠自知之明，法官就可以并且肯定能够防止这类偏见所造成的影响。"［美］杰罗姆·弗兰克：《初审法院——美国司法中的神话与现实》，赵承寿译，中国政法大学出版社 2006 年版，第 456 页。

所以才成为司法过程中的“主体”。马克思主义认为，人的主体性指主体对客体的主导地位以及对客体能动地认识和改造的特性，其根本内容是人的实践能力和创造力。其要义有三：(1)法官自主性，即法官由其自身的偏好，并且会将这种偏好积极地渗透到司法过程之中——“和任何其他人一样，一位法官也是由有限知识和能力组成的一个选择有机体”。① 杰罗姆·弗兰克在《初审法院》中曾经说过：作为人类，由于初审法官们各自的智力、理解力、注意力的水平不同，以及其他实际精神和情感方面的个性，不同的初审法官在听审并观察证人时也会有不同的表现。② (2)法官自觉性，即作为司法活动的主体，法官能够清楚地意识到自己行为的意义并加以主动控制，使之符合一定目的。(3)法官能动性，所谓能动性是指作为主体的法官用独立的人格、头脑进行的专业性思考，它内涵着个性、尊严、自由和创造力等基本元素——法官的自由、公正并独立是人性本质所决定的；法官只有充分认识到自己的能力和权利，并充分发挥其能动性，才能成为名副其实的主体，从事自觉的司法实践。

因此，当我们在法律上赋予法院和法官主体性地位的时候，实际上也将司法过程中的意志独立和行为自主赋予给了法院和法官。因此，如果说，“中立”构成了司法运行的基本规律，那么法官的主体性则是维持司法“居中而行”的内在规定性。③ 其要义有三：(1)只有明确法院与法官的主体性地位，才能使法院与法官做到“居中”裁判。(2)法院与法官只有具备主体性地位，才能超脱于左右，有独立思考、判断之能力。(3)法院与法官的自主性是司法公正的制度保障，一旦这种主体性迷失，法官之裁判便会带有偏见。在这个意义上说，保障法官裁判的自主性远比任何要求更能体现司法的独立之本质。

(二)法官职业化

司法的运作过程涉及事实认定、证据采信、法律解释、司法推理、法律论

---

① [美]理查德·波斯纳：《法官如何思考》，苏力译，北京大学出版社 2009 年版，第 110 页。

② [美]杰罗姆·弗兰克：《初审法院——美国司法中的神话与现实》，赵承寿译，中国政法大学出版社 2006 年版，第 164~165 页。

③ 司法中立是现代司法理念的基础与核心，司法中立所强调的是司法职能的“居中裁判”角色，体现为执法者代表司法机关在法律实施过程中对所发生的各种主体之间的各种纠纷，以中立的身份和地位，依公正、科学的司法程序，居中加以解决，他们既不作为纠纷任何一方当事人的组成部分，也不主动介入纠纷之中。参见戴传利、张慧、朱献忠：《论司法“中立”与法官“居中调解”》，载《理论建设》2009 年第 2 期。

证以及裁判文书制作等一系列高度技术化或专业化职能的运作，而这些专业化职能的运作是必须遵循一系列专业技术规范的，正是这些专业技术规范构成了司法过程客观性或中立性的基本保障。因此，“专业性”构成了司法运作中立性法则的基本元素。司法活动的专业性与复杂性对法官的职业素质提出了较高要求，非经专业训练的法官势必难以达到司法活动对“技术理性”的要求，因此法官职业化已经成为现代司法制度的构造性因素。①法官的职业化包括形式与实质两个方面的要求。在形式上，要求法官必须具备一定的资格资质；实质上，要求法官必须具备相应的技能、人格和职业伦理。

对于法官职业化的形式要求，可见诸我国《法官法》第9条、第10条、第12条之规定，包括了身份方面的形式要求和技能方面的形式要求。身份上的形式要求主要是国籍要求、年龄要求等，技能方面的形式要求主要包括学历要求和通过司法考试等。

法官职业化的实质要求包括法官具备从事审判工作所必需的职业意识、职业技能、职业道德和职业保障。具体而言：(1)法官的职业意识即是法官对自身主体性的认知以及对法官职业的认同。法官应具备中立意识、公正意识、独立意识、忠于宪法法律的意识以及法官尊荣意识等。(2)法官的职业技能是指法官应具备处理所承担职责的法律知识与业务技能，并不断通过培训学习进行知识、技能更新。(3)法官的职业道德要求法官应在遵守法律规范、区别于大众道德之职业伦理的基础上，具备独立的人格、高尚的道德情操，忠于法律、信仰法律。(4)法官的职业保障分为三个层次。第一层次为法官职业安全保障，法官不因自己的职业行为及言论受到追究；第二层次为法官职业物质保障，法官任职期间及退休之后，应享有充分的经济保障。第三层次为法官职业荣誉保障，法官职业应享有崇高的职业声誉和社会地位，法官个人也应具备尊荣意识。

(三)裁判独立

“司法独立”是司法权运行的特性，正是这种“独立运行”使得司法与其他运动的客观物体区别开来；正如同人之“独立行走”将人与动物区分开来一样。因为“裁判”是司法运动的基本形式，因此，司法的独立性本质上就是“裁判独立”，即法官在特定案件中裁定事实和解释法律的能力“免于个人、经济、政

① 参见张志铭、李学尧：《论法院人员分类改革　以法官职业化为指向》，载《法律适用》2007年第1期。

治，以及任何报复恐惧等一切外在压力影响。”①简言之，即法官能够自主裁判、不受干预。其要义有二：(1)法官依照法律规定独立行使审判权——在法律规定的框架内，独立自主地从事审判活动，乃司法独立运行的基本标志；(2)法官不接受法律明文规定的以外的任何干预——法官在审判活动过程中必须也只能接受法律明文规定的干预，不接受其他非法干预，是司法独立运行的基本条件。

三、司法独立原则的价值

司法独立原则作为现代司法的重要原则之一，其价值是多元的，主要表现在其对于政治的价值，以及其对司法之价值。

(一)司法独立的政治价值

司法独立源于权力制约的需要。现代民主政治的一个明显标志即权力的分化和分解。

然而，权力分化的根本目的在于权力之制约，即实现法律对权力的规制。由此，需要将权力运作纳入司法裁判的范畴。只有调整司法权力与其他权力关系，才能实现法律对于权力的规制。

我国将国家权力分为立法权、行政权、法律监督权和审判权，除了需要分工负责外，最重要的原因还在于实现权力的制约和平衡。如果不实行司法独立，在检察机关工作人员对国家工作人员的贪污腐败行为行使侦查权和公诉权时，行政机关可以任意阻碍侦查或起诉；或是在审判机关行使审判权时，行政机关可以进行干涉，强令法院有罪判无或者重罪轻判，那么行政机关及其工作人员的权力就不能得到有效的制约和监督，进而必然会滋生更严重的贪污腐败现象。② 因而，司法独立是许多国家包括我国在内的重要司法原则之一。

(二)司法独立的司法价值

司法独立的价值不仅表现在政治方面，更重要的表现是在司法领域。司法独立为司法机关及其法官公正从事审判活动提供了有利条件。

其一，司法独立是实现司法公正的前提条件。具体表现在：(1)司法独立

---

① Archibald Cox, The Independence of the Judiciary: History and Purposes, 21 U. Dayton L. Rev. 565, 566(1996).

② 参见谭世贵主编：《中国司法原理》，高等教育出版社 2004 年版，第 176 页。

确保了法官中立性及当事人平等参与性的实现。司法独立确保了法官在发生争端的各方参与者之间保持一种超然的态度和地位，不会对任何一方存有偏见和歧视。同时，司法独立保证了裁判者给予各方参与者平等参与的机会，并对各方的主张和证据予以同等的尊重和关注，即程序对等性。在诉讼活动中，法官的中立地位及双方当事人的平等参与是实现程序正义的基本要求，而其实现无疑是建立在司法独立原则的基础之上。(2)确保当事人参与司法程序，即程序参与权的实现。程序参与权是指权益可能受到裁判或诉讼结局直接影响的主体所享有的富有意义地参与裁判制作过程，并对裁判结果发挥有效影响的权利。① 在审判过程中，只有实行司法独立原则，才能使当事人获得充分的机会提出各自的诉讼主张及相应的证据，从而保障当事人的程序参与权，并最终维护其实体权益。(3)确保法官对实体问题作出准确裁决，树立司法裁判的权威。严格贯彻司法独立原则，有利于实现审理权与裁判权的真正统一，从而使得法官的裁判建立在当事人当庭举证、质证、辩论等活动的基础之上，保障裁判结果的准确和公正。

其二，司法独立是提高司法效率的基本途径。司法效率是国家建立和实施司法制度所追求的除了实现社会公正之外的另一个目的，亦是实现司法公正的必要保障，正如谚语“迟来的正义非正义”所要表达的内涵：(1)司法独立原则能够保障法官、检察官在进行司法活动的时候独立自主，不受外界的干扰，这样才能迅速及时地查明案件事实、适用法律进而对案件作出恰当的处理，从而确保司法公正和效率的实现。(2)司法独立原则在保证法官作出准确的裁决后，便可能降低冤假错案的发生概率，进而减少申诉、上诉等活动，避免不必要的资源浪费，保证裁判活动的高效与公正，优化司法资源的配置。

(三)司法独立原则价值在我国的体现

我国现行《宪法》第 126 条规定：“人民法院依照法律规定独立行使审判权，不受行政机关、社会团体和个人的干涉。”第 131 条规定：“人民检察院依照法律规定独立行使检察权，不受行政机关、社会团体和个人的干涉。”由此推知，司法独立原则已经成为我国司法的一项重要原则，并且受到宪法的确认与保护。然而，由于我国正处于社会主义初级阶段，司法机关独立司法还存在许多的问题与不足，具体而言：

其一，司法运行的行政化。由于我国司法实践实行院长、庭长审批案件制

① 参见房国宾：《司法独立原则解读》，载《贵州社会科学》2006 年第 5 期。

度、审判委员会制度、案件请示制度。因此，我国人民法院的司法审判工作几乎是按照行政化的模式予以构建和运行的，简言之，带有浓厚的行政色彩。具体而言，院长、庭长有权审批案件却不参与案件的审理工作，这种“审判分离”的做法违背了审判的直接原则、言辞原则以及公开原则，是法院内部不独立的体现。而审判委员会讨论案件处理的做法也同样违背了审判原则，极大地影响司法效率。

其二，社会监督的无序化。社会监督尤其是新闻媒体的监督，包括近几年开始的网络监督是保证司法公正的重要手段。但社会监督也是一把双刃剑，如果超过一定的限度会侵害司法的独立性，进而又影响到司法的公正性。在我国，个别媒体为了追求新闻的轰动效果，往往把检方的指控当做实际发生的情况，无所顾忌地使用各种带有倾向性的词句来报道尚未审结的案件，以引起公众对被告人的义愤，从而使法院受到来自民众的压力。① 这些社会监督的无序化，不利于法官根据自由心证的原则审判案件，使得司法独立原则受到了一定程度的干扰。而社会监督的有序进行需要加强全民的法制教育，切实完成全民普法的工作，做到全民懂法，这样才能在保证司法独立性的基础上加强社会对司法的监督。

第三节　司法法治原则

司法法治是司法运行的根本规律，同时也是司法应当追求的理想状态。司法权作为国家权力组成部分，它的运作当然应符合法治的内在要求，体现法治的基本精神，追求法治的理想状态。司法法治是法治意识形态在司法领域的具化表现，探讨司法法治原则，应当立足于中国特色法治的场境、处境和意境。②

一、法治原则的历史发展

司法法治原则的产生根源在于法治原则的确立，从法治概念的起源到法治理想的确定，法治的一般原则被逐渐孕育出来，而后转化为近代法治国家的标志，并最终成为现代法治社会的灵魂与核心。社会各方面对法治的普遍性已经成为一种朴素共识，但对中国法治的理想图景与应然状态还存在很多理念分

① 参见胡传省：《司法公正的实现途径》，合肥工业大学出版社2006年版，第78页。

② 参见江国华：《法治的场境、处境和意境》，载《法学研究》2012年第6期。

歧。分歧的主线在于：是趋从西方某些法治理论所倡导的法治模式，还是坚持走中国特色自创性、自主性法治道路。① 所有问题之症结，都将回到中国的法治是什么这一原点。

(一)法治原则在西方社会的产生与发展

谈及西方法治概念时，“言必称希腊”已是一种思维惯式。“法治”一词最早由古希腊思想家亚里士多德提出，他认为：“法治应包含两重意义：已成立的法律获得普遍的服从，而大家所服从的法律本应是制定良好的法律”。② 他明确主张实行法治，反对人治，即“法治应当优于一人之治”。③ 守法之治和良法之治被认为是亚里士多德思想的精髓。④ 后经洛克、孟德斯鸠、戴雪、麦迪逊、富勒、拉兹、菲尼斯、哈耶克、罗尔斯、德沃金等思想家的发展完善，西方法治观念的内涵不断被丰富。到20世纪，自由主义法治理论通过对法治的若干要素或特征的直接或间接的强调，刻画了一个极为理想化的法治模式，为人们描绘了一个极度完美的法治图景。⑤ 自由主义法治理论借助西方文明在近代史上的成功，以及西方国家目前在经济、政治、军事等领域的强势，不断向发展中国家渗入，逐渐成为了以西方法治思想为底版的普世主义法治观。⑥

西方近现代意义上的法治，是西方文明的产物，体现了西方文化传统中的某些超验价值或宗教信仰价值的理性之治。⑦ 西方法治文明的背后，是经历了17、18世纪欧洲社会变革的历史背景、基督教文明繁荣的宗教背景和西方分权制衡、多党政治等政治背景等独特的法治语境。所以，发展中国家在进行法律观念移植的过程中，需要择善而从、批判继受，需摆脱对西方法治理论照搬、模仿的路径依赖。

---

① 参见顾培东：《当代中国法治话语体系的构建》，载《法学研究》2012年第3期。

② [古希腊]亚里士多德：《政治学》，吴寿彭译，商务印书馆2009年版，第202页。

③ [古希腊]亚里士多德：《政治学》，吴寿彭译，商务印书馆2009年版，第171页。

④ 参见李龙主编：《法理学》，武汉大学出版社2011年版，第329页。

⑤ 参见顾培东：《当代中国法治话语体系的构建》，载《法学研究》2012年第3期。

⑥ 参见舒国滢、程春明：《西方法治的文化社会学解释框架》，载《政法论坛》2001年第4期。

⑦ 参见舒国滢、程春明：《西方法治的文化社会学解释框架》，载《政法论坛》2001年第4期。

(二)中国法治建设的探索

清末以降,西法东渐,中华法系受到了西方法学理论的严重冲击。在此期间,“社会契约”、“分权制衡”等西方法治元素纷纷被引进中国。此后一百多年间,中国法学家都致力于阐释、传播、运用西方的法学理论、概念,来研究解释中国问题、指导中国的法治实践。

中华人民共和国成立后不久,由于意识形态的差异,西方法治理论被作为资产阶级的专利而受到批判,同时我国在法制建设领域开始学习苏联。在此期间,中国的法学理论、法制实践甚至法学教育都全面“苏联化”。

改革开放之后,西方法律文化开始再度影响中国。当时英美国家作为法治成熟国家,而中国则是法治初创国家,中西方法律文化壁垒刚被打破,西方法学理论便开始了对中国的“倾销”。美国等西方国家公开推行的自由主义法治观对当代中国的法治意识形态产生了重要影响,一度成为认识和批判我国法治现实的依据和标准。尤其在20世纪90年代到21世纪之初的十余年间,我国提出“依法治国”,“法治”入宪,浪漫主义法治思潮开始盛行。① 自由主义法治观所描绘的法治图景更谙合了当时人们的社会理想。中国法治现代化的进程开始偏向“西化”路径。

在西方法治观念居于主导地位的同时,关照中国本土国情来认识和把握法治的主张和努力也一直存在。② 尤其近年来,很多法学家开始反思这种一元论法治观念,主张应该在尊重法治的基本立场之下探讨中国的法治建设,形成自主的法治意境。国家层面也在承认法治正当性价值的基础上对中国法治建设作出了适时引导,推动法治“中国路径”的探索。确立中国的法治原则,要坚持依法治国的法治立场,坚持法治价值的正当性,在学习、引入西方法治观念的同时,正确认知和把握当代中国法治语境的特殊性,积极探索中国法治建设的可用资源、任务需求、发展路径与目标模式。虽然短时间内,我们的法治理论还不能明确而系统地回答什么是法治这一基本问题,但一些法治实践的探索已逐渐展开。如法治指标体系、法治发展指数等量化法治的技术路径的践行,都为切实推动法治建设起到了积极作用。

---

① 参见陈金钊:《走出法治浪漫主义的误区》,载《法学》1995年第4期。

② 参见张志铭、于浩:《共和国法治认识的逻辑展开》,载《法学研究》2013年第3期。

二、司法法治原则的内涵

司法法治原则是法治原则在司法领域的具体实践，也是司法运行的根本规律。它涉及三个基本面：一是司法主体(Who)，法院、法官及其所享有的司法权力均是法律的产物，法治乃其内在规定性；二是司法程序(Procedure)，程序就是司法运行的轨道，而这个轨道是由各种法律规范依照法治原则铺就而成；三是司法方式(Way)，裁判乃司法作用的基本方式，而裁判是必须以法律为依据的。

(一)司法主体法治

在法理上，司法主体内在地包括法院、法官和审判权三个基本要素——之所以将司法权解释为主体性的构成元素，是因为在所有涉及法院与法官的法律规范中，都将“审判权”规定为其标识性意涵。比如，我国《宪法》第23条规定“人民法院是国家的审判机关”，《法官法》第2条规定：“法官是行使国家审判权的审判人员”。因此，从司法主体的角度而言，司法法治可以作这三个层面理解：(1)法院是国家的审判组织。审判组织的产生与构造是由宪法和组织法明文规定的，而宪法和组织法据以构建审判组织的基本依据即为“法治”——它内在地包含两层意思：一是法治国家层面，即法院是法治国家的一个构成要素，缺少这个要素，法治国家便无以为继；二是法治司法层面，即法院是通往法治的必由之路，唯依法治组建的法院方可堪此重任。(2)法官是专门的审判人员。法官的主体地位由法律赋予并受法律保护，因此，忠诚于法律乃法官人格的第一要素，只服从法律则是法官人格的第二要素。(3)审判权。权力法定乃法治的第一诫命。法院和法官所行使的审判权源自于法律，并受制于法律——为权力设置边界乃权力法定诫命应有之义，因为“一切有权力的人都容易滥用权力，这是万古不易的一条经验，有权力的人们使用权力一直到遇有界限的地方才休止。”①享有审判权的法院和法官当然也须恪守这一法治诫命。

在司法实践中，司法主体法治就要求：(1)司法主体独立。司法主体独立包括司法职能独立、司法机构独立和法官审判独立。司法职能独立是指司法活动独立于立法、行政，还应尽量去政治化，避免“工具司法”，实现职能独立。

---

① [法]孟德斯鸠：《论法的精神》(上册)，张雁深译，商务印书馆1961年版，第154页。

司法机构独立是指人民法院作为唯一享有审判权的机关，在审理和裁判案件中，不受其他国家机关、组织或个人的干预。法官审判独立是指法官独立审理裁判案件，不受法院系统内部其他组织、个人的影响，让审理者裁判、由裁判者负责。(2)法官人格塑造。西方法谚有云："法官是仅次于上帝最完美的人。"法官因其职业的特殊性，要求其具备更加独立的人格。这就要求法官在道德层面，具备较高的道德操守，时刻保持对法律的信仰与忠诚，心怀法律良知；在法律技能层面，能正确理解和适用法律，依法判决。将法官这个角色塑造成为社会秩序的修护者、社会公正的建设者、社会灵魂的守护者。(3)防止权力滥用。作为司法主体的法院与法官应当合理用权，严格依法裁判，不能徇私枉法；司法受制正是法院依法独立行使审判权必然要求的制度配置。无论是法院还是法官，不能抵触国家和社会对审判活动的监督。

(二)司法程序法治

司法程序法治是指审判活动必须遵循正当法律程序原则。就其渊源而言，正当法律程序起源于古老的自然正义法则。在经由《自由大宪章》(1215年)、《权利请愿书》(1628年)、《权利宣言》(1789年)和《美国权利法案》(1791年)等宪法性文件或宪法修正案的明确规定之后，发展为一项成文的宪法原则。其基本意味有三：(1)任何人不得自己做自己的法官，据此，法官应当居中裁断，与案件存在利害关系的人应实行回避；(2)任何人在其权益受到判决影响之际，都享有被告知和陈述自己意见并获得听审的权利，据此，法庭的判决在作出时，必须预先为受到相应判决不利影响的人提供辩护和异议的机会；(3)司法程序应当具有可参与性，并包含公开、公正、公平等基本内容；(4)司法程序属于法律保留事项，即只能由法律规定；而且，规定司法程序的法律本身必须是正当的，不得有违罪刑法定、无罪推定、溯及既往禁止等法治精神。

(三)司法方式法治

作为司法运行的基本方式，裁判必须依法进行；无法律，即无裁判。因此，一切形式的司法裁判，都只能是而且仅仅是依据法律所作出的判断；离开法律的司法裁判，即有违司法规律。其要义有三：(1)司法裁判须有法律依据。法律是裁判的基本准绳，司法裁判不得违背法律的明文规定，罔顾法律的裁判即为非法裁判。(2)司法裁判必须以保护合法权益作为最终目的。保护法益乃司法的基本职责。美国学者博登海默说："为作出一个公正的判决，法官必须确立立法者通过某条特定的法律所旨在保护的利益。”①司法裁判的过程本质上是法律所保障之利益实现的过程。换言之，司法裁判应当达成保护法益之目的，而不是相反。(3)司法裁判应当维护既存秩序。司法是天然的保守派，维护法律的安定性和实现法律的统一，乃审判的核心价值。唯有法的安定，公民权利才有保障。因此，司法裁判应当以维护法的安定性、权威性和既存法律秩序为基本旨趣。

三、司法法治原则的意义

所谓司法法治其实就是塑造现代司法的一枚法律标尺，是使司法者的行为服从规则治理的事业。② 其核心是法治，目标是维护法律的尊严、追求法律上和事实上的平等。因而，坚持司法法治，对于正义的实现和司法实践的有序进行意义重大。

(一)树立法律的权威

司法机关是一国法律的直接实践者，是适用法律最为核心的国家机关，因而，一国法律能不能被有效地适用、遵守和执行，依法治国能否最终实现，司法机关有效地适用和遵守法律是首要因素。而司法法治原则的设立和遵守的状况则关系到司法机关能否排除各种干涉，准确适用和遵守法律。只有保证司法者依法行使司法权，合法应用法律以及遵循正当程序，才能保证法律规范被准确无误地贯彻执行，也只有被准确无误地贯彻执行的法律才具有最高的权威和尊严。“法律必须被信仰，否则它将形同虚设。”③如果法律失去了其应有的权威和尊严，法的效力便只有仰仗强制命令才能维持。否则，终将会导致现代法治的名存实亡。因而，遵循司法法治原则，能够树立法律的权威，从而规制国家的权力运作。

(二)培养社会法治氛围

遵循司法法治原则除了建立一套完善的法律制度外，还会使全社会的观念

① ［美］博登海默：《法理学——法律哲学与法律方法》，邓正来译，中国政法大学出版社 2004 年版，第 151 页。

② 参见沈木珠：《司法法治的思考与构想》，载《法商研究》2000 年第 5 期。

③ ［美］伯尔曼：《法律与宗教》，梁治平译，商务印书馆 2012 年版(代译序)，第 xxiii 页。

发生变化。通过司法程序，一种法律至上和权利本位的观念逐步在公民的心中扎根，进而在全社会形成一种良好的法律氛围。一方面，一个良好的法治国家能够使得公民拥有内心对于法律的尊重和依法独立行使职权的决心、信心以及承受由此带来的压力，并始终忠于宪法和法律，在严格的规则约束下，履行好法定职责。另一方面，完备的法律制度及其在司法中的有效运用能够使得整个社会克服重义务轻权利的思想，把保障公民的合法权益作为司法活动的出发点和落脚点，使社会中的公民能够有效地运用法律保障自己的权利，形成自己的权利意识。

(三)杜绝司法腐败

司法腐败是世界各国的普遍现象，只是程度参差不齐而已。自司法体系建立以来，由于商品经济的发展和社会的日益分化，造成了司法人员之腐化、部分官僚对司法公正的抵制以及富豪阶层对司法公正的干预等现象广泛存在，因此，欲想大幅度地防治司法腐败，遏制其滋生蔓延，让司法权力建立在规范的基础上，受到规则的有效制约，根本之法便是认真贯彻司法法治之原则。

(四)保障公民的基本权利，维护社会公平正义

树立和贯彻司法法治原则是保证裁判公正的前提，也是保障公民合法权益、维护整个社会公平正义的基本要求。由于司法法治原则能够保障法律的权威性，因而司法机关能够成为对各类纠纷实行独立、公正地裁判的仲裁者。司法者在对冲突双方的权利义务关系作出裁判时只考虑法律规则，不需要服从法律之外的其他因素，故而合法的司法活动不仅能够顺利地解决纠纷，同时，合理的裁判亦能为当事人自愿接受，使公民渐渐地树立起对司法的信心，从根本上增进对法律的信仰。由此，我们可以认为，司法法治原则是保障司法者裁判中立、遵循正当程序的前提条件，也是实现司法权对行政权之控制、保护公民权利不受侵犯的重要依凭，更是维护整个社会公平与正义的强大后盾。

第三章 司法主体

司法权作为国家权力的重要组成部分，在现代法治社会里，与立法权、行政权一同构成国家权力的基本体系，其行使者——司法主体在整个司法制度中也处于不可取代的地位。

司法主体的出现是国家权力分化的结果，而这一分化恰恰体现了国家制度的历史发展和社会文明的历史进程。早在资本主义社会之前，就出现了行使司法权的司法主体之雏形，如中国古代的大理寺、古希腊的陪审法院等设施。然而早期的司法主体在职能上并不健全，也并未从国家行政机关中独立出来，因此不能称之为现代意义上的司法主体。直至资产阶级革命后，现代意义的司法主体才开始出现。① 中国二元司法模式下的司法主体是法院、检察院、法官和检察官。

第一节 司法主体之界定

作为司法权的享有者和行使者，司法主体的界定对于司法作用的发挥有着重要的意义。对于何为司法主体，理论界和实务界争论不一。对于司法主体的界定可适当参考立法主体与行政主体的界定方式，以便更深刻地洞察和理解司法主体。

一、理论定义

“司法主体”这一概念一直属于理论范畴，缺少能够诠释其内涵和外延的定义性法律规范。对于何谓司法主体，尚存理论争议：有的学者从分权主体的角度进行分析，有的学者从诉讼主体的视域进行界定；有的学者认为司法主体的范围应予以限定，有的学者认为其外延可以适当拓展。可谓仁者见仁、智者

① 参见肖光辉主编：《法理学》，中国政法大学出版社 2011 年版，第 303 页。

见智。

（一）司法主体

学术界对于“司法主体”的界定有两种：一种观点认为，司法主体是指由国家宪法所规定的享有司法权能、依法处理案件的国家专门司法机关。① 另一种观点认为，司法一般指诉讼活动，司法主体也就是诉讼主体。进而将司法主体分为司法机关、当事人和诉讼参与人三个方面。② 司法机关主要指法院，即法院是传统的司法机关，除此之外还有一些非主要的司法机关，即检察院、司法行政机关等；诉讼当事人主要指原告和被告；对于诉讼参与人，则是只有少数特殊的诉讼参与人才是司法主体，即具有独立的诉讼地位，依法享有主要的诉讼权利和承担主要的诉讼义务，并在诉讼中发挥一定主导作用，即能影响诉讼活动的发展和结局。如民事诉讼中具有独立请求权的第三人、刑事诉讼中的被害人。③

上述两种观点的差异在于看问题角度的不同。前者从分权主体的角度出发，认为司法主体是司法权的享有者；后者从诉讼主体的角度出发，认为司法主体是司法活动的主要参与者。司法是一个以审判为核心的向外呈放射状的多元一体化开放性体系，司法的核心是以法院和法官为主体的案件审判活动。因此，虽然司法活动一般意指诉讼活动，但在我国，司法更强调执掌权力、适用法律的审判行为，而非一切诉讼活动。如起诉行为虽然属于诉讼行为，但并非司法行为。故，司法主体亦不能等同于诉讼主体，司法主体应是执掌司法权的主体。同时，在诉讼活动中发挥主导作用的当事人、诉讼参与人在一定程度上可以影响诉讼活动的走向，但并不意味着他们享有终局性的判断权。此外，通过对同类概念的考察发现，立法主体、行政主体等概念，均围绕立法权、行政权来构建概念内涵，即均是以权力主体界定概念而非诉讼主体。综上，司法主体是指享有司法职权、以自己的名义实施司法行为并承担相应法律责任的国家司法机关。

（二）司法机关

何为司法机关，一般而言，有如下判断标准：一是法定标准，即国家以

---

① 参见肖光辉主编：《法理学》，中国政法大学出版社 2011 年版，第 302 页。

② 参见熊先觉：《司法学》，法律出版社 2008 年版，第 91、93 页。

③ 参见熊先觉：《司法学》，法律出版社 2008 年版，第 94 页。

法律形式规定司法机关的范围；二是习惯标准，在历史发展中，某些国家机关被认为具有司法机关之性质，且行使着司法权或发挥着司法之职能，我们将其称之为司法机关；三是功能标准，有的国家机关在法律上或习惯上并未明确其司法性质，但它发挥的作用及其活动所产生的效果，却同司法机关十分相近，甚至完全一样，此即被视为司法机关。严格意义上的、传统的司法机关是由法律规定行使国家司法权的机关。① 从分权的角度而言，一般司法机关仅指法院。

针对对“司法权”的分析可知，司法机关作为国家机构的重要组成部分，是承担司法职能的特定机构。② 对于其所涵盖的范围，从“司法权”的分类中可窥知一二。对我国司法机关的范围，学术界大致有三种观点：(1)司法机关包括人民法院、人民检察院、公安机关、国家安全机关、司法行政机关以及司法行政机关领导的监狱、劳动改造管教队、少年犯管教所、拘役所等刑罚执行机关；③ (2)司法机关仅指人民法院和人民检察院，此观点具有普遍性；(3)司法机关仅指法院。综上而言，司法机关与上文所言之“司法”与“司法权”是相通的，其混合了中西方之特点。第一种观点过于笼统，囊括了司法系统的各个链条、环节，虽深得概括之法但却缺乏司法应有之特色，与司法本身的职能、特点深不相符。第二种观点，虽然具有普遍性也与我国的国情相符，但是也存在一定的问题。司法具有被动性，它是消极的而非主动的。而检察院行使职权却是积极的、主动的，如追诉权。但就我国而言，检察权纳入司法权的范畴，一方面符合我国政治体制及现实状态，另一方面检察机关作为法律监督部门，切实实施着法律监督、审判监督、批准逮捕等司法职能。此外，检察机关在维护法制统一的活动中，亦具备独立的判断与裁决之能，并同时兼有适用法律之目的，简言之，我国检察机关具有司法之属性。④

就我国现行宪法对司法机关和司法权的规定来看，《宪法》第123条规定：“中华人民共和国人民法院是国家的审判机关。”第129条规定：“中华人民共和国人民检察院是国家的法律监督机关”，由此推知，我国现行的司法体制包

① 参见熊先觉、刘运宏：《中国司法制度学》，法律出版社2007年版，第12页。

② 参见陈光中、崔洁：《司法、司法机关的中国式解读》，载《中国法学》2008年第2期。

③ 参见马铁夫：《司法、司法权与司法主体》，载《湖南工业职业技术学院学报》2001年第9期。

④ 参见王戳：《不同权力结构模式中的“司法权”——以另一视角分析检察权》，载《政治与法律》2010年第3期。

括审判权与检察权。

综上，我国的“司法机关”既包括人民法院也包括人民检察院，我国的“司法主体”是指人民法院、人民检察院及其工作人员。

二、司法主体的特征

司法主体之定义与其基本特征有着不可分割的关联性，因此，只有明确了司法主体的特征，才能准确地认定何为司法主体。一般认为，司法主体有如下几大特征。

（一）主体的合法性

主体的合法性又称主体的法定性，即作为司法主体，必须是由国家宪法和法律所确认的具有行使司法权的专门国家司法机关。美国当代著名法学家、社会学法学的创始人庞德认为，近代以来社会的调控手段虽然多种多样，如道德、宗教、法律等，但无疑法律却是其中最为重要的，即所谓的“通过法律的社会控制”。而司法权由司法主体合法地行使，正是其中的关键方式之一。①

司法权的合法性一般认为来源于三个方面：(1)权力职能得到权力归属主体的授权，在主权国家里则意味着来自于人民的授权。无论是资本主义国家的天赋人权学说还是社会主义国家的人民主权学说，都认为包括司法权在内的一切国家权力都应当而且只能属于人民，即只有人民才是包括司法权在内所有国家权力的真正主人，而人民可通过各种途径和形式来管理国家的一切事务。在代议制中，司法权授予由民意代表组成的国家权力机关选举产生的法院来行使。(2)权力职能得到宪法和法律的确认。近代以来，各国纷纷确立了司法权由宪法和法律确认的形式，如1789年的美国宪法规定，司法权只属于各级法院；1791年的法国宪法规定，在任何情况下，司法权不得由立法议会和国王行使，也即司法权应当由法院独立行使；1949年德国基本法则明确地将司法权赋予了法官，表明法官具有独立性，且只服从于法律。② (3)权力职能得到社会的普遍认同。在现代社会，法院是具有“合法性”的国家机构，社会承认其纠纷解决权，即法院能够以国家名义行使审判权力，同时，其以国家强制力为后盾强制社会各方对其裁判的合法遵守。

---

① 参见尹忠显：《司法能力研究》，人民法院出版社2006年版，第27页。
② 参见尹忠显：《司法能力研究》，人民法院出版社2006年版，第28页。

（二）主体的独立性

司法主体的独立性同时也是司法权权力行使的独立性。即司法主体在行使司法权时具有独立性，不受任何组织或个人的干涉，只依据宪法和法律进行审判，排除其他一切法外因素的干扰。①

一般而言，司法主体的独立性主要体现在以下三个方面：一是司法职能独立，即司法职能独立于行政职能、立法职能，三者相互分工、互不隶属。二是司法组织独立，即司法机关不受外界的干涉和影响，其组织机构独立于其他国家机构。三是司法个体独立，即法官的独立，作为司法权的直接行使者，法官在审理案件中应当依据法律之规定和自由心证等原则独立自主地对案件作出裁判。

（三）主体的权威性

司法主体拥有法定的权威性，其作出的判决、裁定或司法解释等决定都具有权威性。权威，是权力与威望的统一。一方面，司法权威是一种特殊的公权力，是具有权威性的公权力。与其他公权力尤其是行政权力相比，司法权不仅以国家强制力保障实现，而且还因其诉讼特质而具有权威性。另一方面，司法除了有权力威严之品质外，其本身还应当具有社会公信力，只有具备公信力的司法权力才能构成完整的司法权威。② 司法主体的权威最先来自于立法机关依据社会公意制定的法律规则，它使司法裁判因法律规则的可预期性更易为社会公众所接受，而其裁判的公信力、执行力和权威性亦可在此得到充分的体现。③ 正如日本学者谷口安平所言，由于“吸收了大陆法传统自成一个专业系统的日本司法官员在社会上享有很高的权威和威信，一般人对法官的职业道德及公正性抱有很强的信任感……美国联邦系统的法官和德国的法官也是如此，这使他们有可能发挥‘管理型’的作用。”④因此，法律的权威与司法公正都是司法权威的基础与源泉。

---

① 参见肖光辉主编：《法理学》，中国政法大学出版社 2011 年版，第 303 页。

② 参见陈光中、肖沛权：《关于司法权威问题之探讨》，载《政法论坛》2011 年第 1 期。

③ 参见尹忠显：《司法能力研究》，人民法院出版社 2006 年版，第 28 页。

④ ［日］谷口安平：《程序的正义与诉讼》，王亚新、刘荣军译，中国政法大学出版社 2002 年版，第 36 页。

第二节 法 院

司法权作为国家权力的重要组成部分，在现代法治社会里，与立法权、行政权共同构成国家权力的基本体系。从权力分工的角度来说，行使司法权的机关仅指审判机关，即法院。法院是世界各国普遍设立的国家机关，法院伴随着国家的产生而产生，并伴随着国家机器的发展和专业化国家机关的建立而演变发展。①

中西方法院体系有较大差异，在法律地位上，中国的司法机关独立于行政机关，仅向同级人大及其常委会负责，这种设置有利于提高司法机关的独立性，而独立性对于司法职能来说是极为重要的。和立法机关不同，司法机关的主要职能在于严格依照立法机关所制定的法律裁决纠纷，因此，司法机关的独立性和中立性便显得至关重要。然而，和三权分立国家不同，中国司法机构由同级人大选举并向其报告工作。

一、西方国家法院制度

现今，法院已是世界各国普遍的裁判机关和法律适用机关。近代以来，法院在对社会控制过程中起着愈发重要的作用，并在国家整个法律体制中扮演着“控制阀”和“缓冲器”的角色。在西方法治发展实践中，法院是民主与法治进程的重要推动者。和检察机关不同，世界各国对法院的职能、定位已基本上达成共识。但鉴于司法权自身运作的诸多限制(例如过程说理限制、程序限制和审判组织的限制等)，及上下层级法院之间的微弱关系(多是通过某一方式进行监督)，故对法院的定位和职权则不再赘述，在这里重点探讨一下各国法院的设置方式、组织体系、司法活动原则及所适用的相关法官制度。

(一)西方法院体制

司法体制就是指司法机关的组织制度。具体地说，是指司法机关的设置、领导或监督体制、职权划分和管理制度。② 广义的司法体制指参与司法活动的国家专门机关在机构设置、组织隶属关系和管理权限划分等方面的体系、制

① 参见熊先觉：《司法学》，法律出版社 2008 年版，第 96 页。

② 参见谭世贵：《中国司法体制若干问题研究》，载《法治研究》2011 年第 3 期。

度、方法、形式等的总称。① 而狭义的司法体制特指法院体制及审判制度。根据所依据的标准不同，现代法院的设置方式有如下分类。

在纵向上，法院可以分为单轨制和双轨制。单轨制多存在于单一制国家中，虽然各国的法院审级制度和管辖制度由于国情不同而有所差别，但全国法院系统从中央到地方是统一的，且各级法院呈现出单一层级之分布形态。如英国(在这里指英格兰和威尔士)的法院系统虽然纷繁复杂，但民刑事案件在按照各自的管辖和审级从治安法院、验尸官法院和郡法院经上诉法院到最高法院。法国法院组织划分为普通法院和行政法院两大系统，普通法院中的低级法院按民事、刑事区分，除重罪法院外，一律不设陪审官，检察官部属于一定的法院，归司法部管辖，虽然按照案件性质分立设置但纵向上却是统一的。② 双轨制则多设置在联邦制国家当中，法院系统分为联邦法院和州法院两个系统，美国、德国和澳大利亚等国的法院即是如此，其中，美国法院更为典型，联邦和州法院各自适用自己的法律，两套法院系统并行不悖。而德国虽然各州法院设立了自己的法院结构，并且负责本州的审判和诉讼程序管理，同时各州也设有一个宪法法院，但联邦最高法院却拥有司法终审权。除美国外，其他联邦制国家虽然是双轨制，但联邦法院具有绝对的权威，如俄罗斯联邦最高法院是共和国最高法院，边疆区、州、联邦直辖市、自治州、自治专区法院的直接上级审法院，澳大利亚的高等法院是各州司法冲突的最终裁决者。

在横向上，法院根据分工程度的不同可分为一元制、二元制和多元制之司法体制，当然这不包括专门法院。具体而言，一元制指对案件的受理只有一个法院系统进行，这些法院或者是综合性比较强，或者是法院内部对其进行再分工，前者以美国为典型，后者则以我国为例，在这些国家中，绝大多数普通案件都有各级法院进行受理，一般也是按照同一审级制度进行。二元制指一国内部存在两个专业性不同的法院系统，且两个法院系统审理的案件性质不同，如英国、法国。严格来说，英国的法院系统不属于典型的二元制，原因在于英国的民事和刑事案件之审理法院互有交叉，属于一元制和二元制的混合体，但由于其与二元制最为相似，因此，将其归于二元制之列较为妥当。法国属于典型的二元制，普通法院和行政法院各成体系，没有任何隶属关系，前者受理民事、刑事案件，后者受理行政案件，并设有权限争议法庭以解决两者的管辖冲

---

① 参见郭成伟、宋英辉主编：《当代司法体制研究》，中国政法大学出版社 2002 年版，第 23 页。

② 参见倪正茂：《比较法学探析》，中国法制出版社 2006 年版，第 605 页。

突。三元制指一国基于专业性和权力分散等原因，根据所受理案件的性质不同所设立的三个或三个以上的法院系统，代表国家为德国。虽然目前实行此制的国家为数极少，但随着社会分工的细化及专业性的不断增强，法院体系的多元化则是各国今后的必然选择。德国选择此种法院体制，与其在联邦制之框架下各州司法独立与全国法制统一的妥协以及法典化的法律体系有关，其设有五个专业法院：普通法院、行政法院、劳动法院、社会法院和财税法院。此五大法院分别具有明确的司法管辖权，且审级不一，诉讼程序各异。

目前，在世界一百九十五个国家中，确立并已实施宪法司法审查制度的国家有一百七十一个，其中，在宪法文本或专门立法中明确规定审查机构和程序的国家有一百六十四个。宪法性案件的司法审查迄今有四种模式：一是普通法院模式，主要指最高法院，以美国和日本为代表。二是宪法法院模式，以奥地利和德国为代表。现今，宪法法院制度成为宪法司法审查制度发展的一个重要趋势，越来越多的国家或单独或混合地设立了宪法法院。三是宪法委员会模式，主要是以法国代表，属于半司法化的宪法审查机构。四是混合模式，即由宪法法院(或宪法委员会)集中行使审查权并授权普通法院(有的国家限于最高院)拒绝适用任何法律，现今，实行这一模式国家主要有十五个，其中，芬兰采取的是宪法委员会与普通法院混合制，其他十四国均是宪法法院与普通法院混合审查制，代表国家有希腊、智利、哥伦比亚和哈萨克斯坦等。

(二)法院的组织体系

司法组织是指司法机关的机构体系。世界各国在司法机关建制方面各有不同，但归结而论，当今世界各国的司法机关，其运行之组织结构主要有以下几种：

1. 普通法院制度

普通法院，通常是行使民事、刑事案件或其他案件之审判权的机关。根据所属法系的差异，普通法院可分为大陆法系的普通法院和英美法系的普通法院。“大陆法系的普通法院”，相对于行政法院和其他专门法院而言，只受理民事、刑事案件，不受理行政案件；“英美法系的普通法院”，相对于其他专门法院而言，不仅受理民事、刑事案件，而且还受理行政案件。大陆法系除普通法院外，一般有专门法院为其补充。而普通法系国家则只有一个统一的法院系统。

司法机关在具体的组织设置上，包括最高法院和地方法院两种，这是世界各国普设之形式。最高法院作为国家的最高审判机关，握有对诉讼案件的终审权。在最高法院的设置中，英国独具特色。在英国，贵族院作为上诉之终审法院，是英国的最高法院。自1948年起，贵族院授权该院的上诉委员会审理一切上诉案件，从而使该委员会具有了最高法院的性质，但是《2005年宪制改革法案》颁布后，英国已成立独立的最高法院。地方法院为最高法院的下级审判机关，其因各国国情不同，在设置上呈现出了极大的差异性。但值得注意的是，各级地方法院均有其应管辖的诉讼案件权。在地方法院的设置中，英国也有不同之处，如一般国家的地方法院均总管民事和刑事案件之审判，唯独英国的苏格兰和威尔士，其地方法院分属两个体系，由其分管上述两种案件。①

以美国为例，在普通法院的设置上，其分为联邦法院和州法院两个系统。联邦法院由联邦最高法院、普通下级法院组成，其中普通下级法院又分为联邦上诉法院和联邦地方法院。联邦上诉法院按巡回区设立，现有十六个，而联邦地方法院每州至少设有一个。从管辖范围看，联邦法院主要管辖涉及联邦宪法、法律、条约、海军、大使、公使、领事、联邦政府和两个或两个以上州的案件。美国州法院的设置由各州的法律自行规定，因而各州法院的名称、组成和管辖权均不一致。州的基层法院一般称为治安法院，正式的初审法院通常称为地区法院。在有的州，设立州中级法院或上诉法院，审理不服地区法院判决的上诉案件。州的最高一级法院一般称为州最高法院，主要审理不服州中级法院判决的上诉案件，此外，其也对一些特殊案件，如以州为一方当事人的案件，行使初审管辖权。

普通法院中的审级之间是监督与被监督的关系，即任何法院在进行审判时，不受其他国家机关和上级司法机关的干涉。最高法院对地方法院、上级法院对下级法院只能依据法定的上诉程序改变其判决。

2. 行政法院制度②

行政法院最初创建于法国，创设之初的目的在于抵制革命胜利初期保守势力对行政改革的阻挠，后来由于分权原则的盛行，逐渐被现代的行政法院所取代，而成为保护公民权益，抵制公权力侵害的国家审判机关。所谓“行政法院”是指专管行政诉讼的审判机关，即因其诉讼当事人一方的特殊地位或诉讼案件的特殊性质而著称，属于特别法院的一种。行政法院属于大陆法系国家特有的一种司法组织形式，典型代表如法国与德国。

法国和德国的行政法院具有如下特点：(1)行政法院是行政诉讼的专门审

---

① 参见程汉大：《现代英国法院制度的历史变迁》，载《中西法律传统》2006年刊。

② 参见李昌道、董茂云：《比较司法制度》，上海人民出版社2004年版，第85页。

理机构，除非法律另有规定，普通法院不得受理行政案件；(2)行政法院法官需要具备专门的行政经验和丰富的审判经验，以有利于查清案件事实，保证审判质量；(3)行政法院虽然属于行政机关，但实际上其具有组织独立性，即对行政案件享有独立的裁决权，行政机关和普通法院无权干涉。从实质上讲，行政审判权同民事审判权、刑事审判权一样，是司法权的必要组成部分。

法国的行政法院专门审理国家机关之间、国家机关或行政官吏在执行职务过程中由于越权、滥用权力而引起的行政纠纷。① 法国行政法院可分为普通行政法院和专门行政法院。其中，普通行政法院包括最高行政法院、上诉行政法院、行政法庭、行政争议法庭。此外，其他的行政法院都是专门行政法院，且数量众多，包括审计法院、财政和预算纪律法院、补助金法院和津贴法院、战争损害赔偿法院、各种职业团体的纪律委员会等。德国的行政法院分为三级，具体包括地方行政法院、州高等行政法院、联邦最高行政法院。地方行政法院即州的下级行政法院，其管辖权限较小，对其判决大多可以上诉；州高等行政法院兼理初审和上诉行政案件；联邦最高行政法院的管辖权限最大，且大多采取列举之规定方式，对一切涉及行政和行政机关的行政诉讼，都有权受理。各级行政法院都分别属于相应的各级国家行政机关，行政法院法官则属于国家行政人员，由国家行政机关任免。但是，行政法院的地位一般是高于行政部门的。总之，行政法院是大陆法系国家特有的、专门审理行政案件的法院。行政法院法官的人身受法律保护，并具有独立的审判权。行政法院可以受理控告包括政府总理在内的所有行政官员的不法行为的诉讼。

此外，行政法院的职能在各国也有不同，总体而言，主要有咨询、解释、审判三个层面。“咨询”属于事前控制，主要针对行政立法行为；“解释”属于事后控制，主要是针对包括行政立法行为在内的抽象行政行为；“审判”则属于事后控制，其对象既可能是抽象行政行为，也可能是具体行政行为。

3. 专门法院制度②

专门法院作为普通法院的补充而存在，代表性的国家有英、美、法、德。英国主要的专门法院有限制商业活动法院、全国保险法院、所得税特别委员会、工业法院，这些专门法院并无一般规则可循，其判决可向高等法院上诉，而高等法院亦有权审核这些法院所作的审判。美国的专门法院分为联邦专门法院和州专门法院两种。联邦专门法院包括联邦赔偿法院、海关及专利上诉法

① 参见冀祥德主编：《司法制度新论》，社会科学文献出版社 2009 年版，第 176 页。
② 参见殷啸虎主编：《宪法学》，上海人民出版社 2003 年版，第 442 页。

院、联邦税务法院。州专门法院的设立是基于事实的需要，以处理特定案件为目的。各州设立的专门法院种类很多，主要包括土地法院、认证法院、少年法院、住宅法院、遗嘱认证官法院、家事法院、赔偿法院。法国的专门法院包括作为普通民事法院补充的专门法院和作为普通刑事法院补充的专门法院。前者包括商业法庭、劳动法庭、社会保险诉讼委员会；后者包括少年法庭、国家安全法院。德国专门法院不同于其他国家的专门法院，其不仅作为普通法院和行政法院的补充，更是因不少专门法院的最终裁决权构成了德国司法体制的多元性。德国专门法院包括劳动法院、社会法院、财务法院、联邦专利法院、联邦公务员惩戒法院、联邦服务法院。

4. 宪法法院制度

宪法法院是为了保障和监督宪法实施而专门设立的法院。宪法法院最初创建于奥地利，“二战”之后，德国、俄罗斯、西班牙、意大利、泰国等二十多个国家也相继设立宪法法院。在称谓上，除大多数国家使用“宪法法院”以外，还有少数国家使用其他称谓。如法国为“宪法委员会”、西班牙称“宪法保障法院”、摩洛哥的“宪法法庭”和叙利亚的“最高宪法法院”等，但其基本职能中都有行使违宪审查权。

除违宪审查权外，宪法法院的职权日益广泛，一并行使与违宪审查相联系的其他权力。以德国为例，德国各州均设有宪法法院，负责管辖本州内的宪法争议案件。联邦一级设联邦宪法法院，是联邦的最高级法院负责审理国家机关的违宪行为、解释宪法、解决国家机关之间的权限争议等。意大利宪法法院除行使违宪审查权，对国家与省的法律及具有法律效力的法令是否符合宪法的争执案件进行审理外，还行使行政权限争执裁决权，审理国家各权力机关间、国家与各省间以及各省间权限的争执与疑问的案件；行使弹劾案审判权，审理根据宪法的规定对共和国总统和各部部长提出的控告案件。

5. 特种中央司法机关制度

特种中央司法机关主要是指法国、意大利等国的最高司法会议、特别高等法院和英国的枢密院司法委员会。最高司法会议是法国、意大利在第二次世界大战之后成立的一种独特的中央司法机关。相同点在于两国的最高司法会议均以保障司法独立为目的，且都以共和国总统为主席。差异主要表现在：(1)称谓不同。法国为最高司法会议；意大利称为最高司法委员会。(2)选任人员。法国的司法部长是当然副主席，且九名委员由总统任命。意大利上诉法院首席法官和总检察长为当然成员，除此之外，2/3 的成员由普通法院从各级法官中选举产生，1/3 的成员由议会从各大学的法学教授和具有十五年服务经验的律师中选出。因此，意大利法院的组成人员不仅选择范围大而且更加注重对法官专业知识的培养。(3) 司法职权。意大利的司法委员会有权研究法官的提升、任命和调动、晋级和处分等事宜；法国则有权对高等法院法官和上诉法院首席法官的任命提出建议、对司法部长建议任命的法官提出意见、对法官进行纪律检察且有权对特赦提出意见。

1958 年法国宪法规定，在普通法院和行政法院之外，设立特别高等法院，专门审理总统或部长的犯罪。特别高等法院的职权包括：(1) 审理共和国总统的叛国罪；(2) 审理政府成员在执行职务中的犯罪及危害国家安全罪；(3) 审理与政府成员勾结的同谋犯。

枢密院司法委员会是英国中央司法机关中的一个独特组织。它由贵族议长、英联邦最高法院的特定范围的法官以及枢密院委派的成员组成。它管辖英殖民地的上诉案件，而后随着殖民地纷纷独立，逐渐成为了英联邦的上诉法院。1963 年英国成立教会上诉法院后，它又丧失了有关教会事务的上诉案件的管辖权。总之，其地位日趋下降，作用日益削弱。《2005 年宪制改革法案》之后，英国设立了联合王国最高法院，接收了枢密院因权力下放而衍生的终审权。①

(三) 法官

法官是司法组织的组成人员也是司法权的直接行使者，是关系到整个司法权运行和司法程序展开的重要力量。因此，世界各国对法官选任和任职制度均有着严格而完备的规定。

1. 法官的资格

法官是司法的守护神，是正确适用法律、实现公平正义的司法支柱。世界上绝大多数国家对法官的任职资格和条件都有较高的要求，他们从法官的选用入手，确保法官素质。② 如不仅要求法官具有较高的学历，还要求他们具备过硬的专业知识和素养。

英美法系国家的法官一般都是从律师中选任的，取得律师资格并具有一定期限的律师从业经验是担任法官的必要条件，即所谓法官选任制度上的一元

① 参见程汉大、李培峰：《英国司法制度史》，清华大学出版社 2007 年版，第 111 页。

② 参见谢佑平主编：《司法公正的建构》，中国检察出版社 2005 年版，第 144 页。

制。[①] 美国遴选法官一般须遵守三个原则：一是必须是美国公民；二是在美国大学法学院毕业并获得学位；三是经过严格的考试，取得律师资格，并从事律师工作若干年。因此，美国的法官也大多是从开业律师中选拔出来的，而长期的司法工作经历则是成为一位合格法官的必备条件；英国的法官几乎都是从职业律师中选拔出来的，除治安法官外的地方法院法官，必须具备至少七年以上的出庭律师之资历；高等法院的法官，须有十年以上出庭律师之资历；而上诉法院的法官则需担任出庭律师达十五年以上。

而在德国、法国以及意大利等欧洲大陆法系国家，法官作为法律职业者（通常称为法律人、法律家或法曹）是经过专门培养的，法官一般不从律师中选任，即所谓的法官选任制度的二元制，又称生涯制或官僚法官制。日本高等法院的法官必须有十年以上助理法官、简易法院法官、检察官、律师、法学教授等职位的资历。最高法院十五名法官中至少要有十人担任过高等法院院长、法官十年以上，或担任助理法官、简易法院法官、检察官、律师、法学教授或副教授等计满二十年以上。

2. *法官选任制度*

由于各国国情的差异，其在法官的任免方式上各有不同。大致可以概括为：选举制、行政任命制、选举制与任命制相结合的方式。

美国，联邦法院的法官由总统提名，经参议院同意后由总统任命；[②] 各州法官的产生方式，由各州宪法规定，其中大部分由民众定期选举产生。自1940年起，美国有些州修改了宪法，通过将选举和任命两种方式相结合来择优选拔法官。目前，美国共有三十三个州采用了该方式。

英国，所有法官都是由行政机关任命而产生的，包括法官的提名程序和任命程序。最高一级审判机关的司法人员，由首相推荐，英王任命；次一级审判机关的审判官，由大法官建议，英王任命。具体而言，大法官、上议院常任法官、上诉法院的法官、高等法院的法官，由司法大臣和首相共同提名，国王任命；其他法官由司法大臣提名，英王任命；治安法官则由司法大臣任命。

法国，各级法院的法官采取任命制。在法国，最高司法委员会负责上级法院法官的选任。即由最高司法委员会提出任命最高法院法官和上诉法院院长的建议，而后由总统任命。其他法官由司法部长任命，最高司法委员会依照法院组织法规定的条件就司法部长关于任命其他法官的建议案提出意见；此外，下

① 参见陈永生：《两大法系法官例度之比较》，载《政法论坛》1998年第5期。

② 参见秦前红：《新宪法学》，武汉大学出版社2015年版，第182页。

级法院法官的选任由国家高等司法委员会负责。该委员会从国家司法官学院的毕业生中提出任命法官的名单，经司法部长、总理、总统签字后，由政府正式发布公告。①

德国，根据法官的级别差异，可分为选举式和任命式两种。对于联邦法院的法官由法官选举委员会选举产生，然后经司法部长提名由总统任命。具体而言，联邦最高普通法院法官，由联邦司法部长与法官挑选委员会依法官选举法选举，并由联邦总统确定；联邦的各个最高法院法官的任用，由主管各该领域的联邦部长同法官选任委员会共同决定；联邦宪法法院的法官，分别由众议院和参议院各选八名，此外，还必须由议会2/3通过。各州的法官可以由各州法律规定，由州司法部长同法官选任委员会共同决定。

日本，其各级法官的产生一律实行任命制，日本宪法和《裁判所法》对法官的任命权限和程序作了严格的规定。具体而言，最高裁判所所长(即最高法院院长)由内阁提名，天皇任命；最高裁判所大法官由内阁任命，天皇认证；高等裁判所所长、法官、助理法官、简易裁判所法官均由内阁根据最高裁判所指定的名册任命。高等裁判所所长的任免，还需天皇认证。此外，对于最高裁判所法官"在其任命后第一次举行众议院议员选举时交付国民审查，自此经过十年之后第一次举行众议院议员总选举时再交付审查，以后准此"。此为"国民审查制度"。②

3. 法官保障制度

法官的保障制度，是保障法官执行职务、行使审判权时，具有独立的能力和地位，即职务上和权能上的保障，具体包括以下几种：

其一，对于法官的社会地位保障。各国宪法对于法官的保障不仅强调法官的经济地位、更是从最高位阶上确定了法官的至上权威。除宪法外，各国在其他法律上也对法官的社会地位给予了极高的对待和认可，这从上文的法官资格和任免制度上便可窥见一班。

其二，对于法官的身份保障。法官的身份保障主要包括两方面，即"法官终身制"与"法官专职制"。在西方大多数国家，为确保法官独立审判，法官一旦被任命便不可更换，即实行"法官终身制"。虽然也有的国家实行任期制，但时间一般较长，大多为十年以上且可连任。如《法国宪法》第64条规定：

---

① 参见周道鸾：《外国法院组织法与法官制度》，人民法院出版社2000年版，第323页。

② 参见甄树青：《法官遴选制度比较研究》，载《外国译丛》1999年第4期。

“审判官是终身职。”《日本宪法》规定：“法官除依审判决定因身心故障不能执行职务者外，非经正式弹劾不得罢免；法官的惩戒处分不得由行政机关施行；最高法院法官达到法律规定年龄时退职；下级法院法官任期为十年，可连任，但到达法律规定年龄时退职。”《意大利宪法》第 107 条规定：“法官是常任的。除非遵守最高司法委员会根据法院组织法规定的理由并严守法院组织法规定的辩护保障所作出的决定，或征得法官本人同意，法官不得被免职或停职，也不得被调往其他法院或委派其他职责。”①“法官专职制”，是指法官不得兼职任行政官员、议会议员和其他公职，不得担任任何营利或有报酬的职务。如《西班牙宪法》第 127 条规定：“法官、大法官和检察官在任职期间，不得担任其他公职，亦不得参加政党或工会。法律将规定法官、大法官和检察官职业性结社的制度和方式。”“法律将规定司法人员不可兼任制度，应保证他们的完全独立。”《立陶宛宪法》第 113 条规定：“法官不得兼任其他经选举或任命的职务，不能受雇于任何贸易、商务或其他私人机构或公司，不得接受除法官工资和教育、科研或创作性活动报酬之外的任何酬金。”②

其三，对于法官的职权保障。法官的职权保障，此处主要是指法官的“司法豁免权”，即为保障法官的独立审判，法官在审判活动中所实施的行为发表的言论免受法律追究。如《俄罗斯宪法》第 122 条规定：“法官不可侵犯。除非按照联邦法律规定的程序，否则不能追究法官的刑事责任。”《葡萄牙宪法》第 221 条规定：“除法律另有规定的情况外，法官不因其所作出的判决而被追究。”《克罗地亚宪法》第 199 条规定：“参加审判的法官和陪审员法官，不得因在制定审判决定中所发表的意见而被追究责任。”“法官依法享有豁免权，就如同克罗地亚议会中的代表一样。”③

其四，对于法官的经济保障。高薪养廉是西方国家所认可的，也是法官独立的必需条件。故西方各国普遍规定了法官的“高薪制”与“退休制”。在大多英美法系的国家，法官的工资普遍高于一般公务员的工资。如英国，其大法官的年薪甚至与首相不相上下，据 1983 年 11 月 15 日《英国经济学周刊》公布，

① 郭相宏、完珉、任俊琳：《宪法学基本原理》，中国社会出版社 2005 年版，第 326 页。

② 杨海坤：《宪法基本理论》，中国民主法制出版社 2007 年版，第 296 页。

③ 郭相宏、完珉、任俊琳：《宪法学基本原理》，中国社会出版社 2005 年版，第 327 页。

英国大法官年薪高达59300英镑，而同年首相的年薪却为49000英镑。① 而其他大法官的年薪也高于政府部长；日本亦是如此，其最高法院院长的薪金与内阁总理大臣、国会两院的议长相同，最高法院其他法官的薪金与国务大臣相同。此外，各级法院的法官也享有优厚的薪金，且工资只能增加不能减少。德国采取司法补助费的方式使法官的薪金略高于相应级别的文官，法官任职期内不得减少薪俸，其出差费用不受限制，实报实销，联邦最高法院法官退休年龄是六十八岁，其他法官是六十五岁，退休后享受全薪待遇。② 德国公务员基本工资标准，按不同的行业分为三大工资系列：行政单位的公务员和军人的工资系列、高等院校教授和助教的工资系列、法官和检察官的工资系列。法官共分十级，最低级比特级公务员最低级工资略高，最高级比特级公务员最高级工资略低。③

此外，法官的工资还不得随意减少，即使因经济危机削减公务员的薪金也不得减少法官的报酬。如《阿根廷宪法》规定："法官依法领取薪金。法官在职期间，薪金不得任意降低。"有的还明确规定了法官的工资数额。如《印度宪法》规定："最高法院法官在其实际任职期间每月享有的薪俸如下：首席法官5000卢比；其他法官4000卢比。"

法官"退休制"，是保障法官退休后的生活，即法官退休后可以拿到优厚的退休金，使其在职时不必担忧退休后的生活。此制度的设立为其独立、公正、合法地进行司法活动免除了后顾之忧。如《美国宪法》规定："联邦法院法官凡年满七十岁或者年满六十岁任职满十五年而退休者，其退休金可以领取全额薪金。"

4. 法官培训制度

法官的培训制度，是对法官就职后的上岗培训和继续教育培训，是保障法官素养和能力的一种制度。

具有代表性的是1999年法国国家法官学院的培训计划。这一计划包括以下几点：(1)新任法院院长培训班、法院院长和书记长的会见活动等法院审判业务培训班；(2)贷款与储蓄的司法保护、欧盟内部资金的自由流通与非法活

① 参见肖扬：《当代司法体制》，中国政法大学出版社1998年版，第28页。

② 参见周道鸾主编：《外国法院组织与法官制度》，人民法院出版社2000年版，第19页。

③ 参见胡健华：《法官的级别和工资待遇——外国法官制度简介之五》，载《人民司法》1994年第5期。

动等司法工作所涉猎的经济领域专题培训班；(3)以扩充法官必须了解的相关学科知识为主体的培训班。包括：谈话艺术、司法精神病学、因特网的理论与实践、探讨人类精神病学等培训班；(4)欧洲司法在2000年面临的挑战、大众传播媒介迅速发展的社会问题的法官教育培训班；(5)国际法官研讨班，所有这些内容都和司法实践的需要紧密结合。换言之，法国的这一计划，体现了培训选题的现实性和实践性，为各国开展法官培训活动提供了重要参考。

5. 法官惩戒制度

西方各国法官在职权、薪俸还是其他保障措施上，都拥有极大的权力并受到了相对优待。所以，各国在保障法官权利的同时也对其违法犯罪和违纪行为之惩处进行了规定。各国均建立了专门的法官弹劾程序或惩戒制度，在保障法官权利的同时，对法官的违法裁判行为进行严格查处。

对于惩处行为和措施可以概括为两种：(1)实行惩处权与任命权的分离，即行政机关有任命法官的权利，却无权免除法官的职务，代表性的国家如美、日；(2)惩处机关非依法定程序和法定事由，不得对法官行使惩戒权。

具体而言，《美国宪法》第2条规定：总统、副总统及联邦的文官，犯有判国罪、贿赂罪或其他重罪、轻罪而遭弹劾时，应予免职处分。此外，在美国，弹劾必须依严格的程序进行，且要参议院多数同意。自从联邦法院建立二百多年来，联邦法官受到弹劾的共十一人。其中四人被定罪，七人遭到弹劾但被判无罪，其中塞缪尔·蔡司(Samuel Chase)是唯一遭到弹劾的联邦最高法院法官。由此推知，弹劾法官是非常严重，且极其罕见的事情。此外，美国各州的宪法大多也规定了对州法官的弹劾程序。如《阿拉斯加州宪法》第20条规定：法官有渎职和滥用职权的行为，经考院2/3的多数同意应被弹劾。"《阿肯色州宪法》规定："弹劾法官须经州参议院的2/3多数的同意。"而在英国，自从1701年《王位继承法》颁布以来，仅有一名法官遭到弹劾。在德国，弹劾法官也有着严格的程序。《德国基本法》第98条规定：如果联邦法官在执行职务或在职务以外违反基本法的原则或州的宪法时，联邦宪法法院得根据联邦议院的请求，以2/3的票数通过决议，将该法官派任其他职务或令其退休。在故意违法的情况下，它可以作出撤职的决定。日本亦是如此，其宪法第64条规定：国会为裁判受罢免追诉的法官，设弹劾法院，以两院议员组成之。《日本法官弹劾法》第16条规定：国会参众两院各推选七名议员共同组成弹劾法院以裁判法官的弹劾案件。另外，国会参众两院各推出十名议员共同组成法官追诉委员会，这两个机构都要独立行使职权，不受国会支配，罢免法官须取得参加审判的议员的2/3多数同意。

总之，西方各国对法官的重视程度非同一般，这正也说明了法官自身的高素质、高代表性、高信服性。而弹劾、惩戒制度也是对法官地位的一种侧面保障。

二、中国的法院制度

我国古代就已经有了相对完备的审判机构体系。夏朝以大理为审判官，商周时期司寇为中央审判机关，秦汉时期以廷尉为中央审判机关。北齐至元朝，审判权与司法行政权开始分离，大理寺与刑部分掌审判权与司法行政权。明清两代，刑部为中央审判机关，大理寺专司死刑复核。地方审判机关一直以地方政府以及专司司法的官吏为主。清末修律后，清政府于宣统元年颁行《法院编制法》，以大理院为中央最高司法机关，下设高等、地方及初级审判厅，采四级三审制。① 国民政府于 1932 年公布《法院组织法》，将法院分为地方法院、高等法院和最高法院，实行三审终审制。我国现有的法院制度开始于中华人民共和国成立之后，最先开始是学习苏联的司法体制，而后吸收西方的法院制度，最后渐渐地形成具有中国特色的司法制度。

(一)法院设置

我国是单一制国家，实行单轨制法院组织体系，设四级法院，采两审终审制。根据《宪法》第 124 条和《人民法院组织法》第 2 条规定，中华人民共和国设立最高人民法院、地方各级人民法院和军事法院等专门法院，地方各级人民法院又分为：基层人民法院、中级人民法院、高级人民法院。最高人民法院与地方各级法院和专门人民法院之间、上级人民法院与地方各级人民法院和专门人民法院之间、上级与下级人民法院之间是监督与被监督、指导与被指导的关系。

1. 基层人民法院

基层人民法院包括县人民法院和市人民法院、自治县人民法院和市辖区的人民法院。根据民事诉讼法、刑事诉讼法和行政诉讼法之规定，基层人民法院审理第一审的民事、刑事、行政案件。具体来说，第一审的民事案件主要包括受理诉讼标的金额为人民币 1000 万元以下的各类民事案件，但是，由中级人民法院受理的涉外及涉港、澳、台民事案件除外；第一审的刑事案件主要包括公诉和被害人自诉的案件；第一审行政案件则包括各类行政一审案件。在人民

① 参见冀祥德主编：《司法制度新论》，社会科学文献出版社 2009 年版，第 177 页。

法院组织系统中，基层人民法院数量多、分布广，审判人员的数量多，并且没有审理上诉案件的任务。所以，原则上讲，将第一审案件交给基层法院来承担是比较符合法院工作均衡负担之原则的。除审理案件之外，基层人民法院还处理不需要开庭审判的民事纠纷和轻微的刑事案件，并指导人民调解委员会的工作。

2. 中级人民法院

中级人民法院包括省、自治区内按地区设立的中级人民法院，直辖市内设立的中级人民法院，省、自治区、直辖市的中级人民法院和自治州人民法院。作为基层人民法院的上级人民法院，中级人民法院主要负责审理法律、法规规定由它管辖的第一审案件、基层人民法院移送审判的第一审案件、对基层人民法院判决和裁定的上诉案件和抗诉案件、人民检察院按照审判监督程序提出的抗诉案件。法律、法规规定由它管辖的第一审案件具体是指：民事案件中，中级人民法院管辖的一审案件包括重大的涉外案件，在本辖区有重大影响的案件以及由最高人民法院确定的由中级人民法院管辖的案件——海事、海商案件和除专利行政案外的其他专利纠纷案件。刑事案件中，中级人民法院管辖的一审案件主要是属于性质严重，危害极大，案情重大、复杂，或者影响较大的案件，具体包括：危害国家安全案件、恐怖活动案件；可能判处无期徒刑、死刑的普通刑事案件。行政案件中，中级人民法院管辖的一审案件主要包括：发明专利权案件、海关处理的案件，以国务院各部门或省、自治区、直辖市政府为被告的案件，以及本地区内的重大、疑难案件。

3. 高级人民法院

高级人民法院包括省高级人民法院、自治区高级人民法院和直辖市高级人民法院。高级人民法院的职责主要有：依法审判法律规定由高级人民法院管辖的和其认为应当由自己审判的刑事、民事、行政、海事等第一审案件；依法审判法律规定由高级人民法院管辖的刑事、民事、行政、海事等第二审案件；依法核准死刑缓期两年执行的案件；审理死刑缓刑缓期二年执行、无期徒刑的减刑案件和依法应由高级人民法院审理的假释案件。

4. 最高人民法院

最高人民法院是我国的最高审判机关，负责审理法律规定由它管辖的和它认为应当由自己审判的第一审案件；审理对高级人民法院、专门人民法院判决、裁定的上诉、抗诉、申请再审与申诉案件；审理最高人民检察院按照审判监督程序提出的抗诉案件；核准本院判决以外的死刑案件；依法审理国家赔偿案件，决定国家赔偿；核准法定刑以下判处刑罚的案件。

最高人民法院内部机构分为业务部门和不参与审判业务的综合部门。人民法院的业务部门，是指从事审判工作的部门，其所奉行的原则应为“立审分离、审监分离、审执分离”。该部门在原来的业务庭室基础之上进行了调整和重组，形成和完善了刑事、民事、行政三大审判体系，具体包括立案庭、民事审判庭、刑事审判庭、行政审判庭、环境资源审判庭、审判监督庭、第一巡回法庭、第二巡回法庭、赔偿委员会办公室、执行庭等。人民法院的综合部门，是指法院机构不直接从事审判业务，而是为法院的审判业务部门提供服务保障、履行行政管理的职能部门。如政治部、办公室、研究室、纪检监察室、机关后勤服务中心、法警支队等。

5. 专门人民法院

除以上规定之法院外，根据宪法和法院组织法的规定，我国法院还包括军事、铁路运输、海事和森林等专门法院，这些法院属于人民法院体系中的一个组成部分，并和地方各级人民法院共同行使国家的审判权。具体而言：

军事法院是基于军队的体制和作战任务的特殊性而设立的。其具体任务是通过审判危害国家与损害国防力量的犯罪分子，保卫国家安全，维护国家法制和军队秩序，巩固部队战斗力，维护军人和其他公民的合法权利。打击敌人，惩治犯罪和保护人民，宣传社会主义法制是军事法院的基本职能。军事法院分设三级：中国人民解放军军事法院；各大军区、军兵种级单位的军事法院；兵团和军级单位的军事法院。军事法院设院长一人，副院长一人；两个审判庭，各设庭长一人、副庭长一人，审判员和书记员若干。大军区、军兵种级单位军事法院和兵团、军级单位的法院，均设院长一人和审判员、书记员若干人。各级军事法院均设立审判委员会，其任务是讨论研究重大或疑难案件及其他有关审判工作的问题。审判委员会会议由院长主持，本级军事检察院检察长亦可列席会议。军事法院的管辖范围，仅限于受理特定的刑事案件，即现役军人的刑事案、军队在编职工的刑事案及最高人民法院授权审判的刑事案件。

铁路运输法院分设两级，即铁路管理局中级铁路运输法院和铁路管理分局基层铁路运输法院。中级铁路运输法院的审判活动受所在地高级人民法院监督。铁路运输法院院长由所在地人大常委会主任提请本级人大常委会任免，副院长、庭长、副庭长、审判员由院长提请所在地人大常委会任免。铁路法院内设刑事法庭、经济法庭和民事法庭。其管辖范围为：(1)发生在铁路运输线上的民事、刑事案件；(2)铁路局在编职工的民事、刑事案件；(3)与铁路运输部门有直接关系的经济纠纷案。

海事法院管辖第一审海事案件和海商案件，不受理刑事案件和其他民事案件。各海事法院判决或裁定的上诉案件，由所在地高级人民法院受理。海事法院下设海事审判庭、海商审判庭及研究室和办公机构。海事法院设院长一人，副院长、庭长、副庭长和审判员若干。海事法院院长由所在地的市人大常委会主任提请本级人大常委会任免；副院长、庭长、副庭长、审判员和审判委员会委员，由海事法院院长提请所在地的市人大常委会任免。

森林法院的任务是保护森林，审理破坏森林资源案件、严重责任事故案件及涉外案件。基层森林法院一般设置在某些特定林区的一些林业局(包括木材水运局)的所在地；在地区林业管理局所在地或国有森林集中连片地区设立森林中级法院。

(二)审判组织

在法院的案件审理过程中分有不同的审判组织，人民法院的“审判组织”，是指人民法院审理案件的内部组织形式。根据审理案件的性质可分为刑事审判组织、民事审判组织和行政审判组织。根据《人民法院组织法》及相关诉讼法的规定，人民法院的审判组织有如下几种：

1. 独任制

独任制审判是指由审判员一人审判简易案件的组织形式。适用简易程序的审理的简单民事案件、轻微刑事案件和法律另有规定的案件由独任法官审理。具体而言：第一审的刑事自诉案件和其他轻微的刑事案件；基层人民法院和它派出的人民法庭审判简单的民事案件和经济纠纷案件；适用特别程序审理的案件，除选民资格案件或其他重大疑难案件由审判员组成合议庭审判外，其他案件由审判员一人独任；独任制之所以成为特例但又必不可少的原因，正是因为这类案件案情比较简单，情节比较轻微，由审判员单独进行审判，在保证办案质量的基础上，又可以节省司法资源。

2. 合议制

合议制审判是一种集体审判的制度，即案件的审判，由审判人员数人组成合议庭进行。具体而言，合议制是由三名以上单数审判员(刑事诉讼)或审判员和人民陪审员(民事诉讼)集体审判案件的组织形式。人民法院对第一审刑事、民事和经济纠纷案件，除一部分简易案件实行独任审判外，其余的案件都由审判员三人组成合议庭进行审判；第一审行政案件一律由合议庭进行审判；第二审案件、再审案件和死刑复核案件全部由合议庭审判。换言之，合议庭是人民法院审判案件的基本组织形式。根据诉讼法的规定，基层人民法院、中级人民法院审判一审案件，应当由审判员三人或人民陪审员、审判员三人组成合议庭。高级人民法院、最高人民法院审理第一审案件，应由审判员三人或由审判员和人民陪审员共三至七人组成合议庭。人民法院审判上诉和抗诉案件应由审判员三至五人组成合议庭。合议庭组成的人数应当是单数。合议庭由院长或者庭长指定一人担任审判长，院长或庭长参加审判时，自己担任审判长。发回重审的案件，原审人民法院应当按照第一审程序另行组成合议庭。而审理再审案件，原来是第一审的，按第一审程序另行组成合议庭；原来是第二审的，或者是上级人民法院提审的，按照第二审程序另行组成合议庭。合议庭对案件进行评议时，应当坚持民主原则。合议庭成员应充分发表意见，作出表决时应少数服从多数，按多数人的意见作出决定，但少数人的意见应记入笔录。其中针对人民陪审员，他们以投票的方式参与判决，其与法官享有相同的权利。

3. 审判委员会

审判委员会是人民法院内部设立的对审判工作实行集体领导的组织。根据《人民法院组织法》的规定，各级人民法院均设立审判委员会，是人民法院的最高审判组织。审判委员会由院长、庭长和资深审判员组成，参加审判委员会的成员称审判委员会委员。各级人民法院的审判委员会委员，由院长提请本级人民代表大会常务委员会任免。审判委员会的任务是总结审判经验，讨论重大、复杂或者疑难的案件及其他有关审判工作的问题。总之，审判委员会对案件具有实质性的处置权，而这一特殊的职权决定了其在诉讼中的地位，表明了其具有审判组织之性质。根据最高人民法院相关司法解释的规定，需要提交审判委员会讨论决定的疑难、复杂、重大的案件有以下几类：(1)拟判处死刑的；(2)合议庭成员意见有重大分歧的；(3)人民检察院抗诉的；(4)在社会上有重大影响的；(5)其他需要由审判委员会讨论决定的。审判委员会会议由院长主持。在审判实践中，院长不能主持时可以委托副院长主持。审判委员会讨论案件和其他问题，实行民主集中制，各委员权利平等。审判委员会表决案件，应当在合议庭审理的基础之上进行，并应充分听取合议庭成员关于审理和评议情况的说明，慎重地考虑合议庭的评议结论。审判委员会对案件的决定，合议庭应当执行。如有不同意见，可以建议院长提交审判委员会复议。复议后作出的决定，合议庭必须执行。

(三)中国法官制度

我国的法官制度主要包括担任法官的条件、法官的等级、法官的权利与义务以及法官的任免、任职回避、奖惩制度。

1. 法官的条件

根据《法官法》的规定，担任中华人民共和国法官，必须具备以下条件：中华人民共和国国籍；年满二十三岁；拥护中华人民共和国宪法；有良好的政治、业务素质和良好的品行；身体健康；高等院校法律专业本科毕业或者高等院校非法律专业本科毕业具有法律专业知识，从事法律工作满二年，其中担任高级人民法院、最高人民法院法官，应当从事法律工作满三年；获得法律专业硕士学位、博士学位或者非法律专业硕士学位、博士学位具有法律专业知识，从事法律工作满一年，其中担任高级人民法院、最高人民法院法官，应当从事法律工作满二年。本法施行前的审判人员不具备前款第六项规定的条件的，应当接受培训，具体办法由最高人民法院制定。适用第一款第六项规定的学历条件确有困难的地方，经最高人民法院审核确定，在一定期限内，可以将担任法官的学历条件放宽为高等院校法律专业专科毕业。需注意的是，下列人员不得担任法官：曾因犯罪受过刑事处罚的；曾被开除公职的。

2. 法官的等级

根据《法官法》的规定，法官的级别分为十二级。法官等级的确定，以法官所任职务、德才表现、业务水平、审判工作实绩和工作年限为依据。具体而言，最高人民法院院长为首席大法官，二至十二级法官分为大法官、高级法官、法官。法官的等级编制、评定和晋升办法，由国家另行规定。

3. 法官的权利和义务

根据《法官法》的规定，法官享有下列权利：履行法官职责应当具有的职权和工作条件；依法审判案件不受行政机关、社会团体和个人的干涉；非因法定事由、非经法定程序，不被免职、降职、辞退或者处分；获得劳动报酬，享受保险、福利待遇；人身、财产和住所安全受法律保护；参加培训；提出申诉或者控告；辞职。同时，法官还应当履行以下义务：严格遵守宪法和法律；审判案件必须以事实为根据，以法律为准绳，秉公办案，不得徇私枉法；依法保障诉讼参与人的诉讼权利；维护国家利益、公共利益，维护自然人、法人和其他组织的合法权益；清正廉明，忠于职守，遵守纪律，恪守职业道德；保守国家秘密和审判工作秘密；接受法律监督和人民群众监督。依法参加合议庭审判或者独任审判案件；法律规定的其他职责。此外，院长、副院长、审判委员会委员、庭长、副庭长除履行审判职责外，还应当履行与其职务相适应的职责。

4. 法官的任免

根据《法官法》的规定，法官的任免，依照宪法和法律规定的任免权限和程序办理。最高人民法院院长由全国人民代表大会选举和罢免，副院长、审判委员会委员、庭长、副庭长和审判员由最高人民法院院长提请全国人民代表大会常务委员会任免；地方各级人民法院院长由地方各级人民代表大会选举和罢免，副院长、审判委员会委员、庭长、副庭长和审判员由本院院长提请本级人民代表大会常务委员会任免；在省、自治区内按地区设立的和在直辖市内设立的中级人民法院院长，由省、自治区、直辖市人民代表大会常务委员会根据主任会议的提名决定任免，副院长、审判委员会委员、庭长、副庭长和审判员由高级人民法院院长提请省、自治区、直辖市的人民代表大会常务委员会任免；人民法院的助理审判员由本院院长任免。在民族自治地方设立的地方各级人民法院院长，由民族自治地方各级人民代表大会选举和罢免，副院长、审判委员会委员、庭长、副庭长和审判员由本院院长提请本级人民代表大会常务委员会任免。军事法院等专门人民法院院长、副院长、审判委员会委员、庭长、副庭长和审判员的任免办法，由全国人民代表大会常务委员会另行规定。

根据《法官法》，法官要求辞职，应当由本人提出书面申请，依照法律规定的程序免除其职务。法官有下列情形之一的，予以辞退：在年度考核中，连续两年确定为不称职的；不胜任现职工作，又不接受另行安排的；因审判机构调整或者缩减编制员额需要调整工作，本人拒绝合理安排的；旷工或者无正当理由逾假不归连续超过十五天，或者一年内累计超过三十天的；不履行法官义务，经教育仍不改正的。

5. 法官的任职回避

根据《法官法》的规定，法官之间有夫妻关系、直系血亲关系、三代以内旁系血亲以及近姻亲关系的，不得同时担任下列职务：(1)同一人民法院的院长、副院长、审判委员会委员、庭长、副庭长；(2)同一人民法院的院长、副院长和审判员、助理审判员；(3)同一审判庭的庭长、副庭长、审判员、助理审判员；(4)上下相邻两级人民法院的院长、副院长。此外，法官从人民法院离任后二年内，不得以律师身份担任诉讼代理人或者辩护人；不得担任原任职法院办理案件的诉讼代理人或者辩护人；法官的配偶、子女不得担任该法官所任职法院办理案件的诉讼代理人或者辩护人。

6. 法官的奖惩制度

根据《法官法》的规定，法官在审判工作中有显著成绩和贡献的，或者有其他突出事迹的，应当给予奖励。对法官的奖励，实行精神鼓励和物质鼓励相结合的原则。

法官有下列表现之一的，应当给予奖励：在审理案件中秉公执法，成绩显著的；总结审判实践经验成果突出，对审判工作有指导作用的；对审判工作提出改革建议被采纳，效果显著的；保护国家、集体和人民利益，使其免受重大损失，事迹突出的；勇于同违法犯罪行为作斗争，事迹突出的；提出司法建议被采纳或者开展法制宣传、指导人民调解委员会工作，效果显著的；保护国家秘密和审判工作秘密，有显著成绩的；有其他功绩的。此外，奖励具体分为：嘉奖，记三等功、二等功、一等功，授予荣誉称号。对于奖励的权限和程序则按照有关规定办理。

法官不得有下列行为，否则将受到相应惩处：散布有损国家声誉的言论，参加非法组织，参加旨在反对国家的集会、游行、示威等活动，参加罢工；贪污受贿；徇私枉法；刑讯逼供；隐瞒证据或者伪造证据；泄露国家秘密或者审判工作秘密；滥用职权，侵犯自然人、法人或者其他组织的合法权益；玩忽职守，造成错案或者给当事人造成严重损失；拖延办案，贻误工作；利用职权为自己或者他人谋取私利；从事营利性的经营活动；私自会见当事人及其代理人，接受当事人及其代理人的请客送礼；其他违法乱纪的行为。

第三节　检　察　院

无论大陆法系国家还是英美法系国家，拥有公诉职能的检察机关都是普遍建立的国家机关。有些国家以检察机关为行政机关，有些国家以其为法院之附属，而我国的检察机关既是独立行使检察权的司法机关，同时也是法定的法律监督机关。

一、西方国家检察机关制度

检察制度自法国源起至今，已被世界大多数国家所接受和认可。但由于各国社会制度、法律文化传统的差异，致使该制度在各国的建立都充满着特定的政治动因、制度基础和现实根基，换言之，本国特色。一般而言，大陆法系国家的检察制度相对比较严格，而英美法系等国则比较松散①，故检察机关的设置及职权方面也有着较大的差异，但对其进行比较仍可发现一些规律。

（一）检察机关的设置

在检察机关定位上，一般也可以分为两类：一是行政机关，这是目前世界

① 参见郭成伟、宋英辉主编：《当代司法体制研究》，中国政法大学出版社 2002 年版，第 5 页。

大多数国家对检察机关的定位，如英国的皇家检察署辖管于总检察长，而总检察长由首相在下议院议员中任命，是政府的法律顾问机构，美、法、德等国的检察机关均属于政府机关；二是法律监督机关，这主要存在于社会主义国家中。在社会主义国家中，检察机关直接向权力机关负责，但却具有独立的地位，如苏联的检察机关是唯一的全国性机关，其可以对国家机关、企业、组织、公职人员和公民是否遵守法律进行监督，如我国《宪法》第 129 条明确指出："中华人民共和国人民检察院是国家的法律监督机关。"

在职权范围上，一般而言，英美国家的检察机关只有起诉方面的权力（在侦查方面与警察具有一定的合作关系），法、德等国的检察机关享有在侦查活动中的指挥权、起诉权以及监督权，而社会主义国家的检察机关除了享有以上权力外还具有依法监督企业、组织等权力。换言之，检察机关的职权范围多与其定位相关，一般将其定位为行政机关的国家，则职权相对较小，如欧洲诸国。而将其定位于法律监督机关的国家，其职权范围则比较广泛。

检察机关与法院相比，其内部关系也各不相同，这里所指的检察机关内部关系是指各个层级检察机关在履行职权过程中的纵向与横向之间形成的工作关系，横向之间关系比较简单，主要是履行职务过程中的协作关系，但上下层级纵向之间的关系则较为复杂。

就上下层级纵向之间的关系而言，可以分为以下几种类型：一是美国模式，美国实行联邦制，美国的联邦检察系统不领导各州检察机关。① 美国联邦检察机关、州检察机关和市镇检察机关各自成为独立的检察系统，在具体办案过程中不存在上下级关系，彼此间各行其道，并行不悖；三者内部，市镇检察系统由于属于基层自治，因此一般只有一个检察机关或者没有检察机关。州检察系统包括州检察长办公室和地区检察官办公室，其在理论上虽具有领导权和监督权，但在实际运行过程中，后者则具有较大的自主权，前者对其控制相对较少。联邦检察系统内部则具有明确的组织性和领导性。二是法德模式，即中央或联邦检察机关对地方检察机关无领导权，但地方检察机关之间却存在着明确的领导与监督关系。在法国，检察机关接受上级检察机关的领导，但同时检察机关隶属司法行政部门，总检察长直接对政府的司法部长负责。日本亦是如此，日本检察官隶属法务省，法务大臣有权就有关检察官的事务进行监督，检察机关既受总检察长领导又受法务省领导。三是中国模式，这也是世界大多数

① 参见郭成伟、宋英辉主编：《当代司法体制研究》，中国政法大学出版社 2002 年版，第 5 页。

国家的检察机关内部关系模式，即全国的检察机关从中央到地方都具有明确的领导和监督关系，下文会具体详叙。

在机构设置方面，综观世界各国，检察机关之设置在横向上可以分为两种模式：一是审检合署式，即检察机关驻派于各级法院内但独立行使其职权。① 这种方式是检察制度初创时期的普遍模式，一般存在于大陆法系的司法系统内，如法国的检察院便设置在法院内，其是与法院相平行的政府性机构。具体而言，在设置的四级法院中，除了治安法院没有检察院之外，初级法院、上诉法院和最高法院都设有检察院。同时，国家安全法院和军事法院也设有检察院；德国在每一个法院都设置了检察机关办公室，联邦最高法院设有联邦总检察长和副总检察长，在高等法院和地方法院设有检察官和助理检察官。此外，州的检察机关也是设立在州高级法院内的；与德法相类似的大陆法系国家还有奥地利等国。但英美法系中的一些国家，其检察机关之设置也在法院内部，如加拿大虽从整体上属于英美法系，但其检察机关却是设置在法院内部的，且其联邦最高法院亦设有总检察长和副检察长，省法院内也设有检察长。二是审检分立式，该模式与审检合署式的区别在于检察机关和法院的分别设置，即强调检察机关与法院的完全分开。此模式已被当今大多数国家所采用，英美法系国家有之，社会主义国家亦有。如英国建立了独立的皇家检察署，其下设有四个地区检察署、三十一个区检察署和五十五个分署，检察机关从中央到地方已形成独立的系统。美国检察系统则分为三级：联邦、州和市镇三级，联邦检察系统之司法部长担任总检察长，其下设首席检察官一名和在总检察长要求下设副总检察长一名，并且将全国划分为九十四个法区，任命九十四个检察长。除美国外，一些大陆法系国家也采用了此模式，如日本即是由“二战”前的审检合署模式变为现今的审检分立模式。此外，采用审检分立模式的还有社会主义国家，且这些国家中，其检察系统的独立性更强。从纵向而言，检察机关之设置亦可分为两种模式：一是双轨制，此制多存在于联邦制国家，如美国和德国。其中，美国更为彻底。在美国，其联邦和州分别设有检察机构来执行联邦和州之法律，且彼此间没有从属关系。而德国的联邦检察机关对地方检察机关在案件管辖上，则具有一定的权力。二是单一式，此模式多存在于单一制国家，如法国和中国等。此模式的主要特征是从中央到地方建立统一的检察体系，并实行垂直领导和双重领导。不同于上述国家，英国虽然属于单一制国家，但其检

---

① 参见郭成伟、宋英辉主编：《当代司法体制研究》，中国政法大学出版社 2002 年版，第 5 页。

察体系却比较复杂，不仅存在着英格兰和威尔士、苏格兰、北爱尔兰之差别，就连英格兰和威尔士内部除了皇家检察署外亦还有其他机构具有检察职能，如反严重欺诈局和财政律师部。

（二）检察机关的职权

起初，检察官称之为“站着的司法官”，即与法庭上坐着行使权力的法官相对应。而后，随着检察职权的不断扩大，西方各国在追求自身利益的平衡中，赋予了检察职权深切的本国特色与属性。但综观西方各国，仍可将检察职权概括归纳为以下几大方面：

其一，刑事诉讼参与权。检察机关作为公诉机关，对刑事案件的参与是其享有的最基本职权。具体包括：刑事诉讼侦查权、侦查监督权、提起公诉权、出庭控诉权、审判监督权和判决执行监督权。其中，提起公诉与出庭控诉是检察机关最主要的职能，而对刑事案件进行侦查、提起公诉和出庭控诉则是检察官的主要职责。① 而法国检察机关，除了依法行使侦查、审查起诉和出庭公诉等职能外，还有责任保证判决的执行。② 然而，相比于大陆法系国家，英美法系国家的检察机关及其检察官拥有的权限则相对较小。

其二，民事、行政诉讼参与权。随着社会经济的发展，为了保护国家利益和社会公共利益，西方国家检察机关的职权不断扩大至民事领域与行政领域。检察机关代表国家参加民事诉讼的规定始于法国，这在其 1808 年民事诉讼法和法院组织法中有着具体的规定。在美国，联邦总检察长对“涉及合众国利益”的民事案件可以以政府的名义提出起诉和上诉。美国的检察官具有直接干预民事诉讼的职能和参与民事辩论的权力，也有权参与他认为涉及社会公益的任何行政案件。在日本，对于与公益有密切关系的民事诉讼，检察官有权作为公益代表人参加，必要时还可以代表当事人进行诉讼。在英国，总检察长可以依法适用其诉讼权确定合法的民事行为或禁止非法的民事行为，而且总检察长可以亲自提起某些民事诉讼，或同意个人或法人以其名义提起经其允许的民事诉讼。此外，英国检察机关也可因保护国家及公共利益之需要，参与行政诉讼。③ 具体而言，在英国，总检察长对公共机构的越权行为，有权向法院提出

---

① 参见朱孝清、张智辉主编：《检察学》，中国检察出版社 2010 年版，第 128 页。

② 参见郭成伟、宋英辉主编：《当代司法体制研究》，中国政法大学出版社 2002 年版，第 6 页。

③ 参见殷啸虎主编：《宪法学》，上海人民出版社 2003 年版，第 413 页。

诉讼，要求法院发出阻止令或作出确认判决；对于公民对公共机构的告发，经总检察长审查同意后，由公民以总检察长的名义向法院起诉；法律规定应有检察长参与的行政案件，检察长应当参与诉讼。法国检察院对经纪人、公证人、律师等职业人员及户籍管理人员的活动进行法律监督。① 综观世界各国，检察机关参加行政诉讼的权利，一般包括提起诉讼、参与诉讼、在法庭上发表评论和提出意见、向上级或主管法院提出上诉或抗诉或复审请求等。② 此外，西方国家检察机关参与民事、行政诉讼的方式主要有两种，即直接提起诉讼和参与诉讼。

其三，法律监督权。检察机关的“法律监督权”，是指检察机关有权对国家机关、社会组织和公民个人遵守法律的情况进行监督的权力。这一职权主要体现于社会主义国家和前社会主义国家的检察机关中。如《古巴宪法》第130条规定：“在维护国家机关、社会经济团体和公民严格执行法律和其他法规的基础上，监督社会主义法制是共和国总检察院的首要任务。”此外，《白俄罗斯宪法》第125条规定：对各部和隶属内阁的其他机关、地方代表机关和执行机关、企业、组织和机关团体、官员和公民是否准确地执行法律、法令和命令的情况实行监督的任务，由白俄罗斯共和国总检察长以及归他领导的检察官承担；检察机关对侦查犯罪行为时执行法律的情况进行监督，对法院关于民事和刑事案件以及行政违法案件的判决是否符合法律进行监督。③

其四，法律咨询权。“法律咨询权”是西方国家检察机关独有的一项职权。在英国，总检察长和副总检察长是王室的首席法务官和政府的法律总顾问，他们参加内阁，并有权向政府各部门提供法律咨询意见。在美国，总检察长是联邦政府的首席法律官员和顾问，其主要职责是向总统和政府部长提供法律咨询和法律建议。此外，《爱尔兰宪法》第30条亦规定：“总检察长是政府在法律问题或法律主张方面的顾问，行使和履行本宪法或法律所授予或强加其身的一切权力、职责和义务。”④

---

① 参见郭成伟、宋英辉主编：《当代司法体制研究》，中国政法大学出版社2002年版，第6页。

② 参见郭相宏、完珉、任俊琳：《宪法学基本原理》，中国社会出版社2005年版，第327页。

③ 杨海坤：《宪法基本理论》，中国民主法制出版社2007年版，第299页。

④ 杨海坤：《宪法基本理论》，中国民主法制出版社2007年版，第300~301页。

(三)检察官制度

检察官制度在西方有着悠久的思想渊源与文化背景，其最早产生于法国，后于19世纪中后期引入德国，而后在西方各国得以发展与完善。长达几个世纪的发展，塑造了检察官无与伦比的社会形象与地位，在此，我们将西方检察官制度概括为以下几个方面：

其一，任职资格。《国际刑事法院规约》(简称“罗马规约”)是继“纽伦堡审判”、“东京审判”、“前南法庭”和“卢旺达法庭”规则之后，所设立的涉及面最为广泛的国际刑事法律规范，其于1998年在意大利罗马通过，除序言外共十三编128条。该规约明确详细地规定了检察官的任职资格，具体内容如下：(1)应为品格高尚、在刑事案件的起诉或审判方面具有卓越能力和丰富实际经验的人；(2)应独立履行职务，不得寻求任何外来指示或按照任何外来指示行事；(3)不得从事任何可能妨碍其检察职责或使其独立性受到怀疑的活动；(4)不得从事任何其他专业性职业；(5)不得参加处理其公正性可能因任何理由而受到合理怀疑的事项；(6)不得参与曾以任何身份介入过的案件调查或起诉；(7)在进行调查时，应充分尊重本规约规定的个人权利；(8)在没有得到提供资料方的同意时，不得泄露材料的内容。① 这一国际规约，为检察官的任职资格创造了一个普适性的适用标准，因此，被世界各国所广泛采纳。具体而言，如德国，若想获得实习检察官资格，则必须经过三年半的大学法律教育，并在通过国家首次考试后再需经历二年半的实务培训，而后在第二次国家考试顺利通过后方能获得。而欲想成为终身检察官，则需在完成大学法律专业学业后再经过八年半的时间。法国检察官的获任资格，则类似于德国。至于英国，其检察官须具有律师资格，并需有一定的执业年限。如英国检察长的任职，必须是执业十年以上的律师，其检察官和助理检察官亦必须具有七年以上的律师执业资历。而美国，亦是如此。②

其二，任免方式。在西方各国，对检察官的任免方式主要包括任命制、选举制和混合制(任命与选举相结合)。在美国，联邦检察官的人选经由国会参议院同意后，由总统任命。各州地方检察官的任命方式则依州法决定，分别采

---

① 参见陈钢：《“罗马规约”中的检察官制度及其借鉴和启示》，载《法制与社会》2010年第7期。

② 参见程汉大、李培峰：《英国司法制度史》，清华大学出版社2007年版，第404页。

取选举制和任命制等不同模式。在法国，检察官任免方式则采取任命制，且均以总统名义任命。德国同法国一样，亦是实行任命制之国家。①

其三，检察官的职权。根据“罗马规约”的规定，国际刑事法院的检察官具有如下权力：(1)自行调查和调查权：为查明真相，检察官可以自行根据有关本法院管辖权内的犯罪资料开始调查而无须事先通知相关国家；为查明真相，可以调查一切有关犯罪的事实和证据。(2)请求权：可以请求本法院就管辖权或可受理性问题作出裁定；可以请求任何国家给予合作，可以请求政府间组织依照各自的联权和(或)任务规定给予合作；可以请求预审法庭做出有效的、必要的措施(如对犯罪嫌疑人的临时逮捕和羁押等)；可以请求院长会议准其不参与处理某一案件。(3)资料评估权：评估向其提供的资料，以确定是否开始调查；根据调查资料，评估是否存在本规约规定的刑事责任。(4)自动起诉与撤诉权：起诉是检察官的份内职责，但如果起诉无助于实现公正，则予以撤诉。(5)通知权：通知预审分庭进行调查、录取证人证言或陈述，审查、收集或检验证据；如果决定不予起诉，通知预审分庭撤消指控的理由。(6)复议权：检察官可以随时根据新的事实或资料，复议就是否开始调查或进行起诉所作的决定。(7)特权与豁免权：在每一缔约国境内，在执行本法院职务时，或在其涉及本法院的职务方面，享受外交使团团长所享受的同样的特权与豁免；在其任期结束后，应继续享有豁免，与其执行公务有关的言论、文书和行为，不受任何形式的法律诉讼。“鉴于国际刑事法院管辖权内的罪行均是最严重的国际罪行，而且许多案件可能涉及有关国家的领导人，一旦检察官决定启动调查势必造成巨大影响。因此，为防止不负责任的滥诉，‘罗马规约’应有必要对检察官的权力进行制衡，但规约对此没有足够的规定。”②除此之外，虽然各国还授予了检察官在民事、行政等诉讼中保护国家利益、公共利益之职权，而且由于政治、历史、文化等方面的原因其规定也各有不同，但大多限于此内，这是毋庸置疑的。

其四，检察官的保障制度。为保障检察官公正地行使职权，无后顾之忧。各国法律均规定了相应的保障措施。如日、法、德等国均规定了检察官终身任职制度。此外，美国也采取了定期任职制，即联邦总检察长、联邦地方检察官的任期，一般与总统任期相同。同时，各国也均规定了对检察官非因法定事

---

① 参见李昌道、董茂云：《比较司法制度》，上海人民出版社 2004 年版，第 174 页。

② 陈钢：《“罗马规约”中的检察官制度及其借鉴和启示》，载《法制与社会》2010 年第 7 期。

由，经国会或检察官惩戒法庭的建议撤职或应受惩戒处分的情况下，不得撤销其职位，或对其薪酬和其他职务条件做不利变更。①

二、中国的检察机关

中华人民共和国最高人民检察院是中华人民共和国的“最高法律监督机关”，其在设置、职能以及检察官制度等方面有着自己的特点。

(一)检察院设置

根据《宪法》第 123 条和《人民检察院组织法》第 1 条规定，“中华人民共和国人民检察院是国家的法律监督机关”。它通过行使检察权对各级国家机关、国家机关工作人员和公民是否遵守宪法和法律实行监督，以保障宪法和法律的统一实施。

人民检察院的组成，各级人民检察院由检察长一人、副检察长和检察员等检察官若干人组成。

人民检察院的任期，各级人民检察院的任期，与本级人民代表大会每届任期相同，都为五年。最高人民检察院检察长连续任职不得超过两届。

检察机关的领导体制②，检察机关的领导体制属于双重领导体制，既包括检察机关在国家机构体制中的领导体制，也包括其系统内部的领导体制。根据《宪法》规定，“最高人民检察院领导地方各级人民检察院的工作，上级人民检察院领导下级人民检察院的工作”，“最高人民检察院对全国人民代表大会和全国人民代表大会常务委员会负责，地方各级人民检察院对产生它的国家权力机关和上级人民检察院负责”。该条确定我国现行检察院的关系为领导关系而非法院的监督关系，即检察机关上下级是领导与被领导的关系。

检察机关的机构设置，根据《最高人民检察院机关机构改革方案》的规定，最高人民检察院机关内部机构有职能部门、政治部、机关党委、机关服务中心；此外还设有单列离退休干部局机构；五个直属事业单位。在最高人民检察院，这种业务部门被称为“厅”，在省级人民检察院及其分院称为“处”，在基层的人民检察院称为“科”。由上所述，这种机构之设置具有明显的行政

① 参见陈文兴：《检察官的条件、任免与保障研究》，载《法商研究》1997 年第 2 期。
② 参见朱孝清、张智辉主编：《检察学》，中国检察出版社 2010 年版，第 258 页。

特色。①

在组织体系方面，根据《宪法》第 124 条和《人民检察院组织法》第 2 条规定，中华人民共和国设立最高人民检察院、地方各级人民检察院和军事检察院等专门检察院，地方各级人民检察院又分为：省、自治区、直辖市人民检察院；省、自治区、直辖市人民检察院分院，自治州和省辖市人民检察院；县、市、自治县和市辖区人民检察院。省一级人民检察院和县一级人民检察院，根据工作需要，提请本级人民代表大会常务委员会批准，可以在工矿区、农垦区、林区等区域设置人民检察院，作为派出机构。

从上述相关规定可以看出，中国的普通检察院分为四级，即县一级检察院、市一级检察院、省一级检察院和最高人民检察院。具体而言：(1)最高人民检察院。最高人民检察院是我国的最高检察机关，其主要职责是：领导地方各级人民检察院和专门人民检察院的工作；对全国性的重大刑事案件行使检察权；对各级人民法院已经发生法律效力的判决和裁定，如果发现确有错误，按照审判监督程序提出抗诉；依法对监狱、看守所的活动实行监督；依法对民事诉讼、行政诉讼实行监督；对检察工作中具体应用法律的问题进行解释；制定检察工作条例、细则和规定，规定和管理各级人民检察院的人员编制。(2)地方各级人民检察院。其主要职责是：对于叛国案、分裂国家案以及严重破坏国家的政策、法律、法令、政令统一实施的重大犯罪案件，行使检察权；对于直接受理的刑事案件，进行侦查；对于公安机关侦查的案件，进行审查，决定是否逮捕、起诉或者免予起诉；对于公安机关的侦查活动是否合法，实行监督；对于刑事案件提起公诉，支持公诉；对于人民法院的审判活动是否合法，实行监督；对于刑事案件判决、裁定的执行和监狱、看守所、劳动改造机关的活动是否合法，实行监督。除了普通检察院，我国还存在各专门检察院。专门人民检察院是在特定的组织系统内设置的检察机关，以其专属的管辖权和所保护的特定社会关系而有别于其他检察机关。我国设置的专门人民检察院包括军事检察院和铁路运输检察院。简言之，军事检察院，是国家设置在人民解放军系统的法律监督机构，属于军队建制，是我国检察机关的组成部分，在最高人民检察院和解放军总政治部领导下工作。军事检察院的职权是对军职人员的犯罪案件行使检察权，按照专属管辖权的原则，受理现役军人、军队文职人员和在编职工的犯罪案件，按照刑事诉讼法和军委有关文件的规定，对上述人员的贪

① 参见甄贞：《检察机关内部机构设置改革研究》，载《河南社会科学》2013 年第 1 期。

污、贿赂犯罪，侵权、渎职犯罪以及利用职务实施的违反军人职责的犯罪实施侦查，对军队保卫部门侦查的刑事案件审查批捕和审查起诉，依法对军队保卫部门、军事审判机关实施侦查监督、审判监督以及刑罚执行监督；铁路运输检察院，是国家设置在铁路运输系统的检察机构，是我国检察机关的组成部分，其由铁路运输检察分院、基层铁路运输检察院组成，由所在的省、自治区、直辖市人民检察院领导。其基本任务是按照法律规定行使检察权，打击和防范在铁路运输系统所辖区域中(包括铁路沿线、列车、车站、铁路企业事业单位等)发生的各种违法犯罪活动和铁路工作人员危害交通运输的违法犯罪活动，维护国家的法律、法令在铁路运输系统统一实施，维护铁路运输秩序、生产秩序和工作秩序，保护铁路财产和铁路运输物资不受非法侵害，保护旅客和铁路职工的人身权利、民主权利和其他权益不受侵害。

我国检察院的职能根据我国《宪法》和《人民检察院组织法》等相关法律的规定，包括法纪监督、侦查监督、支持公诉和审判监督、监所监督、民事审判和行政诉讼监督。具体而言，各级人民检察院行使下列职权：(1)对于叛国案、分裂国家案以及严重破坏国家的政策、法律、法令、政令统一实施的重大犯罪案件，行使检察权。(2)对于直接受理的刑事案件，进行侦查。(3)对于公安机关侦查的案件，进行审查，决定是否逮捕、起诉或者免予起诉；对于公安机关的侦查活动是否合法，实行监督。(4)对于刑事案件提起公诉，支持公诉；对于人民法院的审判活动是否合法，实行监督。(5)对于刑事案件判决、裁定的执行和监狱、看守所、劳动改造机关的活动是否合法，实行监督。(6)根据《民事诉讼法》和《行政诉讼法》的规定，人民检察院对人民法院已经发生法律效力的判决和裁定，发现违反法律、法规规定的，有权依照审判监督程序提出抗诉。

根据我国《宪法》和《人民检察院组织法》等相关法律的规定，人民检察院通过行使检察权，镇压一切叛国的、分裂国家的和其他反革命活动，打击反革命分子和其他犯罪分子，维护国家的统一，维护无产阶级专政制度，维护社会主义法制，维护社会秩序、生产秩序、工作秩序、教学科研秩序和人民群众生活秩序，保护社会主义的全民所有的财产和劳动群众集体所有的财产，保护公民私人所有的合法财产，保护公民的人身权利、民主权利和其他权利，保卫社会主义现代化建设的顺利进行。

(二)检察官制度

根据《检察官法》，担任检察官必须具备下列条件：具有中华人民共和国国籍；年满二十三岁；拥护中华人民共和国宪法；有良好的政治、业务素质和良好的品行；身体健康；高等院校法律专业本科毕业或者高等院校非法律专业本科毕业具有法律专业知识，从事法律工作满二年，其中担任省、自治区、直辖市人民检察院、最高人民检察院检察官，应当从事法律工作满三年；获得法律专业硕士学位、博士学位或者非法律专业硕士学位、博士学位具有法律专业知识，从事法律工作满一年，其中担任省、自治区、直辖市人民检察院、最高人民检察院检察官，应当从事法律工作满二年。本法施行前的检察人员不具备前款第六项规定的条件的，应当接受培训，具体办法由最高人民检察院制定。适用第一款第六项规定的学历条件确有困难的地方，经最高人民检察院审核确定，在一定期限内，可以将担任检察官的学历条件放宽为高等院校法律专业专科毕业。根据《检察官法》，下列人员不得担任检察官：曾因犯罪受过刑事处罚的；曾被开除公职的。

检察官职务的任免，依照宪法和法律规定的任免权限和程序办理。最高人民检察院检察长由全国人民代表大会选举和罢免，副检察长、检察委员会委员和检察员由最高人民检察院检察长提请全国人民代表大会常务委员会任免。

地方各级人民检察院检察长由地方各级人民代表大会选举和罢免，副检察长、检察委员会委员和检察员由本院检察长提请本级人民代表大会常务委员会任免；地方各级人民检察院检察长的任免，须报上一级人民检察院检察长提请该级人民代表大会常务委员会批准；在省、自治区内按地区设立的和在直辖市内设立的人民检察院分院检察长、副检察长、检察委员会委员和检察员由省、自治区、直辖市人民检察院检察长提请本级人民代表大会常务委员会任免；人民检察院的助理检察员由本院检察长任免。军事检察院等专门人民检察院检察长、副检察长、检察委员会委员和检察员的任免办法，由全国人民代表大会常务委员会另行规定。

检察官要求辞职的，应当由本人提出书面申请，依照法律规定的程序免除其职务。根据《检察官法》，有下列情形的，对检察官应予以辞退：在年度考核中，连续两年确定为不称职的；不胜任现职工作，又不接受另行安排的；因检察机构调整或者缩减编制员额需要调整工作，本人拒绝合理安排的；旷工或者无正当理由逾假不归连续超过十五天，或者一年内累计超过三十天的；不履行检察官义务，经教育仍不改正的。

在检察官的等级方面，根据《检察官法》，检察官的级别分为十二级。检察官等级的确定，以检察官所任职务、德才表现、业务水平、检察工作实绩和工作年限为依据。具体而言，最高人民检察院检察长为首席大检察官，二至十二级检察官分为大检察官、高级检察官、检察官。检察官的等级编制、评定和晋升办法，由国家另行规定。

我国检察官享有以下权利：履行检察官职责应当具有的职权和工作条件；依法履行检察职责不受行政机关、社会团体和个人的干涉；非因法定事由、非经法定程序，不被免职、降职、辞退或者处分；获得劳动报酬，享受保险、福利待遇；人身、财产和住所安全受法律保护；参加培训；提出申诉或者控告；辞职。同时应当履行下列义务：严格遵守宪法和法律；履行职责必须以事实为根据，以法律为准绳，秉公执法，不得徇私枉法；维护国家利益、公共利益，维护自然人、法人和其他组织的合法权益；清正廉明，忠于职守，遵守纪律，恪守职业道德；保守国家秘密和检察工作秘密；接受法律监督和人民群众监督。

我国的检察官同样存在任职回避的制度，根据《检察官法》，检察官之间有夫妻关系、直系血亲关系、三代以内旁系血亲以及近姻亲关系的，不得同时担任下列职务：(1)同一人民检察院的检察长、副检察长、检察委员会委员；(2)同一人民检察院的检察长、副检察长和检察员、助理检察员；(3)同一业务部门的检察员、助理检察员；(4)上下相邻两级人民检察院的检察长、副检察长。此外，检察官从人民检察院离任后二年内，不得以律师身份担任诉讼代理人或者辩护人。检察官从人民检察院离任后，不得担任原任职检察院办理案件的诉讼代理人或者辩护人。检察官的配偶、子女不得担任该检察官所任职检察院办理案件的诉讼代理人或者辩护人。

在奖惩制度方面，根据《检察官法》，检察官在检察工作中有显著成绩和贡献的，或者有其他突出事迹的，应当给予奖励。对检察官的奖励，实行精神鼓励和物质鼓励相结合的原则。检察官有下列表现之一的，应当给予奖励：在检察工作中秉公执法，成绩显著的；提出检察建议或者对检察工作提出改革建议被采纳，效果显著的；保护国家、集体和人民利益，使其免受重大损失，事迹突出的；勇于同违法犯罪行为作斗争，事迹突出的；保护国家秘密和检察工作秘密，有显著成绩的；有其他功绩的。具体的奖励依次包含：嘉奖，记三等功、二等功、一等功，授予荣誉称号，奖励的权限和程序按照有关规定办理。在惩处措施上，根据《检察官法》，检察官不得有下列行为，否则将受到处罚：散布有损国家声誉的言论，参加非法组织，参加旨在反对国家的集会、游行、示威等活动，参加罢工；贪污受贿；徇私枉法；刑讯逼供；隐瞒证据或者伪造证据；泄露国家秘密或者检察工作秘密；滥用职权，侵犯自然人、法人或者其他组织的合法权益；玩忽职守，造成错案或者给当事人造成严重损失；拖延办案，贻误工作；利用职权为自己或者他人谋取私利；从事营利性的经营活动；私自会见当事人及其代理人，接受当事人及其代理人的请客送礼；其他违法乱纪的行为。检察官有以上行为之一的，应当给予处分；构成犯罪的，依法追究刑事责任。具体处分分为：警告、记过、记大过、降级、撤职、开除。受撤职处分的，同时降低工资和等级。处分的权限和程序按照有关规定办理。

第四章　司法行为(一)

在西方社会，对司法行为的研究已相对成熟。这些研究成果对我国乃至世界司法制度的建设都具有不可取代的意义。就中国而论，司法行为除了法院审判行为以外，还包括检察院行使检察权的行为。

第一节　司法行为概说

西方国家的法学理论界对“司法行为”已经有了系统且深入的研究，围绕“行为”而产生的“行为主义法学”理论是这一时期的代表性成果。美国现实主义法学学者卢埃林、弗兰克曾花费大量的精力探讨法官的司法行为问题，① 舒伯特则在《行为主义法理学》一文中提出并论述了司法行为主义，构建司法行为学的学科体系。② 而在中国，针对司法行为的研究还处于起步阶段，相关理论还十分单薄。对于中国司法行为的研究，不能脱离中国的法律现状，对它的探究亦须以中国法律制度为基础。总之，观察和考量一国之司法行为必须根植于该国的宪法体制，围绕司法主体在整个权力配置架构中的地位来展开。

一、“行为”与“法行为”

心理学中的行为一般指有机主体的外显活动，哲学意义上的行为是指行为主体能动地作用于客观世界的外在表现。“行为”，在法律意义上，一般被解释为“受思想支配而表现为外在的行动，或者是人的外部态度，亦即依思想支配可能具有社会意义的身体动静”。③ 同时，行为也是连接行为对象与行为主

① 参见张乃根：《西方法哲学史纲》，中国政法大学出版社 2002 年版，第 361 页。

② 参见张乃根：《当代西方法哲学的主要流派》，复旦大学出版社 1993 年版，第 150 页。

③ 参见熊先觉：《司法学》，法律出版社 2008 年版，第 255 页。

体的逻辑中项。因此，行为不可避免地受到行为主体和行为对象的影响。①

“法行为”这一概念，由于研究视角的差异，在表述上也不尽一致。萨维尼曾从民法的视角界定过“法行为”，他认为法行为是指“行为人创设其意欲的法律关系而从事的意思表示行为。”而现代社会中的法行为并不仅限于此，随着对“行为法学”研究的深入，我国有学者将法行为定义为“从法的创制到实施全过程中社会成员各类主体的与法相关的行为”。②

二、“司法行为”之意涵

“司法行为”，并非以一般的人作为主体的法律行为，③ 而更多的是公法意义上的概念，其要义有三：(1)在理论的起源方面，“司法”在西方学说中无论是最早经古希腊亚里士多德之《政治学》中以城邦之“司法权”的概念首次提出，④ 还是在资产阶级启蒙思想家孟德斯鸠的“三权分立”理论中以每个国家“有关民事法规事项的行政权力”的形式出现，⑤ 其都是冠以国家之名，而非私人。(2)在历史发展方面，“司法”在我国古代是作为掌管刑狱的官职而出现的，即行“听讼断狱”、“决讼诏狱”之职。至近代后，“司法”一词被正式引

① 在帕森斯看来，一个行动包括四个逻辑要素：一是一个当事人，即“行动者”；二是这个行为必须有个目的，即该行动过程所指向的未来事态；三是该行动必然在一种“处境”内开始(这种“处境”可以分为第一类是行动者不能控制，不能根据自己的目的加以改变或防止改变，称为行动“条件”；第二类是行动者能够控制的，称为行动的“手段”)；四是这个单位在用于分析方面时，它的概念内在地包含这些成分之间某种形式的关系，即处境中允许对达到目的的手段有所选择，这种选择中存在着行动的一种“规范性”取向。参见[美]帕森斯：《社会行动结构》，张明德、夏遇南、彭刚译，译林出版社 2003 年版，第 49~50 页。

② 张善恭：《行为法学》，上海人民出版社 2015 年版，第 52 页。

③ 司法行为是一种法律行为，但区别于在民法学中处于核心概念地位的“法律行为”概念(德语为“Rechtsgechaft”)。法律行为一词更多的出现在民法学中，并处于核心概念地位，基本等同于民事法律行为，是一个私法上的概念，即“法律行为旨在通过个人自治即通过实现私法自治的原则以设定一个调整内容的方式成立、变更或解除一个法律关系”(参见 Werner Flume，Augemeiner Teil des Bürgerlichen Recht，zweiten Band：Das Rechtsgeschaft，1975，Springer，p. 123. 转引自王利明：《法律行为制度的若干问题探讨》，载《中国法学》2003 年第 5 期)，而司法行为的主体在实证意义上显然不是私法上的人。

④ 参见王利明：《司法改革研究》，法律出版社 2000 年版，第 8 页。

⑤ 参见[法]孟德斯鸠：《论法的精神》(上册)，张雁深译，商务印书馆 1961 年版，第 154 页。

入，不过该词依然是作为如《钦定宪法大纲》或《大清法规大全》等法律文本中“立法、行政、司法则总揽于君上统治之大权”的权力类型之一的词汇而出现，即其与国家权力、统治密不可分。(3)在实证意义方面，司法活动及司法行为在世界各国首先是司法机关的专属行为，是社会无法承载有关私权或公权之纠纷而将裁判权、处置权让渡于国家作为中立方的产物。因此，司法行为是一种公权力行为，是国家公权力主体相对于法律适用对象的行为，是司法权的一种外化。

三、中国宪法体制中的司法行为

在我国，司法行为源于既有的法律制度和宪法中的权力配置体系——一切权力属于人民，而代表人民行使国家权力的机关为全国人民代表大会和地方人民代表大会。其中，全国人民代表大会是我国的最高国家权力机关，是其他国家权力来源和基础。根据《宪法》之规定，全国人民代表大会之下设国家主席、国务院、地方各级人民政府、中央军事委员会、人民法院和人民检察院，它们一并构成人民民主专政体制下的国家权力之架构。其中，国家司法权体现为审判权和检察权的集合体。其理由有三：(1)在文本层面，《宪法》中并未出现“司法权”一词，但从我国所沿袭的前苏联之人民民主专政的理论而言，在宪法典体系中“人民法院和人民检察院”共同构成独立的一章，并明确定性为“独立行使”国家审判权和法律监督权。如此规定，以区别、独立于其他国家权力。此外，从机构的理论设置上看，人民法院、人民检察院是与人民政府同级的、并列的。因此，两者明显是处于同一权力板块上的。(2)在机构的权能层面，人民法院和人民检察院的权能与政府的执行性权能不同，他们不是进行管理和干预公共行政的活动。作为宪法主体，它们的功能更多地表现为通过执行法律来保障法之实施与价值，并在此基础上保证国家权力运行的完整性和贯通性。(3)在权力配置的立法渊源层面，人民法院和人民检察院统称为司法机关。传统意义上的司法权仅指审判权，而法律监督权仅为其增设的权力。但从我国权力配置的立法史上考察，中华人民共和国成立之初，我国所颁布的《中华人民共和国中央人民政府组织法》，其从最高权力层次开始设立中国的司法制度，即由最高人民法院和最高人民检察署行使国家审判权和检察权，公安部和司法部行使侦查权和司法行政权。① 之后，我国的司法制度之建设便以此为

① 参见程春明：《司法权及其配置——理论语境、中英法式样及国际趋势》，中国法制出版社 2009 年版，第 186 页。

据。换言之，检察权纳入司法权的权力范畴是中华人民共和国成立之产物，并通过宪法典和宪法法律得以确认，实现了与法院相并列的地位，而公安机关和司法行政机关亦统归于行政系统，最终奠定了法检二元司法权的社会主义时代。

总之，司法行为作为我国法律制度的重要元素之一，其源于司法权，而司法权作为宪法权力的一种，其由审判权和检察权构成。在中国之法检二元司法体系中，"司法主体"即指享有审判权的人民法院和享有检察权的人民检察院。"司法行为"，即包括人民法院的审判行为和人民检察院的检察行为。同时，机关法人的行为又是由具体的工作人员实施的。据此，可将"司法行为"基本定义为：依法享有司法权的国家机关及司法人员行使司法权的行为，具体而言指：人民法院及审判人员行使审判权适用法律裁判案件的行为和人民检察院及检察人员行使检察权进行侦察、审查并提起公诉的行为。在厘清司法行为的产生基础和基本概念后，下文将从本体论、运行论和制约论的角度分别对司法行为的构成与范围、行为模式、规制机制三方面进行深入的讨论和分析。

第二节　司法行为的构成

行为最核心的构成要素是行为主体，主体是行为的发出者。法律行为则必须具备相应的法律意义，即要有行为目的和行为效果。而公法行为还必须具备公法上的职权依据，因此司法行为之构成要素包括：(1)作出司法行为的司法主体；(2)司法主体作出司法行为所依据的职权；(3)司法主体作出司法行为所欲达到的目的；(4)司法行为作出后产生的法律后果。

一、主体要素

主体是行为发生的首要要素。关于司法行为之主体，学界现存的观点从广义到狭义大致包括以下几种：(1)司法机关、法官、检察官和诉讼当事人；①(2)侦查机关、检察机关、审判机关和司法行政机关；②(3)审判机关、检察

① 参见熊先觉：《司法学》，法律出版社2008年版，第258页。

② 参见吴磊：《中国司法制度》，中国人民大学出版社1988年版，第43页。

机关和仲裁机构;① (4)审判机关和检察机关;② (5)审判机关。③ 上述观点,从不同的角度对司法权和司法主体的范围进行了不同的界分,为我们提供了认识司法行为主体要素的多维视角。司法行为主体是随着"司法行为"概念变化而变化的行为主体概念。因此,认识司法行为的主体要素要从以下三个方面展开:

(一)司法主体

司法主体是享有国家司法权的主体,只有司法主体行使司法权的行为才可以被称之为司法行为,其他任何组织或个人为主体而作出的行为都不能被称之为司法行为。从这个意义上而言,司法主体就是司法行为主体。在我国的宪法体制下,司法机关包括法院与检察院,所以从这个角度而言,司法行为的主体要素就包括法院、检察院、法官和检察官。司法行为的核心主体要素是直接作出裁判行为的法官。

(二)司法法律关系主体

裁判行为虽然由法官作出,但仅有法官或其他司法主体,是难以完成司法裁判活动的。完成裁判行为,至少需要完整的司法法律关系链条,仅有司法主体无法形成完整的司法法律关系。完整的司法关系必须包括三方主体,即纠纷的双方和裁判者。在刑事司法法律关系中,主体要素是司法机关、法官、检察官和被告人;民事司法法律关系的主体要素是司法机关、法官和原被告双方当事人;行政司法法律关系的主体要素是法官、行政相对人和行政主体。从司法关系主体的层面来看,只有具备了上述主体要素,司法行为才可能作出,缺少任何一方主体,司法活动都无法启动。因此从司法关系主体的角度来看,上述主体都是司法行为的主体要素。

(三)诉讼法律关系主体

将司法行为置于诉讼实践中看,仅有司法法律关系的三方主体还不足以完

---

① 参见谭世贵:《中国司法制度》,法律出版社2008年版,第2~3页。

② 参见崔永东:《司法学原理》,人民出版社2011年版,第149~152页;王利明:《司法改革研究》,法律出版社2000年版,第4~8页。

③ 从最狭义的角度来讲,司法行为即审判行为,司法主体仅指法院或审判机关,而第4种观点是在最狭义说的基础上将检察机关新增作为司法主体的较广义的观点。

成整个诉讼活动。换言之，在司法实践中，裁判结果的作出需要以整个诉讼过程为依托，而诉讼过程的发展要依靠其他诉讼参与主体的参与和推动。除司法机关、法官和检察官外，诉讼参与人(刑事诉讼参与人包括：被害人、自诉人，犯罪嫌疑人、被告人，附带民事诉讼的原告和被告、其他诉讼参与人；民事诉讼参与人包括：原告、被告、共同诉讼人、第三人、诉讼代理人以及其他诉讼参与人；行政诉讼参与人包括：原告、被告、共同诉讼人、第三人和诉讼代理人以及其他诉讼参与人)也属于诉讼法律关系的主体，通过依法行使自己的诉讼权利，对诉讼活动的进程、结果产生不同程度的影响。从一定意义上说，最后的裁判结果，是司法机关、法官、检察官与诉讼参与人共同行为之结果。从这一层面而言，司法机关、法官、检察官与诉讼参与人即是司法行为的共同主体。

二、职权要素

司法行为是一种公法行为，由于公法行为能够对公共事务产生影响，所以公法主体直接作出公法行为，须有主体资格和职权。司法行为的权力源就是宪法法律对司法权配置的规定，在我国法检二元司法体系中，司法权分为人民法院的审判权和人民检察院的检察权。另外，人民法院和人民检察院经全国人大常委会授权而享有的法律解释权①也是一种特殊的司法权。

司法权是司法行为的必要条件，换言之，有司法职权方可为司法行为，无，则不可为。具体包括如下情形：(1)无司法职权。司法职权由法定的司法公务人员享有，在法院，具有审判员、助理审判员资格的法院公务人员方能行使立案、审判、执行之职权；在检察机关，具有检察官资格的公务人员方能行使批准逮捕、一般刑事案件公诉和抗诉、反贪或职务类犯罪侦查等职权。而其他无相应资格的主体(包括司法机关的其他工作人员)则无权行使此类职权，如民间司法或私设公堂的行为即属于非司法行为。(2)纵向越权。司法机关和司法人员超越自身司法权限而为其他权力主体之行为属于纵向越权，如此，可

① 1981年6月10日，第五届全国人民代表大会常务委员会第十九次会议通过《全国人民代表大会常务委员会关于加强法律解释工作的决议》，该决议规定：凡属于法院审判工作中具体应用法律、法令的问题，由最高人民法院进行解释。凡属于检察院检察工作中具体应用法律、法令的问题，由最高人民检察院进行解释。最高人民法院和最高人民检察院的解释如果有原则性的分歧，报请全国人民代表大会常务委员会解释或决定。《全国人民代表大会常务委员会关于加强法律解释工作的决议》可视为全国人大常委会将宪法赋予的法律解释权授予"两高"。

能导致司法行为的无效。如“河南种子案”中洛阳市中级人民法院法官在河南省 A 县种子公司诉河南省 B 县种子公司合同纠纷一案中，直接于判决中宣告《河南省农作物种子管理条例》中部分条款因与《种子法》相冲突而无效。该法官的行为明显超越了审判权之范围，违背了《立法法》第 87、88 条的规定，属于越权行使。又如过度地能动司法，法官“上街”、“下乡”等，同样违背了审判权启动的被动性。而法院如此主动承担社会管理的职能，同样属于僭越职权，虽不违法但却有损司法职业的权威性、伦理性。(3)横向越权。在司法机关内部，司法工作有着严格而细致的分工，在具体的职权分配上同样具有较为清晰的标准，如按照级别、部门和职务等分类，司法人员依照相应的授权而在特定的部门中从事特定领域的司法行为，如法院有民事、刑事、行政、审判监督和立案、执行庭之分，检察院有各类与具体职权相对应的科室，不同审级的法院和不同级别的检察院按法定标准管辖各自的案件。若超越法定职权而为其他司法主体或部门的行为，即属于典型的横向越权。如管辖权认定不清、案件分配至审判庭有误、检察院过度介入普通案件侦查、审判员未经申请而调取或指导获取对诉讼当事人一方有利的证据，等等。如此行为，轻则导致管理混乱，重则影响司法行为的最终效力。

三、目的要素

行为是为达到某种目的而作出的时间与空间上的选择，目的则是行为的必然要件。司法行为与其他公权力行为一样，是在国家与社会出现二元分化、法律被制定出之后，为保证法律的实施而由国家施加于特定相对方的行为——法院之审判施加于社会主体，以期整合社会矛盾，维护社会秩序；检察院之监督施加于违法的社会主体和国家权力的行使者，以期通过刑法的适用提高社会整体的守法程度、保持国家机器内部的廉洁态势。

(一)实质目的

“公正”作为法律追求中最为崇高的价值，是无须证明的司法目的。但在理论上，“公正”又是世界上最难界定的概念之一。在此，本书无意列举各位法学大家从不同视角所作出的诠释，而是直接指出“公正”虽具有极大的不确定性，但其于中国司法的核心地位是不可动摇的，如司法行为的运作方式、行为模式与最终规制等都是以公正为其本源目的和核心价值的。

1. 社会纠纷的解决

司法是一种“矫正正义”的存在——司法产生于原始社会，从最初的源起之时，它便是作为一种社会纠纷的解决机制而存在的，即面对双方纠纷，居中裁判、平息事端。现代司法同样如此，自国家产生后，社会矛盾依旧无处不在，如阶级的固有矛盾、平等民商事主体间的交易矛盾、犯罪行为破坏社会公益和侵犯私权的矛盾，等等。由于国家不能通过承载过多暴力来解决这些纠纷，而社会天然存在的矛盾又必须通过一定的方式得以缓解。因此，只能通过不断地“矫正”来满足社会对“公正”的诉求。为此，司法的角色声起，并渐渐地作为国家机器，投身于积极整合群体利益、治理社会的角色中。

具体而言，民事案件中，当出现财产或身份关系的纠纷时，法院通过裁判断定是非，使债权得偿、物权归主、侵权获赔、身份关系依法处置，使民事法律关系复原或依法变动，纠纷各方皆在司法运作之下心悦诚服，化解矛盾；刑事案件中，当犯罪嫌疑人破坏社会关系，为防止、惩罚国家工作人员贪污腐败、渎职枉法，保护社会公益或私人权利，由检察院自行侦查或判断决定公安机关抓获的犯罪嫌疑人是否逮捕、是否起诉，并在刑事诉讼中通过检察权与审判权的互动、检察权与辩护权的对抗，由法院判处刑罚以使罪犯罪当其罚，通过刑罚的惩戒和预防效应，使被破坏的社会关系得以弥合，秩序得以维持；行政案件中，可能违法的行政行为侵犯相对人的利益，需要法院依法判决撤销或不撤销，以维持行政关系中的利益平衡，整合行政权力与公民权利的关系。因此，在社会各类纠纷中，矛盾的解决是司法的直接目的，如果纠纷没有平息、公正没有实现。那么，即使法律技术再纯熟、司法语言再精湛，依然无法改变司法的尴尬处境与人们眼中的失望。

2. 法律价值的体现

司法是法律的运用和实施——法律的价值既通过立法被注于法律条文中，又通过守法体现于社会行为中。然而，法律价值最大程度的彰显方式则是，将法律规范运用于法律事实之中，通过对法律关系的实际调整，产生社会关系的变动，以期最终实现法律规范和社会关系的结合。如此一来，法律价值才会真正体现在人的活动之中。而在这一过程最为主要的行为，则是由司法机关所主导的审判行为。司法审判不同于民间活动，审判行为具有国家权威性，代表着最权威、最准确的法律适用和法律解释，也代表着最纯粹、最为接近立法者意图的法律价值。换言之，司法行为的一大功能就在于通过法律的适用体现其价值，即寓法律于其自身之中，通过司法审判而赋予法律新的生命力。

实体法侧重于平等、公平、正义、自由、秩序和效率等价值目标的追求，程序法则强调程序正义、严格的形式司法、推定无罪、不可自证其罪、证据规则和举证责任、审限法定等价值追求，这些都是实现司法公正所必需、也是需要通过公开的司法行为来予以弘扬的重要理念。换言之，判断司法行为的优劣，并不仅仅在于其对个案的纠纷处理和法律监督的完成，更在于它是否通过具体的行为将抽象的法律价值尽可能多的体现于实践之中，并渐次上升到捍卫司法权威、推动法治进程的高度，这是对司法行为所提出的更抽象、更高级别的目的要求。

值得一提的是，宪法是国家的根本大法，是一国法律价值最为本原的载体，其他子法的价值均由宪法衍生、发展而来。因此，宪法所展示出来的人民主权、保障人权、实行法治和权力制约等重要法律精神和价值是建构一国法律制度不可缺少的内涵。

(二)形式目的

司法的内涵决定了其内在目的，而目的的抽象性与行为的具体性是相应而生的，就司法行为而言，将其内在目的表现于外，首先需要司法行为于实践操作中实现其形式目的，而后再以该目标来彰显司法之内涵。

相比于行政行为，司法行为对社会进行直接干预和管理的目的不同，其属性决定了它的被动性与滞后性，即本质是对具体案件中已发生事实的判断和对已制定法律之适用和解释。由于这一本质彰显了司法的内在价值，因此，无论是法院的裁判或是检察院的审查起诉、抗诉，都必须围绕着以上两个行为板块具体展开。

公正的实现必须基于整个司法行为的正确、合法，因此，欲实现司法公正，首先要实现司法行为的正确、合法化之基本形式目的。结合我国现行法律的具体规定，民事诉讼法、刑事诉讼法、行政诉讼法都对司法行为的正确性、合法性的标准作出了规范，可概括为：(1)认定事实正确；(2)适用法律准确；(3)认定事实和适用法律的司法程序合法。这三大标准亦是司法行为是否合法有效的形式标准，未实现该目的要素的司法行为，即认定为事实有误或适用法律不正确或程序违法，而由此产生的后果将依上诉、再审程序而被改判或撤销，职务犯罪侦查行为将会被决定不予起诉，公诉行为和抗诉行为将会在诉讼程序中得不到法官的认定。

四、法律效果要素

法律效果，是指具有法律意义的有利结果或不利后果。① 在类型上，法律

① 参见周佑勇：《行政法原论》，中国方正出版社 2005 年版，第 110 页。

效果有私法和公法之分。而我国，司法行为产生的法律效果兼具两者。

作为司法行为的主体，其是能独立承担法律后果的社会组织。因此，法律效果是司法行为不可或缺的构成要件，其包括足以影响当事人权利义务关系之设定、变更或消灭的行为。在司法实务界，法院的审判行为明确了当事人的权利、义务，如若司法主体的行为产生不利的法律后果，则应当承担相应的法律责任，如司法赔偿。

第三节　司法行为模式①

根据行为理论的基本观点，行为模式的差异性决定了行为据以发生的权力属性上之差别，② 而这一差异性往往由行为对象所决定。然而，由于行为对象的改变，决定了公权行为模式的变化，而这种变化又在相当程度上使得传统意义上的权力划分变得似是而非。如果说行政裁决之类的行为在行政权中注入了某些司法性元素，③ 那么立法听证之类的行为则使得立法权平添了些许裁判者的气质。④ 这就意味着，传统意义上权力类型的划分实际上是一厢情愿的，我们对诸如行政权与司法权之类的权力作抽象界分的努力很可能徒劳无功。在其现实性上，

---

① 该节由周叶中教授所撰写，题目为：《司法行为模式论——以行为理论为视角》，全文发表在《河南财经政法大学学报》2012 年第 1 期。

② 哈贝马斯认为，社会科学理论对行为概念的使用是潜在的，大量的行为概念通过分析可以归结为三个各不相同的基本概念，包括目的行为模式、规范调节的行为模式和戏剧行为模式三种。参见[德]尤尔根·哈贝马斯：《交往行为理论：行为合理化与社会合理化》，曹卫东译，上海人民出版社 2004 年版，第 83~84 页。

③ 就其传统意义而言，执行权构成了行政权的核心——由于执行权经常需要主动行使，因此行政权在本质上被认为是强制性权力，它的行使具有单边性和命令性等特征；但行政裁决却改变了行政权的这种传统性格——因行政裁决涉及争诉两造，行政主体以貌似裁判者的身份，秉持中立之立场，仿行司法之程序，对争议事项进行判断和裁决，从而将司法行为的某些元素纳入行政行为之中，并因此改变了行政权的固有性格。

④ 立法机关涉及的问题通常是某种价值目标的确定和实现，因此，需要经过辩论、协商，最终形成票决解决问题；由于各方代表的利益和具备的价值观不可能完全相同，其中立性亦甚为有限。但其为特定问题所组成的调查委员会之类组织却通常借助于某种形式的司法程序来解决问题，比如在法治发达的英美诸国，其宪法或国会组织法对调查委员会在调查中的取证权、听证程序等都有明确规定；在法官的弹劾等涉及个人权利的个案问题，美国宪法甚至赋予了参议院以“审判”(try)的权力，而不是一般意义上的“弹劾”权(impeach)。正是这些诸如弹劾之类的行为对象，改变了立法机关的行为模式并使之具备了某些司法者的气质。参见周伟：《各国立法机关委员会制度比较研究》，山东人民出版社 2005 年版，第 603~617 页。

由于行为模式直接受制于行为对象，它通常汇聚了有关权力秩序的真实信息，因此，借助于行为模式理论，以反向推论之方法，不仅有利于阐明不同机关各自的事权范围，① 也避免了新的事项或者未尽事项出现之时找不到处理机关的尴尬——行为模式乃连接行为对象与行为主体的逻辑纽带，在现实中，三者之间存在着相互影响的关系，即行为对象←→行为模式←→行为主体。② 或许正是这种中介能力，成就了行为模式理论的法学方法论价值，并使得以此为进路，对司法行为展开研究成为可能。

一、司法目的行为模式——以抽象司法解释为例

根据哈贝马斯的界定，所谓目的行为是旨在实现特定目的的行为，即有目的地、因果地介入客观世界的行为③——它意味着，目的行为是以特定目标为

① 譬如经常为人忽视的立法机关的财政权，此问题涉及一定的价值衡量，它所决定的问题体现了不同的价值观和价值判断，例如究竟是需要在教育上多投资，还是需要在交通上多投资呢？这些问题都没有明显的对错之分，具体应当怎么处理，就需要采取民主方式来进行讨论了，显然，此类事项由具有民意基础的立法机关处理更加合适一些，而在价值判断之前，由行政机关提出预案，则有助于利用行政资源，探究现实所需，亦属必要，而如果将这样的一种任务交给法院，其结果则难以设想。

② 如前所述在帕森斯看来，一个行动包括四个逻辑要素：一是一个当事人，即“行动者”；二是这个行为必须有个目的，即该行动过程所指向的未来事态；三是该行动必然在一种“处境”内开始；四是这个单位在用于分析方面时，它的概念内在地包含这些成分之间某种形式的关系，即处境中允许对达到目的的手段有所选择，这种选择中存在着行动的一种“规范性”取向。(参见[美]帕森斯：《社会行动结构》，张明德、夏遇南、彭刚译，译林出版社 2003 年版，第 49～50 页。)我以为帕森斯意指的四个逻辑要素中第二个“处境”所含的条件与手段和最后一个“规范性”取向，在一定程度上是重合的，手段与一种“规范性”取向，是行为者所采用的并且必须遵循的一种模式，可以称为“行为模式”；而“处境”中的条件要素对于行为而言，属于不能控制之因素，可以作为行为的背景环境，无须纳入行为结构中，因此我采用行为对象—行为模式—行为主体的结构。

③ 这是艾四林的解释性定义(参见艾四林：《哈贝马斯交往理论评析》，载《清华大学学报》(哲学社会科学版)1995 年第 3 期。)在洪佩郁、蔺青译的《交往行动理论》一书中，目的行动是指“行动者通过选择一定状况下有效益的手段，并以适当的方式运用这种手段，实现一种目的，或者说，促使一种所希望的状况出现”的行动。(参见[德]哈贝马斯：《交往行动理论：行动的合理性和社会合理化》，第 1 卷，洪佩郁、蔺青译，重庆出版社 1994 年版，第 119～120 页。)在曹卫东译的《交往行为理论》一书中，目的行为是指“通过一定情况下使用有效的手段和适当的方法，行为者实现了一定的目的，或进入了一个理想的状态”的行为。(参见[德]尤尔根·哈贝马斯：《交往行为理论：行为合理化与社会合理化》，曹卫东译，上海人民出版社 2004 年版，第 83 页。)

取向的行为，意指行动者为达到某种特定目的所采取的行为，它是行为者对于其自身行为与外界事物之间的直接反应。在理想状态下，司法行为带有明显的目的行为模式之特质，其中以抽象司法解释为甚。①

(一)目的行为模式

目的行为模式关涉行为者对客观事态施行有目的之干预以及因此所产生的关联性——在哈贝马斯看来："目的行为概念的前提是一个行为者与一个实际存在的事态世界之间的关系。这个客观世界被确定为事态的总体性，而事态可能是一直存在的，也可能是刚刚出现的，或是通过有目的的干预而带来的。目的行为模式向行为者提供了一种'认知—意志的情结'，从而使得行动者一方面可以培养起对于实际存在的事态的意见，并通过感知传达出来，另一方面则可以形成一定的意图，以便把理想的事态付诸实现"。② 因此，目的行为是一种间接沟通——行为者看到的只是自己的目的；不同行为者之间为了追求自身目的而互相施加影响，以期促成对手形成或接受符合自身利益的意见或意图。③

在目的行为模式中，倘若行为者的意志仅仅是受到外界环境的影响，并基于其对外界环境的认识及其自身的价值判断而为一定的行为，那么该行为所反映的便仅仅是行为者个体对客观事态的认识及因此所衍生的目的，故而不受他人的直接约束和限制，可称之为"纯粹的"目的行为模式。倘若多个主体依据其对客观事态认识而产生的相应行为，那么该行为就是一种动态的、几何式的合力作用的结果——这种合力发生于行为者在不进行直接沟通的情况下对外界事态进行有意的干涉过程，故可称之为"聚合的"目的行为模式。

然而，不管是"纯粹的"目的行为模式，还是"聚合的"目的行为模式，一经作出，便对行为者与行为相对人产生一种类似于连带关系的双向拘束力——就前者而言，行为者通常具有某种意义上的位阶优势，其行为的目的在于影响相对人的偏好，并贯彻其预设意图；行为者只有一以贯之地奉行这种行为模

---

① 抽象司法解释是司法机关针对法律规范的解读和进一步补充规定，这不同于传统意义上的司法解释，即司法机关对某一具体案件中法律、法规的具体应用问题所做的说明。

② [德]尤尔根·哈贝马斯:《交往行为理论：行为合理化与社会合理化》，曹卫东译，上海人民出版社2004年版，第85~86页。

③ 参见[德]尤尔根·哈贝马斯:《交往行为理论：行为合理化与社会合理化》，曹卫东译，上海人民出版社2004年版，第95页。

式，其意图才有可能被相对人所接受，依附于行为之中的目的才有可能实现；相对人只有在充分尊重这种纯粹目的行为的条件下，才有可能为行为者所认同，并因此收获依附于该目的行为中的“信赖利益”。就后者而言，由于聚合式行为本身乃多元行为者合力之产物，行为者在作出行为时所依据的“事态”并非事态本真，而是被行为者作了不同层面、不同程度改造的事态——这种被改造的“事态”很可能是经他人改动过的“客观事态”，也可能成为影响他人偏好或认知的“客观因素”。因此，任何单方行动都将产生连锁反应——导致他人改变其行为，并进而导致整个聚合行为的失效，有似如量子力学中的“海德堡测不准原理”，观测者自身的行为会影响到接下来的事态变化，并导致事态观察的失败。①

(二)抽象司法解释之目的行为属性

托克维尔曾说：“司法权的第一特征是对案件进行裁判；第二特征是只对个案进行审理，无涉一般原则的宣判；第三特征则在于遵循不告不理之原则。”②但现代司法权似乎已然超越其本初涵义，其中典型例证为，抽象司法解释权——为满足司法裁判的需要，法院自身依据一定程序制定相应的裁判规则；这些规则有别于传统的司法解释，后者主要是法院在具体审理案件的过程中，对相关法律规范所作的解释，而前者却是最高人民法院指定并颁布具有规范效力的文件总称，根据《关于司法解释工作的规定》，这些司法解释具有相当于制定法的效力，人民法院审理案件时可以援引这些文件作为法律依据③，我们姑且称之为抽象司法解释。

在我国的司法实践过程中，抽象司法解释是一种常态。根据 1981 年 6 月 10 日第五届全国人民代表大会常务委员会第十九次会议通过的《全国人民代表大会常务委员会关于加强法律解释工作的决议》，凡属于法院审判工作中具体应用法律、法令的问题，由最高人民法院进行解释。凡属于检察院检察工作中具体应用法律、法令的问题，由最高人民检察院进行解释。最高人民法院和最

① 海德堡测不准原理认为：当观测电子等量子的时候，观测仪器发射的光子就能对量子产生作用，从而影响量子的运动，这样，当对于量子位置的测量越准确的时候对于其动量的测量就越不准确，相反亦然。

② [法]托克维尔：《论美国的民主》(上卷)，董果良译，商务印书馆 2004 年版，第 110~112 页。

③ 参见金振豹：《论最高人民法院的抽象司法解释权》，载《比较法研究》2010 年第 2 期。

高人民检察院的解释如果有原则性的分歧，报请全国人民代表大会常务委员会解释或决定。据此，我国的司法解释主要是指由最高人民法院发布的对具体应用法律的文件，而在刑事司法领域，还包括最高人民检察院发布的相应文件。

就其性质而言，抽象司法解释实际上就是一种规范性文件，这种规范以普遍约束力为基本要素，乃制定者针对事态进行判断并基于这一判断所作出的相应举措。按照哈贝马斯设定的目的行为模式要素——这些要素包括：(1)它应当独立于事态，以避免被事态影响而丧失准确的判断；(2)它应当服从于一定的预设标准，这一标准即是法律对整个社会事态的要求；(3)它应当有一定的干预力度①——抽象司法解释满足目的行为模式的一般要求，并因此具备目的行为模式所应有的权威性、正当性与有效性等基本特质——由于抽象司法解释的作出者独立于事态，因此获得了判断的权威性；由于其服从于法律对事态的要求，因而具备干预的正当性；由于其自身存在一定的干预能力，因而产生了运作的有效性。

(三)抽象司法解释的目的行为效应

一般而言，目的行为模式下的行为者除了必须对事态进行有效的判断外，还必须基于这一判断采取有效的举措。因此，特定主体的目的行为是难以预测的——在目的行为影响下的行为相对人，是难以对行为主体的行为意图进行有效的预测；当目的行为参与者还能直接影响到其他参与者之时，这种目的行为所产生的后果与他人对该行为的反应更是难以把握。为此，哈贝马斯为目的行为预设了两个有效性要件：一是行为者有目的地干预客观事态须以明确的“先在规则”为依据；二是行为者对事态的干涉力足以调控被干预的局势。没有前者，则可能导致恣意妄为；缺乏后者，则可能导致基于目的的调控因缺乏必要

① 哈贝马斯认为目的行为的前提是一个客观世界，行为者与客观世界的关系可以用真实性和现实性这两个标准加以衡量，同时作为目的行为发展的策略行为，它的形式语用学特征的基本立场要求便是客观立场，所以说目的行为要求行为者独立于事态；哈贝马斯认为目的行为的核心概念是在不同行为可能性之间作出的决定，这样做是为了实现一定的目标，并受原则的引导，也得到了语境解释的支持，因此目的行为之决定须在不同可能性之间作出，应当服从一定的标准；在谈到目的行为模式与规范行为模式区别时，哈贝马斯认为目的行为中行为者对于客观世界，不是试图面对面地加以认识，就是想有目的地加以干预，所以目的行为要求保持一定的干预力度。参见[德]尤尔根·哈贝马斯：《交往行为理论：行为合理化与社会合理化》，曹卫东译，上海人民出版社 2004 年版，第 86、312、83、89 页。

的力量而形同虚设。

在其现实意义上，目的行为模式中的行为者对于"先在规则"并无太大的能动空间；但对于事态干预的效果却是大有可为的——通常而言，要对事态进行有效调控，就必须跳出事态本身。身在局中，势必为局势所扰。因此，行为者只有将自身设定为"局外人"的角色，方能真正对外界事态进行有效的判断，并依据这种判断和"先在规则"对局势进行有效的干涉或调控。

西方国家在设立进行抽象司法解释的组织之时，往往能够充分考虑到"局中之困"。例如根据 1984 年量刑改革法成立的美国联邦量刑委员会(the United States Sentencing Commission)①，其设立意图即在于对量刑规则予以进一步细化，以尽量防止司法专断。这一组织被设定为政治中立组织，对量刑这一带有极强伦理色彩的法律问题进行立法——即让进行抽象司法解释这样一种目的行为的行为者脱离他人的目的行为对其所施加的影响。虽然进行量刑指南制定的那些委员也是长期从事审判工作的法官，但是，一旦他们进入量刑委员会，便立即停止原有的审判工作，以排除"局中"其他目的行为之影响。

二、司法戏剧行为模式——以司法审判为例

根据哈贝马斯的理解，所谓"戏剧行为"意指"一种行动者在公众中通过或多或少有意识地显露其主观性而造成的一种关于他本人形象或印象的行为。"②以程序为基本内核的司法过程，则带有相当浓厚的戏剧性色彩，其中的司法审判行为最具典型意义，它具备了戏剧行为模式的所有构成要素。

---

① 根据量刑改革法，联邦量刑委员会由九名委员组成，其中七名有投票权，两名没有投票权，并由总统任免。该委员会保持政治中立，不得有四名委员或者两名副主席是同一党派成员；委员会是一个独立于任何一个司法组织的机构，但其成员要求至少有三位是联邦法官，其产生由美国司法会议拟定六名法官的名单，总统在这六名法官中挑选产生三名成员，并由参议院确认。

② 在《交往行动理论》一书中，戏剧行动是指"行动者通过或多或少地表现自己的主观性，而在自己的公众中号召对自己产生一定的观点和印象"的行动。(参见[德]哈贝马斯：《交往行动理论：行动的合理性和社会合理化》，第 1 卷，洪佩郁、蔺青译，重庆出版社 1994 年版，第 121 页。)在曹卫东译的《交往行为理论》一书中，戏剧行为是指"行为者自己给了他的关注一个具体的形象和印象，为此，他把自己的主体性多少遮蔽起来一些，以达到一定目的"的行为。(参见[德]尤尔根·哈贝马斯：《交往行为理论：行为合理化与社会合理化》，曹卫东译，上海人民出版社 2004 年版，第 84 页。)

(一)戏剧行为模式

与培根的“剧场假相”类似，哈贝马斯认为，社会是一个舞台，每一个个体都要在观众或对象面前表演自己，背诵着早已准备好的“台词”让观众去领会他的“潜台词”。这虽不是一种合理性的行为，但却是社会需要的。培根的“剧场假相”源自于对权威和传统的盲目迷信，这种权威和传统正是社会稳固的结构性要素之一。对权威和传统的盲目迷信产生了一种宗教式的敬畏与谦卑之情，它是非理性的——对于理性的假设虽然是法律对人性最完美的阐释，但却往往最难实现。在完美的理性光辉之外，我们同样认识到一种茫然、冲动之象于人类身上发生。法律的实施借助了这样一种冲动，却最终否定了这样一种冲动。

戏剧行为模式追寻的是行为的某种表率与象征意义，这是其自身的特性与价值诉求。根据哈贝马斯的观点，人们通常会基于不同的目的来调整自己的行为风格；但对于诸如运动员、外科医生等某些特殊角色而言，因其行为的特殊性，戏剧性表演成为其行为目标的基本内核——在戏剧行为模式中，行为者的目标是要让自己的表演和技艺达到炉火纯青的地步，借此来实现该行为的表率和象征意义。① 这意味着，戏剧行为模式攸关行为者的自我表现以及行为者与旁观者的愿望、情感等心理性要素。

在权力运行过程中，戏剧行为模式有其特殊意义，这种模式有助于宣示权力行为的正当性，良好的戏剧化的权力行为能够使得参与这一行为中的人群感受到正义的实现，对戏剧行为模式的认知更是我们解释程序正义理念的关键所在。

(二)司法审判的戏剧行为属性

戏剧行为模式是哈贝马斯对交往或者沟通行为所作的一种比喻性分类；但在法学界将审判行为比拟为戏剧过程的学者也不乏其人，如庞德、伯尔曼等人就曾将法律程序尤其是审判过程比喻为戏剧——假如我们将法庭审理案件看成一场戏剧，或许可以发现，司法审判过程的确包含了某些不可缺少的戏剧性元素。

其一，冲突——冲突，是戏剧的灵魂，也是审判的第一要素。法庭审判以

---

① 参见[德]尤尔根·哈贝马斯：《交往行为理论：行为合理化与社会合理化》，曹卫东译，上海人民出版社 2004 年版，第 90~94 页。

强烈的戏剧冲突，把人物、时间、场景高度集中在有限的“舞台”空间和时间内。使法庭的小天地，尽量地容纳下人世间的大天地，将现实生活中错综复杂的情感纠葛与利益冲突，经过浓缩，以较短的篇幅、较少的人物、较少的场景、较单纯的事件，艺术性地再现于“法庭”。

其二，演员——演员，是戏剧的主体，也是审判的主体——在司法审判的过程中，法官、控诉两造及其他诉讼参与人都是法庭的演出者，其中控诉两造与法官都是主角，他们出场的次序、立场与台词等都是预先设定的，他们必须忠诚于被给定的角色，既不得换位，也不得串位。比如法官的角色是一个中立的裁判员，因此，他必须以不偏不倚的态度中立于控诉两造之间；倘若他偏倚于任何一方，都有串位或者越位之嫌疑——在法庭上，法官位置的设置是一个极其讲究的问题，一般说来，法官应当是坐在法庭中间的最高位，这样容易掌控法庭的全局，也可体现法官作为法律代言人的威严所在。

其三，舞台、戏服和道具——舞台是表演的场所，对于舞台的设置，尤其需要考虑冲突解决的需要。其中，法官的位置应位于法庭中间的最高位，以体现法律之威严、公正。同时，相应的戏服和道具也是必需的——在任何司法体制下，控辩审三方的着装与道具都是非常讲究的，比如英美司法传统中庭审法官佩戴的银灰色马尾假发、褐色宽大的法袍以及法槌等。我国自 2002 年以来，在庭审中开始使用法袍和法槌，法袍的引进被认为是一种进步——法官的服饰与道具具有浓厚的象征意义，而这种象征意义只有在适宜的文化心理中，方有可能获得认同。在英美国家，这一象征意义的普遍认同，是与其基督教传统密切相关的。而在中国人的民族心理中，作为司法公正之象征的载体是被高度戏剧化的“青天”，如“包青天”、“海瑞海青天”等，这类“青天”式的人物形象，配以官府上的图案，如带镶有日出、星星、月亮的法袍、帽子等。目前，中国法官袍服西方化色彩较浓厚，窃以为，应当考虑添加中国传统文化中的法律元素，如此一来，势必会更加符合中华民族的心理需要。

其四，与案件结果有利害关系的当事人以及社会公众，则是利益需要得到满足的观众——基于之前关于冲突的认识，我们意识到，法官在这个过程中应当表现出不偏不倚的态度，只有如此，才有可能最终使得既是演出者又是观众的当事人得到满足。而对于当事人来说，也需要认识到自身不仅仅是一个观众，这就需要法官的引导。同时，法官还应当考虑到当事人的心理，在一些案件中，当事人需要的是一个发泄自己怨气的场所，尤其在一些民事案件中。这时，法官如果多给当事人一点时间进行表达，则司法的效果或许会更加显著。

(三)司法审判的戏剧行为效应

就其传统意义而言，戏剧行为模式构成了司法行为的基本内核——尽管随着司法行为对象的多元化，戏剧行为模式的这种核心地位有所弱化，但在具体司法审判行为中，戏剧行为模式仍然发挥着重要作用，并构成司法审判行为的象征；没有戏剧行为模式，司法审判乃至整个司法都是不可想象的。

其一，戏剧化的司法审判彰显了司法审判中的核心价值，促进了法律信仰的培养。司法审判的核心价值源自法律本身所具有的仪式性元素，正是这种仪式性元素，构成了法律信仰的基本载体，而这种以仪式为基本载体的法律信仰，显然与法律中的宗教情愫有关。作为西方文化传统中的重要元素，宗教在法律传统中曾占据着极为重要的地位。在16世纪以前，法学只是神学哲学的一个分支或应用；直到19世纪，神学仍被人认为是法学的基础。① 在西方法学发展史上，对法学和法律发生过影响的神学固然有许多流派，但就其渗透效果而言，当属基督教的影响最为深远；在某种意义上，正是基督教哲学的渗透才使得发轫于古希腊时期的自然法学获得了延绵于整个西方法学发展历程的强大生命力——基督教通过对自然法哲学的渗透，成功地让上帝扮演了理性的创造者，并使这种理念灌输到人性之中，从而使得上帝成为无处不在的自然法之精神渊源，② 继而成为整个法统的精神渊源。③

时至今日，现代法律制度和司法程序仍保留了诸多宗教元素，诸如法庭中类似于图腾的装饰、披在法官身上的假发与法袍、象征司法既判力的法槌等，然而这些并非法律性元素——灰白色的假发、深色的法袍，戴着假发并披着不能显示任何个人形体特征的法袍以及在昏暗灯光陪衬下形成的肃穆气氛等，均为司法审判披上了一层庄重而神秘的色彩；而严谨甚至有些呆板、苛刻的法律程序和法律推理则让整个审判过程平添了某些宗教仪式般的庄严与神圣之气。正是在这个意义上，庞德强调：如同宗教的各种仪式一样，法律的各项仪式乃

---

① 参见[美]庞德：《法律与道德》，陈林林译，中国政法大学出版社2003年版，第6页。

② 参见[德]海因里希·罗门：《自然法的观念史和哲学》，姚中秋译，上海三联书店2007年版，第32~33页。

③ 伯尔曼曾言："回顾我们自身的(西方)历史，法律的宗教性首先表现为基督教会在其发展的各个阶段(在最近两百年里，渐渐地依靠由基督教派生出来的世俗宗教)成功地使法律制度适应人们的需要"。参见[美]伯尔曼：《法律与宗教》，梁治平译，商务印书馆2012年版，第42页。

是被深刻体验到的具有庄严之价值的戏剧化因素——对于法律和宗教而言，这种戏剧化因素不仅是其内在价值的表达途径和基本载体，也是被社会所认知、理解与信仰的凭据，因此，倘若剔除这种戏剧化元素，法律或者宗教的价值都将因为无以存身而意义尽失。①

其二，戏剧化的司法审判体现了程序正义，有利于当事人心悦诚服地接受。审判过程中的戏剧行为模式意味着，在案件的审理中，应当使审理的形式、过程乃至法庭布置、法庭礼仪依循一定的标准，使得法庭审判过程真正体现一种“看得见的正义”，唯有“看得见的正义”才能使身临其境的法律程序参与者们产生一种发自内心的对法庭审判的信任和拥护，从而心悦诚服地接受。

其三，戏剧化的司法审判表达了一种教育意义，推动着法律传统的形成。其实，法律传统的形成正是通过法律文化、法治信仰心理要素的认同构成的，而这种认同又是通过符号和仪式的运作造成的。② 因此，实在法律所确认下来的司法程序和模式正是正义的象征，它饱含对正义的期许，在不同场景中发挥其作用，使参与者意识到自身的使命、职责，依从法庭程序的要求并在一个戏剧化的场景中践行正义对人类行为的要求，因为无论我们是否期望，法律程序本身有一种教育意义，其对于涵养公民法律理性，促成法律职业共同体的形成具有积极意义。“法院的审判应当帮助人们净化精神，而不应在我们的尊严之上再施暴行。它应该把蕴含在法律程序中的价值戏剧化，而不是漫画化。”③法律仪式本身需要严格的方式，而不是专横任意的信手涂鸦——这正是法律信仰的表征，也是法律程序的价值所在。在这样一个过程中公民习得了基本的法律素养，对过程之外的公民产生了积极的影响；这样的法律程序也促成了法律职业共同体的形成，如此循序渐近的步骤便形成了法律习惯，进而推动了现代法律传统的形成。

---

① “不仅为了反映那些价值，也不仅是为了彰显那种认为它们是有益于社会的价值的知识信念，而且是为了唤起把它们视为生活终极意义之一部分的充满激情的信仰。更有甚者，如果没有这个戏剧化的过程，那些价值无以存身，意义尽失。”参见[美]伯尔曼：《法律与宗教》，梁治平译，商务印书馆 2012 年版，第 25 页。

② 有学者认为：国家是通过文化、心理的认同构成的，而这种认同又是通过符号和仪式的运作造成的。参见高丙中：《民间的仪式和国家的在场》，载《北京大学学报》2001 年第 1 期。本书认为法律传统形成也是由法律文化、对法治信仰的心理要素认同构成的，而这种认同必须有一定的载体，那么司法符号和仪式正是恰当地表现出这样的一种内涵，并在潜移默化中陶冶着一国的法律传统。

③ [美]伯尔曼：《法律与宗教》，梁治平译，商务印书馆 2012 年版，第 35 页。

三、司法规范调节行为模式——以司法监督为例

哈贝马斯认为，规范调节的行为“是一种社会集团的成员以共同价值观为取向的行为”；行为者必须“严格遵守那些由个体组织起来的群体所具有的价值期望”。① 在其理想模式下，司法系统是一个以共同价值观为取向的集团，组成这个集团的司法机关或者司法人员的行为便不可避免地具有规范调节的行为模式特质，其中以司法监督行为最具典型意义。

(一)规范调节行为模式

规范调节行为调整的是行为者和客观存在的事态世界以及社会世界的关系。这一关系中的行为者为社会世界的成员，社会世界由规范语境构成，而规范语境则明确了哪些互动属于合理人际关系总体的一个方面。② 在这个问题上，哈贝马斯极端强调互动，并认为规范应当得到一种“主体间性”的承认，以此来维持规范的社会有效性③——哈贝马斯在规范调节的行为模式中特别强调了主体间性问题，即强调人与人、人与社会之间的互动关系，而非某种支配

---

① 这是艾四林对规范调节行为的解释性定义(参见艾四林：《哈贝马斯交往理论评析》，载《清华大学学报(哲学社会科学版)》1995 年第 10 卷第 3 期，第 13 页。)在《交往行动理论》一书中，哈贝马斯认为：规范调节的行动是指“涉及按照共同价值确立自己行动的一种社会集团的成员”的行动，“单个的行动指，在一定状况下出现了可以运用规范的条件下，就一定要遵循一定规范(或者冲击这种规范)”，因为这种“规范表达了在一种社会集团中所存在的相互意见一致的状况”，“一定规范所使用的一种集团的全体成员可以相互要求，他们在一定的状况下进行或者放弃各种所规定的行动”，“遵循规范的中心概念，意味着满足一种普遍化的行动要求。”(参见[德]哈贝马斯：《交往行动理论：行动的合理性和社会合理化》，第 1 卷，洪佩郁、蔺青译，重庆出版社 1994 年版，第 120 页。)在曹卫东译的《交往行为理论》一书中，规范调节的行为是指“涉及的是社会群体的成员，他们的行为具有共同的价值取向”的行为，“在一定的语境中，一旦具备可以运用规范的前提，每个行为者都必须服从(或违抗)某个规范”，“每个群体都具有一定的有效规范，群体的一切成员允许相互期待”，“服从规范的核心意义在于满足一种普遍的行为期待”。(参见[德]尤尔根・哈贝马斯：《交往行为理论：行为合理化与社会合理化》，曹卫东译，上海人民出版社 2004 年版，第 84 页。)

② 参见[德]尤尔根・哈贝马斯：《交往行为理论：行为合理化与社会合理化》，曹卫东译，上海人民出版社 2004 年版，第 87 页。

③ 参见[德]尤尔根・哈贝马斯：《交往行为理论：行为合理化与社会合理化》，曹卫东译，上海人民出版社 2004 年版，第 88 页。

关系。

规范调节的行为模式所体现的不仅是行为者的“认知情结”，也体现其“动机情结”；行为者在这种行为模式中形成了一种立场——这种立场产生的前提是规范中的价值符合一定的水平，从而使规范接受者的要求得到澄清，并在学习过程中形成一定的立场；而所谓符合一定水平的规范意味着，这一规范解决了接受这一规范的社会成员共同关心的行为问题，进而得到了所有接受者的承认。当一个规范所提出的有效性要求得到了有关人承认时，这一规范就具备了相应的社会有效性。①

在规范调节行为模式下，行为者与社会世界的关系可以根据客观判断的两条适应路径去把握：(1)“行为者的动机和行为与现成的规范之间是相互一致还是相互偏离”，判断行为的标准在于“从正当性的规范语境来看，这些行为是否具有正确性”；(2)“现成规范自身是否体现出某些价值，从而把相关者普遍关心的问题表达出来，进而使规范获得所有接受者的认可”，判断规范的标准在于“它们是否得到了正当认可”。②

(二)司法监督的规范调节行为属性

哈贝马斯的规范调节行为模式，强调主体间的互动，对行为者的行为判断从规范上认定，以及规范是否符合一定价值，获得接受者认可。我国司法监督则具备了这种规范调节行为的基本属性，主要表现在：

其一，上下级法院之间的关系是一种监督关系，而非支配性的领导关系。根据我国宪法规定，最高人民法院是最高审判机关，最高人民法院监督地方各级人民法院和专门人民法院的审判工作，上级人民法院监督下级人民法院的审判工作。司法监督，一方面说明了上下级法院之间的地位关系，从行为模式的视角入手，则体现为上级法院基于既有规范进行的对下级法院的监督。另一方面，是上下级法院之间在法律之下的互动，因为人民法院独立行使审判权，上下级法院之间在法律上不是一种支配性的领导关系，而仅仅是一种法律监督。且在这一监督过程中，上级法院实施的监督活动，不对也不应对外界事态进行分析，而直接关注下级法院的行为是否符合已存的规范模式。

① 参见[德]尤尔根·哈贝马斯：《交往行为理论：行为合理化与社会合理化》，曹卫东译，上海人民出版社2004年版，第88页。

② [德]尤尔根·哈贝马斯：《交往行为理论：行为合理化与社会合理化》，曹卫东译，上海人民出版社2004年版，第89页。

其二，上级法院具体监督行为模式是一种规范调节模式。就司法监督途径而言，法律规定只能通过审级监督或审判监督形式来监督下级法院。因此，司法监督行使必须符合既存规范的要求。就司法监督具体内容而言，上级法院通过改判和发回重审的方式对下级法院进行监督，其依据皆为既有规范。我国宪法和法律保障了人民法院独立行使审判权，法院对具体案件的审理具有排他性的决定权。因此，上诉审所关注的乃是监督下级法院的审理本身，审查的是下级法院审判的合法性问题，即下级法院审判是否合规范性问题，而不是案件本身。这种监督行为正是针对下级法院的司法审判行为是否符合既有的规范所进行的判断过程，是一种典型的规范调节模式。

其三，司法监督的诉讼法律规定反映了一定的价值，是规范调节的依据和目的。《民事诉讼法》第 170 条规定："第二审人民法院对上诉案件，经过审理，按照下列情形，分别处理：(一)原判决、裁定认定事实清楚，适用法律正确的，以判决、裁定方式驳回上诉，维持原判决、裁定；(二)原判决、裁定认定事实错误或者适用法律错误的，以判决、裁定方式依法改判、撤销或者变更；(三)原判决认定基本事实不清的，裁定撤销原判决，发回原审人民法院重审，或者查清事实后改判；(四)原判决遗漏当事人或者违法缺席判决等严重违反法定程序的，裁定撤销原判决，发回原审人民法院重审。"《刑事诉讼法》和《行政诉讼法》也有类似之规定。这无不说明了在二审过程中，上一级法院的目的在于审查下一级法院的判决、裁定是否存在错误，而改判只适用于法律运用的错误，换言之，是规范运用的错误。总之，司法监督行为的开展必须基于一定的规范，且这种规范必须为行为的双方所认可，由此才有可能顺利进行。同时，规范本身的价值亦是下级法院必须接受的，否则司法审判活动便难以开展，而对规范的严格遵守也是司法监督行为的目的所在。

因此，就上下级监督关系而言，是一种非支配性的在法律之下的互动关系；就司法监督依据的规范而言，这种互动关系是建立在以司法监督的双方对相关法律规范的基本价值判断之上的，双方只有在对这类规范价值接受的基础上，才可能进行主体间的互动；就司法监督的具体行为模式而言，它要求上级法院只对下级法院行为是否合乎规范进行判断，而无关具体案件本身。

(三)司法监督行为的规范调节效应

从某种意义上说，良好的司法监督是维系司法机能正常运转的必要条件，也是司法集团之共同价值得以维续与贯彻的内在机制。在其现实意义上，我国司法监督具有相当程度的规范调节行为之效应。主要有三：

其一，塑成司法的威权规约。所谓司法的威权规约意指上级法院基于法律的规定所形成的对于下级法院的某种客观的规范与约束能力；包括判例规约和心理规约两种形式。所谓“判例规约”，即上级法院的生效判决对下级法院产生法律上的或者事实上的规范与约束能力。在承认判例法的国家，上级法院的判决是下级法院裁判的当然依据；在非判例法国家，上级法院的生效判决因其做出机关相对于下级法院所享有的威权性，而对下级法院的类似裁判具有事实上的规约力；正是在这个意义上，任何司法体制下的个案判决，都暗含着判例制度的某些定势。① 所谓“心理规约”即下级法院给予上级法院的威权而产生的一种自觉或本能的服膺现象；但凡实行审级制度的国家，这种现象已是客观、普遍之存在。因而，也是影响司法行为的一种不可忽视的因素。就其现实意义而言，在遇到具体案件的时候，除终审法院法官外，几乎所有的法官都会产生“上级法院对此案件如何判决”等猜想的本能冲动，如果承办法官猜想上级法院作出原告败诉的可能性大大超过相反的结果，那么他会很自然地选择与这种“拟似上级判决”之猜想的判决，而不是相反。因为在理论上，所有的一审案件都有可能上诉，在此种情形下，选择一个让上级法院很有可能驳回或者改判的判决，无异于徒劳。

从我国现行法律的规定来看，上下级法院之间的关系是一种监督与被监督的关系，上级法院凭借其监督权，对下级法院产生影响，正是这种影响奠定了上级法院之于下级法院的“威权性”；而这种“威权”又决定了上级法院之裁判对下级法院的规约能力。在这个意义上，司法的威权规约于我国司法实践是一个不争的事实。尽管我国并不承认判例法，但在其现实性上，上级法院特别是最高人民法院的判决对下级法院类似案件的裁判具有事实上的规约力；与此同时，我国的审级制度在相当程度上造成了上级法院之于下级法院的权威性，即对下级法院的心理规约。

其二，催生判例法趋势。如果说，司法的威权规约乃司法监督所可能产生的最直接的后果的话，那么上级法院基于其对下级法院的监督权所形成的威权规约所可能产生的最显著后果则是司法的判例法倾向——在其现实性上，司法的威权规约往往催生了下级法院法官的一种思维惯势，那就是承办任何案件都要对“上级法院如何判决”进行有意识或者下意识的思考，正是这种本能的思考，造成了上级法院之于下级法院心理规约；而这种司法的心理规约不仅是判

① 参见杨知文：《从判决威权主义到判决理由展示》，载《四川师范大学学报》(社会科学版)2009年第5期。

例产生法律效力的心理要件，也是非判例法国家上级判决对下级法院产生事实性规约力的内在驱动力。

就其第一个层面而言，司法的威权规约实际上是英美法系国家遵循先例之原则在司法体系中，得以贯彻和巩固的基本条件。正是顾及于自己所作出的判例存在着被上级法院推翻的高度盖然性，下级法院的法官才会费尽心力地去琢磨上级法院的判例，从而确保了上级判例的现实规约力及其规约效果。就其第二个层面而言，司法的威权规约则是促使大陆法系国家以及类似于大陆法系国家司法体系的中国产生“疑似判例法”现象的内在驱动力。正是受制于上级法院的威权规约，下级法院的法官为避免遭遇“错案追究”之类的尴尬，往往会自觉地参照上级法院的类似判决进行裁判，以赋予上级法院之判例事实性规约的效力；即便在上级类似判决阙如的情况下，下级法官也更愿意向上级法院请示裁处意见，而不愿意依据法律自主裁判。

总之，正是在司法威权规约的作用下，几乎所有存在审级制度的国家，都存在着某种程度的判例法趋势，我国也不例外。这一点不仅可以从我国普遍存在着的遵循上级判例的司法实践中得到证明，而且也可以从我国法院对待成文法律和最高人民法院司法解释的不同态度中获得有效解释。

其三，助长上级依赖心理。基于威权规约作用原理，法官不仅习惯于对上级法院生效裁判进行考量，亦习惯于对上级法官的态度及其可能的判决进行预估，从而倾向于作出与先例不相抵触或与上级法院之“可能判决”较为一致的裁判。这就意味着，司法监督行为可能产生正反两方面的效应：在一个法治健全的国家，司法监督行为有助于司法公正和司法统一。具体而言，下级法院的法官们尊重威权规约的逻辑预设是“上级法院会按照法律来进行判决，并且具备比自己更加熟练地运用法律的能力”，其结果是，下级法院的法官们必然选择更加认真地审理案件，并且按照法律判决而无视他人干预以及自己内心之偏见，这样判决被驳回的几率显然更小一些。然而，在一些法治较不发达的国家，司法监督行为却很可能被滥用。如上级法院或者法官为特定目的之需要，很可能会借助其威权规约而对下级法院的法官施加不当影响。而下级法院的法官为迎合上峰心理或者需要，恐怕会不惜作出违心乃至违法之裁判。

显然，为促使威权规约正面效应的最优化，司法监督行为模式的理想结构应当是“下级法院法官可以产生有效的信赖，认为上级法院可以依据法律判决，并因此获得某种压力，迫使自身选择法律所规定的条件和自己所认定的事实进行案件的判断。”而相反的情况则是“法院习惯性地设想上级法院必因某种法外因素而可能枉法裁判，并且因此而作出违心裁判”。

对于发展中的中国司法而言，为避免司法威权规约的负面效应，即便在短期内无法实现司法监督行为模式结构的理想化，也应当尽力避免司法监督行为模式的最劣效果，尽可能建构起次优结构模型以为过渡，那就是为“下级法官之间的沟通设置某种必要的阻隔，并逐步提升各级法官的法律忠诚感，将上级法院的威权规约包装为法律规约，将下级法院的威权服从改造为法律服从”。在通常意义上，下级法院法官对上级法院法官偏好的把握程度与其相互之间的直接沟通程度成正比；倘若在上下级法院法官之间设置某种必要的沟通性阻隔，那么下级法院法官猜中上级法院偏好或者倾向的可能性就会大为锐减；如此一来，下级法院法官对上级法院法官的判决进行预测的最可能结果是依法作出判决，因为合法判决从逻辑上说只有一种，而违法判决的内容则是任何人都无法预测的。①

四、司法交往行为模式——以司法调解为例

哈贝马斯认为，所谓“交往行为”意指“行动者个人之间的以语言为媒介的互动。行动者使用语言或非语言符号作为理解其相互状态和各自行动计划的工具，以期在行动上达成一致。相互理解是交往行动的核心，而语言具有特别重要的地位”。② 司法的过程本质上就是诉讼参与人之间以语言为媒介所进行的

① 这种设计采用的是罗尔斯的“无知之幕”的理念，“无知之幕”是一种“原初状态”的内容，这种原初状态并不是一种实际的历史状态，更不是文化的原始条件，而是用来表达某种确定正义观的纯粹假设的状态。这一状态的实质性特征包括：没有一个人知道他在社会中的地位——无论是阶级地位还是社会出身，也没有人知道他在先天的资质、能力、智力、体力等方面的运气。罗尔斯甚至假定各人不知道自己特定的善的观念和心理倾向，正义原则是在无知之幕后面选择的结果。正义原则是一种公平的协议或契约的结果，使人们达到一种先天性平等的地位。

② 这是艾四林对哈贝马斯的交往行为概念所做的解释性定义(参见艾四林：《哈贝马斯交往理论评析》，载《清华大学学报》(哲学社会科学版)1995 年第 3 期。)在《交往行动理论》一书中，哈贝马斯认为：交往行动，是指这样的行动模式，“个人之间具有(口头上或外部行动方面)的关系，至少是两个以上的具有语言能力和行动能力的主体的内部活动。行动这试图理解行动状况，以便自己的行动计划和行动得到意见一致的安排。解释这个中心概念，首先涉及取得能够意见一致的状况规定，在这种行动模式中，语言具有特别重要的价值地位”。(参见[德]哈贝马斯：《交往行动理论：行动的合理性和社会合理化》，第 1 卷，洪佩郁、蔺青译，重庆出版社 1994 年版，第 121~122 页。)在曹卫东译的《交往行为理论》一书中，交往行为是指这样的行为模式，它“涉及的是至少两个以上具有言语和行为能力的主体之间的互动，这些主体使用(口头的或口头之外的)手段，建立起一种人际关系。行为者通过行为语境寻求沟通，以便在相互谅解的基础上把他们的行为计划和行为协调起来。解释的核心意义主要在于通过协商对共识的语境加以明确。在这种行为模式中，语言享有一种特殊的地位。”(参见[德]尤尔根·哈贝马斯：《交往行为理论：行为合理化与社会合理化》，曹卫东译，上海人民出版社 2004 年版，第 84~85 页。)

互动交往过程，因此，司法行为具有交往行为的某些特质，其中以司法调解行为最具典型意义。

(一)交往行为模式

交往行为面向的是更为现实的世界，是由日常语言支撑的世界，哈贝马斯用一个专门概念“生活世界”来界定，它具有三个承担着不同功能的结构性要素：文化、社会和人格。在文化层次上，文化再生产关系到为生活世界成员所一致分享的解释方案的传承；在社会互动层次上，社会整合涉及通过(经由主体间共享之规范而实现的)行为协调来形成人际间关系的正当性秩序；在人格的层次上，社会化过程力求培育起具有交往能力的人格。①

在交往行为模式中，达成共识是核心主题。目的行为模式之下无须共识，因为目的行为描述的是个人与外界事态的关系；在戏剧行为模式之下也无须共识，因为它表现出的是个人与广泛大众的关系；在规范调节行为模式之下亦是如此，因为它表现出的是个人与既存规则的关系。但是，交往行为模式必须要有共识。原因在于，交往行为模式使用语言或非语言符号作为理解他们各自行动的工具，以便使他们能够在如何有效地协调自身的行为上达成一致或共识。

在其一般意义上，共识是以协商为前提的。因此，以共识为基本要素的交往行为本质上是主体之间没有任何强制性的交往与对话或者商谈的关系，是主体间由对话产生的“相互承认”和“相互信赖”的“认同过程”；其中协商参与者语言的表达必须满足真实性、真诚性和正确性。

(二)司法调解中的交往行为模式属性

司法调解意指当事人双方在人民法院的主持下，通过处分自己的权益来解决纠纷的重要方式。具体而言，它以当事人之间的私权冲突为基础，以一方诉讼请求为依据，以司法审判权的介入和审查为特征，以当事人处分自己的权益为内容。因此，司法调解实际上是公权力主导下的对私权利的一种处分和让与，其包含了交往行为模式的诸多要素。

其一，沟通。沟通是为了一个设定的目标，把信息、思想和情感在个人或群体间传递，并且达成共同协议的过程，它包括三大基本要素：(1)交流信息；(2)表达意思；(3)集聚共识。司法调解的过程本质上就是冲突各方以语

① 参见[美]戴弗雷姆：《哈贝马斯交往行为理论中的法律思想》，褚国建译，载“北大法宝”数据库，引证码 CLI. A. 031280。

言为媒介进行沟通的过程，在这个过程中，各方当事人充分交换信息、交流意见，以谋求共识。

其二，协商。协商是为了解决特定问题，有关各方在一定规则羁束下，进行对话、商谈的过程。它包括三大基本要素：(1)规则羁束；(2)多方参与；(3)形成策略。司法调解本身就是一个需要多方参与的对话与商谈过程，而这种对话与商谈必须接受某些规则的羁束，其目的在于达成纠纷解决的某种策略性协议。

其三，共识。共识意指争执各方经过充分沟通与理性协商之后，就商讨主题达成一致认识；它包括三个基本要素：(1)消除分歧；(2)达成妥协；(3)统一认识。司法调解本质上是一个探寻共识的过程，不以共识为目标的司法调解是没有意义的。且共识的形成必须使各方的目的得到满足，亦即当事人对于自身所面临的事态进行有效的判断，并对调解结论予以充分肯定。如果当事人对自身所面临事态存有误解，调解则势难达到良好的结果。同时，如若出现当事人不同意调解的情形，调解也将归于无效。

(三)司法调解的交往行为效应

司法调解以当事人之间形成共识、化解争执为目的。而由法院主持的司法调解则是一个较易达成共识的模式，法院作为中立的第三方，可有效避免争议双方(或多方)在调解过程中的偏激与感情用事。但我国法院在调解的操作中，过分强调共识的形成，却忽略了交往行为模式的内在需求，如“背靠背”调解方法的广泛应用。① 为此，在司法实践中有必要注意如下几点：

其一，交往行为模式要求法院不能使调解陷入违法的危境之中。哈贝马斯认为，一个追求沟通的行为者与他的表达一起提出三个有效性要求，其中第二个有效性要求即是“与一个规范语境相关的言语行为是正确的(甚至它应当满足规范语境自身也必须具有合法性)”。② 他非常赞同帕森斯的观点，认为要在市场或其他任何一个领域建立起正常的人与人之间的关系或秩序，必须使社会成员承认、重视并遵守社会中存在的共同的规范准则，所以承认、尊重并遵守共同的社会规范准则，是实现交往行为合理化的

① 在“背靠背”调解中，法官单独与各方当事人联系，阐明利害，进行劝慰，并最终达成双方共同意愿。

② [德]尤尔根·哈贝马斯：《交往行为理论：行为合理化与社会合理化》，曹卫东译，上海人民出版社2004年版，第100页。

基本前提和条件。① 司法调解行为过程也是一样，其必须以一定的规范为前提，必须符合已存规范对调解行为的规定，并遵守一般的程序性和实体性规范之拘束。例如我国《法官法》第 32 条明确规定，法官不得有“私自会见当事人及其代理人”的行为。法院在调解过程中不能违背法律的明文规定，否则司法调解活动的正当性将会受到质疑，而司法调解行为必将失败，此为调解之铁律。

其二，交往行为模式中，当事人应对其所处事态产生明确的认识。哈贝马斯认为，追求沟通的行为者和他的表达的第一个要求是“所作出陈述是真实的(甚至于只是顺便提及的命题内涵的前提实际上也必须满足)”；第三个要求是“言语者所表现出来的意向必须言出心声”。② 哈贝马斯自己在评述交往行为谋求共识时，认为“符合这些要求、在平等的主体间达成的共识，强调的是一种程序和规则的合理性，它反对的恰恰是社会压制，所追求的正是对这种压制的否定和摒弃，即它在努力寻找一条将人从社会压制之下解放出来的道路。”③ 因此，在交往行为中，行为者之间应当是通过平等、自由的商谈达成共识，而非外来压力或者知识上等不合理的限制所带来的认知错误。但是，我国司法调解制度却出现了有悖于行为者自主性的现象，例如，调解过程中，有些法官常对当事人进行有意的误导。例如，在一个民事侵权案件中，法官向原告称“如果该案判决，我只能判决被告赔偿你五万元”，同时又对被告称“如果该案判决，我将判决你赔偿原告七万元”，并同时对双方宣称：如果接受调解，我想办法让对方接受六万元的赔偿额度。如此调解，很有可能导致诉讼双方对于自身所面临事态的判断错误，虽然最终达成了共识，但却是基于误导而生，虽然解决了纠纷，但却有损法院的公正形象和当事人意思自治之精神。④

① 参见付永军：《哈贝马斯交往行为合理化理论评述》，载《山东大学学报》(哲学社会科学版)2003 年第 3 期。

② [德]尤尔根·哈贝马斯：《交往行为理论：行为合理化与社会合理化》，曹卫东译，上海人民出版社 2004 年版，第 100 页。

③ 章国锋：《哈贝马斯访谈录》，载《外国文学评论》2000 年第 1 期。

④ 再如司法调解本质上是当事人选择的结果，根据我国法律规定，在婚姻家庭纠纷中贯彻的是“调解优先”的原则，除此之外，是否选择调解程序应当是当事人的权利，然而目前推行的司法理念却将民事活动中“调解优先”作为了普遍原则，这么做，一则缺乏法律依据，二则有损于当事人的自主选择权。而这样的通过司法解释的行为推行的政策对于社会和谐具有一定的意义，但是这一行为本身反映出国家机器对个人生活的侵犯，有悖于交往行为的自主性要求。参见《最高人民法院关于进一步贯彻“调解优先、调判结合”工作原则的若干意见》。

其三，交往行为模式中，行为者之间进行沟通、协商，依赖于双方间的信任所产生的共识。交往行为理论的背景是西方资本主义国家政治、经济结构借助于功利性手段对人们生活世界之价值的侵入，以及精英的专家文化和大众文化、日常实践之疏离。借用哈贝马斯的话即是“生活世界的殖民化”造成了价值领域的意义丧失、思想匮乏、规范失效，使得人们之间不再相互信任，而基本信任的缺失使得人们的正常交往活动被纳入到“有目的合理性行为”功能之范围而被扭曲。① 为此，哈贝马斯提出了交往行为理论，以此所建构的社会不再是目的合理行为的共同体，而是无限制的交往共同体，这个交往共同体是非强制性意愿形式的、较高水平的互主体性所提供出来的。② 因此，在交往行为中的行为者需符合自己的意愿，真诚地信任对方，以促成共识的形成。司法调解行为中，调解活动的顺利开展，在于当事人对法院权威的信任感和尊重度。然而，作为一种重要的司法制度，司法调解本身并不完善，如缺乏调解程序的制度性规定等。以民事诉讼为例，法律规定，在事实认定清楚的基础上，判定是非，予以调解。然而，由于调解各方重实体轻程序的理念影响及调解程序本身建构的过于简单化，使得调解本身的灵活性缺乏相应程序的规范和约束。在这样的情况下，法官虽可对调解程序任意安排，具有较强的自主性、裁量性和高效性，但却于无形中有损当事人间信任基础的建立。更有甚者，于司法调解中进行某种程度的暗箱操作，如此一来，法院的行为很难得到当事人的有效信赖。

第四节　司法行为的规制

司法行为是司法机关或法律授权的组织适用法律的活动。司法行为公正与否，不仅影响法律、法规的实施效果，更直接地影响着公民的权利义务。因而，司法行为的规制是现代司法制度的重要内容。

一、层级监督

我国法律规定，上下级法院之间是监督与被监督关系，上下级检察院之间

---

① 参见付永军：《哈贝马斯交往行为合理化理论评述》，载《山东大学学报》（哲学社会科学版）2003 年第 3 期。

② 参见艾四林：《哈贝马斯交往理论评析》，载《清华大学学报》（哲学社会科学版）1995 年第 3 期。

是领导与被领导关系，这就基本构筑了我国司法机关上下级之间的层级监督体系，即上下级法院之间的审级监督机制与上下级检察院之间的层级监督机制。

(一)法院的审级监督机制

“审级监督”，是基于审级制度而产生的对司法行为的监督。所谓“审级制度”，是指法律规定的审判机关在组织体系上设置的等级，当事人可以上诉或检察机关可以抗诉，一个案件经过多少级法院审判后，判决、裁定即发生法律效力的一种诉讼法律制度。从 1954 年始，我国就确立了四级两审终审的基本审级制度，在此基础上，审级监督制度亦初步建立。虽然在 1979 年和 1983 年《人民法院组织法》曾经进行过两次修改，但有关两审终审的基本审级制度却从未有过变动，即沿用至今。对于我国现行审级监督制度的基本内容，根据《人民法院组织法》以及相关诉讼法规定，可以总结为以下几点：

其一，审级监督的主体。在我国，人民法院的设置共分为四级，即最高人民法院和地方各级人民法院，其中地方各级人民法院又分为基层法院、中级法院和高级法院。除此之外，在人民法院的组织系统内部还设有军事法院、海事法院、铁路运输法院等专门性法院。按照法律规定，在我国，无论是基层人民法院还是最高审判机关，各级人民法院都可作为案件的第一审法院，而且除基层法院外，其他任何级别的法院，都是其下级法院裁判的上诉审主体。

其二，审级监督的方式。上级法院作为上诉审主体须对案件的事实认定和法律适用进行全面审查，包括事实审和法律审，而其所作的判决裁定则是终审裁判，不得再行上诉。

其三，审级监督的例外。在我国，除了两审终审的基本审级制度外，还存在一审终审的例外规定。所谓一审终审制度，是指一个案件经过一级法院的审理后即告终结，裁判即刻生效的审级制度。按照目前我国法律的规定，最高人民法院审理的第一审案件均采用一审终审制，除此之外，民事诉讼法中规定的按照特别程序审理的案件也适用于此制度。

其四，审判监督的补充。为了保障诉讼公正，法律虽然规定我国的上诉审为全面审，但是在两审终审这一基本审级制度之下，案件当事人毕竟只有一次上诉机会，一旦终审裁判出现错误，当事人的合法权益就得不到应有的保障。为此，我国在确立两审终审这一基本审级制度的同时，又规定了补充和保障性制度——再审制度，即是对已经发生法律效力而又确有错误的裁判，人民法院可以依职权或检察机关抗诉或当事人申请再审来启动再审程序对案件进行再次审理并作出裁判。另外，针对刑事诉讼中对被告人影响重大的死刑案件，法律还规定了专门的死刑复核程序。对于诉讼案件而言，若只是一审终结，难免会出现疏漏错误。但若有审级监督制度的设置，则可以有效规制司法行为，进一步确保审判的公正，保障当事人的合法权益，进而维护法院的权威。

我国现行审级监督制度在设立之初，必然有着深刻的社会基础和某种程度的合理性。然而，随着社会的发展，审级监督制度在运行中的问题逐渐暴露，并对现今司法行为的规制已显得捉襟见肘，具体而言：(1)终审法院的级别较低，难以充分发挥统一适用法律的功能；(2)所有案件不分轻重适用相同审级制度，诉讼效益缺乏；(3)公民维权意识增强，正常审级救济不足；(4)过分依赖外部救济机制，再审频繁启动；(5)二审程序审理范围宽泛，书面审理普遍；(6)案件请示和错案追究制度的实行导致当事人上诉权得不到保障。为进一步发挥审级监督制度在规制司法行为方面的作用，完善该制度无疑是必要的。鉴于我国的实际情形，现行审级制度在坚持两审终审制这一基本制度的前提下，还须同时考虑到多重因素的平衡：(1)增加第三审程序的规定，增强正常的审级救济，促进法律的统一适用；(2)适当扩大一审终审案件的范围，提高诉讼效益；(3)进一步完善现有二审程序，以更切实际的建构来实现审级制度所预设之公正、效率等价值目标。

(二)检察院的层级监督机制

上下级检察院之间的领导与被领导关系的重要体现就是上级检察院对下级检察院业务上的宏观指挥、指导和监督。与法院的审级监督相比，检察院的层级监督是更加全面、广泛的监督权。根据相关法律规定，检察院层级监督可以总结为以下几点：

其一，层级监督的主体是上级检察院。我国检察院的设置与法院的设置基本上呈现一一对应关系，但与法院系统相比，检察院系统具有很强的集中统一性，上级检察院对下级检察院的监督与制约更为明显。

其二，监督内容和监督方式上，主要是上级检察院对下级检察院办理案件情况的监督。如明确被害人、公安机关不服不起诉决定的，可以向上级检察机关申诉或提请复核；地方各级人民检察院对职务犯罪案件的立案、不起诉、撤案，都要报上级检察院备案；上级检察院可以直接纠正下级检察院的错误决定等。①

① 参见朱孝清、张智辉主编：《检察学》，中国检察出版社2010年版，第499页。

二、司法考评

司法考评，是指司法机关根据有关法律法规，按照管理权限，通过科学的方法、客观的标准，对司法工作人员的工作实绩、思想品德、业务能力、理论水平、工作态度和工作作风等进行考察，作出评价，并以此作为对司法工作人员进行相应奖惩的一种依据之制度。在我国司法实践中，司法考评的对象主要是法官和检察官。

目前，法院对法官进行考评的依据主要有《国家公务员考核暂行规定》、《法官法》、《法官职业道德基本准则》、《关于人民法院审判人员违法审判责任追究办法》、《关于人民法院审判纪律处分办法(试行)》等文件。其中，《法官法》规定了法官考核的主体、原则、内容、后果及其救济等内容：(1)根据其第21条和第48、49条之规定，对法官的考核，由所在人民法院组织实施；"人民法院设法官考评委员会。法官考评委员会的职责是指导对法官的培训、考核、评议工作。具体办法另行规定。""法官考评委员会的组成人员为5至9人。法官考评委员会主任由本院院长担任。"(2)根据其第22条之规定，对法官的考核，应当客观公正，实行领导和群众相结合，平时考核和年度考核相结合。(3)根据其第23条之规定，对法官的考核内容包括：审判工作实绩，思想品德，审判业务和法学理论水平，工作态度和审判作风。重点考核审判工作实绩。(4)根据其第24、25条之规定：年度考核结果分为优秀、称职、不称职三个等次。考核结果作为对法官奖惩、培训、免职、辞退以及调整等级和工资的依据。(5)根据其第25条之规定：考核结果以书面形式通知本人。本人对考核结果如有异议，可以申请复议。

检察院对检察官考评的主要依据是《国家公务员考核暂行规定》、《检察官法》、《检察官职业道德规范》等文件。其中，《检察官法》的相关规定和《法官法》类似，在第24至28条、第51至52条也对考核的主体、原则、内容、后果及其救济等内容作出了相应规定。其中，两者在立法上规定的考核内容、考核主体及考核办法极为相似。

从理论设计而言，通过设置法官和检察官的相应考评机制，以此引导法官和检察官的行为，激励法官、检察官积极履行职责，并期望法官、检察官在实现其自身发展的同时，能够有效地实现对司法行为的规制。然而，在司法实践中，我国现行的司法考评指标体系无法真正地体现法官、检察官的工作特点和司法权运行之规律，具体而言：在因素设置上比较片面，与公务员考核的同构性倾向过于明显；在具体指标设置上体系较为混乱、随意，没有全国统一的考核指标体系；在具体标准设置上过于单一，数字化倾向明显。此外，由于考评的主体是由法院、检察院内部的考评委员会负责，因此，使得考评过程并不能完全独立，加之来自外部和上级的影响也难以避免。以上种种使得现行的司法考评无法真正发挥其应有之效能，对于规制司法行为的效果已然堪忧。为此，我们要努力完善司法考评制度，强化对法官和检察官的考核体系，建立起具有实效性的司法考评机制。

三、法院的检察监督

法律监督权是检察机关监督法律实施的重要权力，其面向的是一切执法机关和司法机关。法院审判行为作为对检察院公诉行为的一种监督，根据《刑事诉讼法》第 176 条的规定，对于有被害人的案件，决定不起诉的，人民检察院应当将不起诉决定书送达被害人。被害人如果不服，可以自收到决定书后 7 日以内向上一级人民检察院申诉，请求提起公诉。人民检察院应当将复查决定告知被害人。对人民检察院维持不起诉决定的，被害人可以向人民法院起诉。被害人也可以不经申诉，直接向人民法院起诉。人民法院受理案件后，人民检察院应当将有关案件材料移送人民法院。换言之，被害人不服不起诉决定的，可以向人民法院起诉。而法院通过此方式来监督制约检察机关所作出的不起诉决定，以纠正检察机关的错误。而公安机关若对检察机关所作的不起诉决定有异议，亦可以通过要求复议和提请复核两种途径来制约该不起诉的决定。如《刑事诉讼法》第 175 条规定："对于公安机关移送起诉的案件，人民检察院决定不起诉的，应当将不起诉决定书送达公安机关。公安机关认为不起诉的决定有错误的时候，可以要求复议，如果意见不被接受，可以向上一级人民检察院提请复核。"

四、人大监督

人大监督亦称立法监督，该制度是基于人大制度而产生监督方式。在中国，人民代表大会制度是我国的根本政治制度。其中，全国人民代表大会是我国最高国家权力机关，地方各级人大则是地方国家权力机关，由他们分别产生我国各个级别的检察院和法院，而后者受前者监督，并对其负责。在监督方式上，有规范性文件的审查监督和人员任免的监督。根据我国《宪法》第 67 条、《立法法》第 88 条等法律规定，我国人大有监督规范性文件的权力并可判断其效力如何。同样，人大亦有任免司法人员的权力，例如，《法官法》第 11 条第 2 款规定，最高人民法院院长由全国人民代表大会选举和罢免，副院长、审判委员会委员、庭长、副庭长和审判员由最高人民法院院长提请全国人民代表大会常务委员会任免；第 3 款则规定了地方各级人民法院法官工作人员的任免机制，分别由本级人民代表大会提起任免。《人民检察院组织法》第 21、22 条则规定了各级人民代表大会对检察机关工作人员的任免。

在职能定位上，人大监督属于我国最高级别的监督方式，一般不会轻易启动。但当司法工作人员违背司法廉洁之要求，因违法司法行为而导致撤职时，一般应由同级或上级人大予以罢免；此外，人大也是我国重要的信访机关，对于违法司法行为，当事人通过司法途径无法得到救济时，便可通过信访，启动立法监督程序。

五、社会监督

在司法活动中，司法公开作为司法公正的保证，需要广泛的社会参与和监督。而社会监督作为一种公开的监督方式，对于司法公正的维护意义重大。司法行为的社会监督是指非国家公权力主体对司法行为的监督，如社会舆论监督、新闻媒体监督、信访、申诉等。

(一)新闻监督

新闻传媒在现代社会中发挥着重要的能动性，从规制社会到型构良好的社会秩序，新闻传媒的影响力随处可见。在司法领域，已故美国联邦最高法院波特·斯图尔特大法官甚至于 1974 年 11 月 2 日在耶鲁大学法学院发表的一篇演讲中，基于新闻传媒在现代社会的重要作用，提出了“第四权理论”。根据上述理论，波特·斯图尔特大法官认为，宪法之所以能够保障新闻自由，在于保障一个有组织的新闻传播媒体，使其能够成为政府三权之外的第四种权力，为防止政府滥用权力发挥制度性的监督功能。① 因此，就其基本特性而言，新闻监督具有区别于其他监督方式的独特价值，如新闻媒体的报道可以促进司法工作作风的转变，促使司法官行为逐步变得文明、规范；也可促使错案得到纠正、抨击瑕疵裁判、保证公正判决。总之，新闻监督增加了司法行为的透明度，为司法腐败设置了障碍，有利于维护司法廉洁。而最为重要的是，新闻监督引导公众接受正确的裁判结果，强化了司法行为的效力，有效地维护了司法权威和法律威仪。②

---

① 参见林子仪：《言论自由与新闻自由》，月旦出版公司 1993 年版，第 73~74 页。

② 参见蔡国芹：《司法行为的新闻舆论监督》，载《学术界》1998 年第 6 期。

然而，新闻监督是把双刃剑，在保证司法公正的同时也影响着司法中立。因此，对于新闻监督的权限如何界定，怎样维护当事人的信息权，如何避免倾向性报道对司法裁判的影响和对社会舆论的不当指引，等等。这些都是司法的新闻监督所面临的困境。

一般认为，新闻监督不能因为有诸多缺陷而怀疑其对司法公正的巨大作用，即使新闻监督存在诸如这样那样的缺点，然适度的新闻监督对司法行为的规制亦是必须且重要的。2009 年 12 月 24 日《最高人民法院关于人民法院接受新闻媒体舆论监督的若干规定》对新闻监督有着一定的导向作用，也是司法行为接受新闻监督的重要保证。同时，对新闻监督所出现的弊端亦是一个良好的纠正之法。原因在于，该规定的宗旨即是：进一步落实公开审判的宪法原则，规范人民法院接受新闻媒体的舆论监督工作，妥善处理法院与媒体的关系，保障公众的知情权、参与权、表达权和监督权，提高司法公信力。新闻监督作为重要的监督方式，在以后的司法行为规制中依然会发挥着重要作用，其对维护司法廉洁、保证司法权良好运行、构建健康有效的司法体制意义重大。

（二）信访监督

在我国的法律语境下，狭义的“信访”意指行政信访。根据《中华人民共和国信访条例》第 2 条规定，行政信访是指公民、法人或其他组织采用书信、电子邮件、传真、电话、走访等形式，向各级政府、县级以上政府工作部门反映情况，提出建议、意见或者投诉请求，依法由有关行政机关处理的活动。信访监督所指信访为广义信访，意指公民、法人或者其他组织采用书信、电子邮件、传真、电话、走访等形式，向公权力机关反映情况，提出建议、意见或者投诉请求，依法由有关国家公权力机关处理的活动。信访监督是除法律以外的又一种解决问题的办法，是一种比较直接的利益表达形式。在我国，信访监督的主体是全体公民，监督的方式多种多样，对于司法行为的信访监督是公民拥有的一项基本宪法权利。对此，我国 1982 年《宪法》第 2 条规定，人民依照法律规定，通过各种途径和形式，管理国家事务，管理经济和文化事业，管理社会事务。据此，信访是人民参与国家和社会管理的重要形式和途径。第 27 条规定，一切国家机关和国家工作人员必须依靠人民的支持，经常保持同人民的密切联系，倾听人民的意见和建议。

（三）公民监督

公民监督一般指公民依照宪法和法律的规定对国家机关及其工作人员的行

为进行监督的活动。公民监督司法是公民行使监督权的表现之一，是一项重要的宪法权利。公民监督的方式主要有：(1)人民陪审员制度。人民陪审员制度使得公民个人能够直接参与案件审理，并在审理过程中形成对法院个案审理、裁判的监督。(2)人民监督员制度。人民监督员依照既定的程序和规则监督检察院直接受理立案侦查案件，是公民个人对检察院最为直接有效的方式。

除了上述两种制度化的监督渠道意外，公民个人还可以通过行使公民民主权利实现对司法行为的监督，具体表现为对政府机构或官员滥用权力等不当行为进行举报、检举和控告的权利等。公民监督对于司法行为的规制有着重要的作用，亦是促进司法正义实现的巨大推力，尤其是对司法行为伦理上和礼仪道德上的规制作用更为显著。

第五章　司法行为(二)：法院行为

规范法学理论是研究法院行为最近距离的视角。“规范法学”又称“纯粹法学”，它从纯技术的角度出发对法律概念进行解释。汉斯·凯尔森(Hans Kelsen)认为规范法学包括以下两点：一方面，法律是一个金字塔式的独立自在的等级规范体系，它由层层隶属的规范组成，其中最高的称为基本规范，其他规范依次由基本规范取得效力。一个法律规范体系就是一个法律秩序。国家和法是同一的，国家秩序也就是法律秩序。另一方面，应当把法律作为“纯粹”的、独立的规范体系来考察。法学的任务与经济、政治、道德等因素是无关的，只有分析研究各种实在法律规范的结构体系，法才能成为科学。① 因此，规范法学作为一种法学研究的视角，其观点可以简单地归纳为“有法可依，有法必依”，是法院行为消极性、被动性特色的体现，即只能依法而为，坚持不告不理原则。具体而言，法院作为我国主要司法主体，既是维护统治阶级的国家机器，又是公民权益的守护神，承担着具体的审判、调解和执行之权能，是正义和公平的代表者和衡量者。

第一节　审判行为

在西方司法传统中，“三权分立”学说是司法权的主要理论根源，亦是法院行为的重要依据。然而近年来，另一观点渐渐形成，即淡化“权力分立”的思维惯势，以“行为模式”为研究路径来探讨司法“审判”的本质。在

① 参见[奥]凯尔森：《法与国家的一般理论》，沈宗灵译，商务印书馆 2013 年版，第 175 页。

“行为模式”理论中，法院的“审判”被视为一种戏剧性行为模式。① 之所以将“司法审判”视为一种戏剧行为，原因在于它几乎具备了戏剧行为模式的所有构成要件。哈贝马斯认为，戏剧行为模式追寻“行为”的表率与象征意义，这是其自身的特性与价值诉求，人们通常会基于不同的目的来调整自己的行为风格；但对于诸如运动员、外科医生等某些特殊角色而言，因其行为的特殊性，戏剧性表演成为其行为目标的基本内核。在戏剧行为模式中，行为者的目标是要让自己的表演和技艺达到炉火纯青的地步，以实现该行为的表率和象征意义。② 这一意义和象征，正是司法审判行为应有之意和所表之态，即司法审判像戏剧一样，通过审判这一过程来宣示权力行为的正当性和表达、实现正义的表率性。

一、审判行为界定

法院是解决纠纷，行使审判权的国家机关，审判权是法院的一项专有职权。在按照“三权分立”的理论来建构政治制度的国家里，司法权专属于法院，司法行为主要是指审判行为。如美国《宪法》第 3 条规定：“合众国的司法权属于最高法院及国会随时规定设置之低级法院。”③

在中国，在政治制度的构建上有着我国特有的政治传统和理论坚守，但在审判权的鉴定上，我国审判行为专指法院行为。我国《宪法》第 123 条、第 126 条分别规定中华人民共和国人民法院是国家的审判机关，人民法院依照法律规定独立行使审判权。因此，法院作为审判权的主要行使机关承担着解决纠纷，保障人权的基本职责。由上分析推知，虽然审判行为只是司法体制中的一部

① 德国学者尤尔根·哈贝马斯认为，所谓“戏剧行为”是指一种行动者在公众中通过或多或少有意识地显露其主观性而造成一种关于他本人形象或印象的行为。在洪佩郁、蔺青译的《交往行动理论》一书中，戏剧行动是指“行动者通过或多或少地表现自己的主观性，而在自己的公众中号召对自己产生一定的观点和印象”的行动。(参见[德]哈贝马斯：《交往行动理论：行动的合理性和社会合理化》，第 1 卷，洪佩郁、蔺青译，重庆出版社 1994 年版，第 121 页。)在曹卫东译的《交往行为理论》一书中，戏剧行为是指“行为者自己给了他的关注一个具体的形象和印象，为此，他把自己的主体性多少遮蔽起来一些，以达到一定目的”的行为。(参见[德]尤尔根·哈贝马斯：《交往行为理论：行为合理化与社会合理化》，曹卫东译，上海人民出版社 2004 年版，第 84 页。)

② 参见[德]尤尔根·哈贝马斯：《交往行为理论：行为合理化与社会合理化》，曹卫东译，上海人民出版社 2004 年版，第 90~94 页。

③ 《美国宪法及其修正案》，朱曾汶译，商务印书馆 2014 年版，第 10 页。

分，但却是整个司法体制运行的高潮与典型。① 因此，作为司法行为中的重要一环，对审判行为的界定对于理解司法行为有着重要的意义。

（一）审判行为之意涵

对于何谓“审判行为”，各国所持观点各异，有坚持词义分析法的、有奉行模式类型化的，等等。虽然表达不一，但却有着等量齐观、异曲同工之效果。从词义分析而言，在国外，司法行为一般即是指法院的审判行为。根据《牛津法律大辞典》解释，所谓“审判”是指“初审法院中民事或刑事案件诉讼程序的一般用语，常常包括审查证据，适用法律，法院就案件的争执点作出裁决。”在其他各种诉讼程序中，审判程序则使用一些其他的用语，如大法官在法院中的审判使用的是“审理”这一概念，这种审判往往通过附誓的书面陈述方式进行。② 在我国，并未区别初审或上诉审，而是笼统地认为“审判行为”，即指法院对案件所进行的所有审级的审理和判决的总称。③ 从字意上分析，审判的基本内涵包括“审”和“判”两部分，“审”从程序上将包括庭前准备行为、庭审行为以及庭后的合议行为等。具体而言：“庭前准备行为”是指为法庭进行审判而准备的前期行为，具体包括：(1)在法定期间内及时送达诉讼文书；(2)成立审判组织并告知诉讼权利；(3)认真审核诉讼材料；(4)调查收集必要的证据；(5)追加当事人，确定案件的管辖、预收案件诉讼费用等。“庭审行为”是指法院在公判庭上行使审判权的行为，内容丰富且至关重要。大致包括四层含义：(1)法官主导庭审；(2)保障当事人诉权；(3)证据环节；(4)保证公平公正。④ 具体而言，如准备开庭、法庭调查、法庭记录等，在民事诉讼中还有调解等特殊环节。“庭后的合议”主要是指法官对案件事实及法律适用的深入思考和判断。“判”包括审判文书的制作、判决宣告、送达文书等行为。“判”不仅是一种技能，更是一种艺术，在这一艺术的氛围内，法官自由心证与自由裁量行为得到了充分的彰显。且道德观念、文化传统和社会习俗等社会

---

① 参见[美]威廉·L. 德威尔：《美国的陪审团》，王凯译，华夏出版社 2015 年版，第 190 页。

② [英]戴维·M. 沃克：《牛津法律大辞典》，李双元等译，法律出版社 2003 年版，第 1122 页。

③ 参见法学辞典编辑委员会：《法学辞典》(增订版)，上海辞书出版社 1984 年版，第 590 页。

④ 参见崔永东：《司法学原理》，人民出版社 2011 年版，第 150 页。

因素均对法官的裁判有着一定的影响。①

从"行为模式"理论分析，审判行为更为细化，具体包括以下几个要素：(1)冲突。冲突是发动法庭审判的前提和根据。(2)演员。在司法审判中，演员是主体。法官、控诉双方及其他诉讼参与人可以说都是法庭的演出者，各自担当着不同的角色。(3)舞台、戏服和道具。这一要素展示了法庭审判的庄严、神圣和不可侵犯性。(4)公众的满足感。法庭审判是正义的伸张者，一方面，当事人借助诉讼来实现自己的诉求。另一方面，实现审判的最初目的，即传播社会正义。

总而言之，无论是从注重严谨性的词义分析而言，还是从关注幽默性的"行为模式"进行的理论探析，审判行为的一般方式与关键环节即为"庭审行为"与"裁判行为"，而在大多数案件中，法之权威与正义之彰显亦是在此环节中予以完成的。而从法院诞生的历史源起来看，这也是法院作为司法机关最本源、最初衷的职能所在。正如汉密尔顿所言："最高法院不能影响枪杆子和钱袋子，手头既无武力，也无意志，除了审判，别无所能……"②虽然，今天法院的职能已得到扩展，但审判作为司法的原初职能一直保留至今，已内化为法院行为的典型代表。

(二)审判行为的类型

世界各国的审判类型多有不同，但无外乎根据审判主体、客观、性质及程序等为依据而进行的划分类型，在此不再一一详述，而是以我国为例，在我国，审判行为大致有如下几种类型。

1. 依审级划分的审判行为

依据审判主体的不同，审判行为可划分为基层法院的审判行为、中级法院的审判行为、高级法院的审判行为、最高人民法院的审判行为——基层法院的审判行为，主要是指审判刑事、民事和行政第一审案件，但是法律另有规定的除外，对于所受理的案件，认为案情重大应当由上级人民法院审判的时候，可以请求移送上级人民法院审判。此外，基层法院根据地区、人口和案件情况所设立的人民法庭，其审理的一般民事和轻微刑事案件的结果归属于基层人民法院。即人民法庭作为基层人民法院的派出机

---

① 参见熊先觉：《司法学》，法律出版社 2008 年版，第 263~264 页。

② [美]琳达·格林豪斯：《美国最高法院通识读本》，何帆译，译林出版社 2013 年版，第 2 页。

构，是在其领导下进行的审判活动；中级法院的审判行为，其审判的案件包括：法律规定的由它管辖的第一审案件；基层人民法院移送审判的第一审案件；对基层法院判决和裁定的上诉案件和抗诉案件；人民检察院按照审判监督程序提出的抗诉案件。此外，中级法院对它所受理的刑事、民事和行政案件，认为案情重大应当由上级人民法院审判的时候，可以请求移送上级人民法院审判；高级人民法院的审判活动，主要有：法律规定由它管辖的第一审案件。按照《刑事诉讼法》的规定，高级人民法院管辖全省（自治区、直辖市）性的第一审重大刑事案件。按照《民事诉讼法》的规定，高级人民法院管辖在本辖区内有重大影响的第一审民事和经济纠纷案件。按照《行政诉讼法》的规定，高级人民法院管辖本辖区重大、复杂的第一审行政案件。下级人民法院移送审判的第一审案件。对下级人民法院判决和裁定的上诉和抗诉案件。人民检察院按照审判监督程序提出的抗诉案件；最高人民法院的审判活动，主要有：法律规定由它管辖的和它认为应当由自己审判的第一审案件。按照《刑事诉讼法》的规定，它管辖的第一审刑事案件是全国性的重大刑事案件。《民事诉讼法》规定，它管辖的第一审民事案件和经济纠纷案件是全国范围内有重大影响的案件。《行政诉讼法》的规定，它管辖的第一审案件是全国范围内重大、复杂的案件；对高级人民法院、专门人民法院判决和裁定上诉的案件和抗诉的案件；最高人民检察院按照审判监督程序提了的抗诉案件。

2. 民事、刑事、行政及商事审判行为

根据审判行为的性质，可以将其分为刑事、民事、商事及行政审判行为——刑事审判行为，是指人民法院依据刑法和刑事诉讼法的规定，对刑事犯罪案件进行审理的诉讼活动。无论是大陆法系国家还是英美法系国家，其审判活动一般都要经过庭审前阶段、庭审阶段和上诉阶段。但在具体的过程中，各有特点。在我国，在开庭审理时，法官起着主导一切活动的作用，审问被告人、询问证人、鉴定人、翻译人员，出示物证、书证等调查和举证全由法官来完成，即审问式诉讼；民事审判，是指人民法院依据民法和民事诉讼法的规定，依法解决平等主体之间的人身关系、财产关系纠纷的审判活动。在我国，法官在整个民事案件的审理过程中，发挥着指挥和领导作用，既不限制当事人进行辩论的积极性，也不放任其随意自流；商事审判行为，其前身是经济审判，主要是审理平等主体的法人、自然人或其他组织之间在经济往来中发生的合同纠纷和侵权纠纷，涉及金融、公司、证券、期货、票据、保险、破产、改制等案件，担负着依法调节经济关系、保障和促进经济社会健康的发展；① 行政审判行为，从其起源上看，其是从民事审判活动中分离出来独立而成的一种审判制度。这是西方国家的一个共同点。在我国，起初行政纠纷一般是由行政机关通过行政程序，运用行政手段来处理的。至1982年，人民法院才开始根据民事诉讼法的有关规定由行政审判庭审理行政案件。

3. 庭审行为与裁判行为

依据审判活动的程序差异性，可以分为庭审行为与裁判行为。这两种行为是相辅相成的，庭审行为是判决行为的依据和基础，判决是庭审的结果和终结程序。虽然审判行为并非只有这两项程序，但两者的重要性却不是其他程序所能比拟的。所谓"庭审行为"是指法院在审判庭上行使审判权的行为，此为法院进行诉讼活动的关键环节。目前在世界上，法庭审判行为主要有三种模式：职权主义模式，即法官依据职权主导和控制庭审活动，主动积极地行使权力，多为大陆法系国家所采纳；当事人主义模式，指法官处于中立的地位，消极地应对当事人之间的对抗行为，代表国家多为英美法系；和谐主义模式，代表国家为中国。在中国，庭审活动由法官主持，并发挥控、辩、审三方的积极性。因此，中国在庭审活动中坚持和谐主义模式，具体而言：(1)主持庭审，主导法庭的诉讼进程，充分发挥控、辩、审三方之积极性；(2)保障当事人行使诉讼权利的行为，如认真听取当事人的辩论行为、尊重当事人人格，保护国家秘密、当事人的隐私权及商业秘密等权利；(3)切实掌握好举证、质证、辩论和认证的工作，其中认证环节至关重要；(4)保证审判庭实现公开、公平、公正，在查明事实真相的基础上正确适用法律，作出正确、合法、及时的裁判，应切实做到司法公正；② "裁判行为"，是指法官依据庭审活动的结果作出的裁判，是法庭诉讼环节的重中之重，是实体正义与程序正义的直接体现和反映。在这一过程中，法官的自由心证与裁量权的行使小到整个案件，大到公民权益、社会公平，都与之息息相关，不容小觑。所谓"自由心证"，是法官认定事实的重要依据，即案内事实是"独立的、自由的"，法官依据证据，根据审判经验法则和逻辑法则，运用"理性"和"良心"进行判断后对纠纷事实作出的认定。所谓"自由裁量权"，由于国家不同地域的政治、经济等发展的不平衡，即使是同一行为也可能有不同的解释，加之法律的局限性和相对的稳定性，使得对法官的自由裁量权的运用

① 参见周玉华：《司法要略》，法律出版社2010年版，第87页。

② 参见熊先觉：《司法学》，法律出版社2008年版，第263页。

至关重要。但是法官在行使自由裁量权的同时要受到各种监督，如审判监督、法律监督、社会监督同时还包括自身职业素养的提高，以避免法官滥用职权、肆意妄为等情形的出现。

二、审判行为的特性

“性质”，即指一事物区别于他事物的质的规定性。在不同的法系中，由于视角不同，同一事物也会呈现出不同的性质，审判行为亦然。审判行为作为司法活动的重要一环，具有区别于其他事物的独特之处。在我国，审判行为一般具有独立性、被动性、中立性、普遍性、终极性、公正性、时效性和公开性等特点。①

（一）审判的独立性

马克思认为，“独立的法官既不属于我，也不属于政府”，“法官除了法律就没有别的上司”。② 美国学者罗伯特·厄特将审判独立表述为：“法官根据他们自己对证据、法律和正义的认识对案件进行裁判时独立于政府权力和私人的压力、诱惑、干涉和威胁的程度。”③在西方，“独立审判原则”的理论基础渊源于“三权分立”学说，其大致有以下三种含义：审判权由法院独立行使；法院行使审判权，不受行政机关的干涉，只服从法律；法官在审理案件中坚持独立，不受各方面意见的影响。在中国，由于我国奉行的是人民代表大会制度，且宪法明确规定，中华人民共和国的一切权力属于人民，人民行使国家权力的机关是全国人民代表大会和地方各级人民代表大会。所以，我国的“独立审判原则”，是在国家权力机关监督之下的国家机关的职能分工。根据我国《宪法》规定：“人民法院依照法律的规定独立行使审判权，不受行政机关、社会团体和个人干涉。”这一原则包含两层含义：（1）人民法院在审理案件时依法独立行使审判权，不受任何机关、团体和个人的干涉；（2）人民法院独立行使审判权，必须严格依“法”办案，这是审判行为的依据，亦是司法公正的重要保证。

---

① 参见王圣诵、王成儒：《中国司法制度》，人民出版社 2006 年版，第 431~432 页。

② 《马克思恩格斯全集》（第一卷），人民出版社 1956 年版，第 76 页。

③ ［美］罗伯特·厄特：《司法独立的保障》。转引自张愍、蒋慧岭：《法院独立审判问题研究》，人民法院出版社 1998 年版，第 387 页。

(二)审判的被动性

波斯纳认为："如果司法独立仅仅意味着法官听任自己的喜好来决定案件，不受其他官员的压力，那么，这样一个独立的司法机构显然并不会以公共利益为重。"①因此，对于审判行为同样需要各种原则和制度进行约束和制衡，审判行为的被动性就是在诉讼体制内对审判权进行约束的一项重要原则。审判行为的被动性是相对于诉权的主动性而言的，它贯穿于司法活动的始终。正如美国学者格雷曾指出的，"法官是一种由某一有组织的机构任命，并应那些向其主张权利的人申请而确定权利和义务的人。正是由于必须有一项向他提出的申请他才采取行动这一事实，才将法官与行政官员区别开来。"②托克维尔在考察美国司法制度时，也将被动性视为审判权的重要特征，他认为，"从性质上来说，司法权自身不是主动的。要想使它行动，就得推动它……它不能自己去追捕犯罪，调查非法行为和纠察事实。如果它主动出面以法律的检察者自居，那它就有越权之嫌。"③故这一原则又称"不告不理"或"控告原则"。其包含两层含义：(1)没有原告的起诉，法院不得启动审判程序，即原告的起诉是法院启动审判程序的先决条件；(2)法院审判的范围应与原告起诉的范围相一致，法院不得对原告未提出诉讼请求的事项进行审判。④ 现今，无论是英美法系国家还是大陆法系，这一原则已经获得世界各国的普遍认可，并视其为一项重要的审判原则。如《德国刑事诉讼法》第155条规定：法院的调查与裁判，只能延伸到起诉书中写明的行为和诉讼指控的人员；在此界限范围内，法院有权力和有义务自主行动，尤其是在刑法的适用上，法院不受提出的申请之约束。《美国地方法院刑事诉讼规则》第39条规定："如果起诉状或告发状投有指控某项罪行……法院应当对此停止审判。"《日本刑事诉讼法》第249条规定："公诉的效力不及于检察官所指定的被告人以外的人。"⑤我国《民事诉讼法》第168条规定："第二审人民法院应当对上诉请求的有关事实和适用法律进行审查。"我国虽未明确规定"不告不理"原则，但在司法活动中该原则已被公开实践。

---

① ［美］理查德·A. 波斯纳：《法理学问题》，苏力译，中国政法大学出版社2002年版，第8页。

② 李卫平：《司法制度原理》，郑州大学出版社2009年版，第62页。

③ ［法］托克维尔：《论美国的民主》(上)，董果良译，商务印书馆2004年版，第110~111页。

④ 谭世贵：《中国司法制度》，法律出版社2005年版，第164页。

⑤ 参见谭世贵：《中国司法制度》，法律出版社2005年版，第164~165页。

（三）审判的中立性

司法的被动性原则要求裁判者在审判活动中应更多地处于中立的地位，而不能主动地进行偏袒任何一方的活动。这在实行“当事人主义模式”的英美法系国家尤为明显，在此模式之下，“法官的事情就是听取证词，只有在需要了解问题或排除干扰时，法官才能亲自询问证人。”①正如西方谚语所说：“无诉讼即无裁判，无诉求即无法官。”②大陆法系虽不同于英美法系，但审判中立之原则却显著地具有司法普适性之特点。固此，人民法院在审理案件时，应坚持居中裁判之原则，公平地对待诉讼双方当事人，切实地保障审判活动的公平、公正。③ 在具体的审判活动中，法官必须时刻坚守以事实为根据、以法律为准绳的审判理念，为了保持起诉方和辩护方之间的中立，法庭必须平等地对待每一位诉讼主体，严格实行立审分立、审调分立、审监分立，认真地贯彻辩护制度和回避制度，有效地维护当事人的合法权益和审判行为的权威性。当然，我们在强调审判中立的同时，还应顾及弱势群体的需求，给予其适当的照顾和帮扶。这不仅是对审判中立原则的贯彻，亦是法治人性化发展的必然要求。

（四）审判的公开性

审判公开是一项要求人民法院对案件的审判活动向社会公开的制度，具体是指人民法院对案件的审理和判决，除有特别规定的以外，都应当在法庭上公开进行，允许群众旁听，允许新闻记者采访和报道——审判应对公众公开，媒体将它报道，电视展播与电影放映把它渲染，畅销书甚至现场广播也对其详加描述。④ 换言之，公开审判是我国诉讼活动坚守的根本原则，亦是司法体制中人人皆知的环节。对于其落实，最高人民法院于1999年3月发布了《关于严格执行公开审判制度的若干规定》，具体内容如下：其一，严格规范了公开审判案件的范围。如根据相关诉讼法的规定，下列四种案件属于不公开审理的范围：（1）涉及国家秘密的案件；（2）涉及个人隐私的案件；（3）未成年人犯罪

---

① ［英］丹宁勋爵：《法律的正当程序》，李克强、杨百揆、刘庸安译，法律出版社2015年版，第70页。

② 参见温晋锋、王楠：《论行政强制执行主体的理念与实践》，载《南京工业大学学报》（社会科学版）2006年第3期。

③ 参见王圣诵、王成儒：《中国司法制度》，人民出版社2006年版，第435页。

④ 参见［美］威廉·L. 德威尔：《美国的陪审团》，王凯译，华夏出版社2015年版，第190页。

的案件；(4)经当事人依法申请，人民法院决定不公开审理的某些民事案件等，除以上案件外，其他案件均属于公开审判的范围。① 其二，对公开审判提出了具体明确的要求。如公开审理案件应当在开庭3日以前公告、人民法院审理的所有案件应当一律公开宣告判决。其三，对违法公开审判制度的行为规定了法律后果和责任。如当事人提起上诉或人民检察院对刑事案件的判决、裁定提起抗诉的，第二审人民法院应当裁定撤销原判决，发回重审。其四，对公民旁听审判和新闻记者采访报道审判作了规定。如人民法院依法公开审理案件，公民可以旁听，但精神病人、醉酒的人和未经人民法院批准的未成年人除外等。

(五)审判的时效性

"迟来的正义非正义"，这虽是源于西方的谚语，但却是现代司法的必然要求。故审判欲想真正地彰显公平、公正，就必须及时结案。所谓"审判时效性原则"，是指人民法院对审理的案件要在法律规定的期限内进行，及时作出裁决，即准确快速地结案。据此，审判及时原则是公正与效率的集合体。为了贯彻及时审判原则，各国都采取了相应的措施。如美国发明了小额债务法庭，此法庭对争议额不大、责任明确的案件可以迅速审判；意大利最高法院每年审理的案件达到五万件，而意大利则通过增加法官人数的办法来快速审判，其最高法院的法官就有三百多名；而有的国家还利用电脑技术，设计了"电子法官"，以此来帮助法官迅速审理案件。② 我国在法律上对审判时效性原则给予了支持，三大诉讼法均对法院审判案件的期限作出了规定，如《刑事诉讼法》规定：人民法院审理公诉案件，应当在受理后2个月以内宣判，至迟不得超过3个月。第二审人民法院受理上诉、抗诉案件，应当在2个月以内审结。对于可能判处死刑的案件或者附带民事诉讼的案件，以及有《刑事诉讼法》第156条规定情形之一的，经省、自治区、直辖市高级人民法院批准或者决定，可以

---

① 根据于2015年5月1日正式实行的《中华人民共和国行政诉讼法》第54条规定，"人民法院公开审理行政案件，但涉及国家秘密、个人隐私和法律另有规定的除外。涉及商业秘密的案件，当事人申请不公开审理的，可以不公开审理。"我国《民事诉讼法》第134条规定："人民法院审理民事案件，除涉及国家秘密、个人隐私或法律另有规定的以外，应当公开进行。离婚案件，涉及商业私密的案件，当事人申请不公开审理的，可以不公开审理。"《刑事诉讼法》第183条规定：有关国家秘密或个人隐私的案件，不公开审理。第274条规定：审判的时候未满十八周岁的案件，不公开审理。

② 参见张柏峰：《中国当代司法制度》，法律出版社2006年版，第37页。

延长2个月。人民法院适用简易程序审理案件，应当在受理后20日以内审结。对可能判处的有期徒刑超过3年的，可以延长至一个半月。人民法院按照审判监督程序重新审判的案件，应当在作出提审、再审决定之日起3个月内审结，需要延长的，不得超过6个月。除《刑事诉讼法》以外，《民事诉讼法》与《行政诉讼法》对此都有规定。此外，我国还从制度上解决了案件超审限和久拖不决的问题，即最高人民法院制定的《关于严格执行案件审理期限制度的若干规定》，这一规定的施行对确保审判时效性发挥了重大作用。

（六）审判的统一性

审判活动是一项重要的国家活动，根据我国《宪法》的规定，审判权的主体具有特定性，除却人民法院外，其他任何机关、团体和个人不得行使此权。审判行为的这一特质不仅是司法权本身的价值取向，亦是社会主义法制之统一原则在司法工作中的体现。“统一审判原则”囊括以下几层含义：一则，统一性是指审判权由人民法院统一行使，不可分割，其他机关不得分享。在刑事审判上，确定定罪的专属权为人民法院，未经人民法院依法判决，不得对任何人确定有罪。① 二则，在司法裁判适用法律尺度上必须统一，即法官在行使司法权时适用统一的法律，即同样的案件应适用同样的法律。三则，坚持审判统一原则，人民法院的审判体制以及司法行政的管理也应当坚持统一规范的原则，以有效地发挥司法机关的整体功能。然而，在司法裁判中，影响司法统一的因素有很多，其中司法的地方保护主义尤甚，这不仅在中国，在其他发达国家亦是如此。因此，只有坚决反对司法的地方保护主义、加大反对力度与强度，才能真正有望实现统一审判之原则。

三、审判行为的功能

所谓“功能”是指事物所发挥的积极有利的作用，它不同于功效和功率，更非功利主义。② 审判行为作为司法行为的重中之重，其内在价值和外在职权都对司法活动的顺利开展起着关键性的作用。

（一）审判行为的宣示功能——法律权威

解决纠纷，诉诸法院并不是唯一的方式，而法院对纠纷的解决程度也并不

① 参见张柏峰：《中国当代司法制度》，法律出版社2006年版，第36页。
② 参见熊先觉：《司法学》，法律出版社2008年版，第37页。

一定是最完美无暇的，然“审判”之所以不可或缺，根本原因就在于它的终极目的和存在价值是为了维护法律的权威。这一点无论是英美法系的“遵循先例”原则，还是大陆法系的“三段论”规则，无一例外地均为依法而为，即依法审判。换言之，无论是事实认定还是适用法律，法官都必须依据法律的规定进行，以此来宣示“法律之要义”，彰显“法律之权威”，促使法律信仰的形成。总之，审判行为的核心价值源自于“法律”本身所具有的特性，正是因为这些特性才构成了法律信仰的基本载体。

(二)审判行为的导向功能——社会指引

众所周之，审判是解决当事人之间的纠纷，所以判决的私人属性是其根本要求，在此不再详述。审判的“社会效应”也可称“社会属性”，是指社会环境对纠纷的解决发生着一定的影响，而纠纷的解决也具有社会示范效应。①

英美法系的“陪审团制度”是审判“社会效应”最佳阐释。陪审团制度，是指由特定人数的有选举权的公民参与决定嫌犯是否起诉、是否有罪的制度。如美国法律规定，每个成年美国公民都有担任陪审员的义务。在美国，法官们告知陪审员们利用自己的判断来“认定事实”——决定谁在说真话、什么证据应予采信、事发当天发生了什么……②因此，陪审团制度是代表公众进行审、判的制度，而这一行为必定会对公众产生一定的影响，即辐射到当事人之外的其他社会公众身上，产生巨大的示范效应。如果公众认可，那便可以说这一审判是公正的、正义的，公众也会示其为正面效应，认为法律的规定便是如此，并在日后的行事中以此为标准，即使以后自己身遇此事，也会预期到法院的判决。反之，如果判决与法律不符、与公众认知相偏，不仅会对社会公众的思维模式和行为方式产生不良引导，甚至会严重地影响到整个社会的道德风尚。

(三)审判行为的教育功能——标本兼治

审判行为的过程是一种教育意义的阐释，在我国，即是指人民法院用其全部的活动教育公民忠于社会主义中国、自觉地遵守宪法和法律。在这种潜移默化的教育理念下，法院的审判行为无形地推动了我国“法律传统”的形成。换言之，法律传统的形成是通过法律文化、法治信仰心理要素的认同构成的，而

---

① 参见赵旭东：《纠纷与纠纷解决原论》，北京大学出版社2009年版，第86页。

② 参见[美]威廉·L. 德威尔：《美国的陪审团》，王凯译，华夏出版社2015年版，第73页。

这种认同又是通过对法律的运作实现的。且审判行为的教育功能亦是“法施于未然”与“法施于已然”的体现，前者治本，后者治标，统一而不可分割。①

（四）审判行为的保障功能——公私权益

人民法院通过审判行为不仅高效、权威地解决涉案纠纷，调节经济关系，惩办犯罪分子。更是在深层次上保障了人民民主专政的政权和社会主义制度，维护了社会主义法制和社会秩序，保护了社会主义公共财产和私人所有的合法财产，促进了社会主义市场经济的发展和社会主义现代化建设事业的顺利进行。同时，法院的审判行为亦是公民人身权利、民主权利及其他权利的重要后盾。因此，审判行为不仅关注效率与经济，更应聚焦正义与秩序，真正体现审判行为的独立、公正、效率之价值的三位一体。

第二节　法院调解行为

“调解行为”源于“契约理论”之精神——恰如契约精神所阐述的，契约的执行机制是自动的，以交易双方之间的信誉为执行基础和前提，亦是彼此重复博弈的结果，且在这一过程中，第三方具有威慑作用。而在法院调解中，当事人双方争议的解决最终是以“调解书”即“调解协议”的形式达成的，这一协议的诞生既是双方当事人自愿的结果，亦是双方彼此博弈的产物。这与“契约”的基本理论是一致的，均是建立在平等、协商的基础上。② 而“调解行为”又非完全的“契约理论”，因其还有约定俗成的规则。

一、法院调解行为的界定

“调解”是指双方或多方当事人就争议的实体权利、义务，在人民法院、人民调解委员会及有关组织主持下，自愿进行协商，通过教育疏导，促成各方达成协议、解决纠纷的办法，是司法行为的一种。即“中立第三方以适当的方

① 参见熊先觉：《司法学》，法律出版社2008年版，第38页。

② 窃以为，两者的相同之处在于，当事人地位的确定性，即调解协议中所确立的权利享有者与义务的承担者为特定的主体，仅限于达成调解协议的双方当事人，换言之，与第三方无关，不得为第三者课以义务等。不同之处就在于，法院调解行为是以公权力的强制执行为后盾，这是它不同于其他的调解协议的关键所在，即法院的调解协议是由国家强制力保障实施的，如果当事人不自觉遵守、履行，对方当事人可以申请法院强制执行。

式促使纠纷当事人进行平等协商，合意解决其争议的一种纠纷解决活动和纠纷解决方式。”①在我国，调解行为的种类很多。因调解主体的不同，概括为人民调解、法院调解、行政调解、仲裁调解以及律师调解等。而此处之“调解行为”，专指法院的调解行为。相比于其他调解行为，法院调解专属于诉讼内调解，其他调解行为则属于诉讼外调解。②

“法院调解行为”，有狭义与广义之分。具体而言，“狭义的法院调解行为”，是指法院和调解当事人根据民事程序法的规定实施的，能够发生民事程序法上效果的行为。其包括三大构成要素：(1)法院调解行为的主体必须是调解当事人和法院；(2)法院调解行为必须是根据民事程序法施行的，且构成民事程序法的行为；(3)法院调解行为必须是能够发生民事程序法效力的行为，即该行为能够引起民事程序法开始、进行或者终结。“广义的法院调解行为”，是指法院、调解当事人和其他调解参与人及法院调解程序之外的主体实施的，受民事程序法律规范调整的行为。与狭义的法院调解行为相比，后者具有以下特点：(1)行为主体不仅包括法院和调解当事人，还包括其他法院调解参加人的行为，比如法院调解过程中的证人行为，翻译人行为等；(2)行为不一定是按照民事程序法实施，而只关注行为是否受民事程序法调整。

对法院调解行为的性质，我国学界亦存在不同的观点且各有侧重之处。据此，大致囊括以下几种：(1)“审判权说”③，此说认为诉讼调解行为本质上是法院行使审判权的一种诉讼行为活动。该说将法院调解行为与法院和解行为进行了区分，是法院调解行为性质的早期观点。(2)“处分权说”④，该说认为诉讼调解本质是在法院的指导下调解当事人按照自己的意愿解决争议的行为活动。该观点区别了法院调解行为与诉讼行为的差异。(3)“审判权与处分权结合说”⑤，该说认为法院调解行为是调解当事人行使处分权与人民法院行使审判权相结合的产物，是对前两种观点的折中。以上观点，虽然各不相同但却各具特色。其中，法院调解行为的双重性，即司法性与处分性相结合为我国的主流观点。所谓“司法性”，即指法院就调解当事人的实体及程序处分权之司法

① 闫庆霞：《法院调解制度研究》，中国人民公安大学出版社 2008 年版，第 83 页。

② 参见李卫平：《司法制度原理》，郑州大学出版社 2009 年版，第 72 页。

③ 参见柴发邦：《民事诉讼法学新编》，法律出版社 1992 年版，第 247 页。

④ 参见李浩：《论调解不宜作为民事审判权的运作方式》，载《法律科学》1996 年第 4 期。

⑤ 参见张卫平：《民事诉讼法》，高等教育出版社 2011 年版，第 218 页。

审查的权力；“处分性”，是指调解当事人之实体及程序的处分权利。在我国司法实践中，有效的法院调解行为离不开两者中的任一方，缺一则法院的调解行为便无法产生预设之效果。

二、法院调解行为的特征

法院调解行为既是司法行为的一类，亦是社会行为的一种，作为我国诉讼活动的一项重要原则，是人民法院行使审判权的重要体现，但由于其本身有着不同于其他调解行为的特性，因此显得庄重而有威严。

（一）法院调解行为是诉讼活动的重要内容

法院调解行为发生在诉讼过程中，是法院依据法律行使国家审判权的重要活动。这一职能活动的实施，不仅是对当事人权益的处分，亦是对国家公权力的运用。而除此之外的其他调解活动则是非诉性质的体现，非国家职能活动。

（二）法院的参与性

调解行为必须有法院的积极参与。《民事诉讼法》第 94 条第 1 款规定，“人民法院进行调解，可以由审判员一人主持，也可以由合议庭主持，并尽可能就地进行。”因此，法院调解行为具有司法性，其必须在审判人员的主持下予以开展。在调解过程中，法官必须保持中立地位，在此前提下法官还应充分发挥组织、协调之功能。即充分运用法官之智慧，保证调解活动的顺畅与高效。这就需要法官调解能力的培养，所谓法官的调解能力是指法官在一定的时间、空间条件下从事调解工作的知识、才能、品德和作风的一种总和，是法官在先天基础上通过后天的学习、实践所获得的工作能力。①

（三）法院调解行为的法定性、程序性

对于调解的合法性，从实体层面而言，可以有两种解释：一种是调解协议的内容应当依据有关实体规定达成，另一种是“调解协议的内容可以不依据实体法的具体规定，但不得违反法律的禁止性规定。”②从程序层面而言，即严格

---

① 参见袁月全：《谈做好调解工作的五种能力》，载《人民法院报》2010 年 9 月 17 日。

② 江伟：《中国民事诉讼法专论》，中国政法大学出版社 1998 年版，第 426 页。转引自肖建华、杨兵：《论我国诉讼调解原则体系之重构——兼评〈关于人民法院民事调解工作若干问题的规定〉相关规定》，载《政法论丛》2005 年第 1 期。

遵循法定程序予以调解，如根据我国《民事诉讼法》第9条规定，“人民法院审理民事案件，应当根据自愿和合法的原则进行调解；调解不成的，应当及时判决”。第93条规定，“人民法院审理民事案件，根据当事人自愿的原则，在事实清楚的基础上，分清是非，进行调解。”

(四)调解协议的司法性

根据《民事诉讼法》第97条第1款规定，“调解达成协议，人民法院应当制作调解书。调解书应当写明诉讼请求、案件的事实和调解结果。”调解书一经双方当事人签收即发生与判决之同等效力。当事人不得就调解书提起上诉、不得就与调解协议内容相同的同一事实和理由再次向法院起诉。而一方当事人拒不履行调解协议的，另一方当事人则可向法院提起申请强制执行。

(五)调解行为的处分性

调解协议的达成，调解书的制作，不仅是对当事人双方对自身处分权的行使，且在这一过程中，不仅形成了处分权对审判权的有效制约和合理补充，亦同时反映了审判权对处分权的指导和监督功能。二者在某种程度上是相互结合、有机联系的，有利于实现功能上的互补。① 在这一前提下，双方当事人才可能于调解中达成双赢的局面。“从调解学的角度来说，双赢和完全满意是两个不同的概念或评价指标。有一种说法是双方当事人都不满意的调解(和解)往往是最好的调解结果，因为这一结果是双方妥协的结果，而不是单方的让步。但这一结果对于双方而言可能又是一种双赢的结果，即没有出现零也就是一方获益或同归于尽的结局。”②

---

① 处分原则，是指民事诉讼当事人有权在法律规定的范围内，自由支配和处置自己的民事权利和诉讼权利。当事人在民事诉讼中享有处分权主要根源于民事权利和民事纠纷的私权性质，私法自治的理念决定了当事人对其私权利有自主决定的权利，这既包括实体上的处分权，也包括程序上的处分权。体现在法院调解制度中，程序上的处分权体现为当事人享有调解程序的发动权、选择裁判权和其他程序权利……实体上的处分权体现为当事人对调解协议所涉及的民事权利义务的处分，当事人是否接受调解协议的内容，是否达成一致意见。当事人享有民事诉讼处分权是法院调解制度的重要法理基础。参见张静平：《我国法院调解制度研究》，载万方数据库2011年5月。

② 范愉：《调解的重构》(下)，载《法制与社会发展》2004年第3期，第91页。

三、法院调解行为的功能

“就一般含义来说，价值（功能）是客体的存在、属性及其变化同主体的结构、需要和能力是否相符合、相一致或相接近的性质。如果这种性质是肯定的，就是说客体对主体有价值或正价值；如果是否定的，则意味着客体对主体无价值或有负价值。”①同样，“价值”在法学中的运用也同样重要，英国法学家彼得·斯坦和约翰·香德认为，“一切法学家都只不过是用各种各样的方式，描述法律能够在什么样的程度上实现社会秩序、公平、个人自由这些基本价值而已。”“法律价值”，又称“法律功能”，是指法律的存在意义以及其发展变化是与其存在的社会环境是否适合、接近或一致，以及二者是否能够互相影响。② 法院调解行为作为法律功能的表现形式之一，其功能亦是对法律价值（法律功能）的一种表现与反映。

（一）法院调解行为之自由功能

在调解活动中，“只有当事人自己最清楚纠纷的真相和他的利益所在，所以他们自愿选择的处理结果应当说是最符合他们的利益需求的，也最接近当事人追求的实体公正。”③因此，在法院调解中，自由充分体现了意思自治原则的应用。众所周知，意思自治理论源于古希腊，是民商事领域的基本原则。法院调解行为中对其的运用主要表现在以下三个方面：调解协议的达成依赖于纠纷当事人的自愿选择；调解程序的进行由纠纷当事人决定，纠纷当事人可以在调解协议达成前终结调解程序；在自身卷入纠纷时，当事人有权选择法院调解作为纠纷解决方式的权利，也有权不选择法院调解而通过其他方式来解决。

（二）法院调解行为之秩序功能

“秩序”意指一种“有条理、不混乱的情况”，④ 作为群体的人类所必需的存在，秩序是人类共同生活的前提。在社会学意义上，秩序是法的最基本的价

① 李德顺：《价值学大词典》，中国人民大学出版社 1995 年版，第 261 页。

② 参见王国征：《“法的价值”与“法的价值取向”概念研究述评》，载《青岛大学学报》2009 年第 6 期。

③ 杨润时：《最高人民法院民事调解工作司法解释的理解与适用》，人民法院出版社 2004 年版，第 5 页。

④ 中国社会科学院语言研究所词典编辑室编：《现代汉语词典》，商务印书馆 2012 年版，第 1681 页。

值。在近代世界，法律成了社会控制的主要手段。① 法通过划定利益、分配利益、调整利益实现对法的秩序价值，而法对社会矛盾的解决状况则是衡量法是否实现法的功能的重要衡量标准。法院的调解行为有利于我国社会主义和谐社会的构建，具体表现在：(1)法院调解使纠纷当事人内心心悦诚服，这样有利于纠纷的彻底解决，维护社会稳定；(2)法院调解有利于法制宣传教育、预防纠纷、减少诉讼；(3)法院调解体现了国家、社会和个人三方的通力合作。法院代表国家通过调解来解决纠纷从而建设良好的国家运行秩序，社会状态的良好运行需要通过调解来消除社会矛盾，个人也需要通过国家对纠纷的快速有效解决来维护自己的利益。因此，法院调解综合考量了这三个层面的内容，以期实现其效益的最大化。

(三)法院调解行为之正义功能

古希腊著名思想家柏拉图认为，法的正义就是“以善待友，以恶对敌的艺术。”“我们应当对正当的东西行善，并憎恨不正当的。”②他还强调，在不同的正义问题中，社会体制的正义是首要的正义。所谓社会体制是指包含社会、经济、政治、法律制度等在内的一整套制度，由这些制度来对基本的权利和义务进行分配。法院调解作为法律制度中的一种，应当是一项正义的制度——法院调解是当事人自愿选择的纠纷解决模式，这既是当事人行使自己自由权利的一种方式，也是自我权利实现的一种方式。通过调解，双方达成协议，而这一协议的达成过程亦是双方当事人博弈且最终妥协的结果，但这一结果对于双方而言可能又是一种双赢的结果。因为这一结果是双方妥协的产物，而不是单方让步。③ 因此，即使法律规定了某些案件在进行审理前要进行强制调解，如人身权的纠纷、劳动仲裁纠纷，但其协议的达成最终还是出于双方当事人的自愿“妥协”。

(四)法院调解行为之效率功能

古语言“迟来的正义非正义”，任何社会纠纷的存在都意味着权力处于不确定状态的延续，意味着秩序被破坏状态的延续，也意味着社会公正处在待实

---

① 参见[美]罗斯科·庞德：《通过法律的社会控制》，沈宗灵、董世忠译，商务印书馆 1984 年版，第 55~57 页。

② 何勤华：《西方法律思想史》，复旦大学出版社 2005 年版，第 6 页。

③ 参见范愉：《调解的重构》(下)，载《法制与社会发展》2004 年第 3 期。

现的状态。因此，纠纷的解决不仅应当是公正的，而且应当是尽可能迅捷的，效率意味着公正的实现，两者内在具有一致性。① 这一谚语告诉我们在纠纷的解决过程中，即使最终的结果对当事人来说是正义的、合理的，但是由于诉讼的过分迟延，对当事人来说亦是徒劳的、毫无用处的。基于此，法院调解相对于法院审判来说，具有明显的优势：时间成本低、经济成本低、伦理成本低，然效率高。这一切，不仅减轻了法院审判的负担，亦塑造了一种新的正义实现方式，为人民快速、及时、高效地解决纠纷提供了制度保障。

总之，法院调解具有特殊的司法救济价值和良好的社会效应。它集法律效果与社会效果于一体，既有利于彻底地解决民事纠纷、保持双方当事人的团结与合作、促进社会的良性发展，又有利于提高司法效率、减轻诉讼双方的压力。同时，亦有利于加强法制宣传，提升公民的法律意识和权利意识，从根源上预防诉讼的发生，维护社会的稳定。②

四、法院调解行为的局限性

在我国，司法调解过分强调"背靠背"的调解方法，即注重法官单独与各方当事人联系，阐明利害，进行劝慰，并最终达成双方共同意愿。然而，这一方式却忽略了"调解行为"的某些内在特性与需求。

(一)"调审合一"模式有违司法公正

调、审主体的合一性即案件的调解和裁判由同一主审法官主持进行。在这一模式下，调解行为与审判行为相结合，两者在某种程度上亦可动态转换。而法官亦兼有双重身份，既是调解员，又是裁判员，且在行使职权过程中调、审不分，定位模糊且可随意变动。如此一来，一定程度上会影响到个案公正的实现。

(二)法院调解行为缺乏有效规则的约束

在我国，法院调解行为中，法官具有很强的能动性、自主性，缺乏相应法律、法规等社会规范的调整和约束，易使调解行为陷入违法的危险境地。这样一来易使法院在调解中违背相关法律的规定，使司法调解的正当性受到质疑。

---

① 参见姚莉：《司法效率：理论分析与制度构建》，载《法商研究》2006 年第 3 期。

② 参见谭红：《司法的理论与实务若干问题研究》，山东人民出版社 2010 年版，第 72 页。

所以，加强规则的约束性、强制性是调解的重要依据和根本保障。

(三)调解行为中“共识”的基础存疑

调解协议达成的基础是双方当事人之间的沟通、协商，而我国法院在调解行为中过分注重法官的作用。作为主持调解的角色，法官本身一方面具有了当事人所信赖、尊重甚至崇敬的形象，但另一方面，法官作为公权力的代表者，对普通百姓来说他的存在本身就是一种压力，会于无形中产生一种畏惧心理。因此，在强势主体面前，在如影随形的权力压迫下，调解中“共识”的达成便含有了水分。即在法院、法官主导的调解下，可能会影响到当事人真实意思的表达与沟通，为共识的达成埋下不良隐患。

(四)调解协议的非自愿性可能存在

为了达成共识、实现调解的目的，法官可能会对事实进行一定的折中，甚至某些法官的不当行为可能使当事人对所处事态产生不明确的认识。如此一来，可能会使当事人所作的决定非由心生，并非自愿，即产生类似于西方“辩诉交易”制度的相似情形。在这种折中求和的态度下，虽最终解决了纠纷，但却可能有损当事人意思自治的精神。

(五)法院调解限制了公力救济价值的实现

法院调解对实现公力救济价值的局限性表现在以下两个方面：(1)法院调解难以发挥引导公众行为的社会功能。原因在于，调解的过程没有公众参与且调解协议达成后也不存在相应的公开程序，致使社会公众对此难以了解和认同。虽然调解是对双方当事人权利的处分，是其意志的体现，但是公众的认同感、归属感是对公权力随意性的一种制约，同时也是保障公民权益的重要手段。(2)法院调解忽视了法院的主体功能，即“判”的价值。在上文的分析中，我们可以得出法院调解行为的本质是当事人的处分权利，在这一过程中，法院、法官处于调解中立一方，对案件的发展具有指导性的功能，其所遵循的程序也是调解所特有的。

第三节　执行行为

《孟子》有云：“徒善不足以为政，徒法不能以自行。”法律的生命在于它的执行和实施，未获执行的法律就像一团死水，毫无生气可言，所谓法的功效也无从谈起。“法治的最高层次是一种信念，出于对人、对社会的终极关怀，这个价值目标的实现，并非徒具理想，更非空想，它的实现是一个永无止境的渐进过程。”①

执行是与履行相对应而生的概念，履行是当事人自动完成法律义务的主动性行为；执行则是在当事人不主动履行特定义务的情况下，由有权机关采取执行措施使当事人履行义务或达到与履行义务相同的状态。在具体的法律用语上执行有两种内涵：一是指实施法律，也就是执法；二是指对生效法律文书的实施，仅指具体到某一特定的法律文书所涉内容的实现。此外，由于执行莫不是以国家强制力为后盾，或者是对国家强制力的直接运用。② 因此，执行是一项具有国家性质的行为。

一、执行行为的界定

执行行为，是指国家执行机关代表国家运用国家强制力将审判机关依法作出的生效裁判所确定的内容付诸实现的行为，具体包括刑事案件执行、民事案件执行和行政案件执行。因此，执行行为是一种国家行为，是国家权力的运作。如果没有国家强制力为后盾，裁判内容的实现是无法保证的。③

对于“执行行为”的性质，世界各国对此有着诸多探讨，代表性的观点可以归纳为以下几点：(1)行政行为说。该种学说认为，执行行为具有确定性、主动性和命令性等行政特征，因此执行行为与司法行为有着显著区别，应当属于行政行为。④ 这一观点与习惯上、传统上对执行行为的认识有着极大的反差，但也正因此给改革带来了巨大的空间和动力。通过行政执权让人们看到了曙光，对长期以来难以解决的“执行难”问题似是一个重要的突破口。(2)司法行为说。即认为执行行为是司法行为，而不是行政行为。持有这种观点的学者认为，在传统认识上，既然执行行为是由国家司法机关实施的，自然应当属于司法行为。⑤ 简言之，因为可称之为执行行为的主体是法院，所以应归属于司法行为。持此观点的人认为，执行行为依据具体内容的不同，可以划分为单纯

---

① 莫敏：《法治与法的价值追求》，载《广西社会科学》2002 年第 5 期。

② 参见本书课题组：《外国司法体制若干问题概述》，法律出版社 2004 年版，第 276~277 页。

③ 参见本书课题组：《外国司法体制若干问题概述》，法律出版社 2004 年版，第 79 页。

④ 参见孙小红：《体制突破，执行工作新思路》，载《云南法学》1999 年第 1 期。

⑤ 参见孙加瑞：《强制执行实务研究》，法律出版社 1994 年版，第 2 页。

的执行行为和执行救济行为；执行行为正当性的最终来源是审判行为的正当性，而不是来源于政府行为的正当性；执行行为是实施司法救济的基本手段，是审判行为当然的、不可或缺的附属物；而完整的司法行为必然由审判行为和执行行为共同构成。① 但是我国最高人民法院执行办认为：“判断某一个国家职权行为在国家分权(分工)属性中的性质，并不能以某国某阶段的制度为基础，也不能以行使权力的主体性质为前提。判断某一权力的性质应依该权力形成的工作性质为基本依据。纵观世界上大多数国家，其执行机构均设在法院，但是并不能由此而证明强制执行权就是司法权。”②在这两种观点的博弈中，我们可以看出其各有道理，这既是一种争论同时也是一种进步的表现。(3)司法行政行为说。该说认为，执行行为兼具司法行为和行政行为之双重属性，因此称之为司法行政行为。③ 持此类观点的学者认为，强制执行权具有司法权和行政权之双重属性。在执行工作中，司法权和行政权的有机结合构成了复合的、相对独立的、完整的强制执行权。倘若执行机构设置于法院内部，则是执行权中的司法权吸收了行政权，若执行机构设置于行政机构，则是行政权吸收了司法权，若分别设置于法院和行政机构，则相互配合，分别行使司法权和行政权。④ 是故，持此观点的学者坚持：从强制执行权的主体来看，它属于国家权力；而从强制执行权的国家分权来看，它又同时具备司法权和行政权的双重属性，在执行工作中，司法权和行政权的有机结合构成了相对独立的、完整的强制执行权。

理解“执行行为”的性质，无疑有利于我们进一步界定“执行行为”的内涵。然，无论是从执行行为本身的特性出发，还是依执行行为的主体而定，“法院执行行为”的内涵则是确定的，则专指人民法院依照法定程序，运用国家强制力，将已经发生法律效力的各类案件的判决书、裁定书、调解书以及其他法律文书所确定的内容付诸实施，并依法定程序解决由此而发生的有关法律问题的各种行为的总称。因此，法院“执行行为”不仅包括执行生效法律文书的行为，

---

① 参见江伟、赵秀举：《论执行行为的性质与执行机构的设置》，载《人大法律评论》2000年卷第1辑。

② 高执办：《执行局设置的理论依据》，载《人民司法》2001年第2期。

③ 蒋惠玲：《法院司法行政体制改革》，载《人民司法》1998年第8期；常怡、崔婕：《民事强制执行立法研究》，载田平安：《民事诉讼程序热点问题研究》，中国检察出版社2001年版，第526页。

④ 参见高执办：《执行局设置的理论依据》，载《人民司法》2001年第2期。

更为重要的是正确执行法律规范及其立法精神的行为。①

二、执行行为的特征

执行行为作为主要的司法活动之一，对整个司法活动的顺利、高效完成有着极为重要的意义，然其本身的特性亦是司法活动最终评判标准的重要一环。

(一)执行行为的法定性

执行行为的法定性是其存在的基础和前提。即人民法院的执行行为必须严格依据法律的规定而执行，具体而言，从宏观层面，是指依据根本法、基本法的精神和原则，如依据宪法、民事诉讼法、刑事诉讼法、行政诉讼法等法律的规定而执行案件的裁判。从微观层面而言，根据该案所涉及的具体法律规则予以执行，如依据具体生效的判决、裁定、调解等法律文书所规定的内容等。

(二)执行行为的强制性

强制性是执行行为的重要特征，具体表现为：法院在行使职权时所依据的是国家强制力，因此，其所执行的生效法律文书具有既判力。所以在执行过程中，法院可以违背被执行人的意志，强制被执行人实现判决所确定的内容。但是这一行为的前提必须是执行行为的合法性，且不得侵犯被执行人的合法权益。

(三)执行行为的程序性

就整个司法活动的进程而言，如果说实体公正是司法活动产生的“产品”是公正的，那么程序公正则表明生产该“产品”的过程具有正当性。② 具体到法院的执行行为而言，程序是法院达成预期执行效果的基础与前提。具体而言，法院执行行为的程序性，是指法院无论执行何种生效的司法文书，都必须严格遵守法定的执行程序，自始至终都必须严格依据程序的规定而为，不得违反，否则要承担相应的责任和后果，而其所采取的措施也应予以撤销或变更。③

---

① 参见熊先觉：《司法学》，法律出版社 2008 年版，第 264 页。

② 参见何家弘：《司法公正论》，载《中国法学》1999 年第 2 期。

③ 参见张柏峰：《中国当代司法制度》，法律出版社 2006 年版，第 162 页。

(四)执行行为的多样性

根据执行对象即执行客体的多样性，决定了执行行为具有多样性之特点。如刑事执行中，法院对死刑、罚金等的执行；在民事执行中，法院对生效法律文书的执行等；此外，还包括行政执行行为等。

(五)执行行为的附属性

从一般意义而言，法院一旦作出裁判，就可表明其已经完成了法律所赋予它的基本使命。但实际上，裁判能否实际履行和贯彻，关系到司法本身的权威和效果。因此，强制执行实际上是司法活动的最后一环。从此视角出发，执行行为具有了附属特性，即属于一种附属性的司法行为。此外，由于世界各国的裁判执行权归属不同，有的国家由法院执行、有的国家则由专门的裁判执行机构负责。然而，即使是由法院负责执行，也并不意味着由负责该案件的审判组织自行执行，亦是由专门设立的执行部门负责此环节的落实。①

三、民事诉讼中的“执行难”问题

法院在执行过程中，无论是制度层面的还是实践操作层面，都不可能是完美的。然而关键问题在于，裁判是否被彻底执行，当事人的合法权益是否切实得到保障，这一切直接关系到司法的权威和效果。但是，在世界各国，“执行难”的问题一直存在，法院在执行过程中面临着一系列的困难，致使“有判无执”的状况时有发生，这不仅是对法院权威的亵渎，更是对司法公正、法治社会发展的阻碍。具体而言，执行难之问题主要包括：

其一，被执行人难寻。在司法实践中，被执行人为了逃避法律责任或社会责任等，往往以各种方式促成“失联”，如外出打工、居家迁移、法律意识淡薄、逃避法律责任的心理，等等。这些情形的出现，致使被执行人难寻，严重阻碍了法院的工作效率和司法权威。

其二，被执行财产难查、难动。为了逃避法律责任，被执行人想方设法地转移、隐藏、消耗其财产，在法院进行执行时，早已踪影难觅。即使查到了被执行人的财产，被执行人、案外人也会以各种理由提出执行异议而拒不执行，等等。

其三，协助执行人难求。协助执行人在执行过程中既非执行机关也非执行

① 参见范愉：《司法制度概论》，中国人民大学出版社2004年版，第101页。

当事人，因此其不享有执行权，对于执行的进行也不起决定作用，属于执行的参与者，处于从属和辅助地位。由于协助执行人的特殊地位，致使司法实践中常常出现协助执行人拒不协助执行或消极履行协助义务的情形。① 如对于法院的协助执行通知不闻不问、无动于衷，甚至故意拖延、通风报信、设置障碍等。而造成这一现象的原因亦是多种多样，如地方保护主义存在与部门保护主义的作祟等。

关于完善执行环节的举措，社会各界已有各种方案。在理论界所达成的共识为：执行工作不能仅仅依靠法院，也不能仅仅钉在执行机构身上，必须全方位发动各种力量，在案件立案、审判阶段就进行化解或促成主动履行，审判中兼顾执行，执行呼应审判，彼此既保持相对的独立，又能在内部首尾相贯，实现审执的辩证合一，淋漓尽致地发挥立案、审判和执行各自的优势，达到三者的高度统一和契合，这样产生出来的审判力和执行力都能达到最大化。同时，执行是一项司法性和社会性高度统一的复合型工程，既是法院内的事，也涉及法院外部的事，需要内外协同，纠正执行法院包揽一切、孤军作战的执行理念。当然，作为执行人员，个人素质也非常关键。② 在执行依据上，《最高人民法院2010年工作报告》中已指出，欲加强法院执行的力度和强度，必须加强执行联动机制的建设，协调金融机构和有关部门，将被执行人信息纳入征信系统，推进公民身份、出入境管理、车辆登记等信息共享，以期全力化解执行难的问题。③ 虽然，执行难的问题并非一朝一夕所能解决，但此报告的出台和学界的努力大大推动了解决的进程，如若能得以彻底贯彻实施，其效果亦是喜人的。

---

① 参见盛辉：《浅议协助执行人》，载“湖南法院网”2010年8月13日。

② 参见王晨：《司法公正的内涵及其实现路径》，载《中国法学》2013年第3期。

③ 参见盛辉：《浅议协助执行人》，载“湖南法院网”2010年8月13日。

第六章　司法行为(三)：检察行为

相比于法院行为消极、被动的特色，检察机关的侦查、公诉、监督等行为则具有典型的积极、主动之效应。似如“法社会学”(“法律社会学”)所代表之观点①——注重实证方法，强调经验及研究法律的实际社会效果。我们用“法社会学”的视角来研究检察行为，就会发现检察行为受社会变化的影响较为明显，拥有较强的主动性，即可以自主决定工作的重点。② 而从我国宪法和法律的规定来看，亦可意识到检察机关所履行职能的主动性和积极性。换言之，检察机关既是我国的法律监督机关，又行使着侦查、公诉之职能，是作为保障我国社会正义和公民权利实现的重要存在。

第一节　检察侦查行为

故此，作为主侦犯罪活动的侦查行为，其作为司法行为的一种，既是检察活动中的重要一环，又在司法活动中发挥着重要的作用。现代各国对犯罪案件的侦查一般由公安机关负责，但也有许多国家规定检察机关享有侦查权。③ 当然，两者在具体的职权界定上是有区别的。

---

① “法社会学”采用实证方法对法律在社会中的形成、结构、功能、运行机制及其实现进行研究的社会科学学科。法社会学在研究方法上，注重实证方法，强调经验；在研究对象方面，主张超越法典上的规则，去研究行动中的法，研究社会中实际运行的法，特别注重研究法律的实际社会效果。参见邹瑜等：《法学大辞典》，中国政法大学出版社 1991 年版，第 1030 页。

② 参见谢醒：《简论研究司法行为的三重视角》，载《山东行政学院学报》2010 年第 5 期。

③ 参见陈业宏、唐鸣：《中外司法制度比较》，商务印书馆 2000 年版，第 115 页。

一、检察侦查行为的界定

侦查，又称刑事侦查或犯罪侦查，是指由特定的司法机关为收集、查明、证实犯罪和缉获犯罪嫌疑人而依法采取的专门调查工作和有关的强制性措施。① 故此，侦查行为作为一种独立的刑事诉讼行为，其主体、对象、客体均具有特定性。在此概念的基础上，由于世界各国司法传统的差异，不同法系的国家对“侦查行为”的概念亦有差异但各有侧重及突出之处，如以英美法系、大陆法系为界点的“侦查行为”。由于中国是大陆法系国家，因此，侦查机关的“侦查行为”或多或少地在保有中国特色基础上具有了大陆法系的普适特点。

英美法系国家——在实行当事人主义诉讼模式的英美法系国家，侦查程序也强调当事人双方的平等。即侦查机关和犯罪嫌疑人是利益相对、地位平等的当事人，为了保护本方的利益，各自都有权调查和收集证据。② 所以，在英美法系国家“侦查”的概念更多关注的是具体内容，而没有主体上的特殊要求。其学者一般认为，“侦查”是指将自然科学应用到侦查犯罪活动中，侦查是研究犯罪和抓捕罪犯的各种方法的总和。美国学者查尔斯·奥哈拉将侦查概括为：情报(Information)、审讯(Interrogation)和仪器设备(Instrumentation)③。英国1996年刑事侦查与起诉法第二编规定：“刑事侦查是指警察或其他负有查明案件情况义务的人所进行的为确定被告人是否犯有某项罪行或被告人是否有罪所进行的活动。”④这种只关注侦查的部分内容而忽视其他方面的定义，其缺陷是显而易见的。尽管追诉方与被追诉方均有实施“调查”(Investigation)的平等权利，双方都围绕被追诉者是否构成犯罪以及刑事责任的轻重展开攻击和防御，但这种平等仅相对于“任意侦查行为”而言。“任意侦查”是指不采用强制手段，不对相对人的生活权益强制性地造成损害，而由相对人自愿配合的侦查。⑤ 因此，追诉方能够进行强制侦查行为，而被追诉方则无此权力。如此一来，一律将控辩双方的行为冠之以侦查，是混淆概念的行为。

大陆法系国家和地区——在职权主义诉讼模式的大陆法系国家和地区，

① 参见李卫平：《司法制度教程》，郑州大学出版社2004年版，第23页。

② 参见陈朴生：《刑事诉讼专题研究》，台湾政治大学法律学系法学丛书编辑委员会1995年版，第124页。

③ 参见[美]查尔斯·奥哈拉、格里高利·奥哈哈利：《刑事侦查学基础》，谭憬彝等译，群众出版社2000年版，第1页。

④ 魏武：《英国1996年刑事侦查与起诉法》，载《国外法制信息》1997年第6期。

⑤ 参见孙长勇：《侦查程序与人权》，中国方正出版社2000年版，第24页。

“侦查行为”的概念具有明显的强制性，具体是指国家追诉机关实施的犯罪调查活动，辩护方收集证据的行为不能称为侦查。《德国刑事诉讼法典》规定，在侦查过程中，司法警察只负担辅助检察院的责任，只能作出“不允许延误的”决定，对自己侦查的结果应当“不延迟地”送交检察院，由检察院进一步侦查。司法警察设置在检察院的机构中，在侦查中处于服从、辅助的地位。德国学者克劳思·罗科信认为：“侦查是在为检察机关于决定是否提起公诉时，所做的准备工作。”①大陆法系对侦查主体进行了限制，将侦查权赋予专门的国家机关，突出了侦查活动在性质上与被追诉方的防御活动的重大区别，这一点是符合我国长期的使用习惯的。然而，在我国，除检察机关内部存在自侦部门外，其他侦查机关与起诉机关在设立及隶属关系上同大陆法系普遍采取的侦诉一体的体制尚有重大差异。过分强调侦查对起诉程序的依附性就忽视了侦查的独立性。

综上分析，由于世界各国和地区历史传统和体制的特殊性，对侦查主体的规定各有不同，有的赋予了警察机构、检察机关和一些行政机关或特定的机构行使侦查权；有的授权给了警察机关、检察机关或检察官、某些行政机构等。② 因此，从世界范围来看，虽然检察机关在各国的地位不同、行使侦查权的力度各有差异，但法律无疑都赋予了检察机关一定范围内的侦查权，我国亦然。

在我国，享有侦查权的主体主要包括公安机关、人民检察院、国家安全机关、海关走私犯罪侦查部门和军队保卫部门。③ 而我国检察机关所享有的侦查权不仅是国家打击犯罪、控制犯罪的必然要求，同时，也是实现国家公诉职能、保障人权的客观需要。故此，检察机关的侦查行为在我国是极为必需的。所谓“检察机关”的侦查行为，根据我国《刑事诉讼法》的规定，“检察机关的侦查”，是指人民检察院在办理职务犯罪案件中，依照法律规定进行的专门调查工作和有关的强制性措施。如此之规定不仅明确了检察机关的侦查权主体地位，而且摒弃了大陆法系国家将侦查依附于起诉的表述方法，确立了侦查行为的独立性。根据刑事诉讼法的规定，检察机关在履行侦查职能过程中，具体的“侦查行为”主要有：可以采取询问犯罪嫌疑人、证人、被害人，针对有关场

① [德]克劳思·罗科信：《刑事诉讼法》，吴丽琪译，台湾三民书局 1998 年版，第 404 页。

② 参见邓思清：《检察权研究》，北京大学出版社 2007 年版，第 161 页。

③ 参见邓思清：《检察权研究》，北京大学出版社 2007 年版，第 161 页。

所、物品、人身、尸体进行勘验和检查，进行搜查，调取和扣押物证、书证、视听资料，查询、冻结存款、汇款，鉴定，辨认，通缉等侦查手段，从而获得证据，查清案件事实。在侦查过程中，可以对犯罪嫌疑人采取拘传、取保候审、监视居住、拘留、逮捕等强制措施。① 此外，我国检察机关还有权审查和监督公安机关、安全机关的侦查，并且对此有权作出相应的决定。②

二、检察侦查行为的模式

虽然世界各国的检察机关都不同程度地享有侦查权，但由于不同国家的法律文化、司法传统和经济的发展程度存在差异，因此，检察机关之侦查权的配置程度和方式是各异的。现今，世界各国检察机关侦查行为模式大体分为三种类型："检主警辅"侦查模式、"检警分离"模式、"检警同侦"模式。而中国则属于典型的"检警同侦"模式。

（一）"检主警辅"侦查模式

"检主警辅"侦查模式，是指检察机关为侦查主持机关，警方仅为侦查辅助机关，代表国家为德国、意大利。根据《德国刑事诉讼法典》的规定，检察机关为刑事案件的侦查机关，而警察则属于侦查辅助机关。如法典第 161 条、第 163 条规定："检察官可以要求所有公共机关部门提供情况，并且要么自行，要么通过警察机构部门及官员进行任何种类的侦查……为了查明犯罪事实，检察院有权要求警察机关及官员进行侦查，警察机关和官员有接受检察院委托的义务。"③"在侦查犯罪的行为范围内，警察只担负辅助检察院的责任，警察只能作出'不允许延误'的决定，对自己的侦查结果应当'不延迟地'送交检察院，由检察院进一步侦查。"④因此，德国的检察机关对所有刑事案件都具有侦查权，包括自行侦查和委托在检察机关直接指挥下的警察机关侦查，这种侦查模式具有相当的权威性和独立性。⑤ 根据意大利相关法律的规定，初期侦查阶段由检察官领导侦查工作并直接调动司法警察，在侦查人员将初步收集所得的犯罪材料移送检察官后，由检察官在犯罪消息簿中予以记载，即开始由检

① 参见左卫民：《中国司法制度》，中国政法大学出版社 2002 年版，第 96 页。
② 参见陈业宏、唐鸣：《中外司法制度比较》，商务印书馆 2000 年版，第 117 页。
③ 《德国刑事诉讼法典》，李昌珂译，中国政法大学出版社 1995 年版，第 78 页。
④ 《德国刑事诉讼法典》，李昌珂译，中国政法大学出版社 1995 年版，第 81 页。
⑤ 参见陈业宏、唐鸣：《中外司法制度比较》，商务印书馆 2000 年版，第 117 页。

察官负责领导司法警察进行正式侦查。

(二)“检警分离”模式

“检警分离”模式，即指警察主导刑事侦查并决定是否将侦查完毕的案件移交警察机关，二者相互独立，互不隶属，代表国家为英国。① 由于英国缺乏检察制度的传统，故英国的检察官虽承担着审查起诉的职责，但绝大多数刑事案件的侦查权都由司法警察行使，检察官的侦查权能极为有限，只被限定于少数的几类重大刑事案件中，如对由政府各部提交起诉的案件，对可能判处极刑的案件，以及检察官认为需要由自己提起公诉的案件等。② 除却管辖范围极为有限外，英国的检察官对警察亦缺乏控制能力，不能指挥侦查或对警察发号施令，只能针对侦查取证提出相关意见和建议。

(三)“检警同侦”模式

“检警同侦”模式，是指检察官与警方同为侦查主体，检察官虽承担部分案件的侦查责任，但其有权监督甚至指挥警方侦查。这一模式已被世界上大多国家采纳，运用最为广泛。代表国家主要有法国、日本。在法国，检察官有侦查发动、实施和指挥权，如《法国刑事诉讼法典》第 41 条第 1 款和第 2 款规定：“共和国检察官自己或使他人采取一切追查违法犯罪的活动。为此，他有权指挥所在法院管辖区范围内的司法警官和司法警察的一切活动。共和国检察官有权决定采取挽留的措施。”③但在具体的侦查活动方面则主要由警察进行，同时预审法官在侦查中与检察官形成相互制约的关系。其侦查工作分为初步侦查和正式侦查两个阶段。前一阶段，由司法警官承担具体侦查活动。司法警察在发现或接到发生犯罪的报告后，应迅速通知检察官，同时开展初步侦查。此阶段由检察官指挥司法警察进行调查。当司法警察在犯罪现场进行侦查时，一旦检察官亲临现场，司法警察立即丧失权力，而由检察官本人继续侦查，检察官也可指示司法警官继续侦查。④ 初侦完毕后，由检察官决定是否进入正式的侦查

---

① 参见冯文杰：《我国检警关系的问题考察及其改进——以英国检警关系演进为视角》，载《公民与法》2015 年第 8 期。

② 参见邓思清：《检察权研究》，北京大学出版社 2007 年版，第 169 页。

③ 《法国刑事诉讼法典》，余叔通、谢朝华译，中国政法大学出版社 1997 年版，第 22 页。

④ 参见王以真：《外国刑事诉讼法学》，北京大学出版社 1990 年版，第 278 页。

阶段，如有必要则由一名预审法官主持这一阶段的侦查工作，其有权调动司法警察和检察官。预审法官须讯问犯罪嫌疑人，可以向司法警察发出委托调查令。预审法官认为案情已经查明时，就可以自行决定结束预审，并提出预审裁定意见，即是否构成犯罪，罪行的轻重等。预审终结将案件移送检察官，由检察官向法官提出处理意见。在日本，检察官与警察机关均为犯罪侦查机关。在具体的分工上，一般的刑事案件由警方独立进行侦查，但检察官享有一定的监督指挥权，可就侦查程序中应该注意的事项向警察发出一般性指示。如《日本刑事诉讼法》第 193 条规定："检察官对于司法警察职员享有指示、指挥的权力。"①同时，检察机关还可对部分案件进行独立侦查。《日本刑事诉讼法》第 191 条第 1 款规定："检察官认为必要时，可以自行侦查犯罪。"②

综上分析，虽然各国对检察侦查权的配置不一，但是概括而言，检察侦查行为大体包括检察机关的独立侦查行为、指挥侦查行为、补充侦查行为三大类。在中国，检察机关的侦查行为模式主要是"检警同侦"模式，即检察机关与公安机关同为侦查主体，分别行使刑事案件侦查权。具体而言，在我国，检察机关对刑事案件的侦查包括三部分：(1)独立侦查行为。即法律规定的、由检察机关对直接受理的案件进行侦查的行为。根据《刑事诉讼法》第 18 条第 2 款规定：贪污贿赂犯罪，国家工作人员的渎职犯罪，国家机关工作人员利用职权实施的非法拘禁、刑讯逼供、报复陷害、非法搜查的侵犯公民人身权利的犯罪以及侵犯公民民主权利的犯罪，由人民检察院立案侦查。对于国家机关工作人员利用职权实施的其他重大的犯罪案件，需要由人民检察院直接受理的时候，经省级以上人民检察院决定，可以由人民检察院立案侦查。(2)补充侦查行为。对由公安机关及其他侦查主体侦查的案件，在侦查不充分时，由检察机关进行补充侦查。③ 我国《刑事诉讼法》第 88 条规定："人民检察院对于公安机关提请批准逮捕的案件进行审查后，应当根据情况分别作出批准逮捕或者不批准逮捕的决定。对于批准逮捕的决定，公安机关应当立即执行，并且将执行情况及时通知人民检察院。对于不批准逮捕的，人民检察院应当说明理由，需要补充侦查的，应当同时通知公安机关。"第 171 条规定：人民检察院审查案件，可以要求公安机关提供法庭审判所必需的证据材料……人民检察院审查案件，对于需要补充侦查的，可以退回公安机关补充侦查，也可以自行侦查。

① 《日本刑事诉讼法》，宋英辉译，中国政法大学出版社 2000 年版，第 45~46 页。
② 《日本刑事诉讼法》，宋英辉译，中国政法大学出版社 2000 年版，第 45 页。
③ 参见龙宗智：《检察制度教程》，法律出版社 2002 年版，第 223 页。

(3)逮捕措施的批准权。对于检察机关对公安机关等侦查机关立案侦查的犯罪案件，如果需要对犯罪嫌疑人采取逮捕措施时，检察机关依法享有批准的权力。根据我国《刑事诉讼法》规定，除了检察机关独立侦查的犯罪案件外，其他犯罪案件都由公安机关、安全机关等其他侦查机关负责侦查，但这些侦查机关在侦查过程中，如果需要对犯罪嫌疑人采取逮捕措施时，自己无权决定，必须报检察机关审查批准。①

三、检察侦查行为的特征

据上文之分析，我国检察机关的侦查行为具有以下几个特点：主体的特定性、性质的特定化、方式的直接性和对象的特定性、手段的专业性和强制性，具体而言：

(一)侦查行为主体的特定性，即人民检察院

检察机关侦查行为的模式主要有三种，而我国属于典型的"检警同侦"模式。因此，在我国检、警同为侦查之主体，两者并存而立。作为检察机关，其所负责的侦查行为，主体只能是检察机关，而非警察或其他侦查主体。

(二)侦查行为性质的特定化

目前，关于"检察机关侦查行为的定性"，理论界并没有统一的观点。比较流行的学说主要有以下几种：(1)检察机关的侦查行为具有"行政权"的属性；(2)检察机关的职务犯罪侦查权从属于"公诉权"；(3)检察机关的侦查行为是行使"司法权"的行为；(4)检察机关的侦查行为具有"法律监督"的性质。在我国，检察机关是行使检察权和法律监督权的国家机关。检察机关参与侦查、补充侦查以及对检察院自侦案件的侦查都是依《刑事诉讼法》之规定展开的司法行为，是检察机关行使检察权的重要体现。

(三)侦查对象的直接性与特定性

"检察机关侦查行为的方式"，从广义上看包括三种情形：(1)"参与侦查"。根据《刑事诉讼法》的规定，人民检察院审查案件时，对公安机关的勘验、检查，认为需要复验、复查时，可以要求公安机关复验、复查，并且可以派检察人员参加，此为检察机关的参与侦查。(2)"补充侦查"。"补充侦查"，

---

① 参见邓思清：《检察权研究》，北京大学出版社2007年版，第171~172页。

是指检察机关审查案件时，可以把案件退回公安机关补充侦查。① （3）“直接侦查”。根据刑事诉讼法的规定，对于贪污罪、侵犯公民民主权利罪、渎职罪以及人民检察院认为需要自己受理的其他案件，由人民检察院立案侦查和决定是否提起公诉。对这类犯罪的侦查称为直接受理侦查。具体包括：依法贿赂案件，包括贪污案、挪用公款案等十二个罪名；渎职犯罪案件，包括滥用职权、玩忽职守案等；关于国家机关工作人员利用职权实施的侵犯公民人身权利、民主权利的犯罪案件，包括国家机关工作人员利用职权实施的非法拘禁案；国家机关工作人员利用职权实施的其他重大犯罪案件，需要由人民检察院直接受理的时候，经省级以上人民检察院决定，可以由人民检察院立案侦查等。在我国，检察机关的侦查行为主要是指检察机关的“直接侦查行为”，这是由检察机关的性质、特点及所担负的使命所决定的。而侦查行为的直接性亦决定了侦查对象的特定性。

（四）侦查程序的及时性

我国的刑事侦查工作在长期的实践经验中，形成了“抓住战机、积极侦查、依靠群众、及时破案”的“十六字方针”。侦查活动的及时性，是由刑事案件本身的特点所决定的，同时，也是我国刑事侦查工作历来坚守的原则。实践表明，一旦案情发生，检察机关在保证办案质量的前提下，及时地抓住时机，迅速开展侦查活动，必会快速地发现和收集到证据，及时地揭露和证实犯罪，查获犯罪嫌疑人。如若迟缓，必将会贻误战机，案件也会因时过境迁而难以取证，正义无法彰显。②

（五）侦查方式的双重性

侦查行为坚持群众路线，是我国刑事侦查工作的优良传统。通过依靠群众，不仅能够及时高效地获取案件证据、查明案情、及时破案，更有利于司法于阳光下运行，即将侦查行为置于群众的监督之下，保障侦查行为的公开、透明度。同时，随着科技的进步，检察机关的侦查理念和侦查方式亦应随之变革，通过将高科技的侦查手段引入侦查活动中，来实现司法成本与收益的反比

① 对于此类案件主要有：检察机关认为犯罪事实不清，证据不足或遗漏罪行、遗漏同案犯罪嫌疑人等情形。对于检察机关补充侦查的案件不得超过两次，每次不得超过一个月，即对于补充侦查的案件，应当在一个月内补充侦查完毕。

② 参见李卫平：《司法制度教程》，郑州大学出版社2004年版，第26页。

化，高效、快速地侦破案情，提升破案率。

此外，检察机关侦查行为的手段亦具有专业性和强制性，即人民检察院所采取的是专门性调查措施和强制措施。这是检察机关行使侦查职能所特有的属性，亦是其作为国家公权力主体所内涵的特色。

第二节　批准和决定逮捕行为

决定和批准逮捕权是我国检察机关的重要职权之一，是检察机关行使检察权的重要方式。通过行使批准和决定逮捕权，能够有效打击犯罪活动，推动刑事司法活动的进程，并在一定程度上对公安机关的侦查活动进行有效监督，保障犯罪嫌疑人的合法权益不受非法侵害。

一、“批准和决定逮捕行为”的界定

批准和决定逮捕是刑事侦查过程中由司法机关享有的，对侦查行为进行程序性控制的司法权。逮捕行为是对有证据证明存在犯罪事实，可能判处徒刑以上刑罚的犯罪嫌疑人、被告人在一定时间内完全剥夺人身自由的强制措施。逮捕是刑事诉讼强制措施中最严厉的一种，它不仅剥夺了犯罪嫌疑人、被告人的人身自由，而且逮捕后除发现不应当追究刑事责任和符合变更强制措施条件的以外，对被逮捕人的羁押期间一般要到人民法院判决生效为止。因此批准和决定逮捕行为除了能够对刑事诉讼进程产生重要影响之外，还关系到犯罪嫌疑人、被告人的基本人身自由权利。

批准和决定逮捕行为包括批准逮捕行为和决定逮捕行为。批准逮捕行为是指在刑事案件侦查过程中，侦查机关认为应对犯罪嫌疑人实施逮捕并提请司法机关批准，司法机关经审查后决定是否批准逮捕的行为。决定逮捕行为是指司法机关对自己负责侦查或指挥侦查的犯罪案件，在侦查过程中需要对犯罪嫌疑人采取逮捕措施时，依法决定对其予以逮捕的行为。①

大多数国家批准和决定逮捕权的权力机关是治安法院或预审法院，在我国，有权作出批准和决定逮捕行为的机关是检察机关。

二、“批准和决定逮捕行为”之行为模式

批准和决定逮捕行为涉及犯罪嫌疑人、被告人的基本人身权利，且能够对

① 参见朱孝清、张智辉主编：《检察学》，中国检察出版社 2010 年版，第 361 页。

刑事诉讼进程产生影响，因此世界各国对于批准和决定逮捕行为的授权都十分谨慎，均由司法机关负责行使。一般而言，依作出决定的主体不同，可分为三种行为模式。

(一)由治安法官批准和决定逮捕模式

在英美法系国家，批准逮捕权一般由治安法院与治安法官行使。这与英美法系国家的检警关系制度直接相关。以英国为例，英国检察机关与警察机构属于相互分离、相互独立之状态，检察机关对于警察侦查工作之实施并无影响力，因此承担批准逮捕职能的权力机关就只能是法院。警察在进行刑事侦查过程中，认为犯罪嫌疑人需要逮捕的，应向治安法院申请签发逮捕令。对被逮捕者的羁押也由治安法官审查决定。在英国，警察认为需要逮捕犯罪嫌疑人时，应向法庭说明逮捕理由，然后由治安法官签发逮捕证。治安法官对于犯有可捕罪的，或应处以监禁者，或者因被告人的主旨不明导致发出传票不能有效保证其出庭者，有权签发逮捕证。①

(二)由检察官与法官共同批准和决定逮捕模式

在以法国和德国为代表的大陆法系国家中，检察机关与警察部门既存在合作关系，也存在一定的监督关系。在这些大陆法系国家的法院体系中，又存在预审法官或侦查法官制度，因此在这些国家，批准和决定逮捕权一般由检察官与法官共同行使。这种共同行使并非在合议的基础之上的共同行使，而是分别独立的程序控制。以法国为例，法国的检察官有权指挥所在法院辖区司法警察的一切活动，从而能够对逮捕决定进行审查。而批准和决定逮捕权最终由预审法官行使。当遇有犯罪嫌疑人需要予以逮捕之情况时，由预审法官签发逮捕证。预审法官也可以根据情况需要，签发拘传证、拘留证或逮捕证。在德国，检察官与警察有权在必要情况下采取一定强制措施来确定犯罪嫌疑人身份，如暂时拘留或逮捕，逮捕之后须由侦查法官决定是否施行审前羁押。

(三)由检察机关批准和决定逮捕模式

在该模式下，由检察机关行使批准逮捕权、检察机关或法院行使决定逮捕权。采用这种模式的国家主要是我国。在我国，检察机关在性质定位上，既不同于英美法系国家也不同于大陆法系国家，既不是行政机关也不是警察部门的

① 参见朱孝清、张智辉主编：《检察学》，中国检察出版社 2010 年版，第 362 页。

领导部门，而是宪法授权能够独立行使职权的机关。我国的检察机关不仅具有法律监督机关的性质，更有司法机关的性质，由检察机关批准逮捕，除了监督侦查机关的侦查行为，还体现了一定司法审查的性质。由检察机关负责批准逮捕，是我国宪法对公安机关、检察院、法院三者“分工负责、相互配合、相互制约”原则而作出的制度安排。

在我国现行司法体制之下，人民法院仅是一套审判系统，无法承担预审的功能。如果由人民法院行使逮捕审查权，同时拥有刑事审判权，这就使得法官在审前就已先入为主认定犯罪嫌疑人有罪，不符合无罪推定的中立原则。因此，由检察机关行使批准逮捕权是符合我国法律构架和实践要求的制度选择。

三、“批准和决定逮捕行为”之特点

相比于检察机关行使的其他检察行为，批准逮捕权最具有监督的属性。相比于检察机关行使的法律监督权而言，批准逮捕权属于司法权。具体而言，批准和决定逮捕行为具有如下特点：

其一，批准和决定逮捕行为是司法行为。批准逮捕行为是检察机关行使检察权的行为，是由司法机关作出的司法行为。一般来说，在英美法系国家，作出批准和决定逮捕行为的是治安法院的法官，而在大陆法系国家，批准和决定逮捕权的行使主体为预审法官或侦查法官。从主体属性而言，无论是英美法系的治安法官还是大陆法系的预审法官、侦查法官，都是司法主体作出的司法行为，是司法权运行的结果。我国检察院制度在历史渊源上，与西方大陆法系国家的预审法官制度有一定历史同源性，批准逮捕与决定逮捕行为以及公诉行为，都是对预审法官职能的一种继承，因此批准和决定逮捕行为的本质是司法行为，也只有司法机关才有权行使批准和决定逮捕权。

其二，批准和决定逮捕行为是具有监督属性的司法行为。在世界各国的刑事侦查程序中，都存在对刑事侦查的司法审查机制。其中批准审查制度就是带有司法审查性质的制度设计。在侦查程序中，侦查机关在对犯罪嫌疑人实施逮捕之前，必须经司法机关审查批准，在一定程度上防止侦查机关滥用逮捕措施侵害犯罪嫌疑人之合法权益。相比于检察机关的侦查行为与公诉行为，批准和决定逮捕行为对公安机关的侦查行为更具有监督性。

我国的检察机关兼具司法机关和法律监督机关的职能，这为检察机关的批准逮捕行为性质之认定带来一定不便。区分批准和决定逮捕行为是司法行为还是法律监督行为，要将批准和决定逮捕行为置于整个刑事诉讼过程中看。监督权是一种区别于司法权、具有事后性与独立性的国家权力，也由检察院行使。

虽然批准逮捕行为体现了对公安机关侦查行为的监督性，但批准逮捕行为并非独立于刑事诉讼过程的独立行为，恰恰是刑事诉讼过程中必不可少的程序环节，其监督属性通过司法审查得以实现。所以批准和决定逮捕行为是刑事诉讼活动的一部分，是司法权运行的外在表现，是具有监督属性的司法行为。

其三，批准和决定逮捕行为是对犯罪嫌疑人、被告人基本人身权利有重大影响的行为。逮捕措施是最为严厉的刑事强制措施，其涉及犯罪嫌疑人、被告人是否被羁押，直接影响犯罪嫌疑人、被告人的基本人身权利。所以世界各国普遍将批准和决定逮捕权统归司法机关行使，以尽量保障犯罪嫌疑人与被告人的合法权益不受侦查机关侵害。

第三节　公诉行为

一、"公诉行为"的界定

由于世界各国检察机关的性质不同，故其职权也各有差异。但综合而言，公诉权则具有普适的代表性，是各国检察机关所共同具有的核心权能和基本权力，亦是检察权最初形成之后最先拥有的权力。甚至可以认为，没有刑事公诉权，就没有检察权。① 对于检察机关的此种权能，我国自不例外。而对于"公诉行为"的内涵，国内外学者争论不断。从宏观的视角分析，在提起公诉和支持公诉的层面上，由于大陆法系国家采取的是职权主义诉讼模式，因此，其检察机关享有的职权范围要大于英美法系国家检察机关的职权范围。从微观的层面分析，欲知这一内涵的实质，首先必须点出何为公诉行为。

对于公诉的定义，国内外学者有着不同的观点和学说，概括起来主要有如下几种：(1)公诉行为是自诉行为对称，是指检察机关代表国家追究被告人刑事责任向审判机关提起诉讼的行为；公诉者，指具体的断定科刑权之有无及范围，向审判厅所为之请求而言。以此请求权属之于被害人或其亲族时，名之曰"私诉权"或"诉权"。然以之属于公共之时，则当有"公诉权"之称。在近年之法律思想，凡犯罪皆因害国家之公益成立(害国家之公益有同时又害私人之私益者，固不待言)，故诉权专属于国家，此"公诉"之称来源于此。(2)公诉行为是指人民检察院针对犯罪嫌疑人的犯罪行为向人民法院提出控告，要求法院

① 参见本书课题组：《外国司法体制若干问题概述》，法律出版社 2004 年版，第 23 页。

通过审判确定犯罪事实、惩罚犯罪人的诉讼行为。(3)公诉行为是指依法具有刑事追诉权的国家专门机关，依照法律规定，对触犯刑律犯有罪行的被告人，向有管辖权的法院提起诉讼，要求法院对被告人进行审判，予以刑罚处罚的一种诉讼行为。(4)公诉行为是指人民检察院代表国家对于公安机关、国家安全机关侦查终结移送起诉的案件，以及人民检察院直接侦查终结的案件，进行全面审查后，认为构成犯罪、应当受到刑事处罚的，提请有管辖权的人民法院对被告人正确适用刑法的诉讼行为。(5)公诉行为是指行使国家公诉权的检察机关，对公安机关侦查终结移送起诉的案件或对自行侦查终结的案件，经过全面审查，确认侦查阶段所收集的证据已经确实、充分，犯罪嫌疑人的行为已经构成犯罪，依法应当追究刑事责任而提请人民法院审判的诉讼行为。

上述五种观点，其实并没有本质区别。综上所述，所谓检察机关的"公诉行为"，是指依宪法和法律授权而享有刑事追诉权的检察机关，其代表国家和社会对经审查认为应予追究刑事责任的犯罪嫌疑人，向审判机关提起刑事指控，请求审判机关启动刑事审判程序，并在法庭上通过举证和质证，证明所指控的犯罪事实存在、所指控的罪名成立，要求法官判决确定被告人刑事责任并予以刑罚处罚的刑事追诉活动。这一定义结合了上述众多观点的特色，比较全面、客观。

二、公诉行为之特点

检察公诉行为的本质在于，它是以对已由侦查启动的刑事追诉的决定为载体，以监督刑事法律的统一正确实施为手段，主张和维护国家和社会受刑法所保护的利益的国家公权力性质的行为。其特征包括以下几点：

其一，它是一项国家公权力的运作。我国检察机关的公诉行为典型地具备了国家公权力运作的一切要素。所谓"国家公权力"即"国家行为"，马克斯·韦伯认为："如果而且只要政治机关团体的管理班子能够为贯彻秩序，成功地要求垄断对人身的正当强制，这个团体便应当称作国家。"因此，他认为国家必须具备以下几个要素：(1)国家是一个政治机关团体；(2)国家存在的目的是为了贯彻秩序；(3)国家实现目的的手段是"成功地要求垄断对人身的正当强制"。具备这样三个要素的属性，并且是以国家的名义，在某个方面或某个领域为实现国家的"贯彻秩序"目的，所实施的"成功地要求垄断对人身的垄断"的行为，其行为责任又应由国家承担的，即属国家行为，也就是国家公权力的运作。而我国检察公诉行为无论是从其组织特征、目的任务还是手段上而言，都体现了国家公权力的运作要素。

其二，刑事检察公诉行为是一个以提起公诉和出庭支持公诉为核心的阶段性的组成过程。这一过程具体表现为审查起诉、提起公诉、出庭支持公诉、对一审判决正确与否的审查以及决定是否提起抗诉以启动二审审判程序四个阶段。而提起公诉与出庭支持公诉则是其中整个阶段中的核心过程，是整个公诉活动的关键环节。

其三，刑事检察公诉是检察机关依据职权向犯罪发起的，以追诉为形式，请求裁判对犯罪人予以刑罚处罚的应对反映。犯罪的存在是进行公诉的前提，通过诉讼的形式使犯罪分子得到应有惩罚，保护受害人的权利，实现社会正义，是检察机关公诉的最终目标。

其四，提起公诉程序的双重性。① 在我国，提起公诉，除坚持普通起诉程序外，我国检察机关提起公诉的行为也有自身的特点。如我国检察机关通过审

① 根据世界各国提起公诉的具体程序，按照不同的标准，划分为不同的类型——根据起诉程序的繁、简，可以分为普通起诉程序和特殊起诉程序；依据检察官行使起诉权的程序是否受到制约，分为自行直接的程序和制约起诉程序。在这些分类中，“普遍起诉程序”是最根本的、普遍的，被各国广泛采用的一种程序。其包括以下几部分内容：接受、审查侦查机关侦查终结移送的、认为符合提起公诉条件的案件材料；确认符合法定提起公诉条件的案件，独立自主地直接作出提起公诉的决定；制作起诉书；依法将起诉书及法定移送的材料一并提交有管辖权的法院。在中国，检察机关提起公诉的行为也有自身的特点，具体表现为：其一，我国检察机关通过审查起诉、退回补充侦查和自行侦查来保证起诉质量。这一点要求检察机关在提起公诉时，必须要落实以下几点内容：如犯罪事实、情节是否清楚，证据是否确实、充分；有无遗漏罪行和其他应当追究刑事责任的人；侦查活动是否合法等。其二，检察机关对被告人提起公诉，坚持在向起诉法院提交起诉书的同时，随案移送证据目录、证人名单和主要证据的复印件或照片。其中，起诉书中必须有明确的指控犯罪事实。这一点不同于西方各国所坚持的“起诉状一本主义”且将案件材料与证据完全提交管辖法院的规定。其三，在我国，人民检察院提起公诉，只能由检察机关制作起诉书，其他任何机关均无此权，即不可替代性。这一特点体现了我国公安机关与检察机关职能的明确分工，是各司其职、各尽其力又相互制约的重要体现。通过上文“总构性”的分析，并根据我国《刑事诉讼法》和《人民检察院组织法》的规定，我国人民检察院实施公诉行为的“具体程序”包括以下几个步骤：受理案件，根据《刑事诉讼法》的规定，人民检察院对公安机关移送审查起诉的案件应当在七日内进行审查；审查案卷材料，这一阶段，检察机关需要核实相关证据、确定案件事实，并在此基础上作出是否起诉的决定；审查法律依据和案件定性；撰写起诉书，起诉书是人民法院受理和审理刑事案件的依据；撰写庭审质证提纲，这一步骤是保证庭审过程中进行法庭质证和调查顺利进行的保障，是公诉人能否查清案件事实、履行公诉职能的重要保证；撰写公诉词；出庭支持公诉。在这一阶段，显示了检察机关的双重身份属性。出庭支持公诉，既是其代表国家进行公诉的行为，又是其履行庭审监督职能的重要体现；总结归档，在这一阶段，检察机关认为法院判决得当则可总结归档，此案终结，如果认为法院的判决存在错误，则可向检察委员会提出抗诉意见。

查起诉、退回补充侦查和自行侦查来保证起诉质量。在坚持向起诉法院提交起诉书的同时，随案移送证据目录、证人名单和主要证据的复印件或照片。且对于起诉书的制作只能由检察机关进行，其他任何机关均无此权，即不可替代性。

其五，刑事检察公诉权的实际拥有者是国家和社会，检察机关行使的所谓公诉权是公诉的执行权。我国是社会主义国家，人民是国家的主权者、社会的主体，其通过人民代表大会来行使自己的权力，即人民将其权力赋予一定的公共机构来行使。而检察机关所拥有的公诉权，就是国家通过宪法和法律赋予的，其目的就在于保护国家利益和社会利益，而这一切的福祉最后都将归属于人民。

三、公诉行为之依据

检察机关的公诉行为必须依法而行。然而，欲了解公诉行为的具体依据，必须先明晰我国公诉行为采用何种模式。在这一前提下，继而进一步分析公诉行为在行使过程中有何依凭？各国有何不同？而中国的具体依据又是什么？

纵观中外各国的刑事诉讼制度的发展史，检察机关的刑事起诉职能，可以概括为以下几种类型①：(1)检察机关垄断型。起诉权检察机关垄断型，是指检察机关垄断了对一切刑事犯罪进行起诉的权力，即在追诉犯罪中，绝对的包揽起诉职能，成为国家追诉犯罪唯一的、合法的方式和手段。代表国家有法国、美国、日本等国家。② (2)“特殊”案件起诉权。“特殊”案件起诉权，是指在有些国家，检察机关只承担对重大犯罪案件的起诉权，即少数刑事案件的起诉权。这些国家对犯罪的起诉大多由警察机关或公民个人进行，只有对严重犯罪案件，案情复杂、重大的犯罪案件才由检察机关起诉。代表国家有澳大利亚、新加坡、巴西等国。如在新加坡，对于企业犯罪、贪污、杀人、贩毒等重罪案件，采用公诉制度，起诉与否由检察官决定。(3)检察机关部分垄断型。检察机关部分垄断型，是指检察机关只承担对部分刑事案件的起诉职能。根据

---

① 参见陈健民：《检察院组织法比较研究》，中国检察出版社 1999 年版，第 246~248 页。

② 如《日本刑事诉讼法》规定，对犯罪实行国家追诉主义，公诉由检察官提起。该国对于即使是刑法规定的告诉才处理的犯罪，在没有可以告诉的人告诉时，检察官可以根据利害关系人的申请，指定可以告诉的人告诉后，仍由检察官决定是否提起公诉。《法国刑事诉讼法》规定，凡为适用刑罚而进行的刑事诉讼，应当提起公诉。参见陈健民：《检察院组织法比较研究》，中国检察出版社 1999 年版，第 246~248 页。

追诉犯罪各国所采用的原则，“国家追诉主义原则”与“私人追诉主义原则”适用范围的不同，检察机关部分垄断行为可以分为：(1)以国家追诉主义原则追诉犯罪为主，以私人追诉主义原则追诉犯罪为辅。这一情形具有通用性，被大多数国家所采纳。此种情形下，检察机关主要承担刑事犯罪案件的起诉。代表国家主要有英国、德国、俄罗斯、中国等国。① (2)以国家追诉主义原则追诉犯罪为辅，以私人追诉主义原则追诉犯罪为主。此情形下，对于刑事案件的起诉主要由私人负责，只有某些严重的犯罪案件，才由检察官追诉。而中国则属于典型的“以国家追诉主义原则追诉犯罪为主，以私人追诉主义原则追诉犯罪为辅”之情形。在中国，公诉行为由检察机关专门行使，其他任何机关无权行使。在坚持此原则下，对“犯罪情节轻微，不需要判处刑罚或免除刑罚”的案件，坚持起诉便宜主义。

要提起公诉，除确定相应的公诉行为模式外，世界各国对检察机关提起公诉行为的情形及依据亦有不同，而每一种情形必须符合相应条件时，才有权对犯罪嫌疑人或被告提起诉讼：(1)刑事案件专属于检察机关管辖。包括两种情形：其一，一切刑事案件，检察机关依法均有权对其提起公诉。如《日本刑事诉讼法》规定，任何犯罪，检察官都有权依法提起公诉。只是属于法定告诉才处理的犯罪，有告诉权的人不提出告诉，检察官在一般情况下，不能对其行使公诉权。但是，国家为了防止犯罪人逃避惩罚，切实维护被害人的合法权益，法律明确规定了检察官有权对告诉才处理的犯罪，在没有可以告诉的人告诉时，可以根据利害关系人申请，指定可以告诉的人提出告诉。等被指定的告诉人提出告诉后，检察官仍有权依法对该案件提起公诉。此时，一切刑事案件，均在检察机关可提起公诉的范围内。又如，根据《韩国检察厅法》的有关规定，检事作为公共利益的代表者，不仅有调查犯罪的职责和权限，而且对犯罪有提起公诉的职责和权限。根据《检察案件事务规则》的有关规定，检事不仅接受控告、告发和自首，而且依刑事诉讼法规定有权对刑事案件行使提起公诉权。其二，一切公诉案件，检察机关有权依法对其提起公诉，此情形是指犯罪既采

① 如英国，《1985年英国检察法》规定了英国检察长的职责，即代表警察接管和进行除特殊诉讼以外的所有刑事诉讼。根据案件的重要性和难度，应由他提起诉讼为最适宜时，或者从其他方面考虑，由他提起诉讼最为适宜时，由他出庭进行刑事诉讼。德国与我国规定相似，均是由法律直接、明确地规定了检察机关的起诉职能。如《德国刑事诉讼法》第152条规定，提起公诉权专属检察机关行使。除法律另有规定以外，在有足够的事实根据时，检察院负有对所有可予追究的犯罪行为作出行动的义务。参见陈健民：《检察院组织法比较研究》，中国检察出版社1999年版，第246~248页。

国家追诉主义原则又采私人追诉主义原则进行追诉的国家。如俄罗斯，根据其刑事诉讼法第126条规定，一切犯罪案件，检察机关都有权依法提起公诉。但是刑法典规定的某些特定各类的犯罪案件，检察机关一般不得对其行使公诉职能，只有法院或检察长认为有必要时，才能进行侦查，依法提起公诉。又如丹麦，作为一般原则，刑事案件只能由检察机关起诉，只有轻微的刑事案件例外。① (2)根据侦查终结查明的案件事实和证据，认为犯罪嫌疑人或被告人实施的行为已构成犯罪，证据确实、充分。此内容被世界各国所采纳，并在其刑事诉讼法中给予了明确的规定。如《日本刑事诉讼法》规定，检察官对刑事案件提起公诉，起诉书中必须记载的内容之一则是公诉事实。公诉事实是指构成犯罪的事实，如果起诉书不记明特别要指明的日期、场所及方法等足以构成犯罪的事实，或者所记载的事实不是特定的事实，法院有权作出不受理该项公诉的裁定或判决。德国，依据其刑事诉讼法的规定，除法律另有规定外，在有足够的事实根据时，检察院负有对所有的可予以追究的犯罪行为作出行动的义务。侦查结果提供了足够的提起公诉理由时，检察机关应当向对案件有管辖权的法院递交起诉书提起公诉。起诉书必须写明指挥的行为、实施的时间、地点、犯罪行为的法定特征，适用的刑罚规定，并且还写明证据和主要的侦查结果。此外，就我国而言，《刑事诉讼法》和《人民检察院组织法》规定，人民检察院认为犯罪嫌疑人的犯罪事实已经查清，证据确实、充分，依法应当追究刑事责任的，应当作出起诉决定，按照审判管辖的规定，向人民法院提起公诉。② (3)被告人的行为依法应当受到刑事惩罚。被告人的行为除了要构成犯罪外，还要受到刑事处罚。对于具体何种犯罪要受到刑事处罚，各国刑法及刑事诉讼法给予了明确的规定。如法国刑事诉讼法规定，凡是为了适用刑罚而进行的刑事诉讼，应由法律授权的法官或官吏立案，提起公诉。在日本，起诉书应记载的事项之一，是罪名，并且必须写明应当适用的处罚条文。在俄罗斯，检察长对刑事案件起诉后，法院处理庭对收到的起诉材料审查的法定事项之一，是对于指控刑事被告人负有罪责的行为，适用刑法是否正确。就我国而言，我国法律则规定检察机关对犯罪嫌疑人的犯罪事实，认为依法应当追究刑事责任的，依法提起公诉。以此来看，我国并不像上述国家一样，在提起公诉时是通过规定起诉书的内容来体现这一法定要求的。③

① 参见陈健民：《检察院组织法比较研究》，中国检察出版社1999年版，第251页。
② 参见陈健民：《检察院组织法比较研究》，中国检察出版社1999年版，第254页。
③ 参见陈健民：《检察院组织法比较研究》，中国检察出版社1999年版，第256页。

综上所述，中国奉行“以国家追诉主义原则追诉犯罪为主，以私人追诉主义原则追诉犯罪为辅”的原则，在这一大前提下，中国检察机关的公诉行为之起诉依据属于典型的第二种情形，即根据侦查终结查明的案件事实和证据，认为犯罪嫌疑人或被告人实施的行为已构成犯罪，证据确实、充分。

第七章 司法程序

诉讼制度是一国司法活动的基本架构，司法的弊病在一定程度上与程序规则体系有着密切的联系。且当今的司法改革正朝着透明和程序正义的方向大步迈进。如何将现今的司法基本理念有序地融入具体的司法活动中，乃是我们在探讨制度变革时，特别需要关注的问题。然而，诉讼程序的改革当然成为我们司法改革的关键所在。

第一节 司法程序的构造

司法程序之构成是指司法程序由哪些要素所组成，综观司法程序之构成，其是司法程序基本目标及价值标准达成的必要条件。现代司法程序的构成，相比于古代，突出强调了程序理性和程序正义、体现了对当事人主体地位的尊重和对司法机关权力的制约。众所周知，公平和正义是司法之永恒追求，而其能否实现，在很大程度上取决于诉讼程序的设置是否合乎司法规律以及是否在有序、高效的环境中进行。换言之，程序正义是保障司法公平、正义的关键环节。

一、司法活动中的"程序"观念

"程序"一词不为法律所独有，是个多义词，它可以指机器的操作规程，也可以指事项的展开过程和先后顺序等。从法学角度来分析，程序是从事法律行为，作出某种决定的过程、方式和关系，过程是时间概念，方式和关系是空间概念，程序就是由这样的时空三维要素构成的一个统一体。然而，无论是古代法上的程序还是现代法之程序，就其本体而言却始终是这样一种普遍的形态：人们遵循法定的时限和时序，并按照法定的方式和关系进行法律行为。①

① 参见孙笑侠：《程序的法理》，商务印书馆 2005 年版，第 15 页。

鉴于司法是指一国司法机关依法行使司法权的行为，则司法机关是指法院和检察院。司法程序是指检察院和法院依法行使司法权，作出司法行为的过程、方式和关系。

程序是现代司法的灵魂，程序正义是法律的生命形式，同时也是法律的内部的生命表现。众所周知，司法是国家与社会正义的最后一道防线。置身于当今社会，由于行政国家的兴起，法治发达国家正在由“立法主导”的法治向“司法主导”的法治转变，德沃金形象地称“法院是法律帝国的首都，法官是帝国的王侯”①。基于这样一种司法主导型的法治，我们可以从两个维度来理解司法程序的重要意义：(1)法治实质上是程序法治，伯尔曼对法律程序的论述最为经典：“法之所以为法，并与其他社会制度和解决社会问题的过程相区别，在于它的形式化和程序化，正是法律程序的形式使得法律关系成为一种特殊的和独一无二的社会关系。”“程序是法律的核心，没有程序，法律就不可能存在。”②(2)司法本质上是一个完全的程序性过程。司法不是抽象的存在，在一定的程度上可以说，司法就是程序，在程序之外不存在任何司法活动。换言之，司法是用一系列的程序来为法律行为，通过程序作出决断，解决纠纷。如果说司法权源于静态的实体性法律规定的话，那么司法行为就是动态的程序性过程。超越程序的规范和界定，对任何司法行为而言都是难以理解的。一旦司法活动溢出程序之外，那么司法的正当性以及它所可能带来的社会正义就相当可疑了。③ 有鉴于此，司法程序对于法治建设和法治理论之研究都有着非常重大的意义。

二、现代司法程序的学界观点

对于现代司法程序之构成，学界大抵有如下观点：第一种观点在上文已有所提及，具体而言，该观点认为程序是从事法律行为，作出某种决定的过程、方式和关系。过程是时间概念，方式和关系是空间概念。程序就是由这三个要素所构成的统一体。这其中最为主要的是“关系”。无论是古代法上的程序还是现代法之程序，在进行价值分析之前，程序就其本体而言是这样一种普遍形态：人们遵循法定的时限和时序并按照法定的方式和关系进行法律的行为。依

① ［美］德沃金：《法律的帝国》，李常青译，中国大百科全书出版社 1996 年版，第 364 页。

② 参见孙笑侠：《程序的法理》，商务印书馆 2005 年版，第 107 页。

③ 参见王林彬：《国际司法程序价值论》，法律出版社 2009 年版，第 24 页。

此观点，司法程序是由时间要素和空间要素构成的，换言之，司法程序是以法定时间和法定空间的方式作为其基本要素的。法定时间要素包括时序和时限，时序是司法行为的先后顺序，时限是司法行为所占的时间的长短。法定空间方式包括两个方面：一是空间关系，即行为主体及其行为的确定性和相关性。比如审判行为只能由法院作为，这是“确定性”；“一切机关不得干预审判”则表明各主体在空间上的相关性。司法程序往往被称之为“司法手续”，这是不确切的，比如司法管辖问题就不是“手续”问题，而是对法律行为的空间要求。二是行为方式，即司法行为采取何种表现方式的问题，如审判行为的公开或秘密形式。

第二种观点认为，司法程序并不仅仅表现为时间和空间的延续，除此之外还包括司法程序所须臾不可分离的仪式。该说认为，法律仪式即在法律程序过程中的仪礼和程式。法律仪式尽管与法律的运作结果没有很大的联系，但它却可以保证法律行为的严肃性、庄重性和权威性。而庄重的仪式可以从心灵深处增添法律对人们的震撼力与感召力，从而产生激发人们为法律献身的精神与动力，这种作用是理论说教所无法达到的。需要说明的是，法律仪式并非是法律程序的独立步骤，虽然法律仪式总是与法律步骤不可分离，但它却不能独立存在。①

第三种观点认为，程序结构的妥善性是一个非常重要的问题，其对程序设计的标准主要有两个：一是正义，一是效率。有鉴于此，其认为程序的结构部件囊括如下几项：一是原则，具体包括正当过程、中立性、条件优势、合理性四个原则；二是两种“过去”的操作，程序提供了一次重塑过去的机会，经过程序加工的过去才成为确定的过去。这意味着在程序中，事实上的过去和程序上的过去是并存的，并且发生着由前者向后者的转化。程序的布局基本上是围绕着两种过去的操作而展开的。三是对立面的设置，程序参加者如果完全缺乏立场上的对立性，就会使讨论变得钝滞，问题的不同方面无法充分反映，从而影响决定的全面性、正确性。四是信息与证据，正确的决定有赖于对与本案相关的事实、知识、资料、根据等的理性认识。这种认识大致由事实命题群和规范命题群构成。程序是通过当事人的举证责任来分担和公开论证的过程，以此来保证信息和证据的可靠性，以及对事实与规范进行解释的妥当性。对于判定内容的真伪难以证实的问题则主要采取说服的手法来解决，而说服的效果往往

---

① 参见陈亚军、谢祥为：《司法程序的法理解析》，载《江西师范大学学报》(哲学社会科学版)2004年第3期。

可以还原为程序正义的外在条件。五是对话，程序的讨论、辩驳、说服都要具有针对性。也就是说必须围绕一定的争论点进行对话，使认识在直接的碰撞抵砺中逐步升华，最后找出解决问题的良策。六是结果的确定性，程序的目的和功能形成决定。一组程序活动只能作出一次性的决定，决定一旦公布，就具有强制力、既定力和自我束缚力。除非按照审级规定进入另一套程序，否则，决定的内容即不可更改和撤回。①

第四种观点认为，司法程序必须具备：对立面、决定者、信息和证据、对话、结果。② 原因在于，决定者在多数情况下是指解决纠纷的第三者或者程序的指挥者，此第三者或者指挥者要求拥有中立性，这样才能保证程序的正当。信息和证据对于事项的决定者来说是十分重要的。对话的存在有利于决定者得出合理合法的结论。结果是指程序中产生的根据事实和正当理由作出的最终决定，得出结论是程序的最后环节，而在正当程序下得出司法结果必须说明理由。

上述关于现代司法程序构成的学说是从两个角度展开的。前两种学说是从形式上研究司法程序之构成要素，其忽视了内容上或者说是实体上司法程序之构成要素，很显然，时间要素、空间要素和仪式并无法完全覆盖司法程序，换言之，三者的并集并不是司法程序的满集。后两种学说是从实体上研究司法程序之构成要素，其存在与前一种研究维度相反，有了对立面、决定者、信息和证据、对话、结果，如果没有时间要素、空间要素和仪式要素，也就不是完整的司法程序。因此，司法程序之构成应从形式和实体两个角度来探讨，司法程序之形式构成包括时间要素、空间要素和仪式要素，司法程序之实体构成包括对立面、决定者、信息和证据、对话和结果。

三、现代司法程序之形式构成

对于司法程序的形式构成，大多数学者们无一例外地将其概括为时间要素和空间要素，但司法程序并不仅仅表现为时间和空间的延续，除此之外还包括司法程序所须臾不可分离的仪式要素。

---

① 参见季卫东：《法律程序的意义——对中国法制建设的另一种思考》，中国法制出版社 2004 年版，第 37~43 页。

② 参见孙笑侠：《程序的法理》，商务印书馆 2005 年版，第 29~30 页。

（一）时间要素

司法程序的设定体现了事物发展的基本规律，是对客观规律的科学概括。因此，司法程序所包含的司法行为之步骤并非杂乱无章，而是按照其自身的特点加以排列的，这也是程序本身的应有之义。具体而言，司法程序的时间要素包括法律行为各个步骤的顺序和期间。前者是指步骤的先后次序，它表明的是程序的不可逆性。例如，人民法院在审判过程中，必须遵循立案——审理——裁判的程序规则，对于这些步骤，人民法院既不可颠倒，亦不能遗漏，否则即构成程序违法。如实践中所存在的先判后审的情况即是对司法程序时间要素的背叛。期间，则是指每个具体步骤所能持续的时间状态。如我国《民事诉讼法》第176条第1款规定："人民法院审理对判决的上诉案件，应当在第二审立案之日起3个月内审结。有特殊情况需要延长的，由本院院长批准。"这里的"3个月"即为二审判决所能持续的期间。

（二）空间要素

司法程序的空间要素是指司法行为的主体及其相互关系以及司法行为的表现形式。"主体"关注的是司法行为应当由谁做出的问题。判决只能出自于人民法院，起诉只能是原告的诉讼行为。"相互关系"体现的是主体之间在法律场合上的配合、协作过程及其行为内容，如法院独立行使审判权不受其他机关的干涉等。"表现方式"则是指司法行为应通过何种载体表现出来。例如《民事诉讼法》第120条规定："起诉应当向人民法院递交起诉状……书写起诉状确有困难的，可以口头起诉，由人民法院记入笔录，并告知对方当事人。"该条表明，原告起诉原则上应使用书面形式，口头起诉仅作为特例对待。

（三）法律仪式

法律仪式即在法律程序过程中的仪礼和程式。实际上，司法程序本身就包含着法律仪式，正如美国法学家伯尔曼所指出的："仪式是法律的基本要素（或至少是'法律程序'的基本要素）——是法律本身的一部分，而不仅仅是达到法律目标的手段。"法律仪式尽管与法律的运作结果没有很大的联系，但它却可以保证法律行为的严肃性、庄重性和权威性。而庄重的仪式可以从心灵深处增添法律对人们的震撼力与感召力，从而产生激发人们为法律献身的精神与动力。需要说明的是，法律仪式并非是法律程序的独立步骤，虽然法律仪式总是与法律步骤不分离，但它却不能独立存在。①

四、现代司法程序之实质构成

在法学理论界，专门针对司法程序构成要素进行探讨的著作和论文非常有限，但对程序的构成要素进行研究的成果却不少。在这些针对程序构成要素进行探讨的著作和文章中，作者们普遍认为，司法程序在程序中最具代表性，是程序问题之首要。因此，从一定程度上讲，这些对程序构成要素的探讨是为司法程序构成要素量身定做的，对其同样适用。

（一）对立面

司法系由中立的第三方来解决当事人之间的纠纷，没有对立面就不能称其为司法。然而，在古代社会，对立面并未被制度化为司法程序之实质构成要素，由“司法人员”对违法之一方进行审问即对其作出判决并不新奇。近代立宪主义以来，法治日益昌明，为尽可能还原案件事实，保护当事人合法权益，另基于司法民主之诉求，对立面之设置遂被法制化作为司法程序之实质构成要素。正如孙笑侠教授所言：现代程序是高度制度化的程序，因此，对于当事人的设置有着严格的要求，这就是当事人的相互对立或竞争关系。②

程序参加者如果完全缺乏立场上的对立性和竞争性，就会使讨论变得钝滞，问题的不同方面无法充分反映，从而影响决定的全面性、正确性。而且，对立面竞争的活动意味着不同的目标追求，这种竞争机制也会强化程序参与者的动机，促进程序的改善。不言而喻的是，矛盾的制度化并不意味着对抗的普遍化。在程序中，对立的各方具有统一性，并不排斥协商解决问题的可能性。换言之，现代程序意味着建立制度性妥协的机制，以保证市场自由竞争的协调平衡，保证没有任何权力可以独断专行。

（二）决定者

无论古代司法程序抑或近现代司法程序，决定者乃其当然之构成要素。对立意见的冲突一旦进入了司法程序，那么必然要求出现这样一个人：一方面，他负责听取对立意见，对双方提供的信息和证据加以甄别，并在此基础上作出

---

① 参见陈亚军、谢祥为：《司法程序的法理解析》，载《江西师范大学学报》（哲学社会科学版）2004 年第 3 期。

② 参见孙笑侠：《程序的法理》，商务印书馆 2005 年版，第 30 页。

裁判意见；另一方面，程序开始后，这个人就成为了该程序的指挥者，由他负责按照规定指挥对立的双方将程序进行完毕。这个“第三人”和“指挥者”，就是在程序中起到裁判作用的人——司法人员。

司法程序中的法官理应保持一种冷静的中立态度。但不得不承认的是，在司法程序中，法官中立的判断标准很难被界定得十分清楚，但总存在有某些具有普适性意义的要素：(1)一个人不能成为与自己有利害关系案件的法官，判决结果中不应含有法官的个人利益，此为法官回避制度产生的原因。(2)在程序中，法官不得对任何一方抱有偏见，应以同等态度对待冲突双方。(3)对冲突双方的请求以及提供的信息和证据给予平等的注意，听取并重视双方的交涉意见，不能偏听偏信。(4)法官不应主动介入冲突双方的争论，只需要居中倾听，并以理性的思辨加以过滤，以达到去伪存真的效果即可。①

(三)信息与证据

正确决定的作出有赖于对与本案相关的事实、知识、资料、根据等的理性认识。通过当事人举证责任的分担和公开的论证过程，来保证信息和证据的可靠性，以及对事实与规范进行解释的妥当性。对于判定内容的真伪难以证实的问题则主要采取说服的手法来解决，而说服的效果往往可以还原为程序正义的外在条件。

值得强调的是，对于作出决定的司法人员来说，足够的信息是十分重要的。这里的“足够”不仅包括量的方面，还包括质的方面。从质上来讲，信息必须是多样化、合法化和公开化的。具体而言：(1)程序中的信息应该是多样化的，这就要求信息来源的多元化。否则，信息的单一化就极易造成偏听偏信。(2)程序中的信息应该是合法的，也就是说有合法的来源(通过正当途径获得)。(3)信息的公开化是指信息是在公开的程序中提交或传达的。程序的设置应当有利于当事人获得对方的证据信息，从而易于信息的比较和估计。(4)证据必须是在双方均在场的情况下提供和传达的。此外，信息的处理亦是十分重要的，对于决定者来说，能否正确处理信息直接关系到其能否作出正确的决定。②

---

① 参见石茂生、赵世峰：《司法程序的构成要素和价值特征》，载《河南司法警官职业学院学报》2009年第1期。

② 参见孙笑侠：《程序的法理》，商务印书馆2005年版，第31~32页。

(四)对话

程序的讨论、辩驳、说服都要具有针对性。也就是说必须围绕一定的争论点进行对话，使认识在直接的碰撞抵砺中逐步升华，最后找出解决问题之法。这种对话就是程序主体之间为达成合意而针对争论点所展开的意见交涉之式。合意“不是你好我好的乡愿，而是求大同、存小异的有原则的自愿”；交涉“不是单纯的利益交易，而是指‘在法律下的交涉’”。纠纷的解决其实就是使关系恢复正常的过程，辩论等都是为了获得纠纷的结论而使用的一种对话手段。人们通常在听到与自己观点相左的意见时，总是会反思一下自己的想法，棚濑孝雄说：“尤其当有义务就自己的观点向对方进行合理的说明时，这种反省作用会更加明显。”①这种对话意味着当事者必须诚实地向对方说明自己主张的合理根据。在程序中，“说明义务被高度规范化，任何强词夺理或以各种借口避免说明的行为都不能被允许，完全有可能在理想状态下展开自由而理性的对论”②。

(五)结果

程序的目的和功能是形成决定的关键考量因素，且一组程序活动只能做出一次性决定。决定一旦公布，就具有强制力、既定力和自我束缚力。除非按照审级规定进入另一套程序，否则决定的内容是不可更改和撤回的。③ 程序结果的确定性是法律形式化的重要标志之一，正像“说过某句话”、“签过字”所带来的效果一样，也就是韦伯所说的一种“采取某种特定的、其意义永远固定的象征性行动，这就意味着最严格方式的法的形式主义。”④

① [日]棚濑孝雄：《纠纷的解决与审判制度》，王亚新译，中国政法大学出版社 1994 年版，第 127 页。转引自孙笑侠、应永宏：《程序与法律形式化——兼论现代法律程序的特征与要素》，载《现代法学》2002 年第 1 期。

② [日]岩仓正博：《哈贝马斯关于法的合理性和讨论的理论》，载长尾龙一、田中成明编：《现代法哲学》，东京大学出版社 1983 年版，第 137~166 页。转引自廖勇：《意思自治精神与法官的角色》，载《河南司法警官职业学院学报》2005 年第 1 期。

③ 参见季卫东：《法律程序的意义——对中国法制建设的另一种思考》，中国法制出版社 2004 年版，第 43 页。

④ [德]韦伯：《经济与社会》(下卷)，林荣远译，商务印书馆 1998 年版，第 17 页。

第二节　司法程序的价值

法治的进步是一个过程，是一个在多种价值之间作出的博弈和妥协的过程，由于法治的进步，法律的价值必将从一元论走向多元论，由此便导致了多种法律价值之间的并存和冲突。在现代司法改革中，无论在学界还是司法实务界，绝大部分法律人都在不同程度上关注着法律的价值。人们普遍认识到，司法程序的合理性和科学化程度是一国法治水平高低的重要标准之一，毫无疑问，在现代社会，整个法学界都开始重视对法律价值的研究。“价值”本是一个经济学概念，后被引入法学领域，它是指客观事物对人的主观需要产生效应的属性，其有三层含义：一是客观事物能够促进的价值；二是客观事物本身所包含的价值；三是发生价值冲突时，如何进行整合。根据事物对人的需要所产生的效应是积极还是消极可以将价值分为正价值、零价值和负价值。通常我们在讨论价值时，大多是指正价值，据此，司法程序的价值是指司法程序对人的需要产生积极效应的属性。人的需要是多方面的，人类通过物质文化生产、制度建设等方式来满足自己的需求，司法制度即是人类为了满足自己的需要而进行的制度设计。

一、司法程序的本体价值

随着人们对法治发展规律认识的不断深入，无论是在国外还是在国内，程序的独立价值都得到人们的普遍认同。“正义不仅要实现，而且要以看得见的方式实现”已经成为人们的普遍共识。

法治的实践已经证明，程序法并不是辅助法，程序制度本身具有自己独立的价值，没有程序性立法，绝不是现代意义上的法的适用方式，更不是现代意义上的司法。此外，司法程序具有相对独立性，那么它就具有功能性价值之外的本体价值。功能性价值是通过社会系统来评价的，其标准是程序以外的要求；本体价值是通过法律程序内部进行评价的，其标准是程序本身的要求。尽管功能价值比本体价值重要，但本体价值对与解决纠纷更有实际意义。在纠纷解决过程中，本体价值要素是功能价值要素据以获得的前提，没有本体价值要素则无以体现功能价值要素。司法程序的本体价值包括司法程序正义和司法效率。

(一)司法程序正义

程序正义是现代司法的基石，在程序正义理论中，不是程序主体的目的决定程序的命运，而是正当的法律程序决定目的的命运。现代司法文明的过程本身就是法律程序逐渐完善和不断确立的过程。众所周知，程序正义是防止司法权滥用和保障司法公平和正义的可靠屏障。司法程序的正义价值体现在司法程序的运行过程中，具有过程性和交涉性，是评判司法程序本身正义与否的价值标准，本质上是一种“过程价值”。这种“过程价值”正是司法程序独立性价值的根本所在。当价值评判主体因为法律认识能力和主观经验上的差异而对审判的结果是否公正褒贬不一时，虽然程序正义也有一定的局限性，但就司法领域而言，程序正义乃是司法的灵魂，只有遵循了正当的法律程序才能为实体正义奠定可靠的基础。离开了程序正义，司法公正也就成为了一句空话。正当司法程序所蕴含的正当性、合理性保证了结果尽可能的公正，正当司法程序体现了正义对司法程序的基本要求。

程序正义作为一种观念，早在 13 世纪就出现在英国普通法之中。例如，1355 年英王爱德华三世颁布的一项法令明确规定：“任何人，无论其身份、地位状况如何，未经正当法律程序，不得予以逮捕、监禁、没收财产……或者处死。”在英国，这种观念被表述为“自然正义”。程序正义观念后来在美国得到前所未有的发展。美国联邦宪法第 5 条和第 14 修正案均规定：“未经正当法律程序，不得剥夺任何人的生命、自由和财产。”美国称之为“正当法律程序”。“正当法律程序”最初就是用来约束司法机关的，可以说程序正义在最初就是指司法程序正义。随着法治的发展，程序正义的规范范围扩展到立法权、行政权领域，但司法程序之正义仍然是程序正义的核心。

司法程序正义理念绵延数百年发展至今，其外延日益丰富。美国学者贝勒斯(Michael D. Bayles)总结的程序正义的价值原则包括：和平解决争端；受裁判影响的人富有意义地参与裁判的制作过程；程序保持公平或体现表面上的正义等七个方面。① 萨默斯(R. S. Summer)则认为，程序正义的标准具体包括：参与性；程序正统性；程序和平性；程序理性；及时性和终结性。② 美国学者

① 参见陈瑞华：《走向综合性程序价值理论——贝勒斯程序正义理论论述》，载《中国社会科学》1999 年第 6 期。

② 参见陈瑞华：《走向综合性程序价值理论——贝勒斯程序正义理论论述》，载《中国社会科学》1999 年第 6 期。

泰勒(Tom R. Tyler)认为评价某一法律程序是否正义的价值标准有六个方面："程序和决定的参与性；结果与过程的一致性；执法者的中立性；决定和努力的质量；纠错性；伦理性。"①另一位美国学者戈尔丁认为，程序正义的要素应有九项原则，它们是：与自身有关的人不应该是法官；结果中不应包含纠纷解决者的个人利益；纠纷解决者不应有支持或反对某一方的偏见；对各方当事人的诉讼都应给予公平的注意；纠纷解决者应听取双方的论据和证据；纠纷的解决者应只在另一方当事人在场的情况下听取对方的意见；各方当事人都应得到公正机会来对另一方提出的论据和证据作出反响；冲突解决的诸项条件应以理性推演为依据；推理应论及各方所提出的论据和证据。②

我国学者对程序正义的内涵也进行了探讨，比如顾培东认为，程序正义的实现决定于三个要素：冲突事实的真理回复；执法者中立的立场；对冲突主体合法性愿望的尊重。③ 陈桂明则将程序正义归纳为四项标准：当事人的地位平等；权利义务相当；排除恣意专断；程序合理。④ 孙笑侠将程序内在价值的基本要素归纳为参与、正统、和平、人道、合意、中立、自治、理性、及时、止争十个方面。⑤

以上对程序正义价值外延的列举，要么无限扩大了程序正义的外延，使得内涵根本无法完全涵盖外延；要么所列举的要素不在一个层面上，有些要素是对其他要素的抽象和概括，对其他要素起统帅作用；要么所列举的要素之间存在重复和交叉现象。有鉴于此，司法程序的公正价值至少包括当事人平等、司法中立、程序公开三个构成要素。

其一，当事人平等。"法律面前人人平等"是立宪主义国家宪法和法律的基本原则，该原则在司法程序中的体现就是当事人平等。司法是由中立的第三方用看得见的、说理的方式解决两造之间的纠纷，如若当事人地位不平等，他们根本没有将纠纷诉诸司法和法治的必要，在当事人不平等的情形下，就无从谈论司法程序公正。依通常之法理，当事人平等原则在审判程序中的适用是显

---

① Tom R. Tyler, What is Procedural Justice, Law and Society Review(1988), p. 22. 转引自王林彬：《国际司法程序价值论》，法律出版社 2009 年版，第 129 页。

② 参见[美]马丁·P. 戈尔丁：《法律哲学》，齐海滨译，三联书店 1987 年版，第 240~243 页。

③ 参见顾培东：《社会冲突与诉讼机制》，四川人民出版社 1991 年版，第 90 页。

④ 参见陈桂明：《诉讼公正与程序保障——民事诉讼程序之优化》，中国法制出版社 1996 年版，第 12 页。

⑤ 参见孙笑侠：《程序的法理》，商务印书馆 2005 年版，第 107~116 页。

而易见的，然而，该原则能否适用于检察机关行使检察权的程序呢？换而言之，司法程序的界定既包括审判程序，又包括检察机关行使检察权的程序，在此情形下，当事人平等能否作为司法程序公正的构成要素之一呢？检察机关行使检察权的过程实质上也是其解决两造纠纷的过程，只是这种解决不具有终局性。其在行使检察权的过程中，当事人始终是存在的，且他们的法律地位平等。比如在刑事案件的立案侦查、批准逮捕、审查起诉过程中，检察机关始终是在处理受害人和犯罪嫌疑人之间的纠纷；检察机关行使法律监督权是在处理法院与诉讼当事人之间的纠纷。

一般认为，司法程序中当事人平等包括两层含义：一是当事人平等地享有权利，承担义务；二是司法机关平等地保护当事人的权利，平等地要求当事人承担义务。前者是静态的平等，指的是当事人权利义务在法律上的平等分配，后者是动态的平等，指的是司法机关在司法程序的进行过程中给予各方当事人平等参与的机会，对各方的主张、意见和证据给予同等的尊重和关注。当事人平等可以形成立场上的对立性和竞争性，通过对立面的设置及其竞争性的活动，可以强化程序参与者的动机，建立其交流机制，使问题从正反两个方面得到充分的反应，使司法机关获得全面的信息，从而为司法机关最终的判断提供充足的决策依据。

其二，司法中立。司法人员作为司法程序的指挥管理者，其中无疑是程序公正的最基本、最重要的因素。司法中立是司法程序的基本原则，是“程序的基础”。① 其是相对于当事人和案件而言的，它表明在诉讼结构中，司法人员与当事人保持同等的司法距离，对案件保持超然和客观的态度。中立是对司法人员最基本的要求，不中立便是偏私，便是司法人员与当事人的角色混淆，其结果的不公正乃是必然的。② 具体而言，司法中立原则具有如下要求：

首先，没有利益牵连。最让人难以容忍的司法程序不公就是司法人员与争议案件或当事人有某种身份上或利益上的关联，这实际上构成了最为典型的“外观上的不正义”，在一个心存偏私的司法人员那里，无论多么科学、饱含理性的程序设计都无法达致公正。有鉴于此，司法中立就要求司法人员与争议案件和当事人没有个人利益上的联系，这里的个人利益，通常是指财产利益或金钱利益，但也不仅限于此，还包括其他足以影响司法判断的非财产因素，例如感情利益和精神利益等。

---

① 季卫东：《法治秩序的建构》，中国政法大学出版社 1999 年版，第 24 页。

② 参见王林彬：《国际司法程序价值论》，法律出版社 2009 年版，第 132 页。

其次，没有个人偏见。个人偏见不同于个人利益，个人偏见主要指个人情感受到某种预设的观点或偏好的支配，“构成个人偏见的要件是不正当地偏向一方或对另一方怀有敌意”①。没有个人偏见规则要求司法机关应给予当事人同等的机会，不偏袒任何一方当事人，不带任何偏见。

其三，程序公开。程序的公开由于直接关涉到司法的民主性而被置于相当重要的地位。公正总是与公开联系在一起，阳光是最好的防腐剂，而狭隘与偏私总是和幕后操作相伴而生。“通过审判公开，公民才能信服法院的判决确实表达了法。”②程序公开原则的意义在于：一方面，对当事人而言，实行程序公开可以使当事人有机会获悉整个司法程序的内容和进度，使其不仅有机会提出证据、阐述并证明自己的主张，而且能够有针对性地反驳对方提出的主张和证据，从而最大限度地保证双方在中立的司法人员面前实现公平对抗；另一方面，司法程序既要对当事人公开，又要对社会公开，就是将司法过程置于当事人和社会公众的监督之下，这样既可以消除当事人各方对司法过程和司法结果的不安定感和不信任感，又增强了司法人员的责任感和公正心。需注意的是，在公众的压力下，必须确保整个司法判断是建立在客观认定事实和正确适用法律基础上的理性过程。惟有如此，司法公开的价值才能真正体现出来。

在程序公开中居于重要地位的是当事人的参与，它是指当事人能够富有影响力地参与到程序中并对决定结果的形成发挥有效的作用。有学者进行的实证研究表明，一个人在对自己利益有着影响的判决制作之前，如果不能向法庭提出自己的主张和证据，不能与其他各方和法官展开有意义的辩论、证明和说服，就会产生强烈的不公正感，这种感觉源于裁判者对其利益的忽视，他的道德主体地位遭到法官的否定，他的人格尊严遭到贬损。③ 因此，参与价值对于程序正义具有重要的意义。参与价值的要求包括：(1)权益可能受不利影响的主体，都有权自始参与关系其本人的决定过程中去。(2)“双方都应提供信息”，“各方都应知道对方提供的信息”，“各方当事人都应得到公平机会来对另一方提出的论据和证据作出反应”。(3)决定者对各方当事人及其论据和证

---

① [美]伯纳德·施瓦茨：《行政法》，徐炳译，群众出版社 1986 年版，第 283 页。

② [德]黑格尔：《法哲学原理》，范扬、张企泰译，商务印书馆 2009 年版，第 232 页。

③ Michael D. Bayles, Principles for Leagle Procedure, Law and Philosophy, D. Deidel Publishing Company 1986, pp. 33-57. 转引自陈瑞华：《刑事审判原理论》，北京大学出版社 2003 年版，第 69 页。

据应给予同等的注意。(4)“应知在另一方在场的情况下听取一方的意见。”①

(二)司法效率

长期以来，传统法学固守罗马法的精髓和理性观念，将公正作为司法制度最高的、甚至是唯一的价值基准。然而，在人类社会不断市场化的进程中，法学研究很难回避经济利益观念的影响和冲击。经济的发展和社会的进步为法律正义赋予了新的含义，使得公正不再是司法活动唯一的目标和价值，不再是司法的唯一评价标准。在开放性和多元化的价值体系中，司法还必须顾及其他价值目标，这其中最重要的就是司法效率。司法程序同样把提高司法效率作为不懈追求的价值目标。在现代，理性的司法程序往往包含着对司法效率这一基本价值的考量。

效率范畴的本质在于强调一个既定的投入量中获得最大的产出，即以最少的资源消耗取得同样多的效果或以同样的资源消耗取得最大的效果。法律制度也是一种稀缺性资源，效率的追求同样是法律制度的价值目标。司法效率的价值追求应当是在司法活动过程中，对各种主体行为的速度与有效性两方面的要求。当我们追求司法的效率价值时，意味着我们既希望司法活动尽可能实现预期的效果，又希望司法过程本身是高效的、省时省力的，是建立在较低的司法成本之上的。因此，司法效率的核心应当被理解为司法资源的节约或对司法资源的有效利用之程度。总体上说，司法效率应该包含速率和效果的双重内涵，是对司法活动更全面、更高级的评述。②

司法程序对司法效率的影响主要表现在以下几个方面：(1)程序规范如果不确定或者不稳定，就会使司法资源的使用出现浪费，从而降低其使用效率；而当事人由于对程序的进行具有不可预测性，会造成人力、财力、时间上的损失。反之，确定的程序规范会大大提高效率。(2)程序有序性符合程序效率最大化的原则。程序有序的前提是每个环节或步骤界定清晰，司法机关或当事人的诉讼行为的阶段性受到了严格的规定。由于降低了诉讼行为的无效性，司法机关或当事人减少了无谓的消耗。否则，由于诉讼行为的连续性，中间某一环节的无效必然会导致后面的行为全部无效。③ (3)正义的司法程序可以增强司法判断的可接受性，从而提高司法效率。败诉的当事人通常会对判决结果感到

---

① 孙笑侠：《程序的法理》，商务印书馆2005年版，第108页。

② 参见王林彬：《国际司法程序价值论》，法律出版社2009年版，第164页。

③ 参见陈文兴：《诉讼程序基本价值》，载《国家检察官学院学报》2007年第2期。

不满，但因为自己已经被给予了充分的机会来表达观点和提出证据，与对方及裁判者进行了辩论、交涉和对话，并且亲身感受到公正无私的司法人员进行了理性而慎重的处理，所以对结果的不满也就失去了客观的依据，而只有平心地接受。法律社会学也论证了这一观点，研究表明，在一些被判入狱的已决重刑犯中，刑法的轻重与否对他们所作的评价并没有产生直接影响，但是被告对案件处理程序的正义性看法对他们所作的评价却产生了积极的影响。①

有鉴于上述司法程序对司法效率的影响，司法程序大抵从以下几个方面入手可提高司法效率。(1)构建尽可能完备的司法程序制度，使司法程序的参与人有法可依，能够根据法律规范自己的行为。(2)在保证公正的前提下缩短司法程序周期。司法程序周期越短，其耗费的人力、物力和财力就越少，相关纠纷处于不稳定状态的时间就越短，当事人合法权益就能迅速得到实现。(3)降低司法费用。参与司法程序的开销将影响到人们走向司法、接近正义。较低的、合理的司法费用使得金钱不是人们诉诸司法寻求正义的障碍。

二、司法程序的功能价值

司法程序的功能价值相较于司法程序的本体价值而言，系指司法程序作为一种工具和手段所能够促进的价值。司法程序的功能价值是人们用以评价和判断司法程序在保护公民权利、维护法律秩序以及解决纠纷等方面是否有效的标准。关于司法程序的功能价值，学术界莫衷一是。司法程序固然有其独立的本体价值，对于重实体轻程序的我国，强调这一点尤其重要，但不能矫枉过正，我们不能否认司法程序也是实现司法实体正义的工具和手段。因此，实体正义是司法程序的功能价值之一。同时，程序之所以不再唯实体马首是瞻，取得了与实体并驾齐驱，甚至是凌驾于实体之上的地位，有一个非常重要的原因：人们认识到社会生活是复杂多变的，实体法无法穷尽对社会关系的调整，当出现实体法缺位时，国家又不可能对相关纠纷置若罔闻，此时司法程序通过制约司法权力、规制当事人的行为来解决纠纷。因此，制约司法权力、规制当事人的行为亦构成司法程序的功能价值。

(一)实现实体公正

实体法必须依赖于程序法才能运作。一方面，程序法可以使公正的实体法得到公正的实施，其中关键因素在于程序如何被设计。因此，公平的法律如果

① 参见孙笑侠：《程序的法理》，商务印书馆2005年版，第94~95页。

缺乏公正的程序保障，根据法律的逻辑能推出公平的结果只能是幻想。事实上，“没有程序公平，公平的法律实现将会变形，将可能变成法官和执法者良心产物，善者将会善，恶者将会恶，法律公平将失去保证机制”；① 另一方面，即使是实体不公平的法律，如果有公平的程序法予以规制，可能也会产生公平的结果。② 韦德在《行政法》中说：“随着政府权力持续不断的急剧增长，只有依靠程序公正，权力才可能变得让人能容忍。”美国最高法院的一位法官曾指出：“程序公正与规范是自由不可或缺的内容。苛严的实体法如果公正地、不偏不倚地适用是可以忍受的。”③沈宗灵教授指出，一种法律制度本身是不正义的，但如果它(按照一定的程序)一贯被适用的话，一般地说，至少能使服从这种法律制度的人知道对他有什么要求，从而使他可以事先有所防备、保护自己。相反，如果一个处于不利地位的人还受到专横待遇，那就成了更大的不正义。④

(二)制约司法权力

司法机关及其工作人员行使职权，既要有明确的实体法根据，同时又必须严格遵守法定的程序规则。正如有学者所指出的：“法治社会的国家权力应当受到法律的严格约束，而法律程序是其中的不可或缺的一种约束机制。正当的程序通过抑制、分工等功能对权力进行制衡。法律程序以其特有的功能补充了实体法控制权力的不足，达到了权力与权利的平衡、效率与自由的协调、形式合理性与实体合理性的结合。”⑤因而，程序在设置权力主体行为时的障碍(表现为程序的不可遗漏、不可逆转性等)，加大管理过程的民主化(如陪审等)方面，具有重要的限制权力运行的作用。可以说，仅仅强调实体上的控制，在严格意义上是没有多大成效的。⑥

① 邵诚、刘作翔：《法与公平论》，西北大学出版社 1995 年版，第 17 页。

② 参见陈亚军、谢祥为：《司法程序的法理解析》，载《江西师范大学学报》(哲学社会科学版)2004 年第 3 期。

③ [英]威廉·韦德：《行政法》，徐炳等译，中国大百科全书出版社 1997 年版，第 93 页。

④ 参见沈宗灵主编：《法理学》，高等教育出版社 2014 年版，第 44 页。

⑤ 张文显：《法理学》，法律出版社 2007 年版，第 271 页。

⑥ 参见陈亚军、谢祥为：《司法程序的法理分析》，载《江西师范大学学报》(哲学社会科学版)2004 年第 3 期。

(三)规制当事人

司法程序是由司法机关和当事人共同参与的过程，整个过程应该是封闭的，充满理性的，当事人在整个司法程序进行中也不是为所欲为，而是必须遵守司法程序。司法程序的任务不仅在于制约司法机关，同时对当事人的行为也进行相应的规制，因为程序是由一系列互为衔接的步骤所组成的，是一个合乎规律性的过程，任何主体的违规行为都会导致程序的阻断。同时，司法的平等性要求当事人双方地位平等，这对于当事人只是一种规制。在司法程序中，当事人在平等条件下拥有获取信息和证据的方法和途径，并且都应当得到平等的机会对另一方提出的论据和证据作出反应，双方具有均等的胜诉机会。

由于当事人利益呈多元化的趋势，为了使自己在司法判断中处于有利地位，难免会从自己的利益出发，实行利益的保护主义。实践中，曲解法律、利用法律漏洞谋求不正当利益的现象并不鲜见。因此，为了实现法律公正，就必须对司法活动参与者的当事人的行为进行相应的规范，以确保司法程序的畅通。①

第三节　现代司法的程序规制

有社会即有纠纷，所谓纠纷，就是公开地坚持对某一价值物的互相冲突的主张或要求的状态。而防止纠纷需要规范，解决纠纷需要制度。实在法(Positive Law)起源于消弥纠纷的实践，最初是由审判者根据习惯、道德和理性来宣示法律的，但这样做具有极大的恣意性，因此，人们设想出两种基本方式来限制：一种是审级制度，在审判者之上设立审判者，以资补救；另一种是使制定法律的机构与适用法律的机构相互分离。此外，还有让审判者受自己过去决定的拘束，让当事人有为自己服务的法律专家等制度，也是基于同样的目的。这些制度的操作需要程序。随着社会的进化，法律现象日益复杂，相应地，程序也越来越精致。由此可见，从一定意义上讲，程序就是用来规制司法活动的。司法程序对司法的规制主要通过程序自治、程序理性和程序自缚来实现。

---

① 参见陈亚军、谢祥为：《司法程序的法理解析》，载《江西师范大学学报》(哲学社会科学版)2004年第3期。

一、程序自治对司法的规制

程序自治指程序的决定排除外部干扰，在决定结果的产生方面只承认程序内的所有信息，唯有程序具有决定性作用，排斥程序外的其他因素的考量。

美国学者艾森伯格曾提出，为了保证审判的公开进行，法官须承担这样的义务，即“法官作出的决定必须建立在当事者提出的证据和辩论的基础上，并与此相对应”①。这就是说：(1)决定者的决定结果必须从程序过程中形成和产生，并且在程序全部结束之后形成和产生，不应当是离开程序或者是在程序的中途。(2)决定结果必须以各方当事者在程序中所提出的证据信息和辩论意见作为分析推理材料，不能任意把它们排除在定案根据之外。(3)决定结果必须建立在决定者通过程序对事实与法律问题所形成的理性认识基础之上；不应当是建立在程序之外而产生的预断、偏见和传闻的基础上。(4)决定者应避免背离程序地任意听取非参与者在程序之外所提供的信息与意见，诸如媒体舆论、团体呼吁及政府意志等。而程序自治对司法的规制大致是通过以下方式来实现的，即功能自治、隔音空间和角色自治等。

(一)功能自治对司法的规制

程序表现为规范认定和事实认定的过程。但实际上，程序既不单纯取决于规范，也不单纯取决于事实，更不是一种固定的仪式，甚至也不宜过分强调其过程侧面。程序的对立物是恣意，因而分化和独立才是程序的灵魂。分化是指一定的结构或者功能在进化过程中演变成两个以上的组织或角色作用的过程。这些分化项目各自具有特殊的意义，因而要求独立地实现其价值。于是，明确相互之间的活动范围和权限就成为其题中应有之义。分化和独立会带来这样一种现象：为了达成一定目的而进行的活动，经过不断反复而自我目的化，这种现象被称为功能自治(Functional Autonomy)，而程序中的功能自治性是限制恣意的基本制度原理。

(二)隔音空间对司法的规制

在变易不居、犬牙交错的多元社会现实中，任何法律决定或行政措施都会受到来自各个方面的压力。统筹兼顾、综合平衡固然必要，然而，如果面面俱到则具体的判断就会变得极其困难，至少是成本太过昂贵。况且，一个完全开

① 参见陈瑞华：《刑事审判原理论》，北京大学出版社2003年版，第69页。

放的决策过程非常容易为事实上存在的力量关系对比所左右。因此，需要用法律规范来创造一个相对独立于外部环境的决策空间，即所谓的“隔音空间”。在这里，只有原告、被告、证人、代理人，而不管他们在社会上是新任局长还是卖瓜王婆；只讨论系争中的判断问题，而不管早晨的茶馆谈笑、傍晚的交通拥挤；只考虑与本案有关的事实和法律，而不管其他无关事实。总之，通过排除各种偏见、不必要的社会影响和不着边际的连环关系的重荷，来获得一个平等对话、自主判断的区域。这就是现代程序的理想世界。

当然，这个场所并不是一个封闭的小天地。程序不是要抑制决策过程与外部环境的关系，而是要控制这种关系。各种宏观影响和微观反应要经过一定的过滤装置、通过适当的途径反映到决策中去。比如，陪审制就是法院与社会互相沟通的一种渠道，在这里，审判结果明显受到外部环境的影响，但审判的独立性并未因此而受到损伤。说得更具体一些，陪审员的指名程序就是通过控制外部影响来保证功能自治性的最典型例证。

(三)角色自治对司法的规制

可以说程序是一种角色分派的体系，当程序参加者在角色就位(Role Taking)之后，各司其职，互相之间既配合又牵制，恣意的余地自然就受到压缩。因此，程序功能自治又是通过各种角色担当者的功能自治而实现的。程序规定的内容在很大程度上是一种角色规范，是消除角色紧张(Role Strain)、保证分工执行顺利实现的条件设定。例如，保证当事人的对话性和平等的发言机会，以使争论点能够集中、明确，使论证更加均衡、完整。程序使参加者都有平等的表达机会和自由的选择机会，同时也使责任范围更明确。此外，这种归责机制也会限制恣意。①

二、程序理性对司法的规制

程序理性是指在法律程序中证据分析与法律推论过程均须符合理性的要求，而不能是凭直觉的、任意的和随机的。富勒曾精辟地论述过“程序理性原则”对法官的要求，具体包括：“第一，仔细地收集证据并对各项论点进行讨论；第二，仔细地对这些证据和论点进行衡量；第三，冷静而详细地对案件进行评议；第四，公正而无偏私地解决问题并以事实为根据；第五，对判决和决

① 参见季卫东：《法律程序的意义——对中国法制建设的另一种思考》，中国法制出版社2004年版，第23~26页。

定提供充足的理由。"①理性价值还意味着，程序的决定结果、程序的各种活动与解决纠纷的目的三者之间应当具有必然的因果联系问题，这就是戈尔丁所说的"理性推演"②。解决纠纷应当以理性推演为依据和基础，因为正义是排除任意性的。合乎理性的推演应当参照劝导性纠纷所展示出来的那些材料，即当事人所提出的论据和证据。这样的程序才是"可理解"③的，因而才是容易被接受的。如果某种程序活动(如证明活动)与证明结论没有客观必然联系的话，它就是一种接近巫术的程序。

程序的公开化能够及时纠正审判中的各种错误意见；程序的"对立面"及证据信息运用可以营造自由的对话氛围，使法官能够"兼听则明"，实现优化选择；程序中预期结果的不确定和实际结果的拘束力，使程序参加者角色活动的积极性容易被调动起来，从而促进选择的合理化。公诉、辩护、质证、辩论、陪审、合议等程序都是为了避免法律适用的错误，努力达到适用的准确性而设立的。此外，程序能够"加强理性思考"，是"对恣意的限制"，所以程序对于司法人员来说还是一种帮助。即从思维角度看，通过这些程序为司法人员开阔视野、打开思路，避免单一思维的局限性。

在社会经济生活要求国家自由裁量权相对扩大的今天，实体法规则的控权功能有所缩减，因此程序控权的功能大大增长。法律程序以其特有的功能补充了实体法控制权力的不足，达到了权力与权利的平衡、效率与自由的协调、形式合理性与实体合理性的结合。④

季卫东教授认为，理性的司法程序应该符合下列标准：(1)程序的结构是按照职业主义的原理形成的，专业训练和经验积累使角色担当者的行为更加合理化、规范化。无论是税率的确定，还是起诉的对象和理由的选择，行家的意见当然比较中肯。(2)程序一般是公开进行的，对于决策过程中出现的错误容易发现和纠正。(3)程序创造了一种根据证据资料进行自由对话的条件和氛围，这样可以使各种观点和方案得到充分考虑，实现优化选择。(4)通过结果的不确定性和结果的拘束力这两种因素的作用，程序参加者的积极性容易被调

---

① 参见陈瑞华：《刑事审判原理论》，北京大学出版社 2003 年版，第 67 页。

② 参见[美]马丁·P. 戈尔丁：《法律哲学》，齐海滨译，三联书店 1987 年版，第 245 页。

③ 参见贝勒斯的程序利益与原则中有所谓程序的"可理解原则"。

④ 参见孙笑侠：《程序的法理》，商务印书馆 2005 年版，第 137~138 页。

动起来，而基于利害关系而产生的强烈的参加动机也会促进选择的合理化。①

三、程序自缚对司法的规制

程序提供了一次重塑过去的机会。经过程序加工的过去才成为确定的过去。这意味着在程序中，事实上的过去和程序上的过去并存，并且发生着由前者向后者的转化。这种双重结构和转轨过程使得程序参加者既面临着争取有利结果的挑战和机会，也使得决定过程充满了变数。程序的布局基本上是围绕这两种过去的操作而展开的。质言之，程序具有操作过去的可能性。程序自缚是指，随着程序的展开，人们的操作越来越受到限制。具体的言行一旦成为程序上的过去，即使可以重新解释，但却不能推翻撤回。经过程序认定的事实关系和法律关系，都被一一贴上封条，成为无可动摇的真正过去，而起初的不确定性也逐步被吸收消化。一切程序参加者都受自己所做陈述与判断的约束，事后的抗辩和反悔一般都无济于事。虽然，申诉与上诉的程序可以创造新的不确定状态，但选择的余地已经大大缩减了。

经过程序而作出的决策被赋予既定力，只有通过高阶审级的程序才能被修改。而且，先例机制迫使决策机关在今后活动中保持立场的一贯性，碰到同类问题必须按同样的方式解决，以促成结果的一致性，而法院的判决最典型地体现了由程序所产生出来的既定力和自缚性。因而，程序又是过去与未来之间的纽带。

程序还有暂时冻结某一状态的用途。一个事物或案件在被置之程序的那一刻开始，就与社会发展的因果链隔离了。所谓“受理之中”意味着排斥其他处置方式，除非按照程序规定撤回立案申请。而在一定限度内的“缓期判断”或者“冷处理”是程序应对复杂多变的社会形势的一种妙用，当然，这样的状态是要付出代价的。如缓期判断的滥用会导致对于程序的不信任危机和程序负荷的超重，会促进非程序化的处理。为此，需要合理的限定条件，例如关于时限和撤销的规定。

人们一旦参加程序，那么就很难抗拒程序所带来的后果，除非程序的进行明显不公。因此，无论把它解释为参加与服从价值的兑换机制，还是解释为动机与承受的状况布局机制，甚至解释为潜在的博弈心态机制，都无关宏旨。重要的是公正的程序在相当程度上强化了法律的内在化、社会化效果。在西方各国，法制向生活世界中的渗透基本上是通过程序性的法律装置而实现的。

---

① 参见季卫东：《法律程序的意义——对中国法制建设的另一种思考》，中国法制出版社 2004 年版，第 28 页。

第八章 司法技术

司法不仅是一门科学，还是一门艺术。德国法学家因斯坦(Max Rheintein)曾经形象地指出："法的形成和适用是一门艺术，这种法的艺术表现为什么样式，取决于谁是艺术家。"因此，司法是一门技艺，且具有很强的技术性。鉴于司法工作具有很强的理论性、实践性和技术性，作为司法人员不仅要熟谙法律，恪守法律，还要熟练地掌握与运用司法技术。

第一节 司法审判技术

技术，包括技巧、技艺、艺术等。技术，泛指操作方法的技巧；技巧指巧妙的技能；技艺指富于技巧性的表演艺术、手艺等，特别是其中的艺术更是它们的升华。① 具体而言，所谓审判技术，是指人民法院运用法律裁判案件，履行审判职能的经验和技巧。②

一、司法技术之意涵

所谓"技术"，《辞海》一书解释为"根据生产实践经验和自然科学原理而发展成的各种工艺操作方法和技能(包括工艺过程，作业程序)"。③ 然而，随着社会的发展，"技术"已经溢出生产和科学领域而进入社会生活的方方面面，在法律领域则体现为法律技术的兴起。关于法律技术的概念，目前尚无一致看法。美国法学家庞德认为，"法律技术是发展和适用法令的技术、法律工作者

---

① 参见熊先觉：《司法学》，法律出版社2008年版，第309页。

② 参见汪熊：《审判技术论》，载《政治与法律》1987年第5期。

③ 夏征农、陈至立主编：《辞海》(第六版普及本)，上海辞书出版社2010年版，第1781页。

的业务技术”。① 王泽鉴先生曾将“法律技术”解释为：“为达成一定政策目的而限制，或扩张侵权责任时而采纳的手段。”②《牛津法律大辞典》则将法律技术解释为：“法官和律师的实践技能，以及利用和应用他们的知识决定争议或得出其他希望结果的手段。每一法律实践的领域都有一套实践技能和方法。在决定争议中，有关的技术是：拟具诉状、取证、解释立法以及掌握先例。”③

由此而言，法律技术代表着法律适用中的实践技能，是从事法律工作所必需的基本手段。然而，这些定义虽强调了法律技术的应用性特征，却将范围局限于法律适用领域，忽略了法律制定过程中的技术成分。因此，是片面的。窃以为，法律技术是包含于法律制定与法律适用过程中的，为实现特定的法律价值而产生的表达方式、操作方法以及程序安排。④ 所以，法律技术的外延包括立法技术与司法技术两个方面。

司法技术是司法为达到其目标而采用的方法。就其内涵而言，司法技术并非局限于司法过程中运用的技术，而是强调司法过程的技术属性，即司法过程包含着技术要素，体现了技术性特点。

二、审判技术的特点

审判技术的历史缘来已久。在我国古代，虽无司法审判技术之说，但关于审判中技术性的知识却早已有之。据《礼记·王制》记载，殷代狱讼中，“疑狱，泛与众共之，众疑赦之，必察大小之比以成之。”也就是说，如果案情复杂，难以决断，就广泛征求民众意见，若民众有所怀疑则宽大处理，但仍需在比较中做出公正合理的判决。由此可知，当时处理疑难杂案的方法具有一定的技术性。西周时期产生了用以鉴定口供真实性的“五听”之法，即辞听、色听、气听、耳听、目听，此种方法更具有一定的技术性，较之神明裁判，可谓是一大进步。而后，随着历史的发展审判技术愈加实用、精细。至近代，马锡五审判方式无疑是审判技术的又一大发展。发展至现代，某些审判技术逐渐上升为司法制度，例如有关数罪并罚、合议庭成员组成、调解制度等均在相关的实体

---

① [美]罗斯科·庞德：《通过法律的社会控制》，沈宗灵、董世忠译，商务印书馆1984年版，第22~23页。

② 王泽鉴：《侵权行为法》，中国政法大学出版社2001年版，第56页。

③ [英]戴维·M. 沃克：《牛津法律大辞典》，李双元等译，法律出版社2003年版，第1095页。

④ 参见江国华：《常识与理性(十)：司法技术与司法政治法理之兼容》，载《河北法学》2011年第12期。

法与程序法中有所规定；有的审判技术还在实践中酝酿，如判例指导、庭审调查等；有的审判技术则成为专门的研究对象，如有关证据的收集、判断、使用及司法文书的制作等。因而审判技术具有以下特点：

其一，从方法上而言，审判技术比程序法规定的规则更为具体。比如，在民事审判中如何运用调解技术，《民事诉讼法》在其93~99条作了原则性规定。但在现实的司法审判中，法院根据实际出现的问题，总结出了背靠背法，上、下台阶法，降温处理法等具体的调解方法，这些方法较法律规定而言相对具体，且应用性强，可谓是审判技术贴合司法实践的重要表现。

其二，从作用上而言，审判技术是将案情与法律、理论与实际相结合起来的桥梁与纽带。例如，刑法中针对各种犯罪规定了其量刑幅度，但是具体到何种情形下应做出何种判决，则应依据典型案例予以指导。即通过充分发挥典型案例的指导作用，使审判人员在办案时有所借鉴，保障其在法律规定的范围内针对具体案情准确地适用法律。由此推论，审判技术体现于整个案件的审理过程，充分发挥着积极的媒介作用。

其三，从层次上而言，审判技术是高于常识而低于理论的，它强调经验，注重技巧。比如，在审理经济纠纷案件时，据以裁判的法律依据有《民法通则》、《经济合同法》、关于某一类合同的条例及关于质量运输等某一方面的法规等。在审理案件过程中，运用法律时应是特殊法优于一般法，以审理合同质量纠纷为例，对于有经验的审判员而言，理应先找到质量标准的规定，然后再适用合同条例，再然后是《经济合同法》，最后才是《民法通则》的有关规定。这种经验性的技巧，虽在理论学家眼中不足挂齿，但对司法实践而言却是十分有效之法。

三、审判技术的内容

在案件已发、法律既定的特定情况下，要想辨别是非、正确运用法律，必须采用一定的审判技术。审判技术因不同审判环节的工作重心不同，又可分为庭前准备技术、庭审技术以及个案审判技术。

（一）庭前准备技术

庭前准备是诉讼程序的一个阶段，是指人民法院受理案件之后，开庭审理之前，准备法庭审理所应遵循的程序以及由此发生的各种法律关系与诉讼结果；就准备的内容而言，是指立案之后、开庭审理之前，人民法院、当事人、诉讼参加人等为开庭活动所进行的能够影响诉讼结果的诉讼活动和诉讼行为。

此节重点讨论法院在庭前准备活动中的行为。

庭前准备工作在案件的审理过程中十分重要，所以，应当尽可能地进行周详的安排。惟有此，才能保障开庭的顺利进行和后续事项的有序开展。正如古语有云："凡事预则立，不预则废。"具体而言，庭前准备应注意以下事项：

1. 安排开庭时间

安排开庭时间又称排期开庭，排期开庭是指案件受理后开庭审理之前，根据案件顺序及时安排以确定开庭时间、地点及审理人员的行为。排期开庭是保证案件及时开庭审理、缩短案件时间、杜绝超审限现象发生的重要保证之一。当新案件经过立案程序之后，案情已被初步掌握，随后应及时安排开庭时间。对于庭期安排，须注意的是，既要能保证双方当事人充分收集证据，又必须符合法院工作的需要。同时还要注意排期开庭要的具体化、准确性，即将所审理案件的案由、案号、当事人的名称、具体承办人等标注清楚。

2. 送达诉讼文书

立案之后，法院工作人员应在规定的时间内、以规定的方式向当事人送达起诉状副本、应诉通知书、举证通知书、答辩状、开庭传票等诉讼文书，使得当事人充分了解案情，提出证据，按时应诉，保证庭审工作的正常进行。

3. 审查诉讼材料

《民事诉讼法》第 129 条规定："审判人员必须认真审核诉讼材料，调查收集必要的证据。"审核诉讼材料，是开庭审理前的一项重要准备工作。在案件受理至开庭审理前，法官应对案件的管辖、诉讼主体等是否存在问题进行审核，对案件事实及当事人的争议焦点等情况进行了解，以便做到心中有数，保证开庭的顺利进行。但也要切记避免先入为主，因为庭审中双方当事人提交的证据或辩论也有可能影响案件的结果。

4. 证据交换及证据的程序性审查

在开庭前，应对当事人双方提交的证据进行程序性审查，即审查提交的证据材料是否完备，关键性证据是否已经提交，让当事人准备交换证据以及在证据不足的情况下补充证据等。在庭前准备阶段，还应组织当事人及代理人进行证据交换。在进行证据交换时，对于双方当事人无异议的事实、证据记录在案，开庭审理时不再进行举证、质证。① 此环节旨在让双方当事人有所准备，以便庭审时有重点地进行论证，以查清案件事实。

---

① 参见王双喜主编：《审判艺术》，机械工业出版社 2004 年版，第 104～106 页。

(二)庭审技术

庭审技术主要体现在法官根据司法实践经验，在审判中所展现的技术。具体可归纳为以下几点。①

1. 庭审之循序渐进

庭审时，应遵循法律所预设的程序规定，分步骤、分阶段地进行，即坚持循序渐进原则，不得违反法律规定的特定程序。具体而言，法官在庭审上应充分掌控程序，依次进行，在圆满完成某一程序后再开始下一程序，不可因急于求成而操之过急、超越阶段。法庭中，有法庭调查、法庭辩论、当事人最后陈述等阶段，特别是在法庭调查阶段，应在法官的主持下让当事人充分地举证、质证、交叉询问、并进行充分辩论，这是庭审过程中关键程序的核心阶段。因此，必须在圆满实现的基础上才能进入下一阶段。

2. 庭审之法官主导

从世界各国的传统来看，审判方式主要有职权主义模式、当事人主义模式、混合模式。职权主义，是指法官依照其职权主导庭审，在庭审中包揽一切，掌控全局；当事人主义，则是法官在庭审中处于消极的中立地位，庭审进程由当事人主导，由当事人来推进程序的进程，法官一般是持消极中立的态度，听之任之。混合模式，主要是我国所采用的，此种模式既不同于职权主义，也不同于当事人主义。在该模式中，法官既不包揽一切，也不放任自流，而是在掌握主导权的基础上对庭审活动进行引导。此种模式，使得法官在充分把握主导权引导审判进程的基础上，能够充分发挥当事人及其代理人的积极性，从而使得庭审活动既井然有序，又高效公正。

3. 庭审之分清主次

每个案件，无疑都存有争议的焦点，因此在庭审中法官应紧紧抓住焦点问题，保障当事人或其代理人的辩论紧紧围绕争议之焦点进行，以防止主题的偏离。法官在庭审时，应围绕焦点，切忌不分轻重缓急，平均用力，捉不到重点，乱无目的地进行庭审。当然，有时为了攻破焦点问题需要厘清某些问题，为解决争议焦点扫清外围障碍，但这只是手段而非目的。因此，法官应深入研究案情，依据其积累的审判实践经验和业务能力来寻找决定案件性质和当事人行为责任的关键性证据，不可轻重倒置。

---

① 参见熊先觉主编：《司法学》，法律出版社2008年版，第315~318页。

4. 庭审之综合考量

庭审中，法庭辩论阶段是最为重要的阶段。因此，法官在听取当事人辩论时应保持中立态度，即在对待双方当事人时，全面、客观地听取双方当事人的意见，应一视同仁，不偏不倚，充分尊重当事人的诉讼权利与人格尊严，绝不可厚此薄彼。特别是在刑事案件中，听取刑事案件被告的辩解时，既要听取正面的辩解，又要听取反面的辩解；既要听取有利于当事人的辩解，又要听取对当事人不利的辩解，保证当事人充分的辩论权，不得随意打断或阻拦。当然，法官要有掌控大局的意识，要适时地制止离题太远的辩论，使当事人能够始终围绕正题进行辩论，而对于当事人企图以转移视线、信口开河等方式混淆视听的，法官应及时予以制止，将陈述与辩论引入正轨上来。

5. 庭审之沉着冷静

在庭审中，难免会发生意外情况。比如，在庭审过程中，当事人搞证据突袭，无理取闹、咆哮法庭、人身攻击，拒不供述、消极对抗等。若发生意料之外的事故时，法官应保持清醒的头脑，沉着冷静地应对，切不可惊慌失措，分寸尽失。换言之，法官应充分运用自己所具有的法律思维能力与良好的身心修养从容地应对各种意外事件。

庭审中另一重要环节便是证据的认定工作。法官的时间经验和业务水平很大程度上决定了认证工作的质量。对于证据的认定，要注意审查证据的客观性、关联性和真实性，对于非法获取的证据要予以排除，对于无根无据空穴来风的证据要予以指出，对不予采信的证据要说明理由，对于证据的认定应有理有据、经得起时间的检验，绝不能马虎了事、轻易定下结论。此外，认定证据时还应充分地掌握和运用自由心证原则。所谓自由心证，就是“独立、自由的”法官依据证据，根据经验法则和逻辑法则，运用理性、良心和经验进行判断后，由内心确信无疑而对事实所作的正确认定。①

6. 庭审之形象仪表

法官在法庭上必须注重仪表，按照规定穿着法服。因为法官的衣着在一定程度上体现着法律的威严，代表着法官的形象，所以不可有半点马虎。同时，法官作为高尚、文明的人，应该做到自尊自重，在法庭上要始终保持冷静，临危不惧，从容以对。因此，在庭审这样严肃的场合中要求法官充分展现其威严，一举一动都要符合法官的身份，大方得体，绝不能粗暴、任性，有损法官与法庭的威严。

① 参见熊先觉：《司法学》，法律出版社2008年版，第317页。

7. 庭审后总结经验

以上的庭审技术具有一定的指导和参考意义。但是在实践中，司法工作人员应继续总结经验，不断丰富其审判技艺。比如，庭审工作中如何实现双方的平衡、如何准确地适用法律等。总之，庭审是门综合的艺术，要想更大程度地发挥庭审的功能，需要在认真总结经验的基础上提高庭审技术，这不仅是法官的课题，也是法院工作中的重中之重。

（三）个案审判技术

案件的审理是包含许多技术环节的过程，不同的案件的审判需要根据案件的具体性质采取不同的技术。具体而言：

1. 民事案件审判技术

民事案件种类繁多、数量庞大，且每类案件都会呈现出各自不同的特点。因此，在总结各类案件共有规律和原则的基础上，应从庭审的不同阶段来总结民事个案的审判技术。

其一，法庭调查阶段。法庭调查阶段的主要任务是法官通过双方当事人围绕请求和理由的当庭陈述、当庭举证、质证来审查核实证据并查清案件事实，使法官的驾驭庭审能力和技巧在调查阶段能充分体现。法官在调查阶段要正确归纳争执焦点，确定调查重点，掌握法律，正确分配举证责任，做好举证指导，慎重对待依职权取证，抓住重点简明扼要地进行询问。①

其二，庭审质证阶段。庭审质证阶段由法官主持庭审质证，由各方当事人在法庭上将各自的证据材料予以出示，说明证据名称、来源、证明目的，再由双方对证据的真实性、关联性、合法性和完整性进行核实确认，并对当事人提出的证明目的发表意见。在质证阶段，法官可以确定质证的方式，引导当事人举证、质证和进行必要的核实询问。法官可在结合审理案件之证据情况的基础上，可以选择一证一质、一事一质、一组一质、统一出示，统一质证，补充发问、统一确认真实性，再行对证明内容质证等方式。②

其三，法庭辩论阶段。法庭辩论环节的主要任务是在法官的主持下，通过双方当事人围绕争执的事实和适用的法律，进行口头方式的辩论和反驳，以查

① 参见张晓秦、刘玉民主编：《庭审要点与技巧》，中国民主法制出版社2009年版，第71~76页。

② 参见吴在存、刘玉民、马军编著：《民事审判技能》，中国民主法制出版社2013年版，第98~99页。

明案件事实和责任承担。在辩论阶段，法官应注意严格按照辩论顺序由双方当事人及代理人发言，并且指导当事人围绕案件争执焦点进行辩论，并且及时处理庭审中出现的新问题。待法庭辩论环节结束后，独任法官或者合议庭就可以根据法庭调查、辩论等情况进行评议，随后，当庭裁判或择期裁判。在此时，法官应注意尊重多数人的意见，做好庭审小结；尊重当事人的意愿，做好调解工作，以奠定调解或裁判基础；正确适用法律，做好裁判工作。

其四，法庭宣判阶段。庭审的最后阶段是宣布判决结果，其分为当庭宣判与择期宣判两种。判决是整个庭审活动中的“压轴戏”。关于判决的技巧和方法，具体包括有：法官应得出内心确信的最佳判决方案；注意选择宣判的恰当时机；充分考虑宣判后可能出现的各种不良反应，预先准备应对措施；做好服判息诉的工作。

2. 刑事案件审判技术

在我国，刑事法律的历史发展较早，刑事案件的审判技术也相较民事而言更为丰富。刑事审判的法律关系涉及法官、检察官、被告及其辩护人的关系问题，关键是要解决刑事责任和惩治犯罪的问题，这也与立法、执法、司法、守法等方面的问题息息相关。刑事案件的审判技术主要有以下内容：

其一，开庭审理技术刑事案件的庭审活动，事关被告人的人身自由和前途命运，因此法官必须全面掌握案件庭审的要点与技巧。具体包括，主持庭审时要客观、公正；正确主持双方的讯(发)问；掌握讯问时机，注重讯问效果；注意观察被告人的行为举止；根据控辩双方的情况，及时调整庭审进程；妥善处理庭审突发事件。

其二，法庭辩论技术刑事案件与民事案件的法庭辩论环节有所不同，刑事案件的审判过程中，法庭辩论不仅要查清案件事实，而且要对被告人行为的性质进行定性、对被告人的行为是否构成犯罪、如何定罪量刑等进行判定。在法庭辩论环节，审判长应使双方的辩论紧扣焦点；严格遵守禁止强加于人的规则；及时禁止人身攻击性言论；禁止设问而无答案的行为等。

其三，刑事证据审查技术刑事案件能否得到公正、公开审理，关键在于法官对于证据规则的运用及其所具备的证据审查能力。① 刑事案件审判中的举证规则：控方举证，被告人不负证明自己有罪的责任；举证解说规则，举证方在举证前，应说明其证据有哪些、证据来源、取得方式、能证明哪些事实等；有

① 参见张晓秦、刘玉民主编：《庭审要点与技巧》，中国民主法制出版社 2009 年版，第 116 页。

效举证规则，要求举证方证明证据的合法性、关联性和客观性；全面举证规则，控方应承担提供证明其指控的事实和情节的全部证据责任。质证规则有："一事一证一质"规则，即一方主张一项事实，需要出示或者宣读一相应的证据，然后由对方质证；辩论方优先质证规则，控方负有举证责任，在质证的程序上，由控方先举证，辩方先质证；质证相互辩论规则，即举证方出示证据后，应当询问对方质证的意见，质证方发表意见之后，审判长应当再询问举证方对质证意见的意见；交叉询问证人规则，即证人出庭作证，传证方询问证人之后，再由对方询问证人，如此交叉询问反复进行，直至清楚明晰为止；适度干预质证规则，即对于质证中的不当行为进行制止，必要时可采取警告等措施。认证规则有：从具体操作上而言，法官在听取了控辩双方的举证和质证之后，对能够确认有效的证据当庭予以确认。对一时难以确认、需要在庭审后进一步研究才能确认的，可以在庭后进行认证。认证时应严格遵守证据的合法性、关联性和客观性，遵循非法证据排除规则，非法实物证据谨慎采用规则，传来证据连环规则，共犯口供多方印证规则，下次证据补强规则等。

3. 行政个案审判技术

其他个案的审判技术，主要是指行政个案等的审判技术。行政审判中双方当事人的法律关系比较特殊，虽然原告与被告在行政法律关系上不平等，但在行政诉讼法律关系中两者处于平等的地位。虽然我国的行政诉讼起步较晚，其审判技术应与民事审判技术基本相同，但在时代的发展中，其也有着自己独特的技术：

其一，对行政机关举证行为进行有效指导。《行政诉讼法》第34条第1款规定："被告对作出的行政行为负有举证责任，应当提供作出该行政行为的证据和所依据的规范性文件。"法官在行政案件的审判中，应在被告出示证据之前要求被告举证，并询问被告举证为证明什么，如何取得等。具体而言，法官着重从以下几方面进行指导举证：重点出示具体行政行为作出之前取得的证据；提供作出行政行为的事实和程序证据；提供作出行政行为所适用的法律、法规和其他规范性文件；提供证明行政行为属于其职权范围和是否滥用职权的证据等。

其二，认真把控质证环节。行政案件的庭审中，法官应注意以下几个方面：行政案件在审判时，举证、质证交叉进行，实行一证一质；引导原被告对质证的证明力展开充分辩论；原被告对行政行为认定的事实争议较大的，应要求证人当庭质证；保证原告充分行使质证权。

第二节　司法调解技术

司法调解活动兼具司法性与处分性，即通过司法权的适当运用，促使纠纷当事人进行平等协商并合意解决其争议。何谓“适当运用”以及如何发挥司法权居中“促进”之作用，是一个技术性问题，即需要司法调解技术的运用。

一、调解概述

调解是司法中不可缺少的一环，指在第三人的主持下，根据国家法律和社会公德对争议双方进行引导劝说，促使其进行平等协商，相互谅解，自愿达成息诉止争的协议的活动。①

(一)调解的种类

中国现如今的调解制度已经形成一个体系，这一调解体系中主要囊括司法调解与非司法调解两大类。

司法调解是指在民事诉讼中，人民法院审判人员对双方当事人进行说服劝导，促使其就民事争议自愿协商，达成协议，解决纠纷的活动。它既是人民法院在审理案件过程中，贯彻调解原则所进行的一项诉讼活动，又是人民法院行使审判权解决民事纠纷，结束诉讼程序的一种方式，体现了当事人行使处分权和法院行使审判权二者的有机结合。② 当事人在法官的支持下达成调解协议后要制作调解书，调解书与判决书具有同等的效力。本章所论述的调解技术仅限于司法调解技术。

非司法调解有很多种类，包括人民调解、行政调解、社团调解、乡镇法律服务调解、民间自发调解等多种形式，这些调解的共同之处在于达成的调解协议不具有强制执行的效力，并且不影响当事人选择其他纠纷解决方式。

(二)司法调解的重要意义

调解作为一项重要的诉讼机制，具有解决纠纷，促进社会和谐的独特优势。调解制度作为我国民事诉讼中最具中国特色的一项制度，也是长期以来中

---

① 参见熊先觉：《司法学》，法律出版社 2008 年版，第 322 页。

② 参见张晓秦、刘玉民主编：《调解要点与技巧》，中国民主法制出版社 2009 年版，第 6 页。

国司法审判工作的成功典范，其与人民调解一道被国际司法界誉为“东方经验”。① 正如有的学者所言“几乎所有的法律家都应该知道，由于法律程序自身的局限性，有时候一个不太好的调解甚至比一个好的判决具有更好的效果。”②调解制度的优越性主要体现在：

1. 节约司法资源

调解具有简便、高效、经济的特点，并且调解的方式十分灵活，不仅可以减轻当事人的诉讼负担，亦可节约司法资源，保证纠纷的快速解决。“如果要以一定的人力或物力为基数平均所解决的纠纷件数作为衡量标准的话，恐怕近代的司法制度会被视为最无效率而民事调解制度则成为最具效率的纠纷解决方式之一。”③

2. 体现司法公正

调解制度充分体现了当事人的程序参与原则和意思自治原则，极有利于实现程序正义与实质正义的统一。调解制度强调的是自愿原则，即当事人不仅有程序选择权，有权决定调解是否进行或终止，而且可以在平等的基础上进行协商，通过自愿达成协议的方式来终结纠纷，以此种方式来尽可能实现双方都满意的实质正义。

3. 提高效益

公正与效率是司法永恒的主题。而调解是探索这一主题的有效途径。“只有当事人自己最清楚纠纷的真相和他的利益所在，所以他们自愿选择的处理结果应当说是最符合他们的利益需求的，也最接近当事人追求的实体公正。”④实践证明，司法调解的过程，实际上就是当事人进行利益平衡的过程，而且是一个不断变化的过程。“从调解学的角度来说，双赢和完全满意是两个不同概念或评价指标。有一种说法是双方当事人都不满意的调解（和解）往往是最好的调解结果，因为这一结果是双方妥协的结果，而不是单方的让步。但这一结果对于双方而言可能又是一种双赢的结果，即没有出现零也就是一方获益或同归

---

① 参见张晓秦、刘玉民主编：《调解要点与技巧》，中国民主法制出版社2009年版，编者著前言。

② 范愉：《调解的重构》（下），载《法制与社会发展》2004年第3期，第91页。

③ ［日］棚濑孝雄：《纠纷的解决与审判制度》，王亚新译，中国政法大学出版社2004年版，第26页。

④ 杨润时：《最高人民法院民事调解工作司法解释的理解与适用》，人民法院出版社2004年版，第5页。

于尽的结局。”①

二、调解的原则与要求

法院的调解行为具有双重性，即司法性与处分性。所谓“司法性”，即指法院就调解当事人的实体及程序处分权之司法审查的权力；“处分性”，是指调解当事人之实体及程序的处分权利。法院调解属于司法机关利用司法权促使双方当事人形成共识，故在司法权的运用过程中须遵守一定的原则与要求，防止因司法权滥用而导致当事人权益受损。

（一）调解的原则

所谓司法调解的原则，是指在进行调解活动和达成调解协议的过程中，审判人员和当事人应当共同遵守的基本准则。根据诉讼法及相关法规司法解释的规定，结合审判实践，司法调解应遵守以下原则：

1. 自愿原则

自愿原则，是指在诉讼过程中，人民法院对案件进行调解的前提必须是双方当事人自愿，即不得有丝毫勉强。自愿原则是调解活动首要的、最根本的原则。法院以调解的方式解决纠纷时，必须在当事人自愿的基础上进行，包括调解活动的启动及达成的协议都必须以当事人自愿为前提。具体而言，自愿原则又可细分为两方面的自愿，即程序上的意愿与实体上的意愿。②

其一，程序上的自愿。即调解程序的启动必须是出于当事人的真实意思表示，当事人可以选择进行调解或进入审判程序。在民事诉讼中，当事人可以自愿申请调解，人民法院根据案件的情况也可以主动提出进行调解，但人民法院依职权主动提出进行调解时，必须征得双方当事人的同意。否则，调解也不能进行。

其二，实体上的自愿。即经过调解达成的协议之内容必须是双方当事人的真实意思表示。调解协议的内容直接关涉双方当事人的权利义务，应当由当事人按照自己的意愿进行处分，人民法院只能根据法律、政策等进行一定的说服教育工作，引导他们以调解的方式解决争端。

需要指出的是，法律上规定的有的案件适用调解前置程序，并非是对自愿

---

① 范愉：《调解的重构》(下)，载《法制与社会发展》2004年第3期，第91页。

② 参见宋才发、刘玉民主编：《调解要点与技巧总论》，人民法院出版社2007年版，第100～102页。

原则的违背。调解前置程序仅仅在对审判或调解程序启动的选择权上发挥作用，本质上而言，一国是否设定调解前置程序，在什么范围内设置调解前置，实际上体现了立法对自由、效率等价值平衡之后的选择。①

2. 合法原则

合法原则，是指人民法院和双方当事人的调解活动及其协议内容，必须符合法律的规定。合法原则的具体要求有以下几方面：

其一，程序合法。人民法院主持双方当事人进行调解活动，必须按照《民事诉讼法》等规定的程序进行，包括调解的方式、调解协议的制作、调解书的送达等都要按规定的程序进行，严禁审判人员以劝压调、以拖压调、以判压调、以诱促调。

其二，实体合法。"对实体合法可以有两种解释：一种是调解协议的内容应当依据有关实体规定达成，另一种是调解协议的内容可以不依据实体法的具体规定，但不得违反法律的禁止性规定。"②因为调解协议本身包含着当事人对实体权利的处分，这种处分的结果往往是当事人放弃了根据法律规定得到的权利，因此，实体合法应当是指达成的协议不得违反法律的禁止性规定。

3. 中立原则

调解工作是在双方当事人有协商愿望的基础上进行的，法官处于居中调和的位置。在调解工作中，法官应将自己置于中立地位对双方当事人进行调和。调解的中立性主要体现在以下两方面：

其一，语言上的中立。法官在进行调解时，应注重多谈法律规定及事实上的依据，让当事人了解法官在处理此种纠纷时的大体思路及法律依据，使当事人能够明白案件适用法律后的可能结果，并尽量使当事人按照法官的思路进行协商，这样的调解方式是中立的。此外，法官不可为了促成调解，在言语上对当事人进行呵斥，甚至压制其中一方当事人。

其二，方式方法的中立。法官在调解工作中，应根据案件的类型、当事人的性格、当事人所处的环境等采取不同的调解方法。③ 比如调解时常用的分别

---

① 参见闫庆霞：《法院调解制度研究》，中国人民公安大学出版社 2008 年版，第 120 页。

② 江伟：《中国民事诉讼法专论》，中国政法大学出版社 1998 年版，第 426 页。转引自肖建华、杨兵：《论我国诉讼调解原则体系之重构——兼评〈关于人民法院民事调解工作若干问题的规定〉相关规定》，载《政法论丛》2005 年第 1 期。

③ 参见张晓琴、刘玉民：《庭审要点与技巧》，中国民主法制出版社 2009 年版，第 5 页。

调解法、冷处理法等。并且在采取不同的调解方法时，要让双方当事人确信法官的中立者地位，如此，才能保证当事人对调解结果的信服。

(二)做好调解工作的能力要求

调解能力是调解人员在一定的时间、空间条件下从事调解工作的知识、才能、品德和作风的一种总和，是调解人员在先天基础上通过后天的学习、实践所获得的工作能力。① 窃认为，在进行调解过程中，以下几种能力是至关重要的：

1. 平衡能力

在调解过程中，只有使得当事人的心态平衡，才能理智、客观地寻求问题的解决之法。因此，调解人员要具有平衡当事人心态的能力。在平衡心态上，可以根据个案的具体情况选择不同的衡平方法。在司法实践中，主要有批评教育法与疏导法。

批评教育法，主要适用于一方过错比较明显的情形。在实践中，通过对有过错的当事人进行批评教育，促使其认识到错误行为的危害性并改正错误，使无过错方的委屈和痛苦得到伸张与同情，获得心理平衡；疏导法是一种心理性活动，该法旨在让当事人把自己想说的话说完，并在此基础上对当事人进行有针对性的心理辅导，使当事人的心态渐趋平和。在当事人的期望值与现实情况存在较大差距时，还要适当地从经济学的角度劝导当事人，比如列举经济利益、诉讼成本等，帮助当事人矫正不良心态，促使当事人发自内心地接受调解。

2. 释明能力

释明能力是指调解人员向当事人准确释明事实和法律的能力。在调解活动中，只有通过释明才可使当事人对事实和法律有比较正确的认识，才能缩小当事人之间认识上的差距，为调解的达成提供适当的平台。

对事实的释明要求调解人员通过了解和分析案件，理清事实脉络，梳理法律关系，抓住和分析案件的争议焦点，阐明不同的处理方案对各方的利弊，并引导各方积极地解决问题。

对法律的释明是指调解人员通过对当事人讲解法律的意图、法理含义及适用法律的理由，从而让当事人能够懂得相关法律的适用并预测到审判的结果。通过对事实和法律的释明，调解人员要向当事人告知诉讼风险。尽管诉讼中的

① 参见袁月全：《谈做好调解工作的五种能力》，载《人民法院报》2010 年 9 月 17 日。

风险难以避免，但在诉讼风险过大时，法官还是有义务予以提醒、劝导当事人理性维权。

3. 取信能力

取信能力是指调解人员取得当事人信任的能力。调解人员作为主持调解的角色，应该具有为当事人所信赖、尊重甚至崇敬的形象。但这种形象并不是角色本身赋予的，而是调解人员在与当事人接触的每一个环节中所表现出来的亲和、庄重、理智、谨慎，以此来获取当事人的信任，做到以德取人，以理服人，以情平气，以心换信。① 纠纷中也有些当事人因为一些原因做出不理智的举动，对此，调解人员要善于将当事人的情绪、态度引导到依法合理解决纠纷的轨道上来，促使他们找回尊严，并且充分信任调解人员，能够冷静地听取法官对案件的分析和对法律的解释。只有这时，当事人才会对处理案件的结果有一个理性和客观的态度，才能确保调解工作在积极、坦诚、平和的氛围中进行。

三、调解的一般技巧

调解说到底是一项凭调解人个人的思想认识、综合素质，在查清案件基本事实的基础上，运用一定的语言技巧，针对当事人的心理状态，采取一定策略，以促成双方当事人达成调解协议的综合性工作。② 因此，调解的策略与技术十分重要，其直接影响到调解的结果与效率。

（一）调解准备阶段的策略与技巧

在调解准备阶段首先要做的就是分析纠纷，其中包括：纠纷的可调解性和可调和性。具体而言，第一，分析纠纷的可调解性。在法官运用调解方式解决纠纷之前，应当根据案件的具体情况对纠纷的性质进行分析。纠纷的可调解性是法官适用调解的前提，对于明显不适合调解的纠纷启动调解程序只会造成诉讼的浪费。因此，对于某些明显不适用调解方式的，应予以排除。第二，分析纠纷的可调和性。在调解实践中，除了要考虑纠纷的可调解性之外，还要更加注重个案的可调和性，即当事人相互之间的权利要求是否存在弹性处理空间，双方当事人是否存在由于某种原因而让步以达到合意的结果。③ 在法院的调解

① 参见袁月全：《谈做好调解工作的五种能力》，载《人民法院报》2010年9月17日。
② 参见沈志先：《诉讼调解》，法律出版社2009年版，第104页。
③ 参见沈志先：《诉讼调解》，法律出版社2009年版，第89页。

过程中，双方当事人之间之所以能够达成调解协议，很大程度上在于双方战略的不断调整，即战略成本的大小。这样，双方经过合作—不合作—合作—不合作等一系列动态博弈之过程，最终于彼此间达成一种利益均衡的结果，即于力量均衡之处，使调解各方的利益均在某种程度上得到尊重和满足，实现非零和博弈。① 待分析纠纷后，而后是管理纠纷，具体包括：

其一，对症下药，找准争议焦点。查明案件的争议焦点是成功解决纠纷的关键所在。在组织双方当事人进行调解之前，为保障法官于调解中的主动权，保障调解活动的有序开展。首先，法官应当梳理出案件事实的基本脉络、成因、双方当事人间的争议焦点等问题。而后，在此基础上，明确确立调解的基本思路，即对症下药。

其二，发现共同利益。本质而言，调解的过程实为一个当事人利益发现的过程。② 法官要善于捕捉契机，帮助当事人寻找共同利益，消除双方之间的隔阂，力求找到解决纠纷的突破点。此外，在调解过程中，法官应将解决现实纠纷与实现长远利益结合起来，积极教育当事人规范其日后的交易行为，保障双方在自愿的基础上主动和解、化干戈为玉帛，以期实现双赢、甚至多赢的社会效果。

其三，确定调解目标。当事人达成调解的过程如似当事人间的一场博弈，纠纷当事人即博弈双方。在调解中，为保障自身利益，调解一方会将对方的利益限于自身的可承受范围之内，如此当事人达成调解协议的可能性就比较大。另外，博弈论者认为，谈判者的权利愈明确，他们之间合作博弈的可能性就愈大；反之，谈判者的权利愈模糊，他们之间合作博弈的可能性就愈小。③ 因此，各方当事人就力求预测对方会做出多大的让步，这就需要法官对调解目标进行确定。此外，调解目标具有多层次性，调解目标的制定与确立应建立在具体的案件之上，只有对案件进行详尽的分析，才能客观地制定调解目标。

其四，选择调解策略。调解策略是建立在调解目标的基础上，有什么样的调解目标，就有什么样的调解策略。④ 换言之，调解目标的多层次性决定了调

① 参见戴中祥：《法院调解之经济分析》，载《武汉科技大学学报》(社会科学版) 2007 年第 3 期。

② 参见冀宗儒：《论民事调解的技术要素》，载《法律适用》2005 年第 9 期。

③ 参见[美]罗伯特·考特托马斯·尤伦：《法和经济学》，张军等译，上海三联书店 1991 年版，第 136 页。

④ 参见宋才发、刘玉民：《调解方法与技巧总论》，人民法院出版社 2007 年版，第 199 页。

解策略的多样性。具体而言，调解策略从性质上可分为抗衡型策略和合作型策略。具体而言：(1)抗衡型策略。此种策略旨在说服对方就范，并使对方相信他的情况没有想象中那么有优势，从而让对方被动地接受调解的条件。对于适用此种策略的纠纷，法官应当知道双方的底线——愿意放弃多少或做出多大让步及自愿接受不利条件的最高限度，从中找出纠纷双方的最佳调解点，使得双方都能够相对满意。① (2)合作型策略。双方在调解的目标上具有一致性，一方获益不需要以另一方的损失为代价，双方当事人可以同时达成目标。因而，合作性策略是以一个双方都能接受的方式来制定调解目标的，即法官只需要找出双方的真实需要和调解目标，求同存异，并制定出与此相符的调解方案。

(二)调解工作中的技巧与方法

在调解工作中首先需要的是对调解策略的运用。在所有调解中，几乎任何一方当事人都希望探明对方的底线，因此，最高明的调解人员，莫过于了解于此，并在此基础上，给对手重新营造一个底线。那么在调解中，如何运用策略呢？

其一，掌握调解的“火候”。当事人在参与调解时，一般会表现为两种情况：一种是沉默寡言，掩饰自己对调解条件的真实想法；一种是口若悬河，企图赢得主动权。然而，无论在哪种情况下，不管双方言辞多激烈、多冷清，调解人员都要保持某种程度上的冷静、淡然，并准确把握调解的“火候”，切忌感情用事。

其二，合理利用“冲突”。在调解过程中，两方可能横眉冷对、互不相让，在僵持不下时，一方可能火上浇油或拂袖而去，或作出其他表示生气的动作等，这都有可能导致另一方激烈的情感反应发生转变，甚至直接扭转谈判立场的改变，从而使得对方妥协，顺利越过调解的障碍，实现调解的目的。以上，即为“冲突”在调解过程中所发挥的作用。② 因此，在进行调解时，法官应有意识地、合理、合法地保障冲突的存在，并将其作为双方让步的筹码合理运用。

其三，把握调解“脉搏”。在调解过程中，调解人员应尽可能地掌握与调解有关的事实、证据、推论及法律理由等信息，还要对调解过程中可能出现的价码取舍及时作出客观的评价，并不断地修正调解方案，使得调解更加具有针

① 参见沈志先：《诉讼调解》，法律出版社2009年版，第93~94页。

② 参见沈志先：《诉讼调解》，法律出版社2009年版，第106页。

对性和可行性，甚至可以根据个案的具体情况，在调解目标以外再设定若干必要的价码作为补充，尽量把调解目标制定的详尽具体。如果遇到双方僵持不下、互不相让的情形时，调解人员也不放弃最后的努力，如规劝处于劣势的一方坦然认输，自愿接受不利的调解。①

除熟练掌握调解策略外，还需要了解具体且行之有效的调解方法。所谓“工欲善其事，必先利其器”，合理的调解方法有利于纠纷的解决。换言之，调解方法即是提高调解成功率的利器。当调解工作陷入僵局时，恰当有效的调解方法往往会使得案件摆脱山穷水尽的僵局，达到柳暗花明的功效。在具体调解实践中，法官也总结出了一系列行之有效的方法，并对于促成调解协议的达成有着重要的意义。具体而言：

其一，“背靠背”法。实践中，如果当事人诉至法院，主持调解的法官一般就会召集双方当事人进行面对面的调解，而如此一来，当事人可能会碍于情面不会让步，因此，此种调解的成功率往往很低。与之相反的是，在很多案件中，法官采取了“背靠背”的方式，即通过分别与当事人双方进行谈话、沟通，了解案件的实质性问题，以借此打开案件的突破口，顺利地达成调解。“背靠背”的调解方法大多适用于以下情形，如双方当事人为赌气、争面子而进行的诉讼。在此类诉讼中，进行调解时，首先应采取“背靠背”的方式，即分别做当事人的工作，适时对当事人进行法制教育，等双方当事人意见接近时，再采取面对面的调解方法，以促使双方当事人在互谅互让、心平气和地状态下进行协商，顺利地解决纠纷。该方法能有效地避免情绪对立和吵闹等矛盾激化的情况发生，提高调解的成功率，尤其适合于情绪型和意志型的当事人。②

其二，耐心引导法。调解是一个循序渐进的过程，并不能一蹴而就，因此，这就需要法官有足够的耐心，尤其是在当事人处于互不让步、案件相持不下时。耐心，对于法官而言，不仅是一种调解方法，也是审判经验的积淀和审判素养的体现。调解工作具体表现在主观与客观两个方面，具体而言，客观是指案件事实、当事人的诉求等；主观是指努力说服当事人，对当事人进行思想教育工作，其内容十分广泛，往往超越了案件本身的工作。因此，做好思想工作是调解成功的关键，惟有此，才能将案件调出人情味。

其三，降温处理法。所谓降温处理法，是指在当事人情绪激动的情况下，

---

① 参见宋才发、刘玉民：《调解方法与技巧总论》，人民法院出版社2007年版，第202~203页。

② 参见沈志先：《诉讼调解》，法律出版社2009年版，第108页。

应采取降温处理的措施，以稳定当事人的情绪，并选择最佳的时机解决矛盾。① 这就要求，在具体的调解过程中，法官应注意细节，认真观察当事人的行为，对案件的具体情况及当事人的基本态度做到心中有数，沉着应对。如对于情绪激动的当事人，法官不应急于寻求其意见，而应积极寻找当事人之间的症结所在，并对症下药，有针对性地面对纠纷，解决问题。

其四，上、下台阶法。上、下台阶法反映了心理学上的一种“登门槛效应”。上台阶法，即劝说者先提出一个对方能够接受的观点，待对方接受后，引导对方根据法律规定或情理精神再进一步深入，直至对方接受其原来排斥的观点，一步一步促使当事人转变态度的方法。② 下台阶法与上台阶法相反，即先提出一个较高的要求，在对方拒绝后，再逐渐降低要求，直至对方接受的方法。在调解过程中，根据双方当事人的不同情况，上台阶法与下台阶法可以融合通用。如此可以让当事人在心理的反差变换过程中意见逐渐趋向统一，获得心理上的平衡。

其五，释明法理法。当事人到人民法院进行起诉，其意愿在于使得纠纷得以解决，自身的诉求得到法院的支持。因此，作为法官在进行调解时万不可采取和稀泥的做法，即法官的职责要求其言行必须体现法律的公正、公平。因此，在调解过程中，法官必须自己明确案件的法律关系、双方争议的焦点、双方的是非责任等，这样才能有针对性地进行调解，为纠纷的解决奠定良好的基础。

其六，经济判断法。在调解程序中，法官贯彻的调解标准以行为的经济性判断为纲。当面对多个调解方案，在当事人举棋不定时，首先引导当事人予以考量的因素即是经济上的合理性。在司法实践中，这种调解方法通常用于商事案件中。需要注意的是，此法的判断标准不仅仅是货币化的量化标准，也是对效率问题的关注。如当事人在为调解方案中的给付标的之金额争执不下时，法官应当注意引导当事人从给付的效率层面予以考虑。

其七，缓和择优法。法官的地位不同于当事人，其在整个诉讼程序中居于支配和主导地位，在当事人没有提出调解方案时，法官有权提出认为符合本案实际情况的方案以供当事人参考。③ 同时，法官作为具备法律专业素养的人，于调解活动中居中裁判，其地位比较超脱。因此，其能够客观、公正地把握全

① 参见王贵、龙呈德：《基层法院调解艺术》，人民法院出版社 2006 年版，第 11 页。

② 参见沈志先：《诉讼调解》，法律出版社 2009 年版，第 108 页。

③ 参见王贵、龙呈德：《基层法院调解艺术》，人民法院出版社 2006 年版，第 14 页。

局，如对案件是否需要调解，可以做出符合实际的判断。加之，在司法实践中，当事人一方可能由于片面追求个人利益而固执己见，对于诉讼形式及面临的后果缺少正确的认识。此时，法官的功能便显现出来，即法官需要积极引导当事人，为其分析利弊，并对当事人提出的调解方案进行风险提示，让当事人对诉讼结果做到心中有数。

其八，洞察动机法。当事人提出诉讼往往出于各种动机，而法官要想促进案件的成功调解，就必须做到以下几点：在整个庭审过程中要注意观察，保持思维的清晰灵活，问话的精练准确，并通过仔细观察当事人的言行举止，从当事人的陈述及与对方激烈的辩论中，透视其真实意思，了解矛盾的焦点所在，准确地把握当事人的意图，从而寻找调解的切入点，因势利导，达到调解的目的。

四、个案调解技巧

与案件的审理一样，不同案件的调解需要根据个案的不同性质采取不同的技术。如此，才能保障纠纷得到良好的解决。

(一)民事个案调解技巧

民事案件调解技术，首先要掌握与运用好民事活动的基本原则，具体包括平等、自愿、诚信等。对于不同类型的案件，应该掌握与运用好具体原则。例如在调解婚姻案件时，应该审查双方的婚前基础、审查双方相识的方式及交往的密切程度、夫妻感情破裂的程度、审查判断是否有和好的希望等。此外，在调解婚姻关系的案件中还要宣讲夫妻关系之“八互”原则：互敬、互爱、互帮、互助、互学、互勉、互谅、互让。①

(二)刑事个案调解技巧

刑事案件的调解主要是指自诉案件和公诉案件中的刑事附带民事的调解。自诉案件往往因家庭内部、邻里纠纷而引发，此类案件取证难，调解难，且附带民事赔偿也难以到位。所以，应针对此类案件的特点，加大调解力度。同时，也要保持“四心”，即“耐心”说理、“细心”听取、“热心”劝导、“诚心”解难。②

---

① 参见熊先觉：《司法学》，法律出版社2008年版，第327页。

② 参见熊先觉：《司法学》，法律出版社2008年版，第327页。

对于刑事公诉附带民事赔偿案件，有的法官创造了“四点”解决法，即：对被害人的赔偿，以做好双方的思想工作为“切入点”；以当事人的人身、财产受到伤害为“感化点”；以赔偿到位的数额确定为“症结点”；以对被害人及其近亲属认真进行思想疏导为“着力点”。①

(三)其他个案审判技术

从传统意义上而言，行政案件、公诉案件以及再审案件是不得调解的，但随着社会的发展，为适应建设和谐社会的要求，理应对个案审判之技术进行适当创新，使因过失伤害的被害人能够谅解的，使对社会危害不大的刑事公诉案件、刑事自诉案件、行政案件等可以进行调解。

总之，根据和谐原则，调解纠纷不应当设立过多的禁区。而作为司法工作人员，其应当积极、认真地履行自身职责，以实际行动不断提高调解水平与技能，以营造和谐的司法环境，建立全方位、多层次、多渠道的调解机制为目标，最终促成全新调解格局的形成。

第三节　侦查与检察技术

侦查行为与检察行为是刑事诉讼中审判之前的两项重要诉讼环节。侦查行为与检察行为的行为效果直接关乎刑事诉讼的进度进程以及最终结果。因此，侦查权与检察权的优效运行是刑事司法公正的必要保障。而侦查行为与检察行为的展开须依靠一定的侦查技术与检察技术，高超的技术手段是良好行为效果的保证。

一、侦查技术

侦查是法律概念，其概念是由法律予以规定的。即我国《刑事诉讼法》第106条第1款规定：侦查是指公安机关、人民检察院在办理案件过程中，依照法律进行的专门调查工作和有关的强制性措施。

侦查技术与侦查不同，其并非法律概念。关于侦查技术的定义，较早进行论述的韩德明先生在其专著《侦查学原理》指出：“所谓侦查技术，是指有关自然科学、技术科学和一些社会科学的相关理论原理和研究成果在侦查活动中的直接应用，以及相关学科知识和原理在对侦查活动的进行所发挥的指导、指

① 参见熊先觉：《司法学》，法律出版社2008年版，第328页。

挥、运筹等方面的作用机制。”①

(一)侦查工作的特点

刑事侦查工作由于其主体与对象的特殊性，具有以下特色，可将其归纳为：及时性、机密性与技术性三大特征。

其一，及时性。侦查工作必须迅速及时，这是由侦查工作本身的特点所决定的。而侦查工作的迅速及时，亦是顺利完成侦查任务的一个极为重要的条件。这一原则要求侦查机关在接到报案后，立即组织侦查力量，制定侦查方案，及时采取侦查措施，收集案件的各种证据。侦查作为一项时间性很强的诉讼活动，犯罪分子在作案以后，为了掩盖其罪行，逃避罪责，总是想方设法隐匿、毁灭、伪造证据，或者与同案人订立攻守同盟，甚至还可能继续危害社会。加之，由于自然的或者其他一些原因，致使证据难以收集的现象时有发生。因此，为了顺利完成侦查工作，侦查人员在侦查活动中必须贯彻迅速及时之原则。

其二，机密性。侦查是同各种刑事犯罪嫌疑人进行的尖锐而复杂的斗争活动。换言之，侦查与反侦查的矛盾，存在于整个侦查的过程。侦查工作的这种性质和特点，决定了在侦查工作中要注意保守侦查工作秘密，严格禁止将案情、证据、当事人及诉讼参与人的情况向无关人员泄露，以保证侦查活动的顺利进行。

其三，技术性。现代科学技术的发展日新月异，犯罪分子利用高新科技作为犯罪手段的情形可谓层出不穷，屡见不鲜。为适应刑事侦查的需要，侦查手段也日益呈现出高科技化的趋势。在此大势下，侦查人员必须时刻更新科学技术观念、运用科学技术来武装自己的头脑，将高科技、高智能化的技艺引入侦查活动中。

(二)侦查活动面临的挑战

随着社会的不断发展进步，刑事犯罪活动也逐渐呈现出未曾有之特点，主要体现在以下几个方面：

其一，犯罪分子利用高新科技手段进行犯罪活动。由于高新科学技术的飞速发展，人类在进入信息社会的同时，刑事犯罪分子亦利用此而进行的犯罪活动日益猖獗，且日显智能化。在此趋势下，与此类犯罪作斗争已不再是单纯的

① 韩德明：《侦查原理论》，中国人民公安大学出版社2005年版，第27页。

人与人之间的简单对抗了，而是科技间的较量。这种高新科技的智能性犯罪无疑给侦查工作带来了各种难度，如取证、查证和认证等方面的侦查。因此，在面对高智能、高科技犯罪的今天，侦查机关必须努力提高自身的综合技能和素养。

其二，国际性犯罪活动亦呈现出新情况、新态势。除了传统的团伙犯罪外，如走私、贩毒、海盗等国际性犯罪外，如今在国际金融、国际恐怖等方面亦呈现出多样化的犯罪形态，甚至近几年的贪官外逃亦使得国内的贪污犯罪带有了一定的国际性。

其三，各种新型的犯罪层出不穷，黑社会性质的犯罪亦日益猖獗，这一切无疑给社会安定和人民的生命财产造成了或即将造成着重大危害。

随着社会的发展，刑事诉讼法的不断修订，对当事人的人权保障也提到了更高的高度。如《刑事诉讼法》所规定的辩护律师可以提前介入、严格限制传唤犯罪嫌疑人的时间等。这一变化使得刑事诉讼的开放性和透明性不断加强，而刑事侦查的紧迫性亦随之增强。如此一来，传统的侦查方法亦失去了按照以往继续运行的法律基础，同时，运用传统的方式迫使犯罪嫌疑人招供的可能性也越来越小。

(三)侦查技术

侦查过程中的技术问题主要包括侦查的基本原则以及具体技术的应用。

1. 侦查工作的基本原则

侦查工作原则，是指侦查机关、侦查人员在开展刑事侦查工作中所应当遵循的准则，即是对刑事侦查活动的顺利开展具有指导性、概括性和纲领性的规则。这些基本原则贯穿于刑事侦查活动的始终，并对刑事侦查活动的全程发挥着指导作用。具体包括：

其一，遵守法制。程序法制原则是刑事诉讼的一项基本原则，其旨在将刑事诉讼活动纳入法制的轨道，以防止国家专门机关滥用职权，恣意妄为，从而保证刑事诉讼的民主性、公开性和刑事诉讼目的、任务的顺利实现。

侦查是一项严肃的执法活动，因此侦查机关和侦查人员在进行侦查活动时，必须严格遵守法定程序。如若侦查机关所适用的各种专门侦查手段和采取的强制性措施，稍有不慎，就会对公民的人身权利、民主权利或者其他诉讼权利造成一定的侵害。因此，在侦查工作中，侦查人员必须增强法制观念，严格依照刑事诉讼法的规定收集证据；严禁刑讯逼供，严禁以威胁、引诱、欺骗、允诺以及其他非法方法收集证据；采取逮捕、拘留等强制措施，也必须依照法定的条件和程序进行。①

其二，客观全面。侦查的任务在于依照法律的规定，查获犯罪嫌疑人以及收集证据，准确查明真实存在的案件事实情况，以严惩犯罪分子。因此，在侦查工作中，侦查人员无论是分析、研究案情，还是确定侦查范围、方向，亦或制定侦查方案，都应一切从实际出发，坚持重事实、重证据、重调查研究的态度，尊重客观事实真相，以变化发展的观点来研究案件情况，以查明属实的证据作为认定案件事实的根据，切忌主观臆断和先入为主。

此外，在收集证据时，还要做到全面客观，既要收集能够证明犯罪嫌疑人有罪、罪重的证据，也要收集能够证明犯罪嫌疑人无罪、罪轻的证据，并将这两方面的事实进行对照比较，进而结合案件的其他证据进行全面审查，即查清与犯罪嫌疑人刑事责任相关的全部事实，防止以偏概全。②

其三，迅速及时。迅速及时，是指刑事案件发生之后，侦查机关应当抓住时机，立即组织力量，迅速开展侦查活动，即不得有丝毫的拖延与延缓，以便及时发现和收集与犯罪有关的证据，从而揭露和证实犯罪事实。为此，侦查机关必须做到以下几点：(1)迅速展开侦查。侦查人员在发现有犯罪事实之后，应该以最短的时间前往犯罪现场进行侦查，以便获得第一手证据，以保障不失时机地拘捕犯罪嫌疑人或者采取其他必要的强制性措施。(2)迅速收集证据。侦查人员对犯罪现场留下的物品和痕迹要及时提取，对于已经拘捕的犯罪嫌疑人应当在24小时内依法进行第一次讯问，对于其他言词和实物证据等也要迅速及时地予以收集，以便更快地查清案件的事实情况。(3)严格依法从快。侦查人员要集中人力、物力、财力等一切资源，在法定的侦查期限内，尽量缩短办案期限，争取早日完成侦查任务。当然，坚持迅速及时原则并不意味着可以为了快而简化甚至取消法定的诉讼程序，甚至侵犯当事人的合法权益。③

2. 侦查工作的手段及基本方法

对于侦查工作中的具体手段和基本方法，可归纳为以下几项：其一，保持公开侦查与秘密侦查间的适度平衡。保持适度平衡，是指在进行侦查活动时保持秘密侦查和适度公开侦查之间的合理平衡。在实践活动中，对侦查的相关情

① 参见谭世贵：《中国司法制度》，法律出版社2005年版，第142页。

② 参见李军、薛少锋、韩红俊：《中国司法制度》，中国政法大学出版社2009年版，第77页。

③ 参见李军、薛少锋、韩红俊：《中国司法制度》，中国政法大学出版社2009年版，第77页。

况进行保密是必要且合理的，然而，这并非意味着有关侦查的一切情况都要无条件地保密。反之，侦查活动也需要通过在合理的范围内通过适当方式进行适度的公开。保持适度公开并不必然会影响侦查机关发现事实真相，正如德国学者所指出："而'公开性原则'及'透明性原则'，有些人恐会误解，认为这些原则对真实发现构成妨碍或限制。其实，这些法治国家的刑事诉讼原则并没有妨碍或限制真实发现，反而应当看做是真实发现的指针、原则。"①

秘密侦查的有关情况，首先要向当事人及其律师适度公开。秘密侦查虽然不如一般侦查行为公开的范围那么广泛，但至少要做到必要的公开。具体而言：应对采取的秘密侦查行为作一般性告知，即告知当事人在案件侦查过程中曾经采取过哪些秘密措施。除了向当事人公开外，秘密侦查情况也要向有关部门公开。首先需要向法庭公开，即侦查机关在法庭庭审时要向法庭公开其取证方法及获取的资料，这既是法庭质证的必然要求，亦是法庭对侦查权力实施司法控制的重要渠道。其次也需要向立法机关公开，对于秘密侦查实施的整体情况，应该向立法机关予以报告，以让立法部门了解法律实施的基本状况，方便立法部门针对实践中的问题对相关法律做出修改和调整。

其二，依靠民众、调查研究。这一原则要求在侦查工作中，不仅要充分发挥专门机关的作用，而且也要善于依靠群众的力量。犯罪嫌疑人活跃在广大人民群众之间，群众对于犯罪嫌疑人的经历、表现都比较了解。因此，可以为侦查人员提供线索；加之人民群众对犯罪的深恶痛绝，因此人民亦会主动地同犯罪行为和犯罪分子做斗争。所以，在侦查工作中，侦查人员必须充分依靠和发挥人民的力量。

其三，任意侦查为主，强制侦查为例外。强制侦查与任意侦查是根据侦查行为是否由相对人自愿配合为前提而对侦查行为所作的分类，其内涵在于凡是侦查活动应当尽可能采取任意侦查的方式，强制侦查只有在法律规定的例外情形下才可使用。具体而言，任意侦查指不采用强制手段，不对相对人的生活权益强制性地造成损害，而由相对人自愿配合的侦查，如侦查机关经过被搜查人同意后对其人身或住所进行的搜查，经嫌疑人和知情人同意后提取其陈述或者对嫌疑人进行测谎试验等。强制侦查则指为了收集或保全犯罪证据、查获犯罪嫌疑人而通过强制性方法对相对人进行的侦查，如强制到案、搜查、扣押、监听等。侦查作为一种国家权力，必须有一定的强制手段。因此，不论是为了限制嫌疑人的人身自由，还是为了收集、保全证据，都不可避免地使用强制

① 陈志龙：《法治国家检察官之侦查与检察制度》，载《大法学论丛》1999年第23期。

方法。

在侦查权力的行使过程中，存在两种不同利益的需要：一是有效地进行侦查，以维持社会安全；二是保障嫌疑人和其他相对人的自由和权利。如果侦查行为越是要求通过强制手段保证其成效，那么侵犯相对人私生活领域的基本权利的可能性也就越大。因此，必须在侦查的必要性与人权保障的要求之间寻找适当的平衡。正如丹宁勋爵所言："人身自由必定与社会安全相辅相成……每一社会均必须具有保护本身不受犯罪分子危害的手段。社会必须有权逮捕、搜查、监禁那些不法分子。只要这种权力运用适当，这些手段都是自由的保卫者。但是这种权力也可能被滥用，而如果它被滥用，那么任何暴政都要甘拜下风。"①因此，为了防止侦查权力的滥用，各国宪法和法律普遍要求侦查行为应当尽可能不用或者少用强制性手段，换言之，强制侦查手段仅在例外情况下才可根据法定程序进行。

其四，重视对物证的提取、发现。如果以剥夺犯罪嫌疑人在陈述上的意志自由之方式而逼取口供，那么由此之方式获得线索的途径便会被堵塞，那么侦查中必须倚重于对物证的发现、提取和利用。首先，应该加强对刑事科学技术的装备投入和应用开发研究；其次，应全面提高侦查人员、技术人员的证据意识和现场意识及其发现、提取和利用痕迹物证的能力和综合素质；最后，侦查过程中必须加强侦技配合，使侦查人员游离于犯罪现场的现象彻底纠正。

二、检察技术

我国现行检察职权的范围相当广泛，主要包括批捕起诉、自行侦查和法律监督等范围。所谓检察技术，是指正确、合法、及时、恰当地运用检察权力，其中最为重要的即是正确掌握刑事政策、批准逮捕犯罪嫌疑人以及依法提起公诉的问题。

检察机关的性质决定了它所负担的任务。人民检察院进行检察工作的任务是广泛而重要的，检察人员进行检察工作，主要任务是通过行使检察权，追诉危害公共安全的犯罪分子，追诉破坏社会主义市场经济秩序的犯罪分子，追诉侵犯公民人身权利、民主权利和其他权利的犯罪分子等，通过追诉犯罪分子，维护国家安全，维护国家制度，保障公共秩序，维持经济秩序，教育公民效忠

① [英]丹宁勋爵：《法律的正当程序》，李克强、杨百揆、刘庸安译，法律出版社2015年版，第213页。

祖国、自觉遵守宪法和法律，预防和减少犯罪，维护社会道德和善良风俗。①

(一)检察技术运用的基本要求

由于检察机关在我国的特殊地位和其职能设置的特殊性等因素，我国的检察机关作为司法机关之一，在国家机关中占据着重要的地位。因此，其行使职权必须严格依法而为。检察工作的要求概括来说主要包括：

其一，转变工作重点。起初，检验鉴定是检察技术工作的重点所在。我国《刑事诉讼法》规定的七种证据中，鉴定意见、勘验检查笔录、视听资料属于技术证据的范畴。而人民检察院作为法律监督机关，应该全面提高自身的监督能力，因此，检察技术工作应逐渐转变其工作重点，即把过去以检验鉴定为主，逐渐转向为检验鉴定和审查监督并重之方向，从而进一步加强诉讼中的技术性证据审查和监督工作，以提高检察技术的总体监督能力。

其二，转变工作方式。转变工作方式是指检察机关应从过去的被动服务，转变到主动参与办案、强化技术监督中来。具体而言：在批捕公诉环节，重点抓技术性证据审查与监督工作，发挥配合审查和监督的作用；在自侦案件的侦查环节，运用文检、视听、司法会计等技术性手段收集、固定、鉴别证据，发挥参与侦查的作用；在民事行政、控告申诉检察等工作中，开展对各种申诉特别是涉及技术性证据的审查工作，及时纠正程序和实体上存在的失当行为，化解矛盾、平息上访、维护司法公正，维护申诉人的合法权益。②

其三，发挥新技术的作用。随着科学技术的飞速发展，刑事犯罪活动也呈现出一定的技术性，目前我国检察技术手段明显落后于科技的发展，无法适应检察工作的需要。因此，检察机关在办案时，应充分发挥新技术、新手段的价值，努力将新技术应用到具体办案情境中。在实践中，新技术在检察机关办案中的广泛应用有着重要的价值和意义，其不仅能够提高检察机关的办案效率，而且能够逐渐提升案件的侦破能力，拓宽了检察技术工作新的领域。现今，心理测试技术、声纹检验技术及电子取证技术等新技术在检察业务中的应用已刻不容缓，必须不断地拓宽和加强。③

---

① 参见熊先觉：《司法制度与司法改革》，中国法制出版社2007年版，第107页。

② 参见兑小伟、岳华玲：《谈新时期如何开展检察技术工作》，载《中国检察官》2011年第13期。

③ 参见兑小伟、岳华玲：《谈新时期如何开展检察技术工作》，载《中国检察官》2011年第13期。

(二)检察技术的具体内容

在司法实践中，检察技术依据检察业务的范围和活动不同而有所差异，可主要归纳为以下几项：审查批捕技术、审查起诉技术、监督侦查技术等。具体而言：

1. 检察侦查技术

检察机关自侦案件的对象一般为国家机关工作人员，可能具有一定的反侦察意识。除了部分案件如党的纪律部门移送至检察机关的案件采取公开侦查手段以外，其他自侦的案件的初期要尽量做好保密工作，防止被侦查对象事先察觉而隐匿、销毁证据。同时，为了防止被侦查对象逃避侦查，侦查活动应当及时进行。在侦查过程中，可依法适当施以一定的强制措施，保证侦查活动顺利进行。此外，办理自侦案件时，侦查人员要具备科学技术观念，依法采用先进的技术手段，勘验检查、获取证据、筛选证据。

侦查环节最易出现侵犯人权问题。因此侦查活动一定要依法进行，严禁刑讯逼供与变相刑讯逼供。慎用夜间讯问、侦查陷阱等侦查手段。对已被采取强制措施的被侦查对象要尽到看管义务，防止被侦查对象逃匿、畏罪自杀。侦查过程严格遵守法定程序，收集证据客观全面，做到保障人权与打击犯罪的有机统一。

2. 审查批捕技术

我国现行《刑事诉讼法》第 78、79 条规定：逮捕犯罪嫌疑人、被告，必须经过检察院批准或法院决定，由公安机关执行。对有证据证明有犯罪事实，可能判处徒刑以上刑罚的犯罪嫌疑人、被告人，采取取保候审尚不足以防止发生社会危险性的，应当予以逮捕。在我国，检察机关批捕和自行逮捕犯罪嫌疑人，主要应注意以下几大事项：

其一，充分保障犯罪嫌疑人、被告人的合法权益。熟练掌握逮捕与不逮捕适用的条件，只有当满足三大逮捕条件的案件才可以批准或决定逮捕，具体而言：(1)有证据证明有犯罪事实。这是逮捕的证据条件、事实条件和前提条件。(2)可能判处徒刑以上刑罚这是逮捕的量刑条件、罪责条件或称之为法律条件。逮捕作为最严厉的强制措施，应当是适用于性质严重的犯罪分子，因此法律上规定可能判处徒刑以上刑罚的才适用逮捕，而对于可能判处管制、拘役或独立适用附加刑的犯罪嫌疑人、被告人，不适用逮捕。(3)采取取保候审、监视居住等方法尚不足以防止其发生社会危险性，而有逮捕必要的。这是从犯罪嫌疑人、被告人的人身危险性方面考虑的。这一条件一般主要从以下二方面来审查：一是案件性质是否严重、是否恶劣；二是犯罪嫌疑人、被告人的自身情况、主观恶性的大小。如对犯罪嫌疑人、被告人采取取保候审、监视居住已经足以防止社会危险性的，就不应逮捕，而应采用较轻的强制措施。

其二，及时批准和决定逮捕。公安机关提请逮捕的案件都是经侦查发现有犯罪事实且犯罪嫌疑人有一定人身危害性或社会危险性，所以经审查一旦符合逮捕条件，应当及时批准和决定逮捕，防止犯罪嫌疑人继续实施犯罪、扩大危害结果，避免犯罪嫌疑人逃匿。

其三，注意保密。公安机关提请逮捕以及批准或决定逮捕前后，要注意做好保密工作，防止犯罪嫌疑人、被告人事先得知消息而逃匿或隐匿、销毁证据。

3. 审查起诉技术

检察机关的起诉技术，关键是要正确掌握关于起诉和不起诉的标准，2007年8月，我国最高人民检察院发布了新修订的《办理起诉案件质量标准(试行)》和《办理不起诉案件质量标准(试行)》的两大试行法规。其中，试行法规规定，检察院对于公安机关侦查终结、移送起诉的刑事案件，必须认真、及时审查，严格依照法律规定作出起诉或不起诉的决定。审查起诉阶段审查判断证据的重点是对证据“三性”的审查，具体而言：

其一，审查证据的“合法性”，主要审查证据是如何形成的、是由谁提供或收集的，收集的方法是否正确，证据的形成与收集是否受到主客观因素的影响。具体地说就是要审查有关人员是否出于不良动机，提供虚假的证据；有关人员是否因生理上、心理上、认识上、表达上等原因，提供了不实的陈述；侦查人员收取证据的手段是否正确、合法，固定保管证据的方法是否科学等。

其二，审查证据的“客观性”，主要审查判断证据所反映的事实与待证的案件事实是否存在着客观的内在联系，有什么样的联系，能证明案件中的什么问题，内容本身是否合理，有无矛盾，即证据的内容是否客观真实。

其三，从案件各种证据的“关联性”来审查：首先，对同一的证据，要审查其所反映的内容前后是否一致，有无矛盾。其次，对案件中不同类证据的审查，也要结合起来进行综合审查判断，审查各个证据所证明的事实是否一致、协调，它们之间是否存在矛盾。再次，对证据进行综合审查判断，还应当把案内所有的证据与案件事实联系起来。只有当证据审查到证据与证据之间，而且证据与案件事实之间都相互一致，才能就案件事实作出是否起诉、不起诉的结论性意见。最后，还应注意，证据是否充分，是进行综合审查判断时必须予以解决的问题，特别是完全依靠间接证据定案的，必须要形成完整的证明体系。

第四节 司法文书技术

司法文书，是指享有国家司法权力的国家机关依据法定职权和诉讼程序处理诉讼案件所形成的文字材料，是国家的一种专用文书，又称特种文书。① 即司法文书对诉讼情况详细的记录和描述。因此，从严格意义上讲，应将其称为诉讼文书，而非法律文书。国家司法活动主要是指诉讼活动，司法文书主要是指诉讼文书。因此，根据诉讼性质的分类，即民事诉讼、刑事诉讼、行政诉讼等，司法文书可分为民事诉讼文书、刑事诉讼文书、行政诉讼文书等类型，且每类诉讼文书下又可分为若干类型，如刑事诉讼文书又可分为刑事审判文书、检察文书、侦查文书等类型。司法，根据主体和对象的不同又可分为国家司法与社会司法两类。国家司法文书是一种特种文书，只能由国家司法机关依法制作。社会司法是指行业、团体、社区等社会组织的民间司法及自治的和解、调解、仲裁、公正等非诉讼活动，其文书可以分为仲裁、公正、法律事务等文书。②

一、司法文书制作的特点

作为司法活动的重要凭据，不同的司法文书可以表现出不同的特点，但司法文书作为一个集合概念，自身也具有区别于其他文件的典型特征。具体而言，司法文书主要有以下基本特征：③

（一）制作的合法性

合法性是司法文书最重要的特征。由于司法文书与一定的法律效果联系密切，因此，法律对于司法文书的制作一般存在着相应的要求，具体表现为以下几点：

其一，制作主体的合法性。司法文书的制作主体具有专属性，这是由法律予以规定的，是由当事人的处分原则和司法机关的职权范围决定的。具体而言，一方面，不具备当事人主体资格的单位或个人无权代替当事人行使处分权；另一方面，不具备相应职权的国家司法机关无权代替其他合法机关出具司

① 参见熊先觉：《司法学》，法律出版社2008年版，第351页。

② 参见熊先觉：《司法文书学》，中国法制出版社2011年版，第5页。

③ 参见郭天武主编：《司法文书写作》，中国法制出版社2011年版，第5~7页。

法文书。因此，司法文书必须由适格的主体作出。

其二，程序的合法性。司法文书承载着程序正义的“过程价值”，它的产生与司法程序的运作紧密相关，即只有在符合程序规定、遵守程序事项的前提下制作的司法文书，才会具有法定效力，才能得到当事人的遵守与执行。

其三，内容的合法性。司法文书在叙述的内容、说理的方法、处理结果的认定等各个环节，都必须具备法律规定的特征。① 以刑事判决书为例，在叙述方面，人民法院认定的事实必须有充分的证据加以证明；在说理方面，必须详尽阐明判决所依据的法律规范，其中既包括确定犯罪事实的实体法上的规定，也包括确定管辖、诉讼时效等程序法上的规定；在处理结果方面，应当根据法律规定的罪名，并根据案情中的法定或酌定量刑情节进行判决，法院不得超越法律的规定，逾越自由裁量权的界限。

（二）效力的强制性

司法文书作为处理案件的书面凭证，终极目的在于规范的贯彻、法律的执行，因此，司法文书制作并生效之后就具备了法定的效力。司法文书是将法律、法规等规范性法律文件应用于具体个案的载体和依托，因此，需要有相应的强制力来保证其实施，以使司法活动顺利进行。需要注意的是，司法文书效力的强制性并不是绝对的，有学者将司法文书的作用区分为产生法律效力和具备法律意义两种情况。②

（三）形式的规范性

考虑到司法活动的规范化和公平、效率等价值，法律对司法文书的形式有较高的要求，因此，司法文书的结构相对固定和统一。具体而言，司法文书的形式规范性主要体现在以下几个方面：

其一，种类的规范性。在实践中，司法文书的种类是相对固定的，从修订的《刑事诉讼法》生效之后，最高人民法院、最高人民检察院及公安部等先后也制定了《法院刑事诉讼文书样式》、《人民检察院刑事诉讼法律文书格式》、《公安机关刑事法律文书格式》等，其后结合新颁布的法律法规、司法解释等，几经修订，对司法活动中的文书种类、名称等作了详尽的规定。

其二，结构的规范性。司法文书的结果一般分为三部分，即首部、正文、

① 参见郭天武主编：《司法文书写作》，中国法制出版社 2011 年版，第 5 页。

② 参见潘庆云主编：《法律文书》，中国政法大学出版社 2012 年版，第 18 页。

尾部。而每一部分的具体结构也很规范，一般而言，每部分包含的具体事项如下：首部中，一般包含制作单位、文件名称、编号、当事人身份事项、案由等；正文中，一般包括案件事实、处理理由及处理结果；尾部中，一般含有对有关事项的说明、签名、日期、印章等。当然，在不同类型的司法文书中，可能对于个别结构的安排会有所不同，但基本结构是规范和统一的。

二、司法文书的制作要求

司法文书不同于一般的文章、文件，其制作需要遵循一定的要求和规律，以此来保证文书的准确性与严谨性，从而进一步实现司法的公正、公开。

(一) 司法文书制作人员的素质要求

司法文书是由特定的人员在依照特定的格式和要求的前提下制作完成的，因此，制作人员对于文书的完成质量是十分重要的，其需要具备以下特质：

其一，严谨的制作态度。作为司法文书的制作人员，首先应充分认识到文书的重要性，它事关法律的实施与权威，与当事人的合法权益直接相关，并且是法院与法官形象的象征。因此，司法文书的制作人员在制作过程中应严格遵守规范，时刻保持严肃、谨慎的态度，以防止不当误差的出现。

其二，分工负责。司法文书必须由合议庭庭长或承办案件的法官亲自草拟原本、签字后，才能生效。应当注意的是，书记员对于司法文书的作用只在于发挥核实、校对之功能，而不能代笔。因此，在司法活动中，应明确界定好法官和书记员的各自职责，使其在各自的职权范围内依法行使职权。值得说明的是，我国在某些地区设有法官助理一职，因此，在必要的时候亦可由法官助理代拟原本，但最后也必须由法官进行把关。

其三，提高综合素质司法文书的质量充分反映了文书制作者的综合素质，也关系到法院与法律的权威。因此，法官应努力提高自身的综合素质以保证文书的整体质量。对于法官综合素质的评价应综合考量，不应仅将其限定于政治素质和法律素质，还应包括其他内容，尤其是法官的品德、操守、心理素质等方面。总之，一份优秀的司法文书不仅应当具有可读性，而且还应具有严密的逻辑结构，并能从中体现出法官的综合素养。

(二) 司法文书的制作原则

司法文书的制作原则是指在制作文书中必须遵循的基本准则，其是指导法官制作司法文书的重要依据，是具有根本性、全面性的规则。具体包括以下四项：

其一，民主原则。在制作司法文书的过程中应坚持民主原则。一方面，在案件审理过程中应充分听取当事人及利害关系人的意见，积极反映人民的意志与需求。另一方面，司法文书的内容应围绕当事人的诉求展开，力求解决与当事人切身利益有关的及其密切关注的紧迫问题。

其二，依法制作原则。司法文书的制作应严格限定在法律的框架内，如文书中事关程序的事项应严格遵守相关诉讼法的规定，具体内容的书写则应当遵守相关实体法及司法解释的规定。法官本身无权根据自己的主观判断而作出裁决及制作文书，否则就是违法裁判，依法应承担相应责任。

其三，公正公开原则。司法文书制作应体现公正、公开之原则，其主要体现在以下两个方面：首先，司法公正，司法文书的制作应满足正义的基本标准，符合程序正义与实体正义的要求，其中，程序公正优先于实体公正。其次，依法公开，司法文书制作过程中所采用的各种材料都应公开，准予当事人进行查阅、复印，并适当地将文书在网络上予以公布，接受大众的监督，以做到公开、透明，避免暗箱操作，徇私枉法等情形的出现。

其四，客观准确原则。案件事实是司法文书制作的客观基础，因此，在制作裁判文书时，文书记述的案件事实必须满足以下两点：一是必须忠于案件事实。要始终坚持实事求是的原则，既不扭曲事实，也不夸大事实，使文书所述能够如实反映真实情况，不掺杂与事实无关的其他成分，绝不夸张渲染，添枝加叶。二是事实必须要有证据加以证明。司法文书中认定的事实必须要有充足的证据材料加以证明其确实存在，即查有实据，且作为认定事实的证据必须要经过开庭举证、质证、辩论、认证等环节，否则就不能称之为法定的证据。

三、司法文书的制作技巧

司法文书的制作技巧主要包括文书的结构及语言两个方面，它们是司法文书中最为重要的存在。因此，在探究司法文书的制作技巧时主要是指结构方面的技巧与语言的技术。

（一）司法文书制作中的结构

所谓结构，是指事物各组成部分的搭配形式。司法文书的结构就是指它的内部各组成部分之间的搭配形式。在类型上，司法文书的结构分为形式结构与内容结构两部分，而两者可称之为完美和谐的统一体。

1. 司法文书的内容结构

司法文书的内容结构，又称实质结构，是司法文书组成部分中最核心、最重要的部分，它由事实、理由、结论三方面构成。

司法文书中所称的事实特指案件事实，而非无意义的一般事实，即是能够产生法律效果、承担法律责任的事实。具体而言，首先，案件事实必须要由充分的证据材料予以证明，法官须依照法律予以认定，而不得进行主观臆断。其次，案件事实还须具有客观性、真实性、关联性和合法性等特征，法官也应该充分发挥主观能动性对案件事实进行判断，将与案件无关的事实排除在外。最后，制作司法文书时必须切实尊重案情事实，不但不能虚构，亦不能含一点水分，只能秉承一是一，二是二，是则是，非则非的严谨态度。①

司法文书的理由，包括认定事实的理由与适用法律的理由，前者是指案情事实为什么认定此事实，而非彼事实的问题，即着力解决认定事实的根据问题。后者是指如何根据案情事实适用法律，指出事实与适用法律之间的必然联系，以及适用某一法条的原因，即论证法条与案件事实之间的关联性。换言之，每份司法文书中都离不开案件事实依据与法律依据。其中，事实是依据，法律是准绳，两者是密不可分的整体。而事实的认定及法律的适用都必须要经过法官的推理论证，必须契合逻辑。

结论是法官通过对事实的认定及理由的阐述之后得出的，实践中，每一份司法文书都有其特定的结论，结论作为司法文书的核心必须要鲜明、集中、具体。其中，案件事实与法律规定是得出结论的基础，在制作司法文书时，应将事实、理由、结论三者统一起来。一般而言，司法文书的行文结构是"事实—理由—结论"，当然也有学者主张"结论—事实—理由"之行文结构，这两者皆有一定的道理。但迄今而言，多数裁判运用的是"事实—理由—结论"之模式。

案情事实和法律规定是第一位的，结论由此产生，即是第二位的，但在制作司法文书时，结论又要起到统帅文书的作用，这体现了事实、理由、结论之间的辩证统一关系，总之，内容结构是实质结构，是文书的灵魂，绝非"写作要素"。②

2. 司法文书的形式结构

司法文书的形式结构，分为首部、正文、尾部三部分组成。具体而言：首部主要包括以何种名义作出裁判、案件性质、文书编号、当事人及其代理人的

---

① 参见熊先觉：《司法文书研究》，人民法院出版社 2003 年版，第 43 页。

② 参见熊先觉：《司法文书研究》，人民法院出版社 2003 年版，第 45 页。

身份、案由、案件来源、处理经过等。

正文包括上文所提到的事实、理由、结论三部分。在行文结构的模式选择上，大部分法院采取的是“事实—理由—结论”之写作结构，且一般在每部分会有小标题标明，当然，也可以不用小标题，直接以其段落划分和逻辑结构来体现此种行文风格。

尾部一般包括签署、日期、印章，特殊情况下还会附有附录说明、告知事项等。此外，在司法文书的尾部，一般会告知当事人上诉权利、上诉方式和时间等。近年来，尾部还出现了“法官后语”、“法官说明”等，个人认为，此种行为并不妥当，在某种程度上混淆了判决的法律性与道德的说教性。

（二）司法文书制作中的语言技巧

司法文书的语言至少要含有准确性、规范性、简洁性、朴实性以及严谨、得体五个方面的特点。

1. 准确性

在司法文书的写作实践中，其准确性主要包括两个方面：一是反映内容的准确性；二是语言运用的准确性；此外，还有格式的统一和固定性等要求。在两者的关系上，可表述为准确的内容是通过准确的语言表达出来的。①

司法文书内容的准确性主要包括：叙述事实客观、准确；阐述道理全面、明确；适用法律恰当、具体；作出处理决定公正、无误等因素。

其一，客观、准确地阐述事实。对于不同性质的案件，都应做到实事求是，同时达到事实要素齐备、叙述线索清楚、关键情节和因果关系交代明白，繁简适度。例如，对于刑事案件的犯罪事实来说，应当写明：犯罪分子的作案时间、地点、动机、目的、情节、手段、经过、后果，以及当事人之间的关系等其他有关的证据。对于某一具体的犯罪事实，应当根据刑法理论中犯罪构成的具体原理将该罪的必要要件记述清楚。

其二，明确、全面地进行说理。说理，是司法文书写作中比较重要的表达方式，其适用于各种司法文书的理由部分（如逮捕理由、判决理由）及抗诉词、公诉词等。在具体阐述道理时，必须出于公心，依法论理，且要求观点鲜明正确，论据充分可靠，论证严谨周密，以保证无懈可击。

其三，恰当、具体地适用法律。在我国各类法律、法规的条、款、项、目中，规定着不同的内容，因此，在司法文书写作中需要引用法律条款时，一定

① 参见韩桂珍：《浅谈司法文书的准确性》，载《河北法学》1994年第5期。

要作到恰当、具体；如需引用多项法律条款时，还要作到全面，并符合一定的顺序。例如，一起刑事案件的判决书，其判决理由不仅需要引用定罪条、款（或项、目），还需要引入量刑的条、款（项、目）；不仅需要引用刑法条、款，还需引用人大常委会决定；不仅需要援引重罪条款，还需援引轻罪条款；不仅需要处理刑事部分内容，还需要处理附带民事部分的内容以及赃款、赃物的处理等。在具体引入中，则要遵循先引定罪条款，再引量刑条款，后引处理赃款、赃物及附带民事赔偿条款；先引重罪条款，再引轻罪条款；先引刑法条款，再引“人大常委会决定”及其他法律、法规条款之原则。

准确的内容，必须通过精准的语言来进行描述、表达。准确运用司法文书之语言问题，是一个重要且复杂的问题。它既会涉及语法修辞、公文写作、概念运用、逻辑推理，又会涉及法律术语及司法文书的语体特征、语言风格等诸方面问题。因此，要准确把握司法文书语言的精准性，就必须准确地使用法律术语、选择合适的语言进行表达及正确使用词性等。具体而言：

其一，正确地使用法律术语。准确地使用法律术语是由司法文书这种专用公文的特点所决定的。只有准确地使用法律术语才能正确表达法律规范含义的实质内容，才能正确执行国家的法律，维护法律的权威。

其二，选择合适的词语进行表达。在司法文书写作中，要尽量选用那些最准确、最恰当、最生动、最具有表现力的词语，通过此来反映客观存在的案情，争取达到内容准确的预想效果。具体而言，一方面，所选用的词语要把事物的性质、状态和作者的思想感情准确地、恰如其分地表现出来，不使人发生误解。另一方面，要想作到词义确切，首要问题就是要对词义有精确的理解，特别是对意义相同或相近的同义词，要注意推敲、辨析它们的大小、轻重、着重点以及适用的对象等，决不可随意滥用。

其三，要正确使用词性。要做到感情色彩鲜明，正确使用词性，应尽量使用中性词进行表述，中性词语的使用体现了现代法律和司法价值观的要求。在现代，讲求法官居中裁判，强调当事人之间的法律地位平等，在断案时就应当平等对待双方当事人，晓之以情、动之以理、断之以法，做到理、情、法的和谐统一。现代法官的理念是既追求实体及程序公正，又要做到言语表达的公正、文雅。

2. 规范性

司法文书的语言，应使用规范化的现代汉语书面语言，不用或尽量少用方言口语，不用生僻词语，尽量少用文言古语，更不能“半文半白”，造成不和谐，甚至引起理解困难和误差。但是，需指出为了保证语言的精练和增强表达效果，可使用一些既为广大公众所了解，又富有生命力的文言语词，如“既遂”、“丧偶”、“聚众斗殴”、“特此通知”、“业经本院审清”，等等。

要达到规范性必须使用规范词语。规范词语是指国家对现代汉语明文规定的或者约定俗成的标准词语。即在司法文书制作时，应强调选用书面标准语词汇，忌用方言方语；忌用污秽语言；忌用生僻字词；忌用模糊词语；不得滥用文言；不得滥用繁体字；不得自行简化汉字；不得出现错别字，等等。①

通常而言，在司法文书的制作过程中，可以把常用的司法专业语汇分为三类。首先是严格术语，它们构成了司法文书的骨干词汇成分，指仅限于法律科学范围内使用的，意义精确、语义单一的语汇，这种词汇必须准确无误地使用。如“罚金”、“数罪并罚”、“羁押”、“验明正身”、“第三人”、“上诉人”、“被上诉人”、“原审第三人”、“不作为”等不同用语，其中的每一词语都有着严格的内涵和外延。其次是一般术语，指那类法律上赋予的，来自其他学科领域的具有法律意义的术语。如《食品卫生法》中的“添加剂”等，这些词进入法律领域，就具有了法律意义。还有一部分法律行业的习惯用语，如“赃物”、“凶器”、“供词”、“伪证”等词语，这些词语虽然法律没有赋予特定的含义，但可将法律术语具体化，如“伪证”一词的具体化。最后是限制性术语，指那些被有限制条件地吸收进司法文书中，用于丰富、补充文书形象化色彩及表达法律丰富感情的语汇。如“供认不讳”、“无视国法”、“手段极其残忍”、“行为十分下流”、“后果严重”、“影响巨大”等词语，该类用语可由制作者酌情选择使用。

此外，句式的规范也同样重要，其要求表达明确无误，语句完整，主动被动分明，词语搭配得当等。同时，句式规范也要求司法文书中的事项固定，不同文种的事项要有不同的规定和要求。一般情况下，其是固定不变的，即每一事项的各个要素既不能任意增减，也不能颠倒次序。②

3. 简洁性

司法文书的简洁性要求在制作司法文书时，用语要精练。所谓精炼，就是指内容要概括，中心要突出，选材要精粹。所谓简约，就是指简而不缺，疏而不遗，明白无误，这就是通常所说的言简意赅。而要实现此情境，就必须做到“四忌”：一是切忌啰唆。应开门见山，一语破的，不绕弯路，力戒套语，不入琐事，避免重复。二是严防苟简。不能片面追求简约，而随意省略必不可少

① 参见熊先觉：《司法文书学》，中国法制出版社2011年版，第68~69页。

② 参见熊先觉：《司法文书学》，中国法制出版社2011年版，第35页。

的语词，导致语法错误，语意不清，事理不明，以致影响案情的准确反映和案件的审理。三是恰当使用术语。某些法律行为和法律事实，只能用法律术语。惟有此，其含义才能得到准确表述。四是注意四字格的短语应用。四字格短语，又称四字格词组，它是汉语结构的一个特点，语言简炼，含义准确，富有韵律。在讲究直朴表述风格的公文中，历来受到注重和使用。如其能适当运用，可以增强必要色泽、声律和精粹的表述力。在司法文书中，这类直朴的文字格短语常被应用，例如：罪大恶极、手段残忍、情节恶劣、后果严重、证据确凿、铁证如山、足资认定、驳回上诉、维持原判、发回重审、故意杀人、过失伤害、构私枉法、执法必严、违法必究，等等。

4. 朴实性

司法文书的文风要求朴实，强调事实求是，一针见血，开门见山，言简意赅，因此，在语言及说理等方面应注意以下几点：

其一，文辞庄重。司法文书的制作，要求严肃庄重，短小精辟，不冗长，不啰唆，即要求言简意赅而又不遗漏要点。在实践中，应视案件的复杂情况及适用法律条文的多少等多种因素来决定司法文书的长短，该长则长，该短则短。

其二，提笔说理。记事说理时应当直截了当，不隐晦，不迂回，尽量少些抒情、描绘性语言，做到一目了然、干净利落。司法文书的重点在于，欲使当事人了解某项司法决定，就应将重心放在事实的阐述及法律的运用上。

其三，语言朴实。司法文书讲求客观性，不可掺杂水分，必须如实反映客观情况，讲求语言平实，在制作司法文书时，既不提倡积极地采取修辞手法，也不应绝对排斥和拒绝所有的修辞，而应视具体案情而定。

5. 严谨、得体

所谓严谨，就是要反映事物之间的本质的、内在的联系。在司法文书中，事物的因果、并列、主从、交叉、矛盾、反对子关系，都应当表述得一清二楚，体现出严密的逻辑性。在表述上，叙事时必须将事物的前因后果、来龙去脉交代清楚；论证时要与叙事环环紧扣；说理时要基于事实，做到观点和材料的统一。在结构上，必须按司法文书有关格式的要求和规定，明确体现出条理性、逻辑性、完善性和法度性。

所谓得体，就是要得上下行文之体，得严肃庄重之体，得义正辞严之体。也就是说，司法文书使用的语辞，要与文种制作机关的特点相符合。无艺术描述，无讥讽、幽默语气，无弦外之音，无盛气凌人，要体现法的正义性和严肃性。如人民检察院的起诉书，旨在揭露、指控被告人的罪行，因此，其语辞应刚正有力，充满凌然正气；刑事裁判文书，要体现惩罚和教育相结合的政策，所以在表述上既要痛斥被告人的罪行，又不能侮辱其人格；民事裁判文书，不仅要依法辨清当事人的是非曲直，制裁违法行为，还要坚持以理服人、语气委婉地进行侧重教育，以晓之以法、喻之以理、动之以情的方式达到实质制裁之效果。

第九章　司法功能

从功能主义的角度分析，司法权作为国家政治系统中的一个特定结构，是国家政治权力的重要组成部分，为保证整个政治、社会系统的稳定运行与发展发挥至关重要的作用。随着社会与人类制度的发展，司法功能由最初的裁判案件功能逐渐走向多元。尤其随着“二战”以来法律实践的发展，现代司法结构逐步完善，司法的制度化功能逐渐向更深层次发展，并最终指向现代司法人权保障之基本目标。

第一节　司法功能的历史分析

在社会科学的概念中，功能是指一定组织或体系所具备的能力和所发挥的作用，以及为发挥作用而应完成的一套任务、活动。① 功能主义认为，社会是一个复杂的综合体，社会的每一个部分都对社会的稳定发挥一定的功能，产生一定的作用。社会的各个构成部分各司其职、协同工作，从而保证了社会有机体的健康和稳定。“功能主义者关注各种社会实践是如何满足(或可能满足)它们所根植于其中的较大系统的主要需求的。”②吉登斯也指出，要分析某种社会行为或制度的功能，就是要分析其在社会有机体的延续和健康发展中所起的作用。③ 早期功能主义者如赫伯特·斯宾塞、孔德和涂尔干都把社会看成一个有机整体，社会作为一个有机整体要持续下去，必须在社会系统内部保

---

① 参见[法]莫里斯·迪韦尔热：《政治社会学——政治要素》，杨祖功、王大东译，东方出版社2007年版，第159页。

② [英]帕特里克·贝尔特：《二十世纪的社会理论》，瞿铁鹏译，上海译文出版社2002年版，第3页。

③ 参见[英]安东尼·吉登斯：《社会学》，赵旭东等译，北京大学出版社2003年版，第22页。

持协调。社会系统的复杂化和系统的分化，要求与之相适应的更高级复杂的协调方式。

一、司法功能形态的演进

人类社会本身具有一种组织功能。在人类社会早期，社会共同体主要以血缘为基础，因此维系社会共同体的功能主要是以血缘为基础的氏族组织承担。随着人类交往活动的发展和范围的扩大，这种自组织的社会越来越不足以保证人类社会共同体的存续和发展，以地域而不是血缘为基础的社会共同体组织——国家——作为一种社会共同体的更高级别的组织形式和治理手段便应运而生。当然，从某种程度上说，早期国家依然带有某种氏族社会遗留的家族统治特征，最明显的特征就是君主世袭制，但毕竟这是一种理性化的社会治理力量的开始。

从国家产生的历史来看，国家权力作为一种社会治理手段并不是人类的一种有意识的创造，其产生和演变应该更确切地被理解为因应人类的某种需要而自生自发的一个过程。它本身最开始是为了满足人类社会的某种功能性需求，即为了让人类能够在一个社会共同体内共同生活，保证社会的存续和发展，需要某种相对于原先的氏族组织更为强大的力量来维系整个社会的统一和安定。

在原始社会，人类社会的冲突主要通过私力救济来解决，随着国家的产生，人类开始将社会纠纷的解决方式赋予由国家强制力保障的司法机构，即通过一种理性化的形式来解决社会冲突，作为国家权力一个重要组成部分的司法权便由此而生。从功能主义的角度来看，司法权的产生也是社会系统走向分化和更高级别的协调形式之产物。因此，司法权不是理论建构的产物，而是源于现实生活的需求。

随着传统国家向现代国家的演变，司法权作为国家权力体系的一部分也随之经历了一个从与其他权力分支的纠合走向逐步分离的过程。从古希腊哲学家亚里士多德的《政治学》一书中的论述来看，那个时候的哲学家们就已经对国家权力的分化有了理论上的认识。但与其特定的历史发展过程相适应，司法权功能的发挥表现为与其他权力功能的同质化，因而很难区分司法独立发挥其功能的空间。司法权独立发挥其功能性作用始于现代社会、政治条件下建立的现代司法制度，司法的现代化以政治的现代化为前提。亨廷顿指出，政治现代化有三条极为分明的标准——权力的理性化、政治功能的分化、政治参与的广泛化。传统政治与现代政治的重要差异在于政治角色与政治功能的分化程度。现代社会是政治体系高度分化、政治功能多样化、政治角色众多的社会。①

对于一个致力于建立法治的国家来说，一个现代化的司法制度是必不可少的。司法在奉行法治理念的国家发挥着极其重要的功能，可以说一个现代化的国家必须是司法在国家权力中发挥着主要作用的国家。因此，以一个正在走向现代化的国家为背景来考察司法在这个国家社会转型时期所发挥的功能可以说有着极为深远的意义。

现代化理论将农业文明对应的社会称为传统社会，将与工业文明对应的社会称为工业社会。这种分类虽然在解释当代社会的复杂演化时存在缺陷，但对于一个正从传统社会向现代社会转型的国家来说，这种理论分类还是有其意义的。从司法现代化的角度来看，我们也可将司法的功能形态分为传统社会的司法功能与现代社会的司法功能。司法功能在不同的社会形态中其功能的发挥程度和表现形式是不尽相同的，有必要在此对传统社会的司法功能与现代社会的司法功能在分而论之的基础上进行对比分析。

二、传统社会的司法功能

司法是国家最初始、最基本的职能，最初的国家就是从原初社会中的纠纷解决机构衍生出来的。但传统社会的国家权力结构表现为权力行使主体单一，或虽然有很多权力行使主体，但这种主体的分化主要是基于一种职能分工，国家权力本身分化不足，各种权力之间也没有严格的区分。虽然早在古希腊时期，亚里士多德在其《政治学》一书中就提出一个优良政体应包括议事、行政、审判三种机能，但传统社会的司法无论是在理论上还是在实践上都与其他公权力分支纠结在一起，相对于强大的行政权而言处于从属和附庸地位，没有专门的司法裁判机构，司法职能由行政机构承担，除解决纠纷之外还要处理很多其他事务，不存在一个专门解决纠纷的机构。

三、现代社会的司法功能

现代社会是一个功能高度分化的社会，涂尔干在《社会分工论》一书中指出，社会在时间历程中变得越来越复杂和越来越分化。日益增长的分工是现代社会的特征。涂尔干在其著作中还将社会团结形式分为机械团结与有机团结，传统社会是一种机械团结的社会，而工业社会则是一种有机团结的社会，与之

① 参见[美]塞缪尔·P. 亨廷顿：《变化社会中的政治秩序》，王冠华、刘为等译，上海人民出版社 2008 年版，第 78、120~127 页。

分别对应的法则是压制性法和赔偿性法。① 传统司法与现代司法的一个重要分界点是，审判职能是否从国家权力中分离出来。

司法权在国家权力的历史演进过程中本身也经历了从传统到现代的转变。现代司法是随着近代市民革命的胜利以及近代政治体制的建立而出现并取得相对独立的地位的。现代司法在功能上具有不同于传统司法的显著特征。

(一)规则形成功能

司法的规则形成功能与纠纷解决功能有着密切联系，法院与法官能够通过在个案中解决纠纷来进行规则创建。法院的规则形成功能实现途径之一是解释法律，法官要通过自己对法律的理解和解释、对案件事实的理解和把握，去消融法律与事实之间的对峙，使法律与事实之间形成一种互相阐明的互动关系。② 通过这种对法律的解释过程，法院实现其规则形成的功能。法院的规则形成功能实现途径之二是创造判例。普通法系国家的法官是判例法的创制者，大陆法系国家中法官作为规范创制者的作用也在增强，其高级法院法官的判决在一定程度上起到了规范下级法院判决、维持法律统一适用的作用。

(二)权力制约功能

司法的权力制约功能始于权力制衡的制度设计。司法以其权力性质之中立担当起控权的重任。权力制约是法治的核心之一，司法是制约权力的最后一道防线。正是司法的介入将权力冲突由实力较量转化为法律问题，以保障权力的正常运行。司法权发挥的功能随着现代政治体制的发展和完善而呈现出不断走强的态势，即发挥着越来越大的权力制约功能。

(三)人权保障功能

司法人权保障功能的确立、强化与法治理念的发展密切相关。现代法治社会，法律的出发点是公民权利，法律不断扩展公民权利，并且加强公民权利的保护。司法的功能从传统的以维护统治者的统治秩序为主转变为以保护人权为主。公民的积极性和创造性因此得到极大的激发，此时的法律不仅带来秩序，更带来社会的繁荣和活力。司法对权利的保障体现在实体和程序两个方面。实

---

① 参见[英]帕特里克·贝尔特：《二十世纪的社会理论》，瞿铁鹏译，上海译文出版社2002年版，第43页。

② 参见蒋秋明：《司法理性与法律治理》，载《学海》2004年第6期。

体层面上，通过法官独立和中立的裁判实现公民权利义务的公正分配；在程序层面，则体现为平等的要求诉讼救济的权利及一系列正当的程序原则。

（四）社会控制功能

庞德指出，司法的社会控制功能是指通过对每个人所施加的压力，迫使他自己维护文明社会并阻止他从事反社会行为。① 虽然实现社会控制的手段有许多，如舆论、法律、信仰、社会暗示、社会宗教、个人理想、礼仪、艺术、人格、启蒙、幻像、社会价值观和伦理法则等，但法律仍是社会秩序大厦的基石。② 法律以其确定性和可预见性为社会主体的行为提供指引并预见行为后果，通过审判使纠纷解决在程序上也更为公正，成为社会控制的重要手段。

（五）宪法实施保障功能

现代立宪政体不仅要求进一步强化司法的权利救济功能，司法要为宪法上规定的各项权利提供全面的救济。同时在现代立宪国家，绝大多数国家的宪法实施都是通过司法来实现的，司法已成为现代政治体制大厦的一根基柱。

（六）政策形成功能

在现代政治架构中，司法能够通过宪法解释权、司法审查权干预国家重大问题，参与国家重大政策的形成。司法按其本性应保持被动、克制，但现代司法由于其在社会生活中的高度权威，法院对一些具有重大影响的案件作出的判决能够对相关政策的形成产生重大的影响。

第二节 司法功能的层级分析

从司法权发展的历史考察，我们可以认为纠纷解决是司法最基本、最原始，亦是最为直观的一项功能。因此，解决纠纷是司法发挥其功能的基本形式，如果把司法权作为社会分化的一部分来考察，那么唯有通过解决纠纷，司法才得以产生其他社会功能。而这些功能的发挥也必然依赖于司法这一原初功

① 参见[美]罗斯科·庞德：《通过法律的社会控制》，沈宗灵、董世忠译，商务印书馆1984年版，第8~9页。

② 参见[美]爱德华·罗斯：《社会控制》，秦志勇、毛永政等译，华夏出版社1989年版，第46页。

能的发挥，即必须以此为载体。否则，将可能导致司法权的异化和耗散。同时，司法的权力制约功能、社会控制功能、政策形成功能与人权保障功能也并非处于同一个层级，如无论是权力的制约还是社会的控制或者是参与政策的形成等，其终极目标则均指向于人权的保障。据此，司法功能可分三层级体系呈现——司法的第一层级功能是定纷止争，此为基础。即通过第一层级功能的发挥来保障第二、第三层级功能的施展。第二层级功能包括权力制约、社会控制、政策形成，此为第一层级功能发挥基础上的衍生性功能。第三层级功能是人权保障，此为司法的终极功能与目标。在这一终极价值的指导下，无论是司法的第一层级功能还是第二层级功能，其最终均指向于司法的人权保障之目标。

一、第一层级司法功能——定纷止争

解决纠纷是法院制度的普遍特征，构成法院制度产生的基础、运作的主要内容和直接任务。日本法学家棚濑孝雄认为，审判制度的首要任务就是纠纷的解决。① 从上文对司法功能的历史分析中可以看出，解决纠纷是司法最原始、最基本的功能，贯穿于司法演变的整个历程，并且始终是司法其他功能发生作用的载体和先决条件。

人的多样性和差异性决定了人类个体的利益差别以及人与人之间不可避免的各种利益冲突。社会冲突理论认为，社会冲突是人类进步的根源，对人类文明的进步具有积极的意义。但社会冲突也必须限制在一定的程度内，否则便会对社会秩序和人类文明造成严重的破坏。为此，无论从防范层面考量还是解决机制的建设而言，我们必须要建立完善的社会冲突解决机制，而国家权力便是在人类社会之上建立的解决社会冲突的一种手段。司法作为国家权力的一部分，专职性地承担了这一职能。因此自生自发地建构一种有效的纠纷解决机制是人类文明进步的重要杠杆。当然这样一种纠纷解决机制的建立亦是经历了一系列的社会发展之演进，如从原来的过分依赖私力救济，演变至后来的公权力担任主角之地位。总之，司法权是随着人类文明进步和国家的产生而形成的，并随着法治社会的到来进一步强化，而司法作为解决纠纷的社会功能亦得以不断地巩固与强化。同时，相比于其他纠纷解决方式，司法的中立性、国家强制性、终局性等特点，亦被认为是最为主要的纠纷解决方式。综上所言，司法之

① 参见[日]棚濑孝雄：《纠纷的解决与审判制度》，王亚新译，中国政法大学出版社2004年版，第1页。

功能已进入理性化之时代。

解决纠纷是司法最为原始的功能，这也是司法权赖以产生的原因。在现代社会，司法的这一基本功能并没有发生变化，并且从广义上说，司法对政治权力的制约也是通过裁决纠纷的形式来实现的。司法的这一功能在现代的发展主要表现为以下两大特点：(1)司法作为解纷手段的普遍性、权威性和终极性。在传统社会，自然经济条件决定了社会关系的相对简单化，社会纠纷较少，或者即使存在纠纷也只是熟人社会内部的纠纷，其可以通过各种社会化的手段诉求解决，而无须依靠国家公权力。至现代工业社会，随着人口、资源的迅速流动以及社会关系的日益陌生化，适应现代商业社会的司法制度遂成为人们解决冲突的首要之选。同时，法律的普遍性要求也使得司法成为现代社会普遍化的解纷方式。(2)司法的解纷功能与其衍生性功能纠合在一起。在传统社会，司法主要用来惩治犯罪、维护社会秩序或承担少量的化解个人之间纠纷的功能，其主要目的是维护统治秩序。随着现代民主制度的建立，司法的政治基础也随之改变，司法成为人民权利保障最重要的一道防线，通过化解纠纷保障人权成为司法的终极目的。另外，司法不仅裁决社会内部的纠纷，还裁决公民与国家以及国家公权力之间的纠纷而成为现代宪法的光荣守护者，并在这一过程中发挥着强大的权力制约功能。而司法的解纷功能也因此与它的人权保障功能以及权力制约功能运作于一起。

纠纷解决功能虽是传统司法与现代司法的共通功能，但现代司法的纠纷解决功能却不同于古代，其自有特殊之处，具体表现如下：(1)解纷范围和受案性质的多样性、复杂性。在传统司法中，法院受理纠纷的案件范围十分有限，因此，其并不是纠纷解决的主要方式①，同时由于传统社会关系偏向于简单的熟人社会，故而其纠纷数量和形态都相对要少。随着工业社会的到来，各种新型纠纷不断涌现，法院受理案件的类型呈现出复杂化、多样化的形态。至现代社会，随着人权意识的增长和权利保障形态的普遍化发展之态势，此时法院的受案范围早已不可同日而语，其几乎可以受理所有的纠纷。同时，案件受理的性质也发生了明显的变化，已从最初的私主体间的纠纷扩展至公权与私权、公权之间的冲突等。如既包括民事经济纠纷，也包括刑事案件，还包括公民与政府之间的权利争议(其中许多争议在我们这里被归类为行政案件)等。② 至此，

① 参见左卫民：《法院制度功能之比较研究》，载《现代法学》2001年第1期。

② 参见贺卫方：《中国司法管理制度的两个问题》，载《中国社会科学》1997年第6期。

司法无疑成为了最为主要的纠纷解决方式。(2)司法成为纠纷解决的最具普适性的方式，法院成为最主要的纠纷主体。当然，“这并不意味着排斥其他纠纷解决方式和表明法院的独占或基本占有纠纷的处理权。”①从司法成本与司法效率的角度考量，司法途径并非唯一同时亦非最佳。此外，在纠纷频现且日益复杂的现代社会，亦要求我们具体问题具体分析，即根据案件纠纷的不同特点来选择最为合适的解决方式。(3)权威性突出。相对于其他纠纷解决途径之性质，司法具有终局性，即其他纠纷解决方式不能与之冲突、抵触。在现代社会，行政权力的不断扩张虽有侵犯司法之嫌，如行政机关承担了越来越多的司法职能，但从理论而言，行政裁决依然要受到司法机关的审查，这是无疑的。

现代社会司法的纠纷解决功能之所以具有不同于以往的新型特征，其原因在于：(1)传统社会向现代社会的变迁，使得纠纷大量产生；社会关系的复杂化、陌生化，使得纠纷越来越复杂。(2)市场经济的发展，公民权利意识的觉醒使得人们越来越关注个人的权利和利益。(3)现代政治制度的建立，使得司法成为相对独立的一个权力分支，且受司法本身的中立性、被动性等特点之影响，使得司法成为保护个人权利之中最有效的方式。

司法活动的主要内容就是通过个案的处理，分散化地解决社会纠纷。换言之，定纷止争是司法的基本活动。卢埃林指出，解决争端是法院最为重要的职能，并始终为其他功能的实施创造条件。② 因此，司法的纠纷解决功能属于第一层级的功能，而第二层级的功能则通过法院对具体案件的判决来发挥作用。

二、第二层级功能

如上文所言，司法第二层级之功能是以其第一层级功能之发挥为基础和先决条件的。换言之，司法的第二层级功能必须通过对具体纠纷的解决来发挥其权力制约、社会控制、规则及政策形成之功能。反之，后者则对前者则形成一种能动的反作用——“权力制约”促使司法对国家公权力系统之控制，“社会控制”保障司法对市民社会之调整，“规则、政策形成”突出了司法能动性的功效。

---

① 左卫民：《法院制度功能之比较研究》，载《现代法学》2001年第1期。

② 参见[英]罗杰·科特威尔：《法律社会学导论》，潘大松等译，华夏出版社1989年版，第89~91页。

(一)权力制约功能

伴随着现代政治制度的建立以及政治民主化的日益发达，国家公权力逐渐回归人民，而原有的用来控制社会和民众的法律和司法机构亦渐渐由人民所掌握。司法逐步跨出了原有作用之领域，开始向规范公民与政府、政府间的公法领域所渗透。此时的人民几乎完全可以凭借公权力及公权机关来制约国家权力、维护自身之利益。现代政府权力膨胀之后，司法的另一种政治性功能亦得以跃而成为现代法治的关键所在，即保障公民不受政府权力的侵害，并可对政府其他权力进行合法性、合理性审查。需要指出的是，司法权之权力制约功能是在特定的历史实践中逐渐确立的。“现代司法功能的一个显著特点，就是它不仅在私法领域，更重要的是在规范社会与国家、公民与政府关系的公法领域获得了引人注目的发展。”①20 世纪后，随着社会经济的发展，自由放任的政策逐渐退出历史舞台，行政权全面干预社会经济生活。为防止行政权日趋扩张对人权可能带来的危害，司法权获得了很大发展：一是司法权的范围由以往对民事和刑事案件的裁判权扩张到对行政案件的裁判权，行政权受到司法权的制约；二是司法权承担起维护宪法的重任，议会立法权受到司法权的制约。② 对行政裁判而言，司法对行政管理权实施直接的审查和制约，以防止行政权出于效率等考虑而可能出现的滥用；对刑事裁判而言，司法对检察和警察机构的追诉结论实施独立审查。不仅如此，司法机构在审判前实施的程序性裁判活动还直接使检察和警察机构限制个人基本权益的行为受到司法机构的独立审查和程序控制。

以此为基础，左卫民教授指出，“现代型法院与传统型法院最为重要的功能差异可能在于权力制约。”③换言之，制约国家权力是现代法院应有与常设之职能，而传统型法院则往往望其项背而不及。司法制约权力之功能作为现代司法区别于传统司法的显著标志，已随着现代政治制度的建立，基本取得成功。

(二)社会控制功能

人类社会的发展以基本秩序的维系为前提。公道的社会基础性秩序，正是

① 庞凌：《法院政治功能的学理疏释》，载《法律科学》2003 年第 4 期。

② 参见杨士林：《我国法院司法权的宪法地位》，载《济南大学学报》2007 年第 4 期。

③ 左卫民、周长军：《变迁与改革——法院制度现代化研究》，法律出版社 2000 年版，第 96 页。

由司法、也只能由司法来维系。通过对社会内部之纠纷、冲突进行及时、公正的解决，从而使社会不至于陷入动荡之中，从而维护一个稳定的社会秩序。司法第二层级功能的另一个方面即是进行社会控制。庞德指出，作为社会控制的手段或方法之法律，通过对每个人所施加的压力迫使他自己维护文明社会并阻止他从事反社会行为。① 法律作为社会控制方式的作用过程如下："一个法律制度通过下面一系列方法来达到，或无论如何力图达到法律秩序的目的：承认某些利益；由司法过程（今天还要加上行政过程）按照一种权威性技术所发展和适用的各种法令来确定在什么限度内承认与实现那些利益；以及努力保障在确定限度内被承认的利益。"②司法通过对具体纠纷的裁决，将抽象化的法律规范具体落实为人们的权利义务，通过裁决纠纷，使法律规范普遍化，从而对人们的行为进行指引，引导他们按照法律规定的行为行事，如果出现违反法律的行为将受到法律的制裁，通过这种增加某些反社会行为的成本的方式来减少反社会行为，从而达到社会控制的目的。

法律是"一种制度，它是依照一批在司法和行政过程中使用的权威性法令来实施的高度专门形式的社会控制。"③审判通过其辐射性效果发挥社会控制功能，这主要通过传递对社会主体行为的评价信息来实现。"通过分配资源，法院探知人们预期的遵从或逃避策略，对某种行动路线进行指责或合法化，鼓励或抑制起诉，降低或提高对某种行为或其管理者的评价。"④"审判的效果主要通过传递和接收信息而非通过直接施加控制的方式来实现……法律作为一个具有文化意蕴和象征意义的体系，比其他操作性控制规范更宏大。它主要通过符号交流来影响我们，即通过包括提供威胁、允诺、范式、说服、合法性、耻辱等符号来实现影响。"⑤司法作为社会控制的形式，其作用发挥机制有以下特点：是法律规范与组织化力量的有机结合，是对个别行为的直接控制与普通行

① 参见[美]罗斯科·庞德：《通过法律的社会控制》，沈宗灵、董世忠译，商务印书馆1984年版，第8~9、8~13页。

② [美]罗斯科·庞德：《通过法律的社会控制》，沈宗灵、董世忠译，商务印书馆1984年版，第35页。

③ [美]罗斯科·庞德：《通过法律的社会控制》，沈宗灵、董世忠译，商务印书馆1984年版，第25页。

④ 马克·格兰特：《审判、诉讼及相关现象》，李满奎译，徐昕校，参见徐昕主编：《司法程序的实证研究》，中国法制出版社2007年版，第290页。

⑤ 马克·格兰特：《审判、诉讼及相关现象》，李满奎译，徐昕校，参见徐昕主编：《司法程序的实证研究》，中国法制出版社2007年版，第295页。

为的张力控制的结合、是法律权威与司法角色行为的有机结合、是公正价值与司法制度的有机结合。①

维护社会秩序可谓是司法在传统社会与现代社会中所共有之功能，但二者在具体情境方面又有所不同：(1)重要性不同。在传统社会，法律只是诸多社会控制方式中的一种，而且并不是最为重要的存在。现代社会则不然，现代社会法律的社会控制功能被提升至很高的地位，加之社会的流动性大大加强，亦需要一种普遍性的事物来规范社会秩序的运行，而法律作为世俗社会的重要产物，无疑成为最为主要的社会控制方式。(2)价值取向不同。在传统社会，其社会控制的根本目的在于服务于专制统治集团之利益，因此司法目的是为维护专制统治，即仅仅是统治阶级对被统治阶级实施的自上而下的压制型统治。而现代社会则不同，现代社会之法律赋予每个人以平等法律地位，同时，民主化的过程使得法律成为民众利益表达与聚合的载体，并通过司法机构对法律的严格实施来落实自己的利益。因此，通过法院对社会秩序进行规范不是一个集团对另一个集团的控制，而是在民众认同的基础上对社会秩序的整体控制，是一种追求广泛认同感的社会控制。

(三)规则形成功能

司法的规则形成在纠纷解决中实现，纠纷解决功能的分流也能为规则形成功能发挥提供所需的司法资源。较之于其他纠纷解决方式，法院裁判对社会公众的行为具有更强的导向性。在此意义上，法院是一个提供"公共产品"的机构，解决纠纷之外还为社会成员确立准则。将法院一部分纠纷解决功能分流给仲裁、调解等机构，并通过对它们的监督、指导和制约，使司法功能得到进一步延伸。当法院能够专注于疑难案件、新类型案件的审理时，法院确立规则的功能将得到更好的发挥。② 司法裁判对冲突主体行为的评价必然导致对某种规则的确认以及对既存规则的维持。正是在这个过程中，司法的固有职能开始得到发展，即通过纠纷解决而逐渐与法律规则的形成发生密切联系。③

司法的规则形成功能依附于审判功能并以审判功能为基础发展起来，一般

① 参见程竹汝：《司法改革与政治发展》，中国社会科学出版社2001年版，第187~196页。

② 参见葛玲：《从法院面临的困境看纠纷解决机制的完善——兼谈法院功能的定位》，载《法律适用》2006年第6期。

③ 参见王利明：《司法改革研究》，法律出版社2000年版，第5页。

与个案审理联系在一起，原则上不能游离于纠纷解决功能之外，主要通过法律解释及判例法创造机制来实现。法院的规则形成功能实现途径之一是解释法律。在司法领域，“一个适合某个规则的事态的构成，取决于根据运用于它的那个规范的概念对它进行的描述，而这个规范的意义，恰恰只有当它被运用于一个被变成规则之一例的事态时，才得以具体化。一个规范永远只是根据由这规范自身所规定的相关性标准而有选择地‘吸纳’复杂的生活世界情境，而由规范所构成的那个事态也绝没有穷尽一个普遍规范的模糊的意义内容，而是也非常有选择性地体现这个规范。”①司法的过程就是法官通过自身的智识化的努力去沟通法律与事实之间的关系，“在已制定的法律的普遍性和个别事件的具体性之间弥补那无法取消的空隙。”②也就是说，法官要通过自己对法律的理解和解释、对案件事实的理解和把握，去消融法律与事实之间的对峙，使法律与事实之间形成一种互相阐明的互动关系。③ 通过这种对法律的解释过程，法院实现其规则形成的功能。法院的规则形成功能实现途径之二是创造判例。普通法系国家的法官是判例法的创制者，大陆法系国家中法官作为规范创制者的作用也在增强，其高级法院法官的判决在一定程度上起到了规范下级法院判决、维持法律统一适用的作用。

我国法官作为规范创制者的作用主要表现在以下方面：(1)最高人民法院制定司法解释是典型的规范创制者角色的体现；(2)最高人民法院通过“公报”等形式公布各级法院审判的一些案例，对下级法院的审判工作起到一定的指导作用；(3)各级法院在审判中能基本达成适用法律的平衡状态，是更高层次上规范创制者的角色；(4)社会将法院的判决视为先例予以援用和遵守，使先例在司法工作中的固有作用得到承认和发展。④

(四)政策形成功能

当司法裁判的对象及其影响向社会治理领域深入时，规则形成功能在现代风险社会中更明显的体现为公共政策形成功能。政治学理论认为，公共事务之

① [德]哈贝马斯：《在事实和规范之间》，童世骏译，三联书店2003年版，第246页。

② [德]伽达默尔：《真理与方法》，洪汉鼎译，上海译文出版社1999年版，第726页。

③ 参见蒋秋明：《司法理性与法律治理》，载《学海》2004年第6期。

④ 参见蒋惠岭：《论法官角色的转变》，载《人民司法》1999年第2期。

决策是属于通过民主方式组成的民主代议机构专有之权力，行政与司法则只是严格地执行公共政策。但在现代社会，随着行政权的扩张，行政权也行使着越来越多的公共政策制定之功能，但法院是否也参与其中则是一个需要考察的问题。

在传统社会，司法功能局限于定纷止争，法院并不被承认可以参与公共政策的形成。即使至后期，公共政策制定之功能有所分化也主要是在中央与地方、立法机关与行政机关之间进行的有限分配。而以解决纠纷为主要职能的法院，则被直接排除在外。

但现代社会，法院则在一定程度上可以通过审理案件的方式参与与案件有关的宏观事务之决策，或者至少可以影响这类决策的形成。如埃尔曼指出，法官的司法审查行为就是对政策制定权的一种分享。① 甚至有学者指出，司法权的本质特性一面是服从法律，另一面则是创造法律，并提出了四点理由：(1)从法律自身来看，司法权所要服从的法律并不是十全十美的，而是存在着各种各样的漏洞、冲突与模糊。司法权在处理具体案件时，常常会遇到法律并未对某个问题作出明确规定的情况，这就是法律漏洞；还会遇到针对同一个案件的不同法律之间相互冲突的情况，这就是法律冲突；由于法律本身不可避免的概括性导致的模糊不清，导致司法权不知道应该如何服从法律的情况，更是比比皆是。(2)从司法权的行使者来看，服从法律的法官不是一些机器，而是一些有创造性的人，他们行使司法权的活动，必然会烙上个人色彩。(3)从权力的本质来看，权力就意味着一定的创造空间。(4)司法权的行使过程是一个不断对话、相互影响的过程，在这个过程中，一些新的法律就会被创造出来。

在现代风险社会中，通过司法形成部分公共政策又是必要与不可或缺的。在全球化发展背景下，由于人类实践所导致的全球性风险占据主导地位的社会发展阶段，在这样的社会里，各种全球性风险对人类的生存和发展存在着严重的威胁，在这种环境中，公共政策形成功能的出现与立法的局限和利益集团斗争方式的转变显得密切相关。在利益集团试图影响公共政策的过程中，“当集团发现正常的政治渠道对它们关闭的时候，它们便可能寻找其他途径去影响公共决策。法庭逐渐成了这种努力的中心”。② 此种情形下，法官在审理案件的

---

① 参见[美]H. W. 埃尔曼：《比较法律文化》，贺卫方、高鸿钧译，清华大学出版社2002年版，第224页。

② [美]詹姆斯·M. 伯恩斯等：《民治政府》，陆震纶等译，中国社会科学出版社1996年版，第301页。

过程中进行政策性的价值判断，代替立法者为某种程度的利益衡量，充当政策制定者的角色。① 而为了适应这种社会形势的变迁，立法者往往授权法官运用一定的自由裁量权作出妥当的判决。同时法院维护裁判统一和法制统一的任务也要求赋予法院一定程度的决策参与权，其有权通过审理案件的方式参与超出所审案件的宏观事务决策过程。② 在风险社会中，市场化进程催生利益诉求纷争和关系多元化，同时也对司法在以社会资源配置为主要内涵的公共政策形成方面提出权能要求。行政机关在介入市场运作的同时不能自我编程以及立法机关无法保证与市场事件的共时性使司法的公共政策形成功能尤为必要。纠纷本身揭示矛盾所在以及中立性的法官意见更易于被利益相关者接受则使司法在公共政策形成方面具备独特优势。③

当然这里需要指出的是，法院的公共决策功能并不是脱离其审判职能而行使的。法院作为一个消极被动的机构，自然不可能主动介入政策形成之中。只是在当代社会，随着各类新型案件的不断涌现，且法律由于其滞后性不可能面面俱到地应对所有问题，而法院则可以根据其不能拒绝裁判之原则凭借某种法律精神或法律原则作出裁判，或者在法律规定不明确的地方，进行创造性解释或创制新判例，这种裁判具有填补法律漏洞之功能。此时法院的裁判已超出某一具体案件的范围，并对该纠纷所涉及的社会问题的解决方式提供了官方性的且具有权威性的解答，这会对人们的相关行为产生一种规范和指导作用。而在相关的政策制定出来之前，法院的判决结果亦会在无形中起到一种类似公共政策的指导功能，甚至也会进一步影响到有关领域的政策制定。

这种政策形成功能被认为是司法能动主义的一种表现形式。有学者认为司法能动主义是一种民主制度下之无可否认的特征，司法的政策形成功能与现代的民主制度具有某种契合性。④ 其政策形成功能的发挥有两种方式，即消极否定式与积极肯定式。所谓消极否定式即是通过宣布一项法律、法令、政策或行为违法无效等措施来干预公共政策。换言之，即通过否定由其他机构制定出的

① 参见胡夏冰：《司法权：性质与构成的分析》，人民法院出版社 2003 年版，第 211 页。

② 参见左卫民、周长军：《变迁与改革——法院制度现代化研究》，法律出版社 2000 年版，第 100 页。

③ 参见韩德明：《风险社会中的司法权能——司法改革的现代化向度》，载《现代法学》2005 年第 5 期。

④ 参见［印］P. N. 伯格瓦蒂：《司法能动主义与公众利益诉讼》，载《法学译丛》1987 年第 3 期。

公共政策的方式，来表明自己的政策观。积极肯定式则是通过解释宪法或制定法等形式积极、主动地创立政策。值得注意的是，在司法实践中，法院为保持其消极、谦抑之品格，对于积极主动式之运用并没有那么频繁，因此，现今大多数法院主要行使的还多是消极否定权。

三、第三层级功能——人权保障

人类文明发展至今，已经探索出权力维系之目标与真谛——人之价值与尊严。人权作为现代民主国家存在的正当性基础，是一切权力得以生存与维系的前提与根本。因此，国家权力的各个分支理所当然地应以人权保障为旨归。随着民主原则、法治原则的确立，权利保护的要求单靠一般权利体系的确立和法治理念的贯彻很难得到充分的满足，尤其在一般权利体系完成宏观建构后，作为权利救济的主要阵地、以微观交涉为主要特征的司法机关自然会在权利保障的领域中得以彰显。① 美国政治学家沃赛曼曾言："在政府里，法院是最重要的公民权利与自由的保护者，虽然立法与行政部门可以通过法律，发布行政命令并监督执行情况。"②司法为公民权利提供一种最终的和权威的救济机制。权利的有无最终得由司法来确认，相互冲突的权利主张要通过司法来裁决，受到损害的权利需要司法来救济。③ 再者，从技术角度看，无论是民事、行政、刑事裁判活动抑或宪法性裁判活动，都以人权保障为价值追求。只有将司法权与普遍意义上的公民权利甚至政治权利联系起来，使司法机构更有效地为受到其他国家权力侵害的个人权益提供救济，司法权的存在才是富有实质意义的。④

特别是在现代，以司法保障人权之方式逐渐普遍化，而以保障人权为终极目标的司法，其作为维护正义的最后一道防线，自然亦成为人权保障事业发展的强大后盾。值得指出的是，司法保障人权的方式同样是以司法之纠纷解决功能为载体，其通过对具体案件的裁决，直接实现对当事人权益的保护。

司法人权保障功能的发挥依赖于第一、第二层级功能的发挥，主要通过以

---

① 参见蒋红珍、李学尧：《论司法的原初与衍生功能》，载《法学论坛》2004 年第 2 期。

② ［美］加里·沃赛曼：《美国政治基础》，陆震纶等译，中国社会科学出版社 1994 年版，第 144 页。

③ 参见周永坤：《司法权的性质与司法改革战略》，载《金陵法律评论》2003 年秋季卷。

④ 参见陈瑞华：《司法权的性质——以刑事司法为范例的分析》，载《法学研究》2000 年第 5 期。

下方式实现：(1)通过依法裁决社会纠纷，直接起到保护公民合法权益的目的。(2)通过制约公权力从而起到保障人权的目的。现代司法所裁决的具体案件不仅包括私人之间的纠纷，也包括个人与公权力之间、公权力与公权力之间的纠纷，这是司法第二层级功能的明显体现，即实现了对公共权力的限制。(3)通过发挥其社会控制之功能，维护正常的公共秩序，从而为公民权利、自由的行使创造良好的社会氛围。(4)通过司法能动主义的发挥，积极参与公共政策的形成。同时，应以更加积极的姿态回应社会公共之需求，以期达到保障人权的目的。

第三节　当代中国司法的功能定位

中华人民共和国成立后，我国建立了系统的法院制度。在不同历史时期，我国法院及司法的功能定位也有所不同。国家对司法的功能定位，社会对司法的评价，都不能超越其所处的社会和时代。历经几次司法改革，当代中国司法逐渐走向结构合理、功能正常，并正在成为制度化和法治化的主导性力量。

一、当代中国提升司法功能的必要性

有学者运用现代化理论和社会进化论来考察社会之变迁，并认为当下中国正处于社会转型时期，他们用社会转型理论来描述和解释这一时期出现的各种社会现象和问题。所谓社会转型，是指人类社会由一种存在类型向另一种存在类型的转变，它意味着社会系统内在结构的变迁。社会转型的过程，从其社会样态的表现来说就是转型社会，即由前一种社会存在类型向后一种社会存在类型转型中的过程态。①

转型期的中国社会，既有传统社会的历史痕迹，同时伴随着市场化、工业化、城市化、信息化、全球化的不断推进，亦具有了部分现代社会之特征，甚至很多西方工业化社会所面临的现代性问题也呈现在我们面前，这就使得当前中国之社会转型具有了历时性和共时性交叠的特征。如此一来，当前中国的各种社会问题和社会矛盾显得更为复杂，而中国社会转型的风险和难度亦随之增加。同时，中国之社会转型亦伴随着利益格局的深刻调整，因此，转型期间自然也是各种矛盾的多发期。但由于制度惯性和历史积弊，加之社会治理模式转

---

①　参见唐静：《谦抑与能动：论转型社会司法角色定位》，全国法院第十八届学术讨论会，2006年11月。

变的缓慢性，因此，通过传统的社会治理体制和方式去处理新的社会矛盾便显得力不从心、捉襟见肘。

由于社会矛盾激增，大量纠纷涌入法院，因此，社会对司法的需求不断增加。但由于司法在体制、机制等方面的缺陷，很多时候都不能满足社会的需求，问题依旧无法解决，如判决执行难、诉讼成本高。

转型社会治理最为关键的一点就是要强化司法功能。或者说，司法功能的强化可以成为其他方面改革顺利推进的重要保障。

二、我国司法功能定位的历史流变

中国传统社会是一个礼俗社会，并不存在现代意义的司法，与这种农业社会相适应的社会纠纷解决方式如调解独具特色，在传统农业社会，虽然也有某种机构扮演着司法的角色，但却与现代司法大异其趣。

(一)古代中国司法功能的定位

中国古代没有独立的法院组织，司法与行政合一，民事诉讼与刑事诉讼也没有严格区分，更没有检察官、律师(古代虽然也有帮助诉讼当事人打官司的讼师，但其与近代律师在功能上很不一样)。在审讯过程中，更谈不上近代意义的人权保障机制。中国古代一直保持着行政、司法合一的传统，地方行政长官兼理司法。

在传统司法时期，司法成为这种一元化权力的组成部分，不具有自身的独立地位，但客观上传统司法也发挥了其基本功能，其对于化解社会纠纷、维护社会秩序起到了一定作用。

(二)改革开放前我国司法功能定位

中华人民共和国的司法机关是在20世纪50年代初期建立的。当时司法的指导理念认为司法是无产阶级专政的工具，是实现党和国家政策目标的手段，司法机关具有“准军事”性质，是维护政权的“刀把子”。在这样的司法理念的指导下，司法审判工作压倒一切的任务即是为现实政治而服务，属于“政治性最强的工作”。简言之，政治工作的中心决定司法工作的中心。①

此时还未形成真正专业化的司法活动，审判机关亦只是作为专政机关而存在，其只是像公安机关和检察机关一样发挥着惩治犯罪、维护社会秩序的作

① 参见信春鹰:《中国需要什么样的司法权力》，载《环球法律评论》2002年第1期。

用。另外，在对民国时期的法律体系和法院体系予以废除后，我国本身还未建立起完整的司法系统，因此，照搬苏联体制就成了理所当然的选择①。

(三)改革开放后司法功能的定位

改革开放以来，我国的司法体制开始了现代化改革，司法功能也呈现出不断走强的发展态势，此时的司法体制已经基本具备了发挥现代法治国家司法功能的雏形。改革开放以后，我国司法机关的性质和任务发生了转折。1999 年 10 月 20 日最高人民法院发布的《人民法院五年改革纲要》对法院改革的总体目标作了这样的表述："紧密围绕社会主义市场经济的发展和建立社会主义法治国家的需要，依据宪法和法律规定的基本原则，健全人民法院的组织体系，进一步完善独立、公正、公开、高效、廉洁、运行良好的审判工作机制；在科学的法官管理制度下，造就一支高素质的法官队伍；建立保障人民法院充分履行审判职能的经费管理体制，真正建立起具有中国特色的社会主义司法制度"。同年 12 月，最高人民法院院长肖扬在全国高级法院院长工作会议上的讲话的题目是"努力推进改革，确保司法公正，以崭新的姿态跨入新世纪"。从"无产阶级专政的刀把子"到"确保司法公正"，关于司法机关使命理念的变化反映了中国社会的巨大变化。此时的司法机关不仅仅是政治国家实现政策目标的工具，也是社会实现其价值追求的一种机制。简而言之，伴随着改革开放，经济变革改变了原来的社会关系，"身份"逐步被"契约"所取代，同时，行政命令逐步被法律规则所代替，立法的逐步完善和公众权利意识的增强使社会行为之法律后果具有了某种可预测性，这一切都促进了司法理念的转变，而司法理念的转变反过来又成为促进制度变革的巨大推动力。②

改革开放三十多年来，尽管司法机关也在不断的改革之中，但是这些改革多半是反应性的或应急性的，如法院系统为适应市场经济改革的需要而设立的经济庭，为适应日渐增多的行政诉讼而设立的行政庭，等等。这些改革一方面满足了新的社会需求，另一方面随着计划经济条件下产生的司法体制之不合理的因素也在随着法院职能的扩大而扩大。如法院按行政区划的设置、法官的产生和管理、法官的地位和待遇、法院的经费来源、司法行政管理，等等，这些

① 何勤华：《关于新中国移植苏联司法制度的反思——取自俄罗斯司法制度》，载《俄罗斯中亚东欧研究》2008 年第 6 期。

② 参见信春鹰：《中国需要什么样的司法权力》，载《环球法律评论》2002 年第 1 期。

在计划经济体制下顺理成章的安排现在却呈现出一定弊端。①

当前我国以经济建设为中心，因此，当前我国的最大的大局即是经济建设，而司法之功便在于为经济建设保驾护航。有人认为，我国对司法的这种功能定位实际上表明了社会主义司法的特殊职责。司法需要配合国家总体方针，在当前时期服务经济社会发展之大局，这是社会主义司法的特殊职责。

虽然有着各种各样因素的影响，但是，自改革开放重启司法现代化以来，经过多年的努力，可以说我们已经逐步建立起了一个独立的司法系统，并且整个司法的运行越来越遵循现代司法之规律。正如学者舒国滢所指出的，随着社会的发展，社会生活和社会关系的不断复杂化和社会分工的日益专门化，由司法的广场化到司法的剧场化将会成为司法活动类型发展的一个趋向。或者说，现代法治，注定是要选择司法的剧场化的。②

从建设法治国家角度而言，法院有其自身的使命和独特的功能。在司法实践中，法院亦是作为解决纠纷的主导机构而存在③，它应该通过其裁判活动成为多元权力结构中富有影响力的一元，这样才能得到更多的资源支持，才能更有效地调整社会关系，发挥司法在现代社会中的独特功能。无论从理论上抑或经验上来看，结构合理、功能正常的司法还构成了制度化和法治化的主导性力量。④

---

① 参见信春鹰：《中国需要什么样的司法权力》，载《环球法律评论》2002 年第 1 期。

② 参见舒国滢：《从司法广场化到司法剧场化——一个符号学视角》，载《政法论丛》1999 年第 3 期。

③ 参见贺卫方：《中国司法管理制度的两个问题》，载《中国社会科学》1997 年第 6 期。

④ 参见章武生：《政治体制改革下一步的突破口是什么?》，载《北京日报》2010 年 9 月 6 日。

第十章　司法价值

法治是我国治国理政的基本方略，是司法的最高价值追求。司法不是支撑政治统治的工具，不是促进经济发展的工具，也不是维护社会稳定的工具，司法改革就是要使中国司法回归目的价值并实现多元衡平，即走向衡平司法价值观。党的十八届三中全会强调“深化司法体制改革，加快建设公正高效权威的社会主义司法制度，维护人民权益，让人民群众在每一个司法案件中都感受到公平正义”，这不仅是我国司法体制改革的总的指导思想，也是我国司法体制改革追求的总的价值目标。

第一节　司法的元价值

“元价值”是指哲学本体论意义上的价值，是“作为价值的价值”（李凯尔特语）。也就是说，对“元价值”范畴的理解是建立在对“存在”范畴的认识基础之上的。① 元价值是相对于规范价值而言的哲学概念，元价值是基于“什么是价值”而作的话语判断，规范价值是基于“有什么具体价值”而作的话语判断。司法的元价值也就是指什么是司法的价值，即司法价值的判断标准。司法的元价值主要有秩序、正义、法治与人权。

一、秩序

秩序是司法所追求的基础性价值，人类社会是以法律秩序为重要纽带而生存发展的。秩序是一种工具性价值，是社会生活的基础和前提性价值。司法维护既有秩序，同时也能创设新秩序。

---

① 参见张军：《元价值与规范价值：话语基础之分析》，载《北京师范大学学报》（社会科学版）2008 年第 6 期。

（一）秩序之意涵

在日常生活中，“秩序”意指一种“有条理、不混乱的情况”①，是“无序”的相对面。按照《辞海》的解释，“秩，常也；秩序，常度也，指人或事物所在的位置，含有整齐守规则之意。”一般而言，秩序可以分为自然秩序和社会秩序。其中，自然秩序是指由自然法则所支配的秩序，如日出日落，月满月亏等；社会秩序则是由社会规则所构建和维持的，是指人们在长期社会交往过程中所形成的相对稳定的关系模式、结构和状态。哲学上的秩序可以认为是物质的、有规律的静止和运动。而从法理学角度来看，秩序“意指在自然进程和社会进程中都存在着某种程度的一致性、连续性和确定性。……秩序这一术语将被用来描述法律制度的形式结构，特别是在履行其调整人类事物的任务时运用一般性规则、标准和原则的法律倾向。”②杨春福借鉴了这一观点，认为“秩序根植于自然界和人类社会的内部结构之中，自然界和人类社会的内在规律是秩序的本质。抽象的说，社会秩序表示在社会中存在某种程度的关系的稳定性、进程的连续性、行为的规则性以及财产和心理的安全性。”③

许多学者对秩序的根源进行了研究，其中最著名的代表为霍布斯。霍布斯在《利维坦》中描绘了“所有人反对所有人的战争状态”，即所谓的“自然状态”：“在这种状况下，产业是无法存在的，因为其成果不稳定。这样一来，举凡土地的栽培、航海、外洋进口商品的运用、舒适的建筑、移动与卸除须费巨大力量的物体的工具、地貌的知识、时间的记载、文艺、文学、社会等都将不存在。最糟糕的是人们将不断处于暴力死亡的恐惧和危险中，人的生活将孤独、贫困、卑污、残忍而短寿。”④霍布斯相信人们都致力于自我保护和个人满足，因而只有强力（或源于强力的威胁）能使人们避免不断地互相攻击，才能形成社会秩序。古希腊的诡辩哲学家和犬儒哲学家也认为，“法律秩序只是一

---

① 中国社会科学院语言研究所词典编辑室编：《现代汉语词典》，商务印书馆 2012 年版，第 1681 页。

② ［美］E. 博登海默：《法理学：法律哲学与法律方法》，邓正来译，中国政法大学出版社 2004 年版，第 227 页。

③ 张文显主编：《法理学》，高等教育出版社 2011 年版，第 260 页。

④ ［英］托马斯·霍布斯：《利维坦》，黎思复、黎廷弼译，商务印书馆 1985 年版，第 95 页。

个指定或约定——受制于那些暂时运用政治权利的人的专断控制——的问题。"①但另有古希腊哲学家则宣称，"法律秩序就是对人民进行规制，以使每个人都位于按政治方式组织起来的一个理想的希腊城邦社会中被知道的位置之中。正当和法律的基础乃在于那种寓于事物本性之中的和谐或相宜。"②按照秩序产生的原因不同，秩序可以分为自生自发的秩序和人为的秩序。前者是指自然界、人类社会原本存在的规律所呈现出的、没有打上人类烙印的秩序；后者则指人类以自生自发的秩序为基础，根据人类自身的需要而构建起来的秩序。

(二)秩序在司法体系中地位

作为一种人为的秩序，"法律秩序就是指在严格遵守法律的基础上形成的一种社会秩序，或者说凡是社会关系中依法建立和维护的秩序就叫法律秩序，包括依法确认和保护的生产秩序、生活秩序、工作秩序等。"③从法律秩序的形成过程来看，"法律秩序是人类在实践中所创立的法律体系经过有序化的过程所形成的结果或状态，其是以自己自发的秩序为基础而形成的人为的秩序。"④司法视野下的良好秩序具有和谐性、稳定性之特点，这种秩序依靠司法途径来促成，是一种法律秩序。司法秩序的形成有赖于司法权威的建立，司法权威体现的是一种司法公信力，其"是一种特殊的权威类型，是司法机关和法官、司法过程和司法裁判结果都得到广泛尊重和执行的权威状态。"⑤无论是融合于事物本性之中的秩序，还是强力维持的秩序，秩序的重要性都是基础性的。其可以有无自由、有秩序的状态，但却不可能有无秩序、有自由的状态。故此，秩序对于司法来说是一种基础性的价值，"秩序是法律的直接追求，其他价值则是以秩序为基础的法律的企盼。"⑥总的来说，秩序可以分为政治秩序、经济秩序、社会秩序三种。因此，司法对秩序的形成与维护作用可以从以下三个方面来考察。

其一，维护政治统治秩序。政治统治是与国家政治权力同时共存的一种政

---

① ［美］罗斯科·庞德：《法理学》(第一卷)，邓正来译，中国政法大学出版社 2004 年版，第 27 页。

② ［美］罗斯科·庞德：《法理学》(第一卷)，邓正来译，中国政法大学出版社 2004 年版，第 28 页。

③ 赵震江、付子堂：《现代法理学》，北京大学出版社 1999 年版，第 515 页。

④ 熊先觉：《司法学》，法律出版社 2008 年版，第 58 页。

⑤ 季金华：《司法权威论》，山东人民出版社 2004 年版，第 4~5 页。

⑥ 熊先觉：《司法学》，法律出版社 2008 年版，第 58 页。

治行为，是利益冲突与政治斗争的结果。恩格斯指出，“国家是社会在一定发展阶段上的产物；国家是表示：这个社会陷入了不可解决的自我矛盾，分裂为不可调和的对立面而又无力摆脱这些对立面。而为了使这些对立面，这些经济利益互相冲突的阶级，不致在无谓的斗争中把自己和社会消灭，就需要有一种表面上驾于社会之上的力量，这种力量应当缓和冲突，把冲突保持在‘秩序’的范围以内；这种从社会中产生但又自居于社会之上并且日益同社会脱离的力量，就是国家。”①这里讲到的“秩序”就是指政治统治秩序即存在于阶级对抗社会中处于主导地位的政治关系和经济关系，是取得胜利的阶级强加于整个社会的政治行为。所以，政治统治是最强大、经济上占统治地位的阶级，借助于国家这种特殊的公共政治权力，为维护和强化既定的政治关系和政治秩序，对全社会所进行的强力支配与控制行为。政治统治的实质就是指它是阶级统治行为，但不是统治阶级的一般行为，而是维护经济上占统治地位的阶级的根本利益的最高行为。政治统治本质上是阶级统治，但这并不意味着其就是国家活动的全部内容。政治统治必须以履行公共事务责任作为自身存在和发展的必要条件。统治关系的特征在于，它使社会上两大阶级之间的权力关系在形式上表现为第三者，即国家与全体社会成员之间的关系。

马克斯·韦伯认为，仅仅依靠暴力或以暴力为后盾的法律规则，任何一个统治秩序都不足以维持自身的长期存在。统治的存续有赖于社会成员对政权以及政治体系本身的心理认同，即合法性认同。政治统治的合法性即“政治体系或政治共同体中，大多数社会成员对政治统治的承认，对政治体系的忠诚以及对于政治统治行为的心理认同”②。在《经济与社会》中，马克斯·韦伯指出：国家政权获得政治统治合法性的过程，实际上就是统治者通过一定手段，将依凭暴力而拥有的权力转化为有多数社会成员认可的权威的过程。所谓权威，实际上就是一种正当性的权力。权威来自于社会成员对政治统治的自愿服从与支持。而无疑，作为一种重要国家权力形态的居中裁判的司法活动正是这种权威的重要来源之一。

关于司法权的本质，我国法学界有几种不同的学说。“判断权说”认为，“司法作为一种判断，它是司法人员对人们争议的事物真假好坏、是非曲直，根据一定的规则和程序进行的认识。”③“权威说”认为，“司法权的本质不是权

---

① 《马克思恩格斯选集》(第四卷)，人民出版社1972年版，第166页。

② 周平：《政治学导论》，云南大学出版社2007年版，第191页。

③ 孙笑侠：《司法权的本质是判断权》，载《法学》1998年第8期。

力，而是一种权威性的裁判。当依靠国家权力建立起司法的权威后，为持久地维系司法权威，国家权力应当远离司法，使司法不再具有权力属性，成为权威裁判。"①"裁判权说"认为，"司法权实质上就是法院享有的司法审判权。所谓司法审判权，是指司法人员通过法定的程序，对争议双方提交的争端作出的一项具有法律约束力的裁判结论。"②

然而，不管是"判断权说"、"权威说"还是"裁判权说"，司法都具有法定性、被动性、普遍性等特殊属性。这些属性使得司法活动对社会成员侵害的可能性更小，而对公平、正义的终极追求又使得司法活动能够形成一种权威而得到社会成员的信赖，这无疑可以促进社会成员对政权以及政治体系本身的心理认同，进而维护政治统治之秩序。

其二，维护经济运行秩序。在传统社会，法之秩序是以自然经济为背景，而现代社会，法之秩序则是以市场经济为基础。市场经济（又称为自由市场经济或自由企业经济）是一种经济体系，在这种体系下，产品和服务的生产及销售完全由自由市场的自由价格机制所引导，而不是像计划经济一般由国家所引导。资源配置方式以市场调节为基础；激烈的市场竞争和严格的市场规则并存；经济主体各自独立，互不隶属，产权明确；一切生产要素商品化、市场化等都是市场经济所具有的诸多特点。所有这些特点决定了市场经济是一种开放的经济形态，建立在这种经济基础之上的现代法律秩序则是一种动态的秩序。而在动态中寻求秩序，这是现代法之秩序不同于和超越于传统法之秩序的一个最主要的特点。

现代经济活动都是在一定的规则体系下进行的，如果没有有效的规则体系，以及有效的规则体系的执行体系，那么有效率的经济活动就没有办法进行。世界银行在1997年的报告中就认为："一个国家如果具有稳定的政府、可预知的法律变动方式、有保障的产权以及强有力的司法体系，就会比缺乏这些制度的国家取得更大的投资和增长。"具体而言，司法活动对于经济秩序的维护体现在以下几个方面：(1)现代司法制度和司法活动保障财产所有权不受侵犯；(2)通过司法保护为广大的普通劳动者提供最低工资标准、基本劳动条件、失业养老保险方面的救济，更好地保护劳动者的生存权；(3)司法活动对

① 贺日开：《司法改革：从权力走向权威——兼谈对司法本质的认识》，载《法律科学》1999年第4期。

② 胡夏冰：《司法权：性质与构成的分析》，人民法院出版社2003年版，第189~190页。

严重危害市场经济秩序的活动予以制裁，以保证市场主体诚实信用、公平正当地竞争，最终促进市场秩序的正常化。

其三，维护社会生活秩序。“法律秩序是一种有序状态，它表明，人类在建立政治或社会组织单位时，为防止不可控制的混乱现象而确立某种适于生存和发展的有序形式所做的努力。”①国家可以通过司法活动来发挥法律的评价、预测、规范等作用，进而维护社会生活的正常秩序。哈耶克认为，“社会的秩序，在本质上便意味着个人的行动是由成功的预见所指导的，这即是说人们不仅可以有效地运用他们的知识，而且还能够极有信心地预见到他们能从其他人那里所获得的合作”，“如果不存在秩序、一贯性和恒常性的话，则任何人都不可能从事其事业，甚至不可能满足其最基本的需求。”②

司法是国家特定机关依据法定职权和程序，具体应用法律处理案件的专门活动。法治社会中的司法是解决矛盾纠纷的最后选择，人们一般是在通过其他途径无法解决矛盾纠纷的时候才会诉诸司法，通过司法机关实现定纷止争、矛盾化解。另外，司法机关通过依法审判各种危害国家安全、危害社会治安的犯罪，以实现社会主义法制的维护及社会秩序、工作秩序和人民群众生活秩序的维护。

二、正义

正义是人类社会所追求的朴素的价值共识，同时正义也是司法的内在价值与目标价值。对于正义这一概念，存在多样性的认识与一致性的认识，它是具有多样性的，所以我们认识正义的观念也应该多元。

(一)正义之意涵

在西方，“正义”的意源很早，最先出现于古老的拉丁语 justitia，是由拉丁语“jus”一词演化而来，“jus”最初有正、平、直等含义，后来由此词发展而来的英文为“justice”一词。正义是人类社会所追寻的基本价值之一。有史以来，正义始终被视为是人类社会的一种最基本的价值理想，对正义的追求深切地根植于人类的灵魂深处。对正义的体会是一种美好的感觉，然而当我们试图定义何为“正义”时，我们很难得出一个令众人都信服的答案，正如博登海默说的，“正义具有一张普罗透斯似的脸，变幻无常，随时可呈不同形状，并具

① 史尚宽：《物权法论》，台北出版社 1957 年版，第 350~351 页。

② 哈耶克：《自由秩序原理》(上)，三联书店 1997 年版，第 199~200 页。

有极不同的面貌。”①因此，古今中外的学者对于何为“正义”，甚至究竟有无“正义”等所提出的诸多令人眼花缭乱的答案时，就不足为奇了。

凯尔森认为，“正义就是一个意识形态概念，是一种反映个人或群体的主观倾向的价值偏爱的‘非理性的理想’……人们通常都认为，确实存在着像正义这样的东西，只是不能明确地予其以定义；显而易见，这种主张本身就是一种矛盾……正义意味着忠实地适用某一实在命令以保护其存在。”②正义就是忠实地适用实在法，舍此之外不存在正义与非正义可言，孟德斯鸠显然不这么认为：“如果说除了实在法所要求或者禁止的东西以外，就无所谓正义不正义的话，那无异于是说，在人们画圆圈之前，一切半径距离都是不等的。”③孟德斯鸠的论述直接体现了古典自然法学派的先验特色，正义从天地之始就已经存在，是永恒不变的，即具有先验性和绝对性。我们是否必须断言，这些观点只是提出这些观点的论者们各自主观且非理性的偏爱，因而认为它们不具有客观的效力呢？针对博登海默的提问，答案是明确的：正义价值的魅力或许并不在先验存在的真实与否，而在于它可以真实的被世人相信并且造就一种对人来说理想的社会生活。

在中国古代，“义”是正义的代名词。“义”的繁体为“義”，是“羊”与“我”的会意字。羊在上古时代被认为是聪明公正、公忠无私、极有理智的动物，古人以羊为美善吉祥的象征。故“義”字最初的含义是指人应该捍卫那些美善吉祥、神圣不可侵犯的事务及其所代表的价值④。针对正义的具体内涵，古今中外各时代的理论家亦有各不相同的阐述。“总体来认识，中国古代关于公正的基本要求是不偏私，对人对事均以法律、道德、情理为准则，一视同仁，不倾向、偏袒任何一方。在同一情况下，用同一尺度、同一标准对待。”⑤而在西方思想史上，关于正义的争论则更为激烈。在柏拉图看来，“各守本分，各司其

---

① ［美］E. 博登海默：《法理学：法律哲学与法律方法》，邓正来译，中国政法大学出版社2004年版，第260页。

② ［美］E. 博登海默：《法理学：法律哲学与法律方法》，邓正来译，中国政法大学出版社2004年版，第129页。

③ ［美］E. 博登海默：《法理学：法律哲学与法律方法》，邓正来译，中国政法大学出版社2004年版，第62页。

④ 参见熊先觉：《司法学》，法律出版社2008年版，第40页。

⑤ 高其才、肖建国、胡玉鸿：《司法公正观念源流》，人民法院出版社2003年版，第30页。

职，就是正义”。① 亚里士多德认为，正义由两部分组成：“第一种是分配正义，即按照人们的地位而将不同的东西分配给不同的人。第二种是交换或者矫正正义，它所关注的是个人之间的交易和交往中的问题以及在出现不当的行为或违法行为时如何进行调整的问题。”②而庞德则认为：正义“在伦理上，我们可以把它看成是一种个人美德或是对人类的需要或者要求的一种合理、公平的满足。在经济和政治上，我们可以把社会正义说成一种与社会理想相符合，足以保证人们的利益与愿望的制度。在法学上，我们所讲的执行正义（执行法律）是指在政治上有组织的社会中，通过这一社会的法律来调整人与人之间的关系及安排人们的行为。”③在罗尔斯看来，“正义的主要问题是社会基本结构，像自然资质的分配一类问题是无所谓正义不正义的；人降生在社会的某一特殊地位也说不上不正义。因为这些只是自然的事实。正义或不正义，是制度处理这些事情的方式。”④罗尔斯关于正义观念的三分概念分别为：自由、机会均等、差异原则。而综合法学派的博登海默则认为：“满足个人的合理需要和主张，并与此同时促进生产进步和提高社会内聚性的程度——这是维持文明的社会生活所必需的——就是正义的目标……在这些情形下，正义提出了这样一个要求，即赋予人的自由、平等和安全应当在最大程度上与共同福利相一致。”⑤

何怀宏教授将与正义相关的概念划分为两类：第一类概念有正义、公平、公正、公义、公道，第二类概念有平等、权利、自由、功利、博爱、幸福、稳定、效率、安全、和谐、繁荣、富强等。上述第一类概念可以看做正义的同义词或近义词，第二类则属于用来说明正义的描述词。⑥

张文显教授也对现行中国法学界对正义之界定归纳为七个方面：“其一，正义意味着各得其分其所，即‘给予每个人他应得的部分’；其二，正义指一种德行；其三，正义意味着对等的回报；其四，正义指一种形式上的平等，即

---

① ［美］E. 博登海默：《法理学：法律哲学与法律方法》，邓正来译，中国政法大学出版社2004年版，第9页。

② ［美］E. 博登海默：《法理学：法律哲学与法律方法》，邓正来译，中国政法大学出版社2004年版，第33页。

③ 关玫：《司法公信力研究》，人民法院出版社2008年版，第107页。

④ 杨一平：《司法正义论》，法律出版社1999年版，第3页。

⑤ ［美］E. 博登海默：《法理学：法律哲学与法律方法》，邓正来译，中国政法大学出版社2004年版，第261、325页。

⑥ 参见何怀宏：《公平的正义》，山东人民出版社2002年版，第42页。

给予属于同一范围或阶层的人同样的对待；其五，正义指某种自然的因而也是理想的关系；其六，正义指法治或合法性；其七，正义指一种公正的体制。”①正义有如此丰富的内涵，因此借助于正义的分类，我们可以更好地了解不同语境之下正义的不同含义。从主体的角度，正义可以分为个人正义和社会正义；从正义的内容与实现形式关系，正义可以分为实体正义和形式正义；从正义所属的不同阶段，正义可以分为分配正义和矫正正义。

(二)正义在司法体系中的地位

作为司法的核心价值，正义对司法具有召唤、指引作用。司法正义属于社会正义的范畴，其也从属于法律正义，其主要是通过法律的适用来实现法律正义和社会正义。我们可以从三个依次深入的层面来观察正义对司法活动的指引作用以及司法对正义的实现作用。

其一，司法促进和保障社会正义。无论是理论上还是现实生活中，正义的实现方式都是多种多样的，在原始社会，正义的实现依靠的是“血亲复仇”，然后发展到“以牙还牙、以眼还眼”的“同态复仇”。紧接着，在逐渐步入文明的社会中，人们开始借助于某些中间性的力量，如群体中德高望重的首领来明断是非曲直以实现正义。正义的实现形式虽然随着历史的变迁在不断的进步，但是这些方式还是具有很大的缺陷：如缺少明确的判断规则，居中处断主要依靠经验，纠纷解决带有随意性等。最后，当国家产生，专业设置的司法官员依靠事先公布的、预定的规则和程序来裁判众多的社会纠纷，并依靠国家的强制力来保障实施的时候，正义实现的效率和权威大大的加强了，它把这个责任委托给经挑选的、有经验的、有知识的、公正无私并专门从事裁判正义问题的人。总体看来，“司法正义将合理的确定性和法则的可预见性与适度的自由裁量相结合，这种形式优于实施正义的其他任何形式。”②司法机关在适用法律过程中严格按照有关法律规则和程序办事，不偏不倚，不枉不纵，从而使各种纠纷获得成功的解决，这恰好指向了正义的需求。

其二，司法促进和保障矫正正义。“矫正正义”是与“分配正义”相对应的一个概念，此概念出自亚里士多德。分配正义是指按照人们的地位而将不同的东西分配给不同的人；矫正正义则关注的是个人之间的交易和交往中的问题以

---

① 张文显：《法哲学范畴研究》，中国政法大学出版社 2001 年版，第 202~204 页。

② [英]戴维·M. 沃克：《牛津法律大辞典》，李双元等译，法律出版社 2003 年版，第 631 页。

及在出现不当的行为或违法行为时如何进行调整的问题。一般而言，分配正义是关于制定什么样的原则和规则来公正地分配社会资源的问题，而矫正正义则涉及当这一规则和原则被违背时，正义的天平失衡时如何加以矫正的问题。换言之，矫正正义是一种救济的正义。前者主要涉及立法活动，而后者主要关涉司法活动。在现代社会制度框架之内，司法途径是公民进行权利救济的基本途径。得益于司法矫正的独特功能，分配正义以看得见的形式被社会群体所感知。司法的矫正功能与司法体制、司法程序、司法文化、司法环境、司法主体等密切相关，它们共同组成一个完整的司法系统，在宏观上指引、规范整个社会网络，在微观上以个案裁判的形式定纷止争。

其三，司法促进和保障诉讼正义。诉讼正义是指纠纷当事人双方在参与诉讼中所能够感知到的过程和结果上的正义，其包括实质正义和程序正义。实质正义就是通过立法、司法、执法(行政执法)、守法和督法，把正义观念制度化为现实的法律制度，进而转化为人们之间的法定权利义务关系，促使人们正确的正义观于发展中形成。而形式正义，是指主要通过公正的司法程序使公众对程序规范产生信赖，使人们的正义要求和权利主张得到有效的保护。① 司法制度和活动过程具有以下特点：(1)司法程序的公开性；(2)裁判人员的中立性和独立性；(3)当事人地位的平等性；(4)司法过程的参与性；(5)司法活动的合法性；(6)案件处理的正确性。② 这其中既包含有实体上的正义，也包含有纯粹程序上的正义，这些制度设计和司法活动有利于确保司法活动本身所要求的公正性③，保障诉讼正义的实现。

三、法治

法治是政治文明发展到一定历史阶段的标志，凝结着人类智慧，为各国人民所向往和追求。法治体现了人类对一种社会状态的强烈向往，体现了一种时代精神和时代潮流。法治是司法运行的根本规律，也是司法运行的最终目标。

---

① 参见熊先觉：《司法学》，法律出版社 2008 年版，第 40 页。

② 参见谭世贵主编：《中国司法原理》，高等教育出版社 2004 年版，第 6~13 页。

③ 如果说正义是一个总括性的范畴，则公正概念更倾向适用于具体的、特定的案件处理之中。公正通常与纠纷的司法解决过程联系在一起。但在表述时，人们似乎并不着急区分司法正义与司法公正。参见高其才、肖建国、胡玉鸿：《司法公正观念源流》，人民法院出版社 2003 年版，第 245 页。

(一)法治之意涵

法治，作为国人的一般理解，其是指“根据法律治理国家和社会。”①然而作为西方政治文明的重要词汇，法治的含义远比此丰富。“法治”，英文是“rule of law”，意为法律统治，与“人治”相对立。国家的治理模式大致可以分为两种——法治或者人治。在古希腊时代，纠葛于法治与人治抉择的典型代表是柏拉图，在柏拉图早期的思想中，哲学王的统治是最理想的社会，而法律是次要的，“用法律条文来束缚哲学家——国王的手脚是愚蠢的，就好像是强迫一个有经验的医生从医学教科书的处方中去抄袭药方一样。”②然而，在历经政治上的磨难后，理想国终不得实现后，柏拉图退而求其次，逐渐寻求一种第二等的社会。在这种社会中，法律代替哲学王成为社会治理的主要力量，统治者和臣民都服从于法律，“在法律服从于其他某种权威，而它自己一无所有的地方，我看，这个国家的崩溃已为时不远了。但如果法律是政府的主人，并且政府是它的奴仆，那么形势就充满了希望，人们能够享受众神赐给城市的一切好处。”③亚里士多德继承了柏拉图晚期的思想，其在考察希腊城邦历史的基础上发展了法治的思想，其认为“法治应包含两重含义：已成立的法律获得普遍的服从，而大家所服从的法律又应该本身是制定的良好的法律。”④作为对法治的经典定义，亚里士多德的法治概念包含了现代法治的两个最重要的特征：法律符合社会公共利益而为良法，法律被信仰而受遵守。

至于依法律而治的巨大魅力，体现的最为明显的是罗马的政治制度。罗马人的生活，“事实上最终并不依赖皇帝或罗马统治者的任性，而是依赖法庭的正义。握有统治权杖的人可能更替，而罗马法却没有改变，继续使罗马帝国统治下的和平得以持久。……罗马帝国成功的秘诀在于罗马法的魔力。”⑤古希腊、古罗马的法治传统在经历中世纪的尘封之后重现于英伦，戴雪在总结英国

① 中国社会科学院语言研究所词典编辑室编：《现代汉语词典》，商务印书馆 2012 年版，第 354 页。

② [美]萨拜因：《政治学说史》，盛葵阳等译，商务印书馆 1988 年版，第 92 页。

③ [古希腊]柏拉图：《法律篇》，张智仁、何勤华译，上海人民出版社 2001 年版，第 123 页。

④ [古希腊]亚里士多德：《政治学》，吴寿彭译，商务印书馆 2009 年版，第 202 页。

⑤ [印]阿·库·穆霍帕德西亚：《西方政治思想概述》，姚鹏译，求实出版社 1984 年版，第 49 页。转引自王人博、程燎原：《法治论》，广西师范大学出版社 2014 年版，第 18~19 页。

普通法传统的基础上，提出了“法律主治”的思想。“法律主治”意指“英国宪政受法律精神的支配，普通法律绝对的、普遍的运行于全国，普通法院有权惩治任何人所犯的任何非法行为，尤其最终有权力约束政府。”①源于古希腊，重现于英国，光大在美国，如今法治已成为现代政治文明国家所普遍遵循的社会治理模式。

法治的概念公认为存在诸多重要的内涵，“在任何法律制度中，法治的内容是：对立法权的限制；反对滥用行政权力的保护措施；获得法律的忠告、帮助和保护的大量的和平等的机会；对个人和团体各种权利和自由的正当保护；以及在法律面前人人平等……它不是强调政府要维护和执行法律及秩序；而是说政府本身要服从法律制度，而不能不顾法律或重新制定适应本身利益的法律。”②限制权力，不管是立法机关的权力还是行政机关的权力；保障个人权利和自由，不管是富贵者的权利和自由还是贫弱者的权利和自由，这是从价值目标上来阐述法治的内涵。然而，“法治分析方法的重点不在于指示法律应该遵循哪些价值原则和形式化的原则，而在于揭示使法律应遵循的原则成为可能的、必要而充分的条件。离开了‘条件’从理论上为之设‘应当’和‘必须’的价值规范，法治就会陷入玄学的窠臼。”③为此，有学者总结出，法治“应是以民主为前提和目标，以严格依法办事为核心，以制约权力为关键的社会管理机制、社会活动方式和社会秩序状态”④。

法治社会是一个系统性的工程，法治理想的实现需要诸多制度条件及其运行。民主制度使得法律体现着大多数社会成员的意志，保障法为良法；依法行政使得行政机关根据自己的法定职权和法定程序严格依法办事，绝不逾越权力的边界；独立的司法活动监督立法和行政行为，并为不当的立法和行政行为提供发现、改正的机会，为受侵害的公民提供法律上的救济。但是，作为最后一层防护网，司法无疑起着关键性的作用。

（二）法治在司法体系中的地位

徒法不足以自行，司法作为一个动态的过程，其以法治为根本性价值目

---

① 王人博、程燎原：《法治论》，广西师范大学出版社2014年版，第32页。

② ［英］戴维·M. 沃克：《牛津法律大辞典》，李双元等译，法律出版社2003年版，第990页。

③ 王人博、程燎原：《法治论》，广西师范大学出版社2014年版，第136~137页。

④ 张文显主编：《法理学》，高等教育出版社2011年版，第330页。

标，即促进法治成为现实。司法机关通过独立、专业、公正的司法活动抵制侵害公民权利的行政行为，裁决社会主体的纠纷，由此树立法律的权威，培养人们对法律的信仰——这是“法治”从应然走向实然，从理想变成现实的关键一步。

其一，司法为受行政行为侵害的公民提供救济。行政权是由国家宪法、法律赋予或认可的，由国家行政机关执行法律规范，对公共事务实施行政管理活动的权力，其是国家政权和社会治理权的组成部分。行政权的行使乃是国家意志的体现，其以国家强制力作保障，具有直接支配他方当事人的强制命令力量。行政权直接深入于社会生活的各个领域，并对公民的权利和义务产生直接影响。因此，其也更容易对公民的合法权利造成侵害。行政诉讼制度也即“民告官”制度就是为公民遭受行政权力不法侵害时，所提供的法律救济制度。相比作为个体存在的公民，行政权背后的国家机器是冰冷而强大的，在与行政权力的纠纷当中，公民个体如果没有与其力量相当的机构来寻求帮助，后果可想而知。“以权力对抗权力”是一条颠扑不破的道理，司法权通过受理具体的行政诉讼案件可以为受侵害的公民或者团体提供救济，修复受损的社会关系。另一方面也在宏观上维持了对行政权力的制衡，防止了因行政权力的过度膨胀而对整个社会和国家带来的威胁，而这正是法治国家的要求。

其二，司法通过自身活动捍卫法律的权威，培育法律的信仰。《孟子》有云：“徒善不足以为政，徒法不能以自行。”法律的生命在于它的运行，没有运行的法律就像一团死水，毫无生气可言，所谓法的功效也无从谈起。“法治的最高层次是一种信念，出于对人、对社会的终极关怀，这个价值目标的实现，并非徒具理想，更非空想，它的实现是一个永无止境的渐进过程。”①在法治梦想的实现过程中，法律的权威，法律的信仰都是靠司法机关在一个个具体的案件中通过公正的审判积累得来的。司法机关在执法活动中以事实为根据，以法律为准绳，有法必依，执法必严，违法必究……至此，受损的社会关系能够得到修复，失衡的权利义务关系能得到平衡，社会正义能得以实现，法律的权威能得到捍卫，公民对法律的信仰能得以培育，同时，法治的理想亦能最终实现。

四、人权

尊重和保障人权，是现代政治文明的基本标志。但是，在具体实践的层面

① 莫敏：《法治与法的价值追求》，载《广西社会科学》2002 年第 5 期。

上，对于人权的具体定义，以及保障人权的具体方式都存在着相当大的争议。

(一)人权之意涵

当西方由黑暗的中世纪迈向文艺复兴时，世俗的人们重新开始用人的眼光来观察世界，逐渐地发现了自己的价值所在。即把人看做目的而非手段，争现世的幸福，这成为“人权”理论发展的思想根基。历经启蒙运动与大革命的洗礼后，“人权”的观念与制度在欧美诸国逐渐发展起来并传播到世界各地。近代人权较早的法律实践首推英国，即英国1628年的《权利请愿书》和1689年的《权利法案》。而后，1776年美国的《独立宣言》是首先较全面地肯定人权的法律，至1789年法国《人权宣言》规定，“在权利方面，人们生来而且始终是自由平等的”，宣称自由、财产、安全和反抗压迫为天赋人权。随后，两次世界大战的人权灾难更让人们反思各种社会思潮和政治制度对人的尊重和解放，人权的国际保护亦由此得以全面发展。从1948年《世界人权宣言》的发表到1966年联合国两个重要的人权公约(《公民权利和政治权利国际公约》、《经济、社会和文化权利国际公约》)的通过，人权在今天已成为一个世界性主题，即人权状况的不断改善已经成为当今世界各国的一致追求，而是否合乎保障人权的要求已成为评判一个集体(无论是政治上的还是经济上的)优劣的重要标准。

“所谓人权(Human Rights)，是指人依其自然属性和社会本质所享有和应当享有的权利。”①人权产生于人的出生，先于国家且高于国家，当国家将个体的人权保护纳入法律轨道之后，人权的部分内容被公民权所吸纳。“法律意义上的人权指的就是宪法制度所保障的基本权利。而所谓基本权利，就是那些对于人和公民不可缺少的、不可取代的、不可转让的且稳定的、具有母体性的共同权利。”②根据捷克人权法专家瓦萨克的“人权的代际理论”而言，人权历经了三代发展过程，第一代人权是公民权利和政治权利，第二代人权是经济、社会和文化权利，第三代人权则为集体权利主要是自决权。

人权的本质特征和要求是平等和自由，而其实质内容和目标是人的生存和发展。没有自由、平等，人类就不能作为人来生存和发展，更别说符合人的尊严、本性的生存和发展，也就谈不上人权。另一方面，一旦脱离人的生存和发展，自由和平等就必然会流于形式，变得空洞而失去意义。因此，所谓人权，

① 王家福、刘海年主编：《中国人权百科全书》，中国大百科全书出版社1998年版，第481页。

② 张文显主编：《法理学》，高等教育出版社2011年版，第280页。

就其完整的意义而言，就是人人平等、自由地生存和发展的权利。

(二)人权在司法体系中的地位

法律的生命在于实施，虽然已将尊重和保障人权写进了法律，但法律规定的原则和制度最终还需要通过司法机关的司法活动才能在社会生活中发挥实际功效。而以人权保障为目的性之价值，司法的作用主要体现在以下几方面。

从人权保障的发展历史来看，人权保障可分为两个阶段：第一个阶段是确立规则和标准的阶段，其表现为由宪法所确立的人权保障之基本原则并通过立法将宪法中的基本原则和各项公民之基本权利具体化，这是人权保障的起点。第二个阶段是实施规则和完善规则，即通过执行已有的规则，使各项人权法得以有效地执行和实施。司法在人权保障中的作用体现在第二个阶段上，即为人权的保障提供救济的渠道。当然，在一定的法律制度之下，司法还可以对法律进行审查以查明该法律究竟是否与人权保护的基本原则相冲突。而司法对人权的积极保护作用主要体现在以下三个方面。

其一，司法可以通过对立法审查保护人权。司法可以促进立法的进一步完善和法律实施状况的不断改善，这主要是通过司法审查来实现的。完美至极的法律是不存在的，由于立法技术和法院政策的影响，法律很可能会对人的基本权利造成潜在的危害。因此，司法人员在对案件的审理过程中可能会发现一些违反宪法、法律的条款，而将这些条款“冻结”不用或者提请司法审查。

其二，司法可以通过行政诉讼保护人权。行政诉讼制度，即“民告官”制度，在我国属于三大基本诉讼制度之一。行政诉讼制度是纠正和遏制行政权力侵犯人权的最为有力的制度。当公民个人的法律权力受到来自行政权的不法侵害时，公民可以向司法机关提起行政诉讼，要求司法机关对于行政机关行政行为的合法性进行审查并纠正行政机关的不法行为。在强大的国家行政权力面前，个人的力量显得格外渺小。相对于个体对个体的侵害，国家对个体的侵害更难以得到救济。但行政诉讼制度的设立为个体更加方便、快捷地得到救济提供了司法制度保证，这无疑有助于尊重和保障人权。

其三，司法可以通过其本身的程序及结果保护人权。“国家司法机关在处理各类案件的过程中，既能运用体现公平原则的实体规范，确认和分配具体的权利义务，又能使这种确认和分配的过程与方式体现公平性。”①司法权作为

① 吕世伦、贺晓荣：《论程序正义在司法公正中的地位和价值》，载《法学家》1998年第1期。

一种消极被动、中立独立的正义守护者，为解决个体之间的人权纠纷提供了一种公正而有权威的解决方式。另外，司法权在实际运行过程中发展出了一整套系统化的符合正当程序和法治精神的原则、程序、方式、方法，其为人权的救济和保护提供了坚实的保障。惩罚犯罪和保障人权作为刑事司法活动的两大目的，其中，惩罚犯罪不仅是保障人权的途径之一，而且在对犯罪进行惩处的过程中也要尊重和保障犯罪分子的人权。《世界人权宣言》第11条规定，凡受刑事控告者，在未经获得辩护上所需的一切保证的公开审判而依法证实有罪以前，有权被视为无罪；任何人的任何行为或不行为，在其发生时依国家法或国际法均不构成刑事罪者，不得被判为犯有刑事罪。刑罚不得重于犯罪时适用的法律规定。罪刑法定、罪责刑相适应、有利于被告人的无罪推定，刑事司法中的这一系列原则均有利于尊重和保障人权。

1997年10月27日，中国政府签署了《经济、社会和文化权利国际公约》，1998年10月5日，中国政府又签署了《公民权利和政治权利国际公约》。随着中国加入人权公约，中国随之开始履行公约所规定的义务并切实采取措施保障人权，接受国际社会的监督。2004年3月，第十届全国人民代表大会第二次会议通过了宪法修正案，在该修正案第二章第33条增加一款："国家尊重和保障人权。"这是中国人权事业的重要历史点，宪法作为国家最高法律具有最高的法律效力，将人权条款写入宪法为中国的人权事业奠定了坚实的法律依据。且自从人权入宪以来，我国的刑事司法制度和政策取得了较大的进步，严格控制、慎重适用死刑，强化未成年人刑事司法权利保障，完善辩护制度，杜绝刑讯逼供，严防冤案错案等一系列司法制度和政策的出台都有利于尊重和捍卫人之尊严，保障人的基本人权。

第二节　中国当代司法价值观的演变

一般意义上，所谓司法价值观或有两重解读：一则意指国家之于司法的定位，即国家对于司法的总体认识和期待；二则意指主流社会和司法职业群体之于司法的意义、地位和重要性的总体评价或看法。它通常有两种表现形式：(1)表现为司法评价的尺度和准则；(2)表现为司法过程的价值取向、追求或目标。就其一般规律而言，作为法律价值观的一种形态，司法价值观不仅深受传统政法思想、主流意识形态之影响，而且，就整个历史进程而言，经济形态之转型、社会结构之变迁、思想文化之演变都会对其产生影响。① 正因如此，中国当代的司法价值观伴随着社会转型及其发展的不同阶段而有所变化。

历史地看，自 1949 年以来，中国先后发生过两次大的社会转型——第一次转型以中华人民共和国成立为标志，以政治制度的转型为核心内容；第二次转型以改革开放基本国策的确立为标志，以经济、社会、文化制度的转型为主要内容；其中，基于改革的侧重点不同，第二次转型又可以划分为若干不同的历史阶段。

六十年来，对应于这两次大的社会转型以及第二次转型的不同发展阶段，国家对司法定位的侧重点有所不同，对司法价值观可作出不同的描述(如表 1 所示)。在第一次社会转型期(1949—1978 年)，国家对司法的定位侧重于强调司法必须为阶级斗争服务，堪称为政治司法价值观。在第二次社会转型的第一阶段(1978—2004 年)，国家对司法的定位侧重于强调司法必须为经济建设保驾护航，故称之为经济司法价值观；② 在第二次社会转型的第二阶段(2004—2010 年)，国家对司法的定位侧重于强调司法必须为和谐社会建设服务，可称之为社会司法价值观；在第二次社会转型的第三阶段(2010 年至今)，国家对司法的定位转向强调司法必须为法治文明注译导航，当称之为衡平司法价值观。

表 1　　**我国司法价值观的历史流变简表**

第一次社会转型期	(1949—1978 年)		政治司法价值观	为阶级斗争冲锋陷阵
第二次社会转型期	第一阶段	(1978—2004 年)	经济司法价值观	为经济建设保驾护航
	第二阶段	(2004—2010 年)	社会司法价值观	为社会稳定排忧解难
	第三阶段	(2010 年至今)	衡平司法价值观	为法治文明注译导航

一、政治司法价值观：为阶级斗争冲锋陷阵

1949 年以后，伴随着剧烈的社会变革，中国的司法制度得以历史性重

① Joel B. Grossman, Social Backgrounds and Judicial Decisions: Notes for a Theory, 29 The Journal of Politics 334(1967).

② 参见卢荣荣、徐昕：《中国司法建设三十年：1978—2008》，载《法治论坛》第 18 辑。

构。① 鉴于国家政权刚刚建立，百废待兴，此时的中国司法被要求为巩固政权等直接政治目的而服务，并被定位为实行阶级统治即无产阶级专政的工具。②所以，这一时期中国司法所尊奉的是政治司法价值观。

(一)解释性背景

中华人民共和国成立伊始，在摒弃国民党“六法全书”的同时，即颁布了一系列旨在巩固政权、维护社会秩序方面的法律法规。据统计，自 1949 年 9 月至 1954 年 8 月间，由中央人民政府委员会、政务院以及所属各部门先后颁布并在全国范围内施行的重要法律、法令等达 506 件。③ 这些法律、法令和法规的出台，一方面填补了废除国民党“六法全书”之后的法制真空，为社会运转提供了基本的法制保障；另一方面也揭开了新中国法制建设的序幕，后人称之为“新中国法制建设的首个黄金期”。④ 由此，为阶级斗争服务的政治司法价值观形成之背景可作如下几点解释：

其一，鉴于中华人民共和国刚刚成立，“巩固新生的人民民主政权”被认为是共和国在这一历史时期的核心任务，一切立法、行政与司法工作，均须围绕这个核心任务而展开。比如 1951 年的《妨害国家货币治罪暂行条例》、《中华人民共和国惩治反革命条例》等，1952 年的《中华人民共和国惩治贪污条例》、《管制反革命分子暂行办法》等，1954 年的《逮捕拘留条例》、《中华人民共和国劳动改造条例》等，均带有强烈的专政色彩。依逻辑而言，以适用专政性立法为职责的司法只能是专政性的。

其二，1949 年初期，阶级斗争被置于一切工作的重中之重。⑤ 其时，时任最高法院院长的沈钧儒曾说：“我们人民司法工作必须积极地为政治服务，必须与当前的政治中心任务与群众运动相结合。”⑥

---

① 参见王圣诵、王成儒：《中国司法制度研究》，人民出版社 2006 年版，第 379 页。

② Lung Sheng Tao, Politics and Law Enforcement in China：1949-1970，22 The American Journal of Comparative Law，1974，p. 713.

③ 参见资金星：《论建国以来中国法价值取向的历史流变与发展趋势》，载《中共成都市委党校学报》2009 年第 4 期。

④ 参见卞建林：《现代司法理念研究》，中国人民公安大学出版社 2012 年版，第 52 页。

⑤ 参见王也扬：《“以阶级斗争为纲”理论考》，载《近代史研究》2011 年第 1 期。

⑥ 最高人民法院办公厅编：《最高人民法院历任院长文选》，人民法院出版社 2010 年版，第 21 页。

(二)描述性表征

其一，政治正确的司法原则。1950年1月4日，董必武在旧司法工作人员的改造问题会议上指出："人民司法的基本精神，是要把马、恩、列、斯的观点和毛泽东思想贯彻到司法工作中去……"①1950年11月3日发布的《中央人民政府政务院关于加强人民司法工作的指示》提出："人民的司法工作如同人民军队和人民警察一样，是人民政权的重要工具之一"，是镇压反动派保护人民的直接工具。② 1952年8月30日，中共中央发布了《关于进行司法改革工作应注意的几个问题的指示》，由此掀开了在全国范围内开展的，以反对旧司法观点和改革整个司法机关为主要内容的司法改革运动，其主要内容是有针对性地对全国的司法机关(重点是各级人民法院)进行思想上的改造和组织上的整顿，以解决司法机关存在的思想不纯、作风不纯、组织不纯及政治不纯等问题。③ 截至1953年，为期近两年的司法改革运动，基本确立了马克思列宁主义、毛泽东思想关于国家和法律的理论在司法领域中的绝对权威，从而保证了司法机关政治上、思想上的纯洁性。④

其二，国家政策成为司法审判的依据。中共中央于1949年2月22日发出了《中共中央关于废除国民党的六法全书与确定解放区的司法原则的指示》(通称"二月指示")指出："目前在人民的法律还不完备的情况下，司法机关的办事原则应是：有纲领、法律、命令、条例、决议规定者，从纲领、法律、命令、条例、决议之规定；无纲领、法律、命令、条例、决议规定者，从新民主主义政策。"⑤1956年3月31日，彭真在第三次全国检察工作会议上指出："我们办案时，只要站稳阶级立场，根据政策，按照阶级利益来办事就可以了。"

二、经济司法价值观：为经济建设保驾护航

1978年的中共十一届三中全会之后，党和国家"重新确立了马克思主义实

① 董必武：《董必武政治法律文集》，法律出版社1986年版，第91页。

② 参见董必武：《董必武政治法律文集》，法律出版社1986年版，第234页。

③ 参见侯松涛：《建国初期的司法改革运动：回顾与思考》，载《中国特色社会主义研究》2008年第1期。

④ 参见董必武：《董必武政治法律文集》，法律出版社1986年版，第234页。

⑤ 韩延龙、常兆儒编：《中国新民主主义革命时期根据地法制文献选编》第一卷，中国社会科学出版社1981年版，第87页。

事求是的路线方针，果断地停止使用‘以阶级斗争为纲’的口号，并做出了把工作重点转移到经济建设上来的战略决策”。① 改革开放以来，中国司法被定位为“为经济建设服务”，② 即“为经济建设保驾护航”成为该时期司法的重要甚至首要目标。③ 正是在这个意义上说，这一历史阶段的司法价值可称为经济司法价值观。

（一）描述性背景

其一，中共十一届三中全会召开之后，“以阶级斗争为纲”的方针路线被抛弃，党和国家的工作中心转移到经济建设上来，国家渐次迈向从“以阶级斗争为纲”到以经济建设为中心、从封闭半封闭到改革开放、从计划经济到市场经济的变革历程。此后的二十六年间（1978—2004 年），中共所召开的五次全国代表大会，即从中共十二大到中共十六大，都将经济作为首要议题，并用大量篇幅阐述其经济建设的方针、原则和目标任务。

其二，中共十一届六中全会通过了《关于建国以来党的若干历史问题的决议》，首次明确指出：“在社会主义改造基本完成以后，我国所要解决的主要矛盾，是人民日益增长的物质文化需要同落后的社会生产之间的矛盾。”这一论断为“党和国家工作的重点必须转移到以经济建设为中心的社会主义现代化建设上来”提供了理论支撑。④ 具体而言，主要矛盾和主要任务是一致的，界定了国家的主要矛盾，也就规定了国家的主要任务。就其本质而言，人民日益增长的物质文化需要同落后的社会生产之间的矛盾是社会主义生产关系和生产力矛盾的具体表现，因而也是生产与需要矛盾的基本反映。为解决这个矛盾，根本途径是发展生产，即集中力量搞建设。若将主要矛盾定基于无产阶级与资产阶级的矛盾，在逻辑上就不可能推导出集中力量搞建设的基本任务。⑤

---

① 中共中央文献室编：《三中全会以来重要文献选编》，人民出版社 1982 年版，第 4 页。

② 参见沈德咏主编：《中国特色社会主义司法制度论纲》，人民法院出版社 2009 年版，第 119 页。

③ 参见徐昕、黄艳好、卢荣荣：《2010 年中国司法改革年度报告》，载《政法论坛》2011 年第 3 期。

④ 参见杨伯安：《经济建设是党和国家的中心任务——学习〈关于建国以来党的若干历史问题的决议〉》，载《四川师院学报》（社会科学版）1981 年第 4 期。

⑤ 参见李克清：《浅论社会主义社会的主要矛盾——学习〈关于建国以来党的若干历史问题的决议〉的体会》，载《财经研究》1981 年第 3 期。

其三，颁布新宪法，将以经济建设为基本内核的“现代化建设”作为国家根本任务写进宪法，并规定了多种经济成分共存的经济制度：(1)宪法序言第七段规定：“今后国家的根本任务是集中力量进行社会主义现代化建设”。其意旨有如1982年11月彭真在宪法修改草案报告中所指出的那样：“拨乱反正的一项重大战略方针，就是把国家工作重点坚决转移到社会主义现代化经济建设上来，一切工作都要围绕这个重点展开。”①(2)宪法明确规定了以公有制为主体的多种经济形式，即在全民所有制、集体所有制外，还规定了个体经济等形式的法律地位和国家对它们的政策，从而否定了那种认为所有制越单一越好、越大越公越好的观点；宪法规定中外合资、合作企业和外国独资企业可依法经营，这意味着以根本法的形式向全世界明确宣告了我国的对外开放政策。(3)宪法明确提出了实行承包责任制和其他各项经济体制改革的政策，提出了社会主义建设的根本任务，从而否定了“以阶级斗争为纲”和“吃大锅饭”的平均主义。此外，宪法还初步承认市场的作用，否定了单纯强调计划经济等做法，规定保护公共财产和私人合法财产所有权。上述规定表明：以经济建设为中心与实行改革开放成为一项基本的“宪法政策”。②

其四，中共“十三大”(1987年)明确将国家发展阶段定位为“社会主义初级阶段”，并确立了“一个中心，两个基本点”，即“以经济建设为中心，坚持四项基本原则，坚持改革开放”的路线方针。其要义有三：(1)社会主义初级阶段论为“经济建设中心论”提供现实基础。因为“我国社会主义初级阶段，是逐步摆脱贫穷、摆脱落后的阶段；是由农业人口占多数的手工劳动为基础的农业国，逐步变为非农产业人口占多数的现代化的工业国的阶段；是由自然经济半自然经济占很大比重，变为商品经济高度发达的阶段；是通过改革和探索，建立和发展充满活力的社会主义经济、政治、文化体制的阶段；是全民奋起，艰苦创业，实现中华民族伟大复兴的阶段。”③(2)以经济建设为中心的基本国策，意指在社会主义现代化经济建设、民主建设和精神文明建设三项建设中，把经济建设作为中心任务，其他各项建设都要围绕这个中心，并为它服务。

---

①　彭真：《关于中华人民共和国宪法修改草案的报告》(1982)，载董云虎主编：《中国人权年鉴：1949—1999》，当代世界出版社2000年版，第74页。

②　参见肖蔚云：《宪法在经济建设和改革开放中的作用——纪念宪法颁布十周年》，载《中外法学》1993年第1期。

③　中共中央文献研究室编：《改革开放三十年重要文献选编》，中央文献出版社2008年版，第476页。

(3)“坚持改革开放”是发展生产力的必由之路。为了大力发展生产力，搞好经济建设，必须调整生产关系和上层建筑中某些不适应生产力发展的部分和环节，进行经济体制改革和政治体制改革。而坚持“四项基本原则”是发展生产力的根本前提，它规定了经济建设的社会主义性质和方向，规定了我们国家必须走社会主义道路，实行人民民主专政，必须坚持共产党的领导，必须以马列主义、毛泽东思想作为我们的根本指导思想。①

(二)解释性表征

其一，经济审判机构的设立。根据1979年通过的《人民法院组织法》规定：“最高人民法院，省、自治区、直辖市高级人民法院，直辖市的中级人民法院和省、自治区辖的市中级人民法院应设经济审判庭，以专门担负经济审判工作。”最高人民法院、各高级人民法院以及部分市中级人民法院于1979年底以前相继设立了经济审判庭。1983年六届人大常务委员会根据形势的发展，对《人民法院组织法》作了修改，决定全国各级人民法院应普遍设立经济审判庭，据此，全国各基层法院也相继设立专门的经济审判庭。② 根据《最高人民法院经济审判庭关于人民法院经济审判庭受案范围的初步意见》(1980年)的规定，经济审判工作的任务，就是通过处理经济纠纷、经济犯罪和涉外经济案件，保障社会主义现代化建设事业的顺利进行；其受案范围包括经济纠纷案件、经济犯罪案件和涉外经济案件等。根据第二次全国经济审判工作会议报告，截至1991年5月，全国从事经济审判业务的队伍人数达到2.4万余人。至此，一套与刑事审判、民事审判并存的完整的经济审判体系基本形成。

其二，法院审判重心由刑事审判向经济审判转移。从1982年伊始，中共中央便提出开展打击经济领域中严重犯罪活动的斗争，并把它列为全国当年的中心任务之一。3月8日，第五届全国人大常委会第22次会议通过了《关于严惩破坏经济的罪犯的决定》，3月15日最高人民法院发出通知，要求各级人民法院认真学习和坚决执行全国人大常委会该项决定，把审判经济犯罪案件作为头等重要任务抓紧抓好；在七月召开的全国高级人民法院和专门人民法院院长座谈会上，对打击经济领域中严重犯罪活动的问题，又作了研究部署。1982

① 参见李清泉：《正确把握一个中心两个基本点的关系》，载《思想政治工作研究》1992年第2期。

② 参见岳志强、强钧：《我国经济审判工作在开拓中前进》，载《瞭望周刊》1986年第34期。

年 12 月 6 日时任最高人民法院院长的江华在第五届全国人民代表大会上所作的《最高人民法院工作报告》中，有关经济审判的篇幅超过 60%。其后每年的最高人民法院工作报告中均花重要篇幅，就经济审判情况作专门报告，直至经济庭被撤销。同时，经济庭的受案率也在逐年走高。若经济案件上升，则意味着经济纠纷的解决方式实现了由“行政解决”向“司法解决”的转变。①

其三，在自我角色定位上，人民法院逐渐从纯粹的政治角色向经济角色转变。这一点，可以从历届(1980—2004 年)最高人民法院的工作报告中找到印证(本书随机选择其中若干年份列于下表 2)。

表 2　**1980—2004 年若干年份《最高人民法院工作报告》中有关经济司法关键词句简表**

时间(年)	关键词句
1981	开展经济审判工作，是新的历史时期赋予人民法院的一项重要任务，也是人民法院的一项新课题。
1986	人民法院必须把经济审判工作放到调节社会主义经济关系和经济活动的高度上来予以重视和加强。
1991	经济审判是人民法院运用法律手段调节经济关系、直接为经济建设服务的。
1996	进一步加强经济审判工作，依法调节经济关系，维护社会主义市场经济秩序，促进改革开放和经济发展。
2004	为完善社会主义市场经济体制提供司法保障。依法保障国有企业股份制改造，促进社会主义市场经济体制的完善。

三、社会司法价值观：为社会稳定排忧解难

2004 年 3 月 14 日第十届全国人民代表大会第二次会议通过了对“八二宪法”的第四次修正草案。鉴于此次修宪的内容多涉及社会领域，可视为中国宪法由政治宪法向社会宪法转型的标志。② 随后，中共中央于 9 月 19 日召开的

① 参见沈关生：《经济纠纷案件何以上升》，载《瞭望周刊》1986 年第 34 期。

② 参见陈瀚：《社会性：由 2004 年修宪论中国当代法律的本质》，载《集美大学学报》(哲学社会科学版)2004 年第 4 期。

第十六届四中全会上正式提出了“构建社会主义和谐社会”的理念和“社会建设”的全新概念，① 并将其设定为中国共产党今后执政的战略任务(2005 年)。在这个意义上说，中国已经步入第二次社会转型的第二个阶段，国家的注意力开始由经济领域向社会领域分流，社会建设成为这个历史阶段的基本议题。与此相对应的，中国司法也被设定为“和谐社会的建设者”。

(一)解释性背景

其一，2004 年 3 月 14 日，十届全国人大通过了 14 条宪法修正案。其中的“三个代表”条款、“社会主义事业的建设者”条款、“国家尊重和保障人权”条款、“公民的合法的私有财产不受侵犯”条款以及“建立健全同经济发展水平相适应的社会保障制度”条款均关涉社会领域。比如，“社会主义事业建设者”条款扩大了统一战线的社会基础，有强化社会团结之意味；“社会保障制度条款”则直接对政府课以“加快社会建设、强化公民社会权益保障”之责任，为国家重心向社会领域倾斜或者分流提供宪法依据。② 基于上述因素，可以说中国宪法演变的步伐已从经济立宪阶段转向了社会立宪阶段，中国宪法也因此更为凸显社会宪法之意味。

其二，为了落实党的十六大关于“推进司法体制改革”的战略部署，2003 年 4 月，中央政法委员会向中央提出了《关于进一步推进司法体制改革的建议的请示》。5 月，中央对司法体制改革的指导思想、原则、目标、重点及工作方法作了重要指示，并决定在中央直接领导下，成立由中央政法委员会、全国人大内务司法委员会、政法各部门、国务院法制办及中央编制办的负责人组成的中央司法体制改革领导小组，全面领导司法体制改革工作。③ 中央司法体制改革领导小组于 2004 年底形成了《中央司法体制改革领导小组关于司法体制和工作机制改革的初步意见》，提出了改革和完善诉讼制度，改革和完善诉讼收费制度等一系列改革任务。在该文件基础上，最高人民法院出台了《人民法院第二个五年改革纲要》，对落实中央司法改革任务的具体措施和步骤作出了安排部署。2004 年 8 月 28 日由第十届全国人大常委会第十一次会议通过《关于完善人民陪审员制度的决定》，对我国人民陪审员制度进行了重大改革，进一

---

① 参见《中共十六届四中全会在北京举行》，载《人民日报》2004 年 9 月 20 日。

② 参见任喜荣：《“社会宪法”及其制度性保障功能》，载《法学评论》2013 年第 1 期。

③ 参见沈德咏主编：《中国特色社会主义司法制度论纲》，人民法院出版社 2009 年版，第 136 页。

步完善了该项制度。

其三，中国社会进入矛盾高发期，执政党提出建设社会主义和谐社会的战略决策。这意味着国家改革的重心逐渐由经济领域向社会领域转移；国家建设的总体布局，也由原来的经济建设、政治建设、文化建设的三位一体，演变为包括社会建设在内的四位一体的新格局。① 立基于此，司法资源向社会领域分流可谓大势所趋。

(二)解释性表征

其一，力塑"司法为民"之理念。2003年，最高人民法院申言司法为民之主张，并出台十项制度和二十三项具体措施。据此，地方各级人民法院结合工作实际，也出台了一系列司法便民、利民、护民的具体措施，并逐项落实。比如：(1)建立涉诉信访摘报等制度，关注申诉来访中的热点问题；改善接访立案条件，为当事人提供良好的诉讼环境；改变审判作风，进一步克服"门难进、脸难看、事难办"的状况。(2)完善司法救助制度，保障经济确有困难的群众平等参与诉讼；根据实际情况，扩大司法救助范围，完善司法救助办法。(3)不断提高法官专业水平和审判质量，全面落实公开审判制度，方便人民群众旁听案件审判、查阅裁判文书等。(4)推广适用刑事普通程序，简化审理被告人认罪案件的做法，建立和完善民事案件繁简分流机制。(5)加强基础建设，把矛盾纠纷化解在基层；设立巡回法庭，采取就地立案、就地开庭等方式，及时解决普通民事纠纷；加强诉讼调解，充分发挥调解解决纠纷的职能作用；加强对人民调解组织的指导，不断提高人民调解工作水平等。②

其二，法院的自我定位向治理者角色演变。片面的经济增长方式给中国社会带来了诸多避无可避的困境。这种困境，向中国政府提出了由管理向治理转变的历史性课题。为适应这一转变，司法角色由机械的纠纷裁断者向能动的治理者转变实难避免。③ 以2005—2010年最高人民法院的工作报告为例，大致可以勾勒这种转向的轨迹(见表3)。另外，社会之于司法的期望和评价上，也

---

① 参见陆学艺：《关于社会建设的理论和实践》，载《北京工业大学学报》(社会科学版)2009年第2期。

② 参见肖扬：《最高人民法院工作报告(2004年)——2004年3月10日在第十届全国人民代表大会第二次会议上》。

③ 参见江必新：《能动司法：依据、空间和限度——关于能动司法的若干思考和体会》，载《人民司法》2010年第1期。

逐渐从“经济标准”转向“社会标准”。

表 3　**2005—2010 年《最高人民法院工作报告》中有关社会司法关键词句简表**

时间(年)	关键词句
2005	依法严惩严重刑事犯罪，维护国家安全和社会安定。
2006	发扬人民司法的优良传统……促进和谐社会建设。
2007	为构建社会主义和谐社会……提供更加有力的司法保障。
2008	发挥审判职能作用，促进社会和谐稳定。
2009	维护社会稳定、促进社会和谐。
2010	加强审判工作，维护国家安全，保障社会和谐稳定。

其三，强调审判的社会效果，提出“两个效果相统一”的司法政策。早在 2002 年召开的全国民商事审判工作会议上，时任最高人民法院副院长的李国光首次提出“两个效果相统一”的原则，他指出：“衡量人民法院审理民商事案件质量好坏的重要标准，就是看在办案中能否从党和国家大局出发始终坚持法律效果与社会效果的统一”，“审判的法律效果是通过严格适用法律来发挥依法审判的作用和效果；审判的社会效果则是通过审判活动来实现法律的秩序、公正、效益等基本价值的效果。”①2004 年，时任最高人民法院院长的肖扬在耶鲁大学的演讲中提出：“法律不可能成为解决所有纠纷的‘灵丹妙药’，法律以外的因素如道德、情理也是司法过程中不可忽略的。判决不仅是单纯的法律责任的判断，更重要的，它是一个可能造成一系列社会影响的司法决策。为此，中国司法机构提出了审判的法律效果与社会效果的有机统一问题。”②至此，“法律效果和社会效果相统一”正式成为中国司法的一项基本政策。

四、走向衡平司法价值观：为法治文明注译导航

2010 年 3 月 10 日，时任全国人大常委会委员长的吴邦国宣布中国特色社会主义法律体系已经形成；10 月 18 日，中共中央通过《关于制定国民经济和社会发展第十二个五年规划的建议》，要求“以科学发展为主题，以加快转变

① 李国光：《民商审判指导与参考》(第二卷)，人民法院出版社 2003 年版，第 23 页。

② 肖扬：《中国司法：挑战与改革》，载《人民司法》2005 年第 1 期。

经济发展方式为主线，深化改革开放，保障和改善民生”。以这两个事件为标志，可以说中国社会已悄然迈向第二次转型的第三个阶段。其基本意味有二：(1)在国家法治建设上，意味着由立法主导转向司法主导；(2)在经济发展方式上，意味着从粗放式增长转向集约型增长，即从投资推动型增长转向创新推动和消费投资协调型增长；从外向主导型转向内需主导型，实现更有效率、更有质量、更加环保的科学发展和包容性增长。正是基于这种转变，中国司法回归目的价值并实现多元衡平，即走向衡平司法价值观方可以解释为时势所趋。

(一)解释性背景

其一，中国特色社会主义法律体系的初步建成标志着中国法治进程已然步入由“立法主导”向“司法主导”转变的历史时期。迄今为止的经验表明，一国法治发展的初期基本上都是由立法主导，但在法律体系逐步成型之后，立法权便渐次隐居于法治建设的幕后；相应的，行政权乘势崛起，并将整个国家带入到行政集权时代，但行政通常不是引领国家法治的适格主体，相反，现代国家法治通常是以行政的有效规控为条件。因此，主导法治进程的任务便历史性地由司法来承担。在这个意义上说，走向司法法治主义，乃现代法治发展之必然。① 在司法主导法治的时代，国家治理依赖于司法的时代也随之而来。② 如是，或有助于国家与社会正视司法的应然地位、目的价值和正义形象。

其二，深入落实科学发展观的举措，或有助于我们走向尊重司法规律的时代。2010 年 4 月 6 日，胡锦涛在《全党深入学习实践科学发展观活动总结大会上的重要讲话》一文中指出：“全党同志要充分认识贯彻落实科学发展观的重要性和紧迫性，继续把学习实践科学发展观引向深入，切实把科学发展观贯彻落实到社会发展的各个方面。”③在逻辑上，科学发展观的落实，或为国家调整司法定位、尊重司法规律或司法科学提供了一种前提。讲科学，首先必须讲规律。对于司法而言，落实科学发展观的要义就是尊重司法规律；尊重司法规律的要义即在于尊重司法工作的规范性和司法运行过程的自主性。

---

① 参见江国华：《常识与理性(十)：司法技术与司法政治之法理及其兼容》，载《河北法学》2011 年第 12 期。

② 参见江国华：《通过审判的社会治理——法院性质再审视》，载《中州学刊》2012 年第 1 期。

③ 胡锦涛：《在全党深入学习实践科学发展观活动总结大会上的重要讲话》，载《求是》2010 年第 8 期。

其三，司法伦理建设的展开或有可能促使司法自身定位的调整。2010年8月，最高人民法院首次提出“公正、廉洁、为民”的司法核心价值观；随后又修订《法官职业道德基本准则》和《法官行为规范》，并制定《人民法院文明用语基本规范》。至此，可以说中国司法开始着力于自身伦理的建设。如果说，司法方法旨在求真，那么司法伦理则旨在求善。求善的司法伦理“体现为裁判过程和判决结果与社会主流价值观的嵌合度，它是一个判决能够成为好的判决的重要条件；而司法判决的技术性则是指判决适用程序法与实体法的精确度，它是一个好的判决的基础保证。”①司法伦理建设的深入，或有助于法院反省被给定的角色定位，并提升其对应然角色和职责的自觉程度。

(二)推断性表征

在实践中，2010年之后最高人民法院施行了一系列改革举措，从这些改革中或可推断出中国司法走向衡平价值观的某些表征。

其一，最高人民法院推行系列法院审判制度的系列改革举措：(1)颁行《关于人民陪审员参加审判活动若干问题的规定》和《关于人民陪审员工作若干问题的答复》，人民陪审员制度得到进一步规范和完善；(2)颁行《关于进一步加强合议庭职责的若干规定》，明确了合议庭组成方式、职能分工、内部运作、考评机制和责任分配等；(3)颁行《关于规范上下级人民法院审判业务关系的若干意见》，规定上级法院指导下级法院审判工作的范围与方式等内容；(4)颁布《人民法院司法巡查工作暂行规定》，正式建立司法巡查制度等；(5)出台两个“证据规则”，确认证据裁判原则，规定了质证原则以及非法证据排除规则等。

其二，重申调解优先的司法政策。2010年最高人民法院颁布《关于进一步贯彻“调解优先、调判结合”工作原则的若干意见》，规定了法院调解工作各个环节；时任院长王胜俊强调：“司法工作要积极参与社会管理创新工作……坚定不移地贯彻好调解优先、调判结合的工作原则。”②各级法院也相继规定了调

---

① 许建兵、薛忠勋：《谈司法伦理在司法方法中的实现》，载《人民法院报》2012年10月12日。

② 王斗斗：《王胜俊要求充分发挥人民法院职能作用 创新司法服务方式推动社会管理创新》，载《法制日报》2011年7月1日。

解率要求，其中，基层法院调解率要求达到70%以上。①

其三，确立司法核心价值观。最高人民法院颁行《关于进一步加强人民法院文化建设的意见》，将弘扬公正、廉洁、为民的司法核心价值观作为法院文化建设的首要任务。按照沈德咏副院长的说法：司法公正是司法核心价值观的灵魂之所在，是实现司法廉洁和司法为民的价值导向的前提条件，又是实现二者的重要保障。司法廉洁是司法核心价值观得以更好贯彻落实的根本保证，是实现司法公正和司法为民价值观的坚强后盾。司法为民是司法核心价值观的最终目标，是司法公正和司法廉洁的终极追求。②

（三）阐释性衔接

最高人民法院所提出的“公正、廉洁、为民”的核心司法价值观一改过往司法价值单一化的定位，展示了其多元化的秉性；而且，“三核”价值中的任一单元均具有足够的包容性，可作多样性解读。正是这种多元化价值倾向及其构成单元本身的包容性，展示了中国司法走向衡平价值观的内在倾向。

其一，“三核”并存的多元价值定位契合了衡平司法价值观的内在规定性。就其本质而言，最高人民法院确立的“公正、廉洁、为民”的司法核心价值观，既是对社会价值观多元趋向的一种理性回应，也是对司法本身多元目的价值的自我认同。“公正、廉洁、为民”既可以解读为司法价值观的三个核心，也可以解读为司法的三重目的价值。这就意味着我们已经认识到：“多元价值并存”实际上构成了现代司法的一种客观场景；③ 在相互冲突的多元价值中作出抉择、协调与衡平乃司法工作之常态。因此，通过个案衡平多元利益和价值是法官的一项基本职责和技术。正如亚里士多德所言：“裁判官者，则公平人之化身耳。裁判官即在持平。”④

其二，“三核”价值中的每一单元都具有足够的包容性，可作多重解读，这意味着现代司法价值体系的包容性和开放性得到中国司法的认同。其中，

---

① 参见徐昕、黄艳好、卢荣荣：《2010年中国司法改革年度报告》，载《政法论坛》2011年第3期。

② 参见沈德咏：《大力弘扬“公正、廉洁、为民”司法核心价值观》，载《求是》2011年第11期。

③ 参见卞建林：《现代司法理念研究》，中国人民公安大学出版社2012年版，第20~21页。

④ 崔永东：《西方司法理念与司法制度》，载《中国刑事法杂志》2010年第11期。

“公正”包含了公开、公平、平等、正义等价值诉求；① “廉洁”涵盖了清廉、清正、明洁、不偏、不私、不受等价值诉求；“为民”则内含亲民、便民、利民等价值诉求。正是这种包容性和开放性不仅让“三核”价值观能够吸纳更多的价值元素，也为个案裁判中的多元衡平抉择提供了更为充足的正当性解释空间。

其三，在司法主导法治的时代，衡平司法价值观当承载为法治文明注译导航的使命。基于上述两点，“三核”价值观可解释为衡平司法价值观在中国法治语境中的官方表述。因此，“公正、廉洁、为民”也应当可以解读为中国法治文明的三重基本目标。② 在这个意义上说，受衡平司法价值观指导，通过对多元价值冲突的调适而达成动态平衡的司法过程，便顺理成章地承载了法治文明的导引与注释功能。

司法是社会的，它不能脱离它所由以产生的社会，有怎样的社会就必然有怎样的司法；而社会又是历史的，它总处于发展和演变的曲折历程中；因此，作为社会性的司法也总随着社会的变迁而不断地调试着自身……于是，它的发展也与其母体社会一样，不可避免地带有阶段性痕迹。

司法价值观受制于特定之社会，也受制于司法发展的历史阶段——国家对于司法的定位，或者社会对于司法的评价，都不能超越其所处的社会和时代……归根结底，司法价值观是社会价值观在司法领域中的反映。

第三节 司法价值与司法效率

司法价值在一定程度上，是法治理想的表现，是司法所要追求的理想状态。而司法效率更多体现一种现实性的考虑。司法价值与司法效率之间的冲突，就是法治理想与法治现实之间的冲突。司法价值与司法效率之间又是辩证统一的，相互促进的。在司法效率与司法价值之间的平衡中，法治水平才能够得以提升。

一、司法效率与效率之意涵

效率作为一个经济学概念，随着社会发展而被引入司法领域。“迟来的正

① 参见江国华：《人民法官核心价值观之解读》，载《人民法院报》2010 年 5 月 6 日。

② 参见沈德咏：《大力弘扬“公正廉洁为民”核心司法价值观》，载《求是》2011 年第 11 期。

义不是正义”也成为了司法活动的信条之一。效率本身也是价值的一种，但相比于秩序、正义、法治等价值而言，还存在较大区别。

（一）效率之意涵

“效率，名词，有两层含义：一，机械、电器等工作时有用功在总功中所占的百分比；二，单位时间内完成的工作量。”①在英语中，效率所对应的词是“efficiency”，其意思是“做的又快又省又好”。② 经济学上的效率，表示所获得的劳动效果与消耗的劳动量之间的比值关系，体现了投入与产出之间的比率。其有两种评价方式，一种是指在投入一定量的资源的情况下产出多少产品，另一种是指在产出一定量的产品的情况下耗费多少资源。一个有效率的社会可以达到一种“帕累托最优”的状态——“帕累托最优”是指资源分配的一种理想状态，即假定固有的一群人和可分配的资源，从一种分配状态到另一种状态的变化中，在没有使任何人境况变坏的前提下，也不可能再使某些人的处境变好。帕累托最优的理想社会状态是资源优化配置的结果，也即价值最大化的结果。

对效率的讲求，从根源上来说，在于资源的有限性与人们需要无限性的矛盾。人类在这个地球上生存必定要与特定的资源发生直接或间接的联系。离开了资源，人类的生存和发展无从谈起。但是人的需求是无限的，相对于人的需求来说，任何资源都可能是稀缺的。人类不断追求更高层次的生活质量，而这种追求本身会遇到时间、空间和各种资源的限制。一方面，人类生存发展总是需要生活资料，人们的需要具有多样性和无限性；另一方面，资源具有有限性和不平衡性的特点，于是优化资源配置，讲求效率成了人类生存与发展的长久主题。

对效率的讲求，与现阶段社会所处发展阶段和基本经济制度也息息相关。自西方工业革命以来，传统的自给自足的自然经济逐步解体，以私有产权、大机器生产与以价格工具优化资源配置为特征的市场经济发展起来，市场主体在优胜劣汰的市场定律中激烈的角逐，对“效率”的讲求由此也成为克敌制胜的最佳法宝。改革开放前，受前苏联高度集中的政治经济体制的影响，我国采取计划经济的基本经济制度。改革开放后，以经济建设为中心，发展社会生产力成为党和国家的中心任务。随着以经济建设为中心，改革高度集中的计划经济

---

① 中国社会科学院语言研究所词典编辑室编：《现代汉语词典》，商务印书馆 2012 年版，第 1438 页。

② 参见谭世贵主编：《中国司法原理》，高等教育出版社 2004 年版，第 55 页。

体制，建立和完善社会主义市场经济体制的进行，“效率”成为全社会的热门词——“时间就是金钱，效率就是生命”。市场经济具有一个天然的属性——趋利性，这种趋利性的特点也就决定了市场主体追求利益的最大化，而要最大限度地去实现自身利益的最大化，就更需要在市场活动中注重效率。效率是促进生产力发展、经济持续发展的内在动力。

(二)司法效率之意涵

“迟到的正义非正义。”为达到司法本身之目的，司法权在运行过程中必须注重司法效率。“司法效率所要描述的应当是司法活动进行的快慢程度，解决纠纷数量的多少，以及在司法过程中人们对各种资源的利用程度和节省程度。”①司法效率范畴包括司法的时间效率和司法的资源利用效率。司法的时间效率，要求司法能够快速而有效地解决社会争端，实现社会正义。司法的资源利用效率要求以最小的资源投入获取最大的效益，而这其中的资源包括人力、物力、财力等资源的投入。“以效率为中心的司法制度建构和司法活动，为经济主体设定最有效率的交易模式和诉讼程序，保证人们以最可靠、最安全、最简便的手续，以最少的时间、精力和物质耗费，达到预期的经济目标。”②

二、司法价值与效率的对立

秩序、正义、法治、人权，这些元价值都是司法在法律规范的社会实现过程中值得追求的理想。秩序是司法元价值中的基础性价值，它建构稳固的人类群体，为其他价值的实现提供了坚实的基础；正义是司法元价值中的核心性价值，它是人的尊严的本质要求，是人对于自由、平等的渴望；法治是司法元价值中的根本性价值，其促使法律权威得到捍卫，法律信仰得到确立，社会生活可以充分预期；而人权则是司法元价值中的目的性价值，它是所有司法制度和司法实践的最终目的之所在。如果所有这些价值都能够在所有的角落实现，那再好不过，但是这终归只是一种美好的理想。司法元价值的实现离不开司法效率的保障，但对司法效率的过多关注在一定情况下又会影响这些元价值的实现。秩序、正义、法治、人权虽然都是司法的元价值，但正义作为司法的核心价值在某种程度上起到了媒介作用，司法正是通过对正义的促进作用来实现对秩序、法治、人权的追求。因此，分析司法价值与效率的冲突和整合，可以以

---

① 谭世贵主编：《中国司法原理》，高等教育出版社2004年版，第57页。

② 关玫：《司法公信力研究》，人民法院出版社2008年版，第75页。

司法正义与效率的冲突与整和为代表来考察。

效率与正义相辅相成，在某些情况下又处于冲突的紧张状态。一方面，效率与正义相辅相成：(1)具体到司法活动过程中，司法正义是以司法效率为补充的正义。“不公正的判断使审判之事变苦，而迟延不决则使之变酸也。”①司法正义有一个时间的维度，长时间的拖延会使法律事实愈加失真，寻求法律救济的当事人不仅难以达到预期的目的，而且还会付出高额的司法成本，承受“二次伤害”。正如庞德所言：“我们以为正义并不意味着个人的德行，它也并不意味着人们之间的理想关系。我们以为它意味着一种制度。我们以为它意味着那样一种关系的调整和行为的安排，它能使生活物质和满足人类对享有某些东西和做某些事情的各种要求的手段，能在最少阻碍和浪费的条件下尽可能多地给予满足。”②因此，司法正义应是以效率为补充的正义。(2)司法效率应是一种服从司法公正的效率。“公正(正义)是社会制度的首要价值，正像真理是思想体系的首要价值一样。……某些法律和制度，不管它们如何有效率和有条理，只要它们不正义，就必须加以改造或废除。”③

另一方面，司法正义与效率之间又可能存在冲突的紧张状态：(1)正义本身对效率有要求。但是过高的司法效率有时也会以牺牲正义为代价，西方法律制度中的诉辩交易就是以部分正义为代价的。(2)正义的过高要求也可能会导致效率的降低，以司法活动本身而言，为了保护当事人程序参与权和提出证据进行辩论的权利，就要提高程序的复杂程度，相应地法院和当事人为此付出的诉讼代价就会增加。

司法正义与司法效率的关系集中反映了司法价值与效率的关系。司法正义与司法效率的冲突有三个方面的原因：(1)司法需求不断扩展，诉讼案件增加，对司法工作形成外在压力。中国改革开放以来，人民法院所受理的一审、二审、再审各类案件的数量已经由 1978 年的 61.3 万件上升到 2009 年的 746.2 万件，增长了 11.2 倍；其中刑事案件由 29.5 万件增长到 87.2 万件，增长了 1.9 倍，民事案件从 31.8 万件增长到 643.6 万件，增长了 19.2 倍，行政案件由 1987 年的 6 千多件增长到 2009 年的 15.4 万件，增长了 23.7 倍。④ 诉讼案

---

① ［英］培根：《培根论说文集》，商务印书馆 1983 年版，第 193 页。

② 胡夏冰：《司法权：性质与构成的分析》，人民法院出版社 2003 年版，第 148 页。

③ ［美］约翰·罗尔斯：《正义论》，何怀宏译，中国社会科学出版社 2003 年版，第 3 页。

④ 参见朱景文：《2011 中国法律发展报告》，载《法制日报》2012 年 1 月 18 日。

件的剧增在一定程度上会对司法效率提出特殊的要求。(2)司法资源的相对有限性。在全国财政资源一定的情况下，司法工作只能获得一部分的财力支持，其经费增长可能满足不了日益增长的司法需求。如此一来，司法资源的有限性和需求的扩展之间便会形成矛盾，于是司法效率的提升成为迫切的要求，而这无疑会对司法的公正性产生影响。(3)司法评价尺度存在一定的多元性。对于国家而言，快速处理日益增多的社会纠纷，即定纷止争以维护社会稳定的目标可能更突出。而对于公民个人而言，随着其权利意识的日益增长，其对司法公正的要求可能越来越高。公民个人和国家以及公民个人之间根据自身需求对于司法效率和司法正义的不同评价可能会造成司法公正与司法效率的内在紧张。

三、司法价值与效率的融合

以司法正义为代表的司法价值与效率的冲突大致有三种解决思路："优先论"、"类型论"和"兼顾论"。所谓"优先论"，是指正义与效率发生冲突时择一对象优先满足。"优先论"又可以有两种表现形式：一种是"司法正义优先论"，即认为正义是司法的核心价值，在任何时候下，正义都应当是司法应该优先满足的目标；一种是"司法效率优先论"，即认为效率是司法的第一要素，不能只顾虚无缥缈的正义而为其付出巨大的司法资源代价，在高效率中可以考虑降低正义的标准。所谓"类型论"，是指区分刑事审判和民事审判，"在刑事诉讼中，公正居于优先的地位；而在民事诉讼中公正对效率的让步最大。"①所谓"兼顾论"，是指在司法制度构建及其运行中根据具体情况兼顾司法正义与司法效率，寻求司法价值的最大化。

相较来看，"优先论"似乎陷入一种"非此即彼"的一元化思维，"非此即彼式的价值选择固然强化了司法权在特定的层面对社会生活的调整力度，但在总体上限制了司法权能够获得更为丰富的对社会生活进行调整的正当性资源。"②"类型论"通过刑事审判和民事审判的区分而作为选择的标准似乎也有些偏颇。而"兼顾论"则根据具体情况来调和司法正义和司法效率的矛盾，寻求价值的最大化，似乎是最理想的选择。但"兼顾论"既然没有给出一个明确的答案，"鱼与熊掌不可兼得"，其在具体实践过程中又可能流于理论表面而不容易掌握。

在解决司法价值与效率的冲突时，应该克服二元对立的思维模式，而寻求

① 牛建华：《论司法公正与诉讼效率的关系》，载《法律适用》2003年第1期。

② 孙万胜：《司法权的法理之维》，法律出版社2002年版，第146页。

一种更高层次的整合。“整合，是指协调、调整和完善，司法中的整合就是在司法变革过程中各种相关要素不断协调和调整，从而使整个司法机制得到完善和提高。”①与“兼顾论”一样，“整合论”也不试图为司法正义与司法效率的选择确定一个绝对的比例标准。但与“兼顾论”不同的是，“整合论”试图探讨在司法正义与司法效率作出抉择时可能影响选择的因素。“法律是一个带有许多大厅、房间、凹角、拐角的大厦，在同一时间里想用一盏探照灯照亮每一间房间、凹角和拐角是极为困难的，尤其当技术知识和经验受到局限的情况下，照明系统不适当或至少不完备时，情形就更是如此了。”②因此，我们试图为司法正义和司法效率的抉择多提供几盏“探照灯”，以助其明了其抉择的环境和原理，并在此基础上作出最优的选择。

其一，一国的司法制度及其运行应该与其本国法律观念和现实司法状况相适应。萨维尼说：“一个民族的法律制度，像艺术和音乐一样，都是他们文化的自然体现，不能从外部强加给他们”。这给我们一种启发：最好的和最先进的不一定是最合适的。根据传统诉讼观念、法律文化的不同，我们可以选择侧重于正义或者效率的司法制度或运行方式，只要其被普通国民所认可。另外一方面，社会总是处于不断的发展进程中，一国的司法状况可能在一定情况下面临某些急需解决的矛盾。在此情况之下，司法制度及其运行可以相应的做出调整和适应。鉴于经济不断萎缩，之前采取的各种经济改革与行政改革措施并没有达到预期目的和效果，日本于 2002 年 3 月 19 日颁布《日本司法制度改革促进计划》，希望通过司法改革这个突破口，来缓解危机与压力。③ 公正与效率是人民法院 21 世纪的主题，这一主题的确立建立在对现实司法运行状况的考量上，也具有很强的时代特征。

其二，司法正义与司法效率的整合需考虑两者对于司法目的达到的不同作用方式。绝对的正义或者绝对的效率都是难以完成司法使命的，那在二者合力的过程中，其分别起到的作用是什么呢？在司法运行的过程中，正义是方向盘，而效率就是燃油。换句话说，正义是司法的目的价值，而效率对司法只是工具性的。方向不对，不仅达不到目的，而且浪费了燃油；而燃油少一点，尚

---

① 赍国栋：《论司法公正价值的整合》，载《南京社会科学》2007 年第 3 期。

② [美]E. 博登海默：《法理学：法律哲学与法律方法》，邓正来译，中国政法大学出版社 2004 年版，第 206 页。

③ 参见邵晖：《域外司法改革的价值诉求与目标取向——以日本和英国的司法改革为例》，载《北方法学》2011 年第 3 期。

且可能达到目的，只不过速度慢一点而已。因此，对司法效率的讲求应该以司法公正为前提。

其三，司法正义与司法效率的整合需建立在“法律事实”与“客观事实”二分法的基础之上。司法审判需“以事实为根据，以法律为准绳”。那么何为“事实”呢？“事实”指的是一种法律上的真实而非客观上的真实。所谓“法律真实”即“法律所确定或认可的‘真实’，是法律意义上的真实，是在具体的司法活动中达到了法定证明标准的真实。”①“法律真实”是通过证据反映出来的“客观真实”，它可以无限地接近“客观真实”，但却不是“客观真实”本身。除了“天知、地知、当事人知”以外，已发生的历史再难以以完整的面目重新再现。更何况在由纠纷当事人的表述而重现的历史画面中，这种过往的事实更显得扑朔迷离。由“法律事实”向“客观事实”无限接近的过程是一个司法资源的耗费过程，如果我们要求“以事实为根据”的“事实”是一种“客观事实”，那么司法资源的耗费也将趋向于无限多。“公正的第二种含义，简单说来就是效率。”如果资源耗费无限大，司法效率无限小，那么公正也会受到巨大的影响。② 因此，在司法过程中追求绝对的正义是不恰当的，换言之，“绝对的正义就是绝对的不正义”。

其四，在以正义为代表的司法价值和效率整合的过程中，要遵循互相协调、平衡兼顾原则。以正义为代表的司法价值与司法效率都是司法制度建构和司法活动进行中值得追求的。司法价值与效率之间虽然存在冲突，但冲突不是矛盾的主要方面，同一性才是两者矛盾的主要方面。“最低限度的公平是效率增长的极限，最低限度的效率则是公平增长的极限。无论是追求公平，还是追求效率，都要在对立面所设定的极限之内寻求平衡和调和的方案。”③因此，即使它们之间存在冲突，也能够发挥人的主观能动性，利用人的智慧作出恰当的整合，尽可能地避免、化解或者是弱化司法价值与效率之间的冲突。司法价值与效率的冲突是一个难以解决的问题，不过正是在这种权衡、整合的过程中，我们的司法功效才在不断提升，我们的法治水平才在不断提高。

① 吕忠梅：《司法公正价值论》，载《法制与社会发展》2003 年第 4 期。

② 参见[美]理查德·A. 波斯纳：《法律的经济分析》，商务印书馆 1987 年版，第 18 页。

③ 谢鹏程：《探求公正与效率的真谛》，载《人民法院报》2001 年 3 月 12 日。

第十一章 司法评价

司法体制与司法活动不可避免地受到来自社会各界的价值评判，这种评价能够对司法体制与司法活动起到一定监督和促进作用。随着我国司法体制改革的深化，司法评价的认定、引导、正向激励、监督等功能的发挥日益明显，建构系统的中国司法评价机制具有一定紧迫性。随着管理技术的进步，司法评价的手段也日渐科学化，通过司法评价指标体系构建的技术路径，使得司法评价能够被精确量化。司法异体评价也逐渐由强烈主观性评价回归理性客观评价。司法评价指标体系的建立，对推动我国现阶段的司法改革具有积极意义，科学系统的司法评价为司法改革提供完善的评估方法、程序以及标准，并运用该评价体系阶段性评估司法改革成果的合理性、合法性、现实性和可推广性，及时评价、巩固改革成果，纠正改革中的偏差，保障改革的正确方向。①

第一节 司法评价概述

党的十八届三中全会审议通过的《中共中央关于全面深化改革若干重大问题的决定》对深化司法体制改革作出了全面部署。随着司法体制改革的不断深化，如何对改革的措施及其阶段性成果予以评估，从而为其进一步的调整和完善提供依据，成为确保改革少走弯路、持续推进的关键所在。为保障评估的准确性与说服力，应致力于探索司法体制改革的评价指标体系，以对相关问题作出较精准的评估。②

① 参见蒋银华等:《主题研讨——司法体制改革评价》，载《检察官学院学报》2015年第2期。

② 参见蒋银华等:《主题研讨——司法体制改革评价》，载《检察官学院学报》2015年第2期。

一、司法评价的概念与意涵

通常意义上的司法评价是指评价主体根据自己的主观感受或借助一定的评价的手段对司法活动进行价值性评判的行为。社会一般民众对于司法活动的正向评价在一定程度上也是司法公信力的直观表现。而作为一门新兴学科的司法评价学，则是运用评价学的方法来研究司法活动的一种尝试，其理论基础与评价学具有相当的同质性。

（一）对于评价的理解

原初意义上的评价行为即指评定事物价值的高低。随着人类认识、价值和判断等理念与实践的不断发展变化，人们从由对自然生存状态和环境的评价渐渐地转向了对社会的评价，评价学开始产生。在评价学上，"评价"即评价主体根据一定的评价标准对评价客体作出有无价值及价值大小判断的观念性活动。① 评价工作包括两个方面：(1)在评价目标的指导下，对被评对象进行系统分析，确定评价指标体系及相应的权重体系；(2)对被评对象的相关属性进行测定，并将其转化为评价者的主观效用。因此，评价是主观、客观相结合的过程，是决策者进行决策的基础。②

（二）对于司法评价的理解

中国尚未建立健全的司法评价机制，加之对于司法评价理论研究层面的缺失，我国对于司法评价的界定尚存有争议。观之现状，有关司法评价的理解有两种不同层面的提法：(1)司法评价指国家司法机关对国家机关、法人或社会团体以及公民个人所实施的行为是否符合国家法律法规而作出的一种判断。国家司法机关只有对上述各方面的行为作出合法性程度的判断之后，才能采取处理措施，并附之以一定的法律后果；③ (2)顾名思义，"司法评价"即对司法活动的评价，指人们对以法院和法官为评判对象，以审判活动为评判内容，并对

---

① 参见邱均平、文庭孝：《评价学——理论·方法·实践》，科学出版社2010年版，第16页。

② 参见张于心、智明光：《综合评价指标体系和评价方法》，载《北方交通大学学报》1995年第3期。

③ 参见莫纪宏：《法律评价的过程及其标准》，载《中国社会科学院研究生院学报》1989年第6期。

司法权的目的、功能和司法活动的结果等所作出的价值判断。以上两种说法均具有代表性，但仔细品评，都存在着一定的问题。如提法一与法理学中法之评价作用①相类似，即只是将评价的主体换成了国家司法机关，其实质仍是法律的评价作用在司法领域的具体化，与“司法评价”本身无关；提法二中对于“司法”一词理解则有失偏颇，不够全面。

综上所述，司法评价可界定为：评价主体根据一定的评价标准对国家司法机关的司法活动及其过程所作的价值性判断。广义的司法评价基于评价主体的不同又可分为同体评价与异体评价。所谓“同体评价”，是指国家司法机关内部间的对于司法活动的价值性判断，也称为内部考评；“异体评价”，则指国家、社会公众等非司法机关对司法机关的司法活动所作的价值性判断。狭义的司法评价仅指异体评价。据此，我们进一步将司法评价界定为：国家机关、社会公众等非司法机关作为评价主体，依据一定的评价标准对各级人民法院、人民检察院等司法机关所从事的司法活动及其过程所作出的价值性判断。

二、司法评价的功能与意义

司法评价机制在创新司法制度、规范司法活动方面的功能和重要意义已经得到普遍肯定。在我国全面推进司法改革的重要历史时期，正确认识司法评价的功能意义、构建科学、系统、全面、客观的司法评价机制是十分必要的。

（一）司法评价的功能

1. 认定功能

司法评价对于司法活动的公正性会作出相应的认定。认定功能一方面是将人民检察院或者人民法院作为一个被评价的整体进行综合性评判，如我国人民代表大会及其常委会在行使对司法机关的监督过程中，通过审议人民法院、人民检察院的工作报告，对司法机关的工作状况进行评价，从而得出肯定性或否定性的评判认定。另一方面，通过司法评价可以判断法官、检察员等司法工作者的政治素养、知识水平、业务能力等诸多事项。总之，全面、客观的司法认定，有利于司法资源的优化配置，为司法机关“知人善用”奠定基础。

---

① 法的评价作用，是法的规范作用中的一种，指法律对人们的行为是否合法或违法及其程度，具有判断、衡量的作用。法能够指引人们的行为方向，是一种带有价值倾向和判断的行为标准，通过这一标准，影响人们的价值观念，达到引导人们行为的作用。参见舒国滢：《法理学导论》，北京大学出版社 2011 年版，第 39 页。

2. 导向功能

司法评价具有鲜明的导向性，无论是同体评价还是异体评价，科学的评价标准都可以引导和鼓励司法人员在从事司法活动中的工作方向，并注重司法活动之社会效果和法律效果的统一。具体而言，在同体评价中，科学的司法考评，对于表现良好的司法工作者会给予表彰，如此，不仅能调动个人的工作积极性，亦能对其他司法人员产生示范和激励作用，促使司法人员不断追求先进，从而提高司法人员的整体业务能力和职业素养。在异体评价中，各级人民代表大会等国家机关在对司法机关进行评价的基础上，所提出的某些倡导性建议，具有明显的社会导向，其对于司法职权的合法行使、司法行为的正当操作均发挥着重要意义。比如曾任最高人民法院院长的王胜俊法官，其在提倡能动司法的社会背景下，注重对和谐社会的建构，并指出对于那些以调解方式结案，利于社会和睦的案件，一般社会评价较好。而这种社会评价亦成为今后司法机关从事司法活动的重要借鉴，形成了以重视调解方式结案的风尚，即便该做法有违司法"谦抑性"以及司法机关消极性、被动性之嫌疑。换言之，司法评价在一定程度上从宏观视角为我国司法发展提供了参考借鉴。

3. 促进功能

司法评价工作的开展是推动司法进步的有力措施，科学的司法评价机制有助于促进司法权威的建立。从个案层面而言，科学的司法评价机制能够作为司法与舆论间的平衡机制，弱化媒体炒作的"轰动效应"，并对偏离公正与真理轨道的社会舆论予以纠正，从而改善司法形象，提高司法公信度；从整个司法进程而言，科学的司法评价机制能够形成正确的价值导向，使司法制度革新沿着正确的方向前进，降低体制改革中的试错成本，推进司法法治进程。

无论是肯定性评价还是否定性评价，只要是科学的、规范的评价体系，就有助于促进司法进步。肯定性评价能够产生正向激励性作用，且积累的司法裁判之经验便成为今后司法活动借鉴和应用之所在；否定性评价有利于促进司法机关的自我认知、自我矫正，借社会公众所反映之问题，深刻反思司法活动中的不足，便于有的放矢。如"佘祥林案"、"赵作海案"等冤假错案出现后，虽在短期内招致社会否定性评价，但随之而来的是在一定程度上促进了"疑罪从无"、"无罪推定"以及"反对强迫自证其罪"等司法理念在中国司法实践中的适用。

4. 监督功能

监督功能是司法评价之最基本的功能之一。司法评价的直接对象是每一起具体的案件，而对社会公平正义的维护需要落实到司法活动中每一起案件的办理过程中，即体现在每一个司法行为上。国家机关、普通公民、新闻媒体、法律职业人等评价主体通过在个案中，对各级人民法院、人民检察院所作出的司法活动进行评价，形成对司法活动的有效监督。具体而言：一方面，社会评价主体可以就具体的司法案件提出自己的质疑，尤其是在网络高度发达的今天，越来越多的社会公众通过网络这一新兴媒介对司法案件的进程进行关注，并作出评判，积极地促成了案件公开、公正、快速的处理。另一方面，以人大为代表的国家机关通过司法评价这一工具，对司法机关及其工作人员所从事的司法行为进行直接监督。如 2001 年 2 月，沈阳市第十二届人民代表大会第四次会议上，我国政坛史上首次出现了法院工作报告未获通过的案例。① 这反映了人民代表大会这一国家机关通过行使宪法所赋予的监督权，对司法机关的司法活动所作出的否定性评价。该评价结果不仅给司法机关敲响了警钟，亦在更深层次上为司法机关予以指引，保障司法行为的规范化运行。

（二）建构中国司法评价机制的积极意义

我国正处于全面深化司法改革的历史时期，在未来相当长一段时期内，开展司法改革、确保司法公平将成为我国政治生活的重大议题。在此基础上，科学、规范的司法评价体系能够对整个司法系统的改革与创新提供有力的推动作用，这也是构建司法评价机制与中国司法法治的核心意义。具体而言，表现如下：

1. 有助于形成新的创新机制

现阶段我国司法改革强调司法活动的社会效果与法律效果的统一，这也是我们孜孜不倦追求的价值目标。所谓社会效果好，其必然是指司法公正、公开，同时保障各方当事人对于裁判结果的满意，实现较高的社会评价。因此，司法评价是检验司法活动所追求的社会效果的重要工具。正因为存有这样一种特性，才能够激发司法机关的创新工作机制，充分调动司法机关人员的创造能力和创造精神，以获取较高的司法评价，真正践行司法为民之理念。这样的例子很多，比如在法院系统内部提倡发挥法官的能动性，不拘泥于原有审判被动性理论，对于明显不利于弱者的案件，法官应主动启动调查程序，及时、有效地保护弱者权益，以防止形式上的公平掩盖实质上的不公平。再者，对于社会矛盾多发、易发的现状，司法机关建立健全了多元纠纷解决机制，实现了诉讼

① 参见洛超：《沈阳人大，一次前所未有的“否决”》，载《人民论坛》2001 年第 10 期。

机制与非诉讼机制的对接，促成“大调解”局面的形成，如此既节约了诉讼资源，实现了各方利益的协调，又有利于共赢局面的形成。无疑，这样一种创新机制的出发点是好的，但要切忌矫枉过正，防止偏离司法权设立之初衷和司法权本身的属性。

2. 有助于推动司法工作规范化

狭义上的司法评价，作为非司法机关主体对司法机关的司法活动进行价值性判断，其监督性功能推动了司法工作朝着规范化方向发展。数年来，“冤假错案”成为社会热议之词汇，如“浙江张辉、张高平叔侄案”等这样一些冤假错案见于报端，挑战着社会公众的神经，致使舆论直指司法机关。而这样一种代表民众的声音，一方面能够促成司法人员规范工作方式，对具体案件进行整改；另一方面能够通过反映民众的声音，促使从制度上对司法工作进行规范，真正实现司法为民的改革目标。2013 年 8 月，中央政法委出台了《防止冤假错案的指导意见》。该意见从证据移交、证据裁判与认定、案件申诉、案件责任追究制等数个方面对于司法工作进行规范，正如最高人民法院常务副院长沈德咏所言，要像防范洪水猛兽一样来防范冤假错案，宁可错放，也不可错判。努力让人民群众在每一起司法案件中都感受到公平正义。这样一句话并不能成为口号，它需要司法机关在改革进程中认真对待司法评价意见，从每一具体案件的规范化着手，认真对待每一起案件，保证司法公正真正体现于、落实于每一起案件中，以从整体上提升司法公信力，维护社会的公平正义。

3. 有助于司法队伍的专业化

司法队伍建设直接关乎国家司法机关的司法能力。由于历史积弊和现实因素等影响，我国法官队伍和检察官队伍存在数量庞杂、素质参差不齐、角色混同等弊端。而司法评价机制的建立，一方面能够反映出社会公众对公正、公平的需求，促使司法人员改进工作态度，完善工作方式，提升业务素质；另一方面，科学化的司法评价有利于筛选机制的建立健全，促使司法从业人员“精英化”、“专业化”，以不断增强司法能力。在同体评价中，通过“德、能、勤、绩、廉”的考核机制，将司法绩效指数低迷、不能够胜任岗位需求的司法人员清除出队伍，逐步提高司法人员的整体素质；将客观化、透明化、量化的评价体系作为法官、检察官选用、晋升的依据，如此体制有利于激励法官、检察官强化自身素质，提升司法人员的业务能力，以潜移默化的方式增强司法队伍的整体能力建设。

4. 有助于引导司法资源流向，实现司法资源的有效配置

司法评价反映出社会对法律的认知及需求程度，通过对司法评价进行分

析，可以引导司法资源的流向，打破原有的资源配置手段，实现司法资源配置的最佳效益。当社会公众对某个法律部门需求较高时，其往往给予更多的关注，则司法评价多集中于某一或某些法律部门，反之则关注较少。通过对社会认知和需求程度，不仅可以实现有的放矢，推进司法改革在某些重点领域中的突破，而且还可为国家法制建设发展提供依据与方向。

随着经济与社会的发展，我国的司法环境发生了深刻变化，既有司法体制和工作机制在新的司法环境中产生诸多不适症候，这一切均需要在改革中逐步解决。司法评价是深化改革的重要工具，司法改革离不开对改革方案进行可行性评价，对改革的根本目标、改革的路径进行相应的评估，真正实现既博采众长、又不照抄照搬，既与时俱进、又不盲目冒进，保证在宪法的框架内重构司法体制，以解决我国现行司法线性结构的深层次问题。改革进程中需要加强对改革的形成性评价，及时发现与纠正改革进程中所遇到的问题，避免改革的盲目性，确保司法改革沿着正确的轨道发展。改革的阶段性完成后，需要进行终结性评价，并总结经验教训，为新一轮司法体制之革新奠定基础。

法律通过司法活动来实现影响社会大众生活，与社会发展规律相适应的司法活动可对社会发展起到积极的引导作用，并推动社会的整体发展，反之，违背社会发展规律的司法必然阻碍社会的进步。这样一种作用的产生并非一蹴而就，其需要对某一时期内司法活动进行综合分析，其基础就是司法评价，即通过对大量的司法评价进行科学提炼与抽象，才能发现其中之规律，渐次地改善司法生态环境，更好地发挥法治在社会发展进程中的影响力。

三、司法评价的原则

司法评价是一项兼具主观性与客观性的活动，同时，司法评价又是对已经发生或正在发生的司法活动进行价值性判断，所以司法评价结果追求尽可能贴合客观现实。这就要求司法评价行为必须恪守一定原则，具体而言有以下原则。

（一）法治原则

司法评价是对司法运行过程和运行结果的评价，而司法运行的根本规律是法治，所以在司法评价过程中，须遵循司法法治的价值指引，以司法法治为标尺，才能做到评价结果更能贴合客观现实。

如果说成文法是当代人类理性之结晶，法律内含的价值体系就是历史经验的精华。司法机制的建构与运行应当对从历史中走来的司法价值保持高度的尊重。司法的运行过程与运行结果不仅应当是合法的，更需要以司法价值为依托。① 因此，对司法活动进行评价，不应满足于“合法性”这一基础性评价标准，更要立足于法治的评价视野；不仅需要将司法活动置于“当前”之社会环境中加以考量，还应当将其放诸历史的长廊中加以评价。具体而言，以司法法治原则为指引的司法评价应着重考虑以下三个方面：(1)司法主体是否符合主体法治的基本原则——司法主体是否独立行使司法权、司法人员是否具备独立人格、司法权力是否受到必要限制。(2)司法程序是否符合正当法律程序的基本要求——司法运行程序是否符合程序合法、程序中立、程序保障、程序公开、程序参与、程序平等等程序要求。(3)司法方式是否符合裁判法治的基本旨趣——司法裁判是否严格以法律作为裁判依据、司法裁判是否以保护法益作为最终目的、司法裁判是否维护既存秩序作为基本旨趣。

(二)客观性原则

司法评价的结果须尽可能贴近客观事实，所以在司法评价的过程中必须坚持客观性的评价原则。但同时，司法评价又是兼具主观性与客观性的活动，主观性是不可杜绝的，这就要求在司法评价过程中要尽可能地弱化主观意识，避免个人偏见。

社会普遍关注的个案往往会受到更多来自不同主体的评价，尽管对于法律与公正的理解人们已有一定共识，但对个案是否公正却依然难有一致性评价，诚如谷口安平所言：“公正与否作为一种评价本质上是主观的。”②如何使司法评价尤其是对司法的社会评价更加理性客观，是一个复杂的社会学问题，除了司法行为本身要恪守司法法治原则之外，也要对社会评价主体作适当的引导。具体而言：

(1)增强主体的专业性。撇开具体评价主体的差异性不谈，我们可以将对诉讼过程的评价分为专业评价和社会评价两部分，这种区分的标准是评价的作

---

① 参见江国华、周海源：《司法体制改革评价指标体系的建构》，载《检察官学院学报》2015年第2期。

② [日]谷口安平：《程序的正义与诉讼》，王亚新、刘荣军译，中国政法大学出版社2002年版，第92页。

出是否符合法律理性、是否运用法律思维。① 我们不能说专业评价就绝对客观，但司法活动本身具有较强专业性，相应的对司法活动的准确把握就需要一定专业能力。除却主观感情因素的影响，主体的评价能力越高，评价结果越贴近客观真实。提高社会评价主体的评价能力的主要方式是培养社会的法律意识与法律思维能力，即通过法治宣传、教育强化一般社会民众的法律知识与正义观念。(2)强化评价的实证性。司法评价是实证性评价与价值性评价的统一。部分评价结果偏离客观事实的重要原因就是实证性评价不足，仅凭主观意识作价值性评价，增强评价的实证性就是对司法评价客观程度的补强。(3)增加评价标准的明确性。评价标准的模糊性很容易使评价主体根据主观意识作出价值性评价，也容易使评价主体产生“盲从”的心理。因此，增强评价客观性须明确评价标准，在评价标准之下的主观评价更贴近客观真实。(4)去感情化因素。贴近客观真实的司法评价要求理性成分尽可能多，感性成分尽可能少，这就要求司法评价要去感情化因素。这就要求评价中立与评价独立，在评价过程中持超然、理性的评价态度。

(三)全面性原则

全面性原则是指评价主体在进行司法评价活动时应全面考虑评价客体的各方面因素，避免管中窥豹、以偏概全。具体而言，全面性原则有以下要求：(1)评价主体的多元性。全面性评价要求评价角度的多样性，评价主体越多元，评价角度越多样，评价结果越全面。(2)收集信息的全面性。据以作出评价结果的信息与证据资料要尽量全面，既要收集主要信息，又要收集一般信息；既要收集肯定性信息，又要收集否定性信息。收集信息越全面，评价的事实理由越充分，评价结果越全面。(3)评价对象的过程性。对司法活动的评价，不能满足于结果性的价值判断，更要以过程的视角对司法活动进行评价。过程性评价要求将整个司法过程纳入评价对象，置身于司法过程之中，把评价对象当前的状况与其发展变化的过程联系起来，实现对整个司法活动的整体性评价。(4)评价内容的广泛性。对司法活动的评价，不能仅作出总结性的价值判断，更要对各可能影响评价结果评价内容要素进行分别评价。全面考虑有关影响因素，去除无关因素。

① 参见李建明：《诉讼过程法律评价与社会评价的冲突》，载《法学评论》2007年第6期。

(四)科学性原则

科学性原则是指司法评价活动所采用的方法、方式、手段、技术要科学合理，评价结果才更接近客观现实。具体而言：(1)要有科学的认识论。要把司法评价当科学看待，以科学的评价观念去认识司法活动活动本身，进而影响司法评价。以法治观念知道认知，对司法活动中出现的新问题，应予以科学的解答和理论总结，杜绝臆断与偏见。(2)要有科学的方法论。科学性原则要求用科学的方法论来指导司法评价活动，要用科学的方式方法来评价司法行为的过程与结果。如辩证地审视司法活动、采用评分体系来量化分析评价等。(3)要有科学的技术路径。如在司法评价指标体系的构建过程中，要全面解析评价对象、合理确定评价目标、科学设置评价指标、精确评测得分数值。

第二节 司法评价的主体

法律主体，是法律关系的参加者，即在法律关系中一定权利的享有者和一定义务的承担者。① 在司法评价当中，司法评价作为一个复杂的评价体系，基于利益主体多元化之要求以及现代司法民主化之趋势，其必然具有广泛的评价主体对司法机关及其司法活动进行多维度、多层次的评价。而评价主体，即指依据一定的评价标准对司法机关所从事的的司法活动及过程进行价值性判断的“人”。所谓“人”，其是一个宽泛概念的集合体，既可以是自然人，亦可以是法人、社会团体，以及国家机关等。

一、司法评价主体概述

根据主体的性质不同，可以将司法评价分为同体评价与异体评价，亦称内部评价与外部评价；根据评价主体是否具有较强的法律专业技术性，可将司法评价分为法律性评价与非法律性评价。异体评价的主体包括社会公众、国家机关等主体。其中社会公众是最广泛的概念，包括参与司法案件的当事人、普通社会公民、新闻媒体、法律学者、律师等法律职业人，其不分男女老少，亦不论职业与社会阶层，只要是不违背禁止性法律规范，在法律所允许的范围内，都有权利用广泛的传播渠道对司法案件进行评论，这亦是宪法所规定的言论自由的具体体现。如下图：

① 参见舒国滢主编：《法理学导论》，北京大学出版社 2011 年版，第 151 页。

- 司法评价主体
  - 同体评价
  - 异体评价（狭义的司法评价主体）
    - 社会公众
      - 当事人
      - 新闻媒体
      - 其他社会公众
    - 国家⟶主要表现为各级人民代表大会及其常委会代表国家进行司法评价
    - 法律职业人
      - 专业法律职业人：如律师、法学教授等
      - 专业法律调查机构

图 1　多元司法评价主体

由于司法评价主体呈现多维度、多元化样态，由主体多元引发的其他影响因素也会导致评价结果的多样化。具体而言：其一，评价标准各异。司法评价主体基于其自身利益的考量，评价的着眼点存有差异，即对具体司法案件的评价往往会持有不同的标准，由此便极易产生褒贬不一的评价结果，此特点在社会评价主体中显得尤为明显。如涉案的当事人，其自身与案件具有切身的利害关系，欲使其对涉及自身利益的案件作出公正的、毫无偏私的评价是相当困难的。在司法实况中，此类评价主体在作出决定时，往往会存有偏私，即或多或少地倾向于自身利益的维护。再有，新闻媒体这一评价主体。在实践中，个别媒体，对司法案件作出评价时极致地追求“轰动性”与“爆炸性”，而忽略了对基本事实真相的探究。

其二，评价深度不一。由于评价主体所代表的社会阶层不同，且不同主体所接受的专业教育抑或是知识结构有异，因此其对于司法案件所作出的评价往往深浅不一，有的只浮于表面，人云亦云，有的却能够透过表象深入实质，发掘其中的问题。如南京“彭某案”，一部分新闻媒体将其作为热点加以炒作，借此案穷极呐喊与呼吁，并将其提升到道德高度，以“好人无好报”的道德危机来评价司法案件，借此表达对司法、对公权力的不信任。同时，透过网络所反映出的公众意见亦是一边倒地倾向于对彭某的同情和对司法裁判的质疑，甚至还通过某些极端的评价来发泄对司法与公权力的不满。除此外，一些法律学者也在高度关注这一案件，不同于媒体与网络，他们对此提出了截然不同的评价，从《民事诉讼法》举证责任的分配中“谁主张，谁举证”这一角度入手：“徐某主张彭某撞人，并提供了初步证据。而根据彭某案的一审判决书，彭某自认为是第一个下车者，很长一段时间内并未否认与原告发生相撞，第二次庭审前均未提及见义勇为，彭某的反驳未能提供足够的证据加以证明，应承担不利的后果”。① 更有学者通过评价这一“典型性”案例，分析得出了论证证据认定、证人制度、“经验法则”的利用、举证责任分配等诸多司法机关实务操作不当抑或是法律规定欠缺的问题。② 这样的评价，相比于单纯的评判案件本身，无疑是更有深度的。原因在于，通过对法理的论证来还原案情的真相与实质，无疑是科学于司法中的具体应用与体现。

二、社会公众作为司法评价主体

社会公众，指参与社会活动的民众群体。作为一个集合性概念，社会公众作为司法评价之主体，具体包括当事人评价抑或案件相关人之评价、新闻媒介评价、其他社会民众及组织的评价。

（一）当事人作为司法评价主体

在诉讼活动中，如民事诉讼，当事人包括第一审程序中的原告、被告、共同诉讼人、诉讼代表人、诉讼第三人等。民事诉讼当事人不仅是民事诉讼法律关系的主体，同时也是争议民事实体法律关系的主体，其诉讼行为对诉讼程序的推进和民事诉讼法律关系的产生、变更和消灭具有决定性作用。③ 涉诉的当事人与司法案件的审判或者执行活动均具有切身的利害关系，是直接接受利益裁判的主体，因此其必然对司法机关以及司法活动有着自身独特的评价视角。具体而言，当事人作为司法评价之主体具有如下特点：

其一，具体性。尤其是在民事诉讼当中，当事人诉诸法律，通过具体的司法活动来解决相互间的利益纠纷，以期利益固定或进行重新分配。当事人作为诉讼程序的全程参与者，对司法活动的程序亲力亲为，因此其对司法活动的评价是最为直观和具体的，即会直指至每一程序的合法性、每一项诉讼主张裁判的公正性等具体环节之中。

其二，私利性。正如概述中所提及，涉案当事人对司法案件所进行的评价

---

① 王逸吟：《专家谈彭宇案迟来真相：媒体不应过度介入司法》，载《光明日报》2012年1月17日。

② 参见张卫平：《司法公正的法律技术与政策——对“彭宇案”的程序法思考》，载《法学》2008年第8期。

③ 参见常怡主编：《民事诉讼法学》（第二版），中国政法大学出版社2010年版，第87~88页。

往往多倾向于自身利益的考量。他们并不在乎案件能够对中国的法治进程起到怎样作用，只限于关心自己的诉讼主张是否得到了法院的支持，自身的利益是否获得了最大限度的维护。因此，在评价过程中，他们往往会遮掩许多对自己不利的事实，以自己的主观意志和想法来评判法院的裁判结果，即其评价带有强烈的主观色彩。

其三，多样性。人们常说“一千个观众眼中就有一千个哈姆雷特”，对于司法评价亦是如此。在同一民事诉讼案件中，原、被告双方出于自身的私益性，会根据其自身利益是否得到满足来作出不同的评价，因此，即使是同一案件的当事人亦会对司法活动的过程与结果产生不同的评价。即便是在必要共同诉讼等一方当事人主体数量众多的情形下，针对同一份判决，往往也会产生不同的评价，而此时自身利益便成为他们予以评价的主要标准之一，甚至是唯一标准。

（二）新闻媒体作为司法评价主体

新闻媒体，亦称大众媒体，是在现代化的印刷、银幕、音像和广播等媒体中，通过公司化的财务化产业化的生产、国家化的管制、高科技、私人消费化的产品等形式，向某种未知的受众提供休闲或娱乐和信息的过程和产品。① 其分为纸质媒体、电子媒体（广播、电视等）、新电子媒体（互联网）等。

新闻媒体与司法在性质上属于两种不同的事业，但是它们都是受宪法保护的，以维护民主法治国家长治久安为目标的重要存在。新闻媒体作为司法评价的主体，其表现在三个方面：（1）对司法机关的司法活动及其整个过程进行报道，如对于社会公众较为关注的司法案件往往采用跟踪式报道，并将司法案件呈现在公众面前，保障社会公众的知情权，满足社会的信息需求；（2）新闻媒体对司法案件的相关材料进行深度剖析与挖掘，对司法案件及其法律适用情况进行评述，形成综合评价；（3）新闻媒体亦是社会公众自由表达意志的特殊载体，为社会公众发表评论提供阵地，亦可以在与社会公众讨论中形成对司法案件的评价。

作为社会评价主体的一员，新闻媒体在对司法活动及其整个过程作出评价中，具有及时性、自主性、公开性、客观性等新闻媒体应当具备的基本特点。（1）及时性。新闻视时间为生命，迅速、及时是新闻报道的基本要求，如此才

① 参见［美］约翰·费斯克：《关键概念：传播与文化研究辞典》，李彬译，新华出版社2004年版，第160页。

称得上"新"闻。随着互联网的发展及博客、微博等新电子媒体的兴起，原有的自上而下的一元化媒介已被多元化、开放化媒介所取代，在此冲击下，新闻媒体更需要及时、快速地跟进社会热点。(2)自主性。新闻媒体有权在法律允许的范围内通过各种方式表达或公开传递思想、意见、主张、评论等内容而不受他人干涉、约束，即享有充分的言论自主性。(3)公开性与客观性。新闻媒体有义务将司法案件的全貌以及评价客观呈献给社会公众，满足社会公众的信息需求，以实现社会公平正义这一价值目标。除上述基本特点外，新闻媒体作为司法评价主体还有如下几个重要问题亟待理顺：

其一，媒体评价偏向性问题。新闻媒体本应保持中立，客观、真实地报道案件真相，及时、迅速地反馈案件信息。新闻媒体作为司法评价的主体，需要加强自我约束，提高行业自律性，真正摒弃立场的偏向性，确保各方当事人的合法权益得到正当的保障。

其二，新闻媒体社会舆论性问题。在司法评价当中，公允、详实的新闻评价能够有效地将司法活动置于阳光下运行，保障司法的公正公开和社会公众的监督。在这一过程中，媒体获得了双重身份，一方面，媒体以社会公众代言人的形象表达其对司法案件的认识，形成价值性判断；另一方面，媒体又以其认识引导和影响社会公众，通过社会公众产生社会舆论，以期对司法机关或司法活动产生一定影响，促使司法活动向符合社会公众所期待的方向发展。

其三，评论时言辞适度性问题。新闻媒体的语言往往具有煽情色彩，对于司法案件的报道为了达到吸引公众的效果而往往有所夸张，如我们常在媒体的报道中看见诸如"社会影响极坏，不杀不足以平民愤"的说法，意图激起公众对当事人的憎恶或者同情之情绪。

(三)其他社会公众作为司法评价的主体

除当事人之外，不具备法律方面专业知识的普通社会公众在对司法活动进行评价时，往往具有以下几个特征：(1)社会公众了解司法活动的渠道较窄，了解司法案件情况的信息来源具有不确定性，如他们要么与案件当事人有一定关系，要么通过媒体报道等方式了解到案件的有关情况。而这种信息来源的单一性，致使社会公众在评价司法案件时，往往因对案件的具体细节缺乏必要、详实的了解，而易受到新闻报道的左右，人云亦云。(2)社会公众评价司法案件过程往往是一次较好的普法过程，社会公众往往从案件中更多的了解相关的法律，近距离接触案件所涉纠纷的处理原则，一方面规范自己在社会交往中的行为，使之符合法律的规定，另一方面在法律的框架体系内，更好地维护自身的利益。

三、国家作为司法评价主体

现代国家法上的国家，是指隶属于一个国家主权管辖之下的地球表面的特定部分，或是指一定范围领土之上的居民在一个独立自主的政府之下组成的社会。① 国家作为一个集合性概念，往往需要借助于国家机构对司法作出评价。国家机构即国家借助国家权力为实现政治统治和政治管理职能，依照宪法和法律规定建立起来的国家机关的总和。② 其中各级人民代表大会及其常务委员会是进行司法评价的重要主体。

各级人民代表大会及其常委会代表国家对司法工作进行评价，有其独特的价值和意义，具体表现在以下三个方面：(1)就人民代表大会本身的视角而言，对司法活动展开评价有利于人大及其常委会职能的强化和充实，起到监督司法的功效。正如前文所提及，2001 年沈阳市第十二届人民代表大会首次否决了沈阳市人民法院的工作报告，以否定性的评价方式监督司法。(2)从司法的视野而言，司法机关亟须通过人民代表大会的正面评价以强化公信力与威严感，将人大素有的较高权威移植或嫁接到司法身上，由此产生正面的积极影响。(3)从民众理性视野而言，人民对司法公正的价值期待需要人大对司法的正当评价与监督。随着依法治国方略的深化推进，司法理应成为人们“定纷止争”的生活常态与理性方式，当然，这亦对我国司法机制的完善提出了更高要求。人大既然产生了司法机关，司法机关需要对人大负责，这就决定了民众对人大监督司法的愿望具有天然的正当性，而人大亦理应通过合理、正当的评价机制来强化其对司法的监督，借以回应民众对司法的强劲需求。③

各级人民代表大会对司法进行评价，根据我国《宪法》、《各级人民代表大会常务委员会监督法》(以下简称《监督法》)、《人民法院组织法》、《人民检察院组织法》等相关法律规范，以全国人民代表大会及其常务委员会为例，其对司法的评价方式有以下几种：

其一，通过人事的任免予以总体性评价，根据《宪法》第 62 条、第 63 条之规定，全国人民代表大会有权选举与罢免最高人民法院院长、最高人民检察

① 参见秦前红主编：《新宪法学》，武汉大学出版社 2015 年版，第 135 页。

② 参见周叶中主编：《宪法》(第三版)，高等教育出版社 2011 年版，第 295 页。

③ 参见汤维建：《人大监督司法的理念与制度的完善》，载《政治与法律》2013 年第 5 期。

院检察长；第 67 条第 11 至 12 款规定，全国人大常委会享有对最高人民法院副院长、副检察长等职务的任免权。尤其是全国人民代表大会可以通过罢免最高人民法院院长、检察长的方式给予司法机关以否定性评价，这是代表人民的意志对司法机关表示不满的重要方式之一。

其二，通过听取和审议司法机关工作报告的方式予以评价，《宪法》第 128 条、第 133 条规定，最高人民法院、最高人民检察院对全国人民代表大会及其常务委员会负责，地方各级司法机关对产生它的国家权力机关负责，《监督法》第二章第 8~13 条的规定表示出其监督方式更多地以听取或审议报告的形式进行。在 2009 年“两会”期间，全国人民代表大会表决了包括政府工作报告的决议草案、最高人民法院工作报告的决议草案、最高人民检察院工作报告的决议草案等在内的六项草案。其中，政府工作报告以 98%的通过率高票通过，而最高人民法院工作报告只获得了 75.3%的赞成票，最高人民检察院只获得了 76.8%的赞成票①，直观地表明了全国人民代表大会的代表们对司法机关的工作还是存在着不满之处。不仅如此，各地方亦时常爆出地方司法机关工作报告未获得权力机关通过的案例，如 2002 年的沈阳市、2007 年的衡阳市等。

其三，其他的评价方式，如人民代表大会及其常务委员会依照《监督法》第六章第 34 至 38 条对司法机关提出质询案等正式评价方式等。

通过以上论述，国家权力机关代表国家对司法进行评价的方式除具有多样性外，同时还具有以下几个显著特征：(1) 人民代表大会司法评价的权威性。我国《宪法》第 2 条规定：“中华人民共和国的一切权力属于人民”，“人民行使国家权力的机关是全国人民代表大会和地方各级人民代表大会”。其中“一切权力”当然包含评价或监督司法的权力。《宪法》第 3 条规定：“全国人民代表大会和地方各级人民代表大会都由民主选举产生，对人民负责，受人民监督”，“国家行政机关、审判机关、检察机关都由人民代表大会产生，对它负责，受它监督”。因此，作为国家权力机关，人民代表大会是人民的代表，代表人民行使权力，其意志体现的是人民的整体意志。不仅如此，全国人民代表大会在我国国家机构体系中居于最高地位，是国家行政机关、审判机关和检察机关的权力源泉，其评价当然地具有高度权威性。(2) 人民代表大会司法评价的总体性。一般而言，人民代表大会及其常务委员会并非直接对司法机关的个案进行评价，其评价的目的也绝非纠正具体案件抑或进行司法救济。其评价往

① 参见彭美：《“两高”报告数据，委员看得犯迷糊》，载《天府早报》2010 年 3 月 14 日。

往与其法律监督的性质相适应，通过听取工作报告、调查研究等诸多方式，对审判机关、检察机关的工作进行总体性评价。

四、法律职业人作为司法评价主体

法律职业人，一般指代受过专门的法律专业训练，具有娴熟的法律技能与法律伦理的专门性人才，包含两层含义：(1)从事与法律相关的工作；(2)具有专门的法律知识与专业技能。其典型代表是律师、法学专业学者等，广义上还可以包含专门从事法律调查的专门机构人员。正因为法律职业人的存在，才由此产生了法律评价，即法律专业人士基于法律理性、运用法律思维对于诉讼过程所进行的客观评价。①

(一)专业法律人作为司法评价主体

在现实当中，律师与法学者之间并不存在天然而明显的界限，亦不能人为而机械地将律师及法律专业学者割裂开来。原因在于，诸多具有深厚法律功底的律师亦对法治研究有着深入而独到的见解，而法律学者亦有投身实务界，成为律师行业中的翘楚。因此，应当视具体情形对法律职业人作出划分。

当法律职业人对自身代理的司法案件进行评价时，他既是当事人利益的代理者，又是诉讼活动利益的获得者，对司法过程感同身受。由于其特殊的诉讼地位，法律职业人对其自身代理的诉讼案件享有充分的诉讼信息，对于证据、事实认定等诸多方面能够全面把握，洞察整个诉讼过程，可以通过理性与专业的思维得出客观而公正的评价。但是，理想很丰满，现实很骨感，法律职业人对其自身代理的司法案件之评价亦有其自身的局限性：(1)法律职业人难以对自身代理的案件作出超然公正的评价，不免受利益因素的驱动而带有偏见，与当事人具有一致的口径。(2)他们在执业过程中往往需要与司法机关进行长期的博弈，某种程度上限制了其对于司法活动的批评。

当法律职业人以自身视角对司法进行评价时，作为法学领域的专家群体，其具有超然的公正性，即能够理性地针对司法案件从制度性层面提出建设性意见，因此理应受到充分的尊重。如法国侵权法领域中的著名案例——“Perruche 案件”。该案判决一出，便引发了旷日持久的讨论，学界的主流杂志刊载了几十篇评论文章，还专门出版了数部著作讨论相关判决，数十名教授联

① 参见李建明：《诉讼过程法律评价与社会评价的冲突》，载《法学评论》2007 年第 6 期。

名登报对最高法院表示抗议示威，认为最高法院的裁判颠覆和破坏了法国民法侵权行为的基本原则。最终，法国国会于 2002 年通过法律，纠正了该判例可能推导出的错误结论。① 当然，不可否认的是，毕竟法律职业人没有直接接触案件当事人，无法直观地了解案件进程，其对于案件的了解与社会公众无异，因此其评价具有间接性。不仅如此，通过转述或者报道得来的信息，是一种经过他人思想处理过的带有一定倾向性的事实或理由，而法律职业人对这类事实或理由的评价可能只是符合处理的事实，不一定能够真正反映司法活动的真实情况，当然这也与司法信息公开程度有着密切的关系。

（二）专业机构作为司法评价主体

任何事物都具有质与量两方面的规定性，前述的诸多司法评价主体更多从主观上对司法活动进行质的分析，缺乏量化的评价。因此，在依法治国战略不断推进的今天，专业化的法律调查机构与评价机构对司法进行评价与分析是必须的，通过指标体系化的方式，更能直观地反映出当前我国司法的现状，能够很好地弥补前类主体在司法评价量化方面的不足。2015 年 5 月 13 日，民政部发布了《民政部关于探索建立社会组织第三方评估机制的指导意见》，专业机构作为评价主体的基本价值得到了国家层面的确认。通过市场调查、民意测验、政策性调查等诸多方式，全面收集有效、可靠的信息，再可通过对数据的分析筛选，构建司法评价指标体系，对司法进行客观评价。专业机构评估对推动司法体制改革，提高司法能力、推动司法进步起到了重要作用，也为政府向社会组织转移职能和购买服务提供了依据。

但就目前而言，承担司法评价的专业调查评价机构尚存在发展不平衡、评估机构独立性不强、专业化水平不高和评估结果运用不充分等问题，有着合格评价能力的专业机构数量短缺，专业机构通过建立指标体系评价司法活动的评价方式还无法在基层全面开展。

第三节　司法评价的客体

客体，是哲学与法律所共同涉及的概念。在哲学上，一般指主体以外的客观事物，是主体认识和实践的对象，即将客体界定为主体在认识活动中所指向

① France Rejects "Right not to Be Born", 10 January, 2002, BBC NEWS. 转引自杨立新、王丽莎：《错误出生的损害赔偿责任及适当限制》，载《北方法学》2011 年第 2 期。

的对象，在实践活动中与主体相对立；在法律上，客体多指主体的权利和义务所指向的对象，包括事务、行为等。在此认识的基础之上，司法客体是与司法主体相对应的客观事务，是司法主体行为所指向的对象，亦即司法需要解决的问题。司法是依照法律规定解决社会矛盾纠纷的终极机制，从而司法客体也就是对各种社会矛盾纠纷的依法公正解决。① 在此逻辑演绎之上，司法评价客体与司法评价主体相对应，指司法评价的内容，即回答评价“什么”的问题。其主要评价对象是司法活动，包括法院的司法活动、检察院的司法活动以及公检法三机关的协作与制衡。

一、法院的司法活动

《宪法》第 123 条规定：中华人民共和国人民法院是国家的审判机关。因此审判活动是法院司法活动的重点与中心，其贯穿于民事诉讼、刑事诉讼以及行政诉讼之中，主要包括庭审活动与裁判活动。

（一）审查程序

此程序并非刑事诉讼中的审查起诉程序，不论是民事诉讼、刑事诉讼抑或是行政诉讼，虽其称谓不一致，但都规定有相关的程序。因此，审查程序是法院对案件进行预先审查的司法活动，是我国诉讼程序中重要一环。《刑事诉讼法》第 181 条明确规定了公诉案件的庭前审查，人民法院对提起公诉的案件进行审查后，对于起诉书中有明确的指控犯罪事实的，应当决定开庭审判。《行政诉讼法》第 51 条规定了起诉的审查程序，即人民法院接到起诉状，对当场不能判定是否符合本法规定的起诉条件的，应当接收起诉状……并在 7 日内决定是否立案……《民事诉讼法》第 123、124 条规定了审查起诉程序，人民法院接到原告的起诉状或者口头起诉后，应当依法进行审查，并决定是否立案受理，对符合《民事诉讼法》第 119 条的起诉，必须受理。符合起诉条件的，应当在 7 日内立案，并通知当事人；不符合起诉条件的，应当在 7 日内作出裁定书，不予受理；原告对裁定不服的，可以提起上诉。这不是一般的办理手续问题，而是保障当事人正确地行使诉权，防止诉权滥用，保障案件质量的必要程序。② 作为司法活动的重要一环，审查程序必须在法定的框架内依法进行，充

① 参见熊先觉：《司法学》，法律出版社 2008 年版，第 233 页。

② 参见常怡主编：《民事诉讼法学》（第二版），中国政法大学出版社 2010 年版，第 305 页。

分保护诉权，要求法院充分尊重当事人、正确受理案件，但对恶意诉讼又必须予以制止，从中寻求平衡。值得注意的是，立案审查仅是诉讼活动的开始，因此审查时间不宜过长，以防止诉讼拖延，公平正义难以实现。这就要求立案审查应采取适度原则，门槛不宜太高太低，以保证立案审查“过滤器”之功效得以正常发挥。①

(二) 庭审活动

庭审活动主要是指法院在审判庭上行使审判权的行为，具体而言，庭审活动主要包括以下几方面内容：

其一，主持庭审，主导法庭的诉讼进程。法庭审理案件是诉讼活动的关键环节，由于法定的审判方式不同，致使法官的作用也不尽相同。在世界范围内，法庭审判主要有三种模式：一是职权主义模式，主要为大陆法系国家所采取，即指法官依职权主导和控制庭审活动，主动积极地行使权力。此模式有以下三方面特色：(1) 在事实释明方面，法院负有发现案件事实的任务，具体而言，法官可依职权调查收集证据，并且调查核实范围不受诉讼请求范围的限制。在庭审过程中，法官居于支配地位，主导整个审判活动的进程，包括证据的提出和调查、证人及鉴定人等诉讼参与人的传唤，均由法官依职权进行，而且一般不实行交叉询问，如需补充证据，法院可要求侦查机关补充侦查，也可径行调查。② (2) 在权利处置方面，当事人和检察机关对诉讼权利和实体权利的处分还要受到法院的限制，无论是诉讼的启动、运行抑或终结，甚至选择和解等都要受到法院的审查，而且法院可以不经申请直接对案件进行合并审理或追加第三人等，审判监督程序可以由法院依职权启动。(3) 在诉讼架构方面，无论民事诉讼还是刑事诉讼，当事人处于司法机关的附属地位，司法机关具有较大的自由裁量权。在刑事诉讼中，侦查机关、起诉机关和法院处于同一流水线上，法院只是最后一道程序，目的主要是打击犯罪和追求实体公正。在民事诉讼中，法院处于主导地位。在抗诉和审监程序中，其他级别的法院也可以干

---

① 参见宋旺兴：《论民事诉诉讼立案审查制度》，载《西南政法大学学报》2008 年第 2 期。

② 参见张显伟、蒙晓毅：《有限职权主义在行政诉讼中的确立及运用》，载《学习论坛》2007 年第 10 期。

预，而当事人的权利则呈扁平化。① 二是当事人主义模式，此为英美法系国家所采用，其核心在于当事人或检察机关是整个诉讼过程的主导者，法官作为中立的第三方对当事人的争议事项作出有约束力的裁决。② 其特质有二：(1)在事实阐明方面，由当事人或检察机关竞争性地提供相应证据，法院无权干涉调查证据活动。在案件事实揭示层面，陈明双方各自立场的主要责任归于那些最受该诉争影响者，当事人双方掌控着主动权，“法官的主要精力在于认真了解当事人双方提供的证据以及通过交叉询问所反映出的案件事实和双方的主张，以判断案件的全部事实和存在的问题。”③纵然讼争双方间的对话带有自利的偏见，但正是通过将对话置于不偏不倚的中立法庭面前，才能够最大限度地抵消这一偏见。④ (2)在权利处置方面，当事人和检察机关对诉讼权利和实体权利有自由处分的权利，诉讼程序的推进过程中二者也占有主导权，法院无权对其进行限制，且法院只能根据当事人的诉求进行裁判，不能超出诉求的范围。三是和谐主义模式，我国结合自身的文化积淀和特定国情，进行了审判方式的改革，创建了和谐主义模式，即由法官主持庭审，发挥控、辩、审三方之积极性。⑤ 该模式亦称衡平主义审判模式，其介于职权主义与当事人主义之间，采中庸之道，主要表征为事实探明方面的衡平、程序选择方面的衡平以及法律适用方面的衡平三方面。⑥

其二，保障当事人诉讼权利的行为，主要是法官支持和认真听取当事人的辩论，尤其是在刑事诉讼中保障刑事被告的辩护权及其他诉讼权利。积极保障当事人诉讼权利，并不意味着与法官中立原则的冲突，长期以来存在着法官中立等同于法官在庭审中正襟危坐、一言不发的绝对消极的误解。事实上，法官中立在具体表现形式上有“消极”与“积极”之分，但即使是“积极”也是以“中

① 参见江国华：《常识与理性：中国审判模式的可能向度》，载《中南民族大学学报》(人文社会科学版)2012年第2期。

② 参见[日]棚瀬孝雄：《纠纷的解决和审判制度》，王亚新译，中国政法大学出版社2004年版，第1页。

③ 李心鉴：《刑事诉讼构造论》，中国政法大学出版社1992年版，第93~94页。

④ 参见[美]彼得·德恩里科：《法的门前》，邓子滨译，北京大学出版社2012年版，第261~262页。

⑤ 参见熊先觉：《司法学》，法律出版社2008年版，第263页。

⑥ 参见江国华：《常识与理性：中国审判模式的可能向度》，载《中南民族大学学报》(人文社会科学版)2012年第2期。

立”为前提和底线，即并不必然意味着偏见和倾向。① 尤其在刑事诉讼中，公诉方与被告人在法律地位上天然存在着不平等的现象，程序公正原则要求被告人是诉讼的主体，享有种种诉讼权利，法官应当予以尊重，不能够无故限制或剥夺，更不能越俎代庖甚至横加干涉，这是法官中立“消极”的表现形式；同时又应当积极保障被告人各项权利的实现，为控辩对抗创造平等的机会和手段。②

其三，切实掌握好举证、质证、辩论和认证工作，通过庭审活动全面、客观地查明案件事实。

其四，保证审判庭实现公开、公平、公正，在查明事实真相的基础上正确适用法律，做出正确、合法、及时的裁判，切实做到司法公正。

(三)裁判活动

如果说庭审的掌控是重要的司法活动，那么裁判活动更是重中之重，其意味着法官依据证据，根据审判经验法则和逻辑法则，运用“理性”与“良心”进行判断后而对纠纷事实所作的最终认定。案内的事实是“独立而自由的”，那么法官在裁判活动中通过自身的判断不断地去接近事实、发掘事实，以最有效的方式去发现真相。以刑事诉讼为例，学者主张刑事诉讼活动是一个动态过程，故在学理上将其划分为三条互相关联的延伸线，即公诉、程序的展开以及心证的形成。③ 公诉是前提，刑事程序的推展是条件，在围绕公诉进行诉辩对抗以及程序推进过程中逐渐形成裁决者对案件事实的认定(心证)，此为诉讼的落脚点和最终目的。④

与自由心证主义相对应，法官在司法活动中必然存在着自由裁量权的运用。自由裁量权既是司法权的一种表现形式，也是司法活动中最为重要的一种

---

① 参见左卫民、万毅：《我国刑事诉讼制度的若干基本理论研究》，载《中国法学》2003 年第 4 期。

② 参见蔡杰、冯亚景：《我国刑事法官庭审指挥权之探讨》，载《法学研究》2006 年第 6 期。

③ 参见[日]松尾浩也：《日本刑事诉讼法》(上卷)，丁相顺译，中国人民大学出版社 2005 年 8 月版，第 3 页。

④ 参见龙宗智：《论建立以一审庭审为中心的事实认定机制》，载《中国法学》2010 年第 2 期。

权力运作方式。① 它不仅是法官在两个以上的合法方案中选择其一，更多的是法官在法律空白或法律特别授权时对案件的具体衡量判断，即法官根据案件具体情况，结合法律精神、法律原则、司法政策、民俗习惯，运用正常逻辑和日常生活经验，公正、合情、合理地对相互冲突的利益加以权衡，并在两个或两个以上可供选择的、在逻辑上可以接受的判决中酌情作出抉择的一种权力。② 从理论上而言，法官在司法活动中运用自由裁量权的原因有三：(1)是由法律的局限性所决定的。法律的目的是实现社会的公平正义，然而法律的普遍性特征使其往往只注意到一般性，而舍弃了特殊性；同时，法律不可能对各种社会生活作出详尽而毫无遗漏的规定，因而具有不周延性。因此，立法的局限性决定了自由裁量行为的客观必然性。(2)是法律的相对稳定性所决定的，如果朝令夕改，法律的尊严性必然大大降低，但现实生活往往处于发展变化的状态之中，要求法律具有相应的灵活性，赋予法官一定的自由裁量权，在不违背法律框架的前提下进行自由裁判将能够有效地弥补相应缺陷。(3)一个国家的地域和民族的经济、文化发展处于不均衡的状态，对于统一行为的人是不可能完全一致的，而法律规定又不可能都一一作出。因此，需要法官根据自身所处的社会环境予以自由裁量。③

如果说司法裁判活动是将法律规范适用于具体个案事实，通过自由心证与运用自由裁量权，得出裁判规范的过程。那么，法官一定要将其主张与阐述借助司法裁判文书这一载体呈现出来，以此来体现法官判案的理性过程和以人们看得见的方式实现正义。尤其是在最高人民法院出台《关于人民法院在互联网公布裁判文书的规定》以及最高法院院长周强用中国化的语言表述了司法信息“公开是原则，不公开是例外”以及“上网是原则，不上网是例外”④这一时代背景下，裁判文书的论证与制成在司法活动中显得尤为重要。因此，在司法活动中要注重裁判文书的制成，强化裁判文书的说理过程，将法理融于法律方法之中，将个案事实转化为法律事实，根据法律形成或创制裁判规范的过程进行解释、考量和论证，使当事人和公众了解法官根据案件事实和法律推导出裁判

① 参见陈飞翔：《司法裁判权的运作与限度——对司法自由裁量权的规范》，载《学习与探索》2012 年第 4 期。

② 参见[英]丹宁勋爵：《法律的正当程序》(前言)，李克强、杨百揆、刘庸安译，法律出版社 2015 年版，第 7 页。

③ 参见熊先觉：《司法学》，法律出版社 2008 年版，第 264 页。

④ 高一飞：《裁判文书上网：法治中国建设的一项重大工程》，载《人民法院报》2013 年 12 月 6 日。

规范的思考、判断和推理过程，以证明裁判所具有的正当性，使人信服与接受。一个成功的裁判活动表现在，既包括对理智和意志的诉诸，即通过有效的逻辑进行论辩，又考虑到人们心理和感情的诉求，在理性与非理性之间寻求契合。鉴于法律调整社会关系的复杂性，法官裁判在说理的过程中，要注重表现形式上运用修辞的方式，充分考虑法律职业共同体成员、当事人和公众的心灵、情绪、情感因素，关注他们语言所表达的真意和价值取向，使用他们能够接受的语言和表达方式，克服冰冷的法理说理的缺陷，增强法理说理的社会认同度。①

曾经轰动全球的“辛普森杀妻案”，大陪审团最终宣布对辛普森杀妻的刑事指控不成立，即便有各种疑点的存在，但美国绝大部分民众都认为辛普森受到了公正的审判。这便是法官通过遒劲有力的说理，将侦查人员通过违法行为所获取的证据予以排除，彰显了司法的文明与法治。

二、检察院的司法活动

前文中提及检察机关虽兼具行政权与司法权的一些特点，但在我国宪法体制安排下，施行人民代表大会下“一府两院”的建构模式，检察机关与行政机关、审判机关由人民代表大会产生，受人民代表大会监督，因此三者属平行并列的机关，且相互独立。② 换言之，检察权与审判权、行政权平行并列，不应当将其归入两者之中。但在本质上，其与后两者存在着区别：一方面，检察权不具有审判权的终结性、被动性和完全独立性等特点；另一方面，检察权是一种程序性权力，不具有行政权对当事人的实体权利义务作出配置的实体性权力，以及行政权追求实体上的效率和效益的本质。③ 简言之，检察权更加注重程序的正当性。因此，检察院之司法活动是检察机关独立行使检察权，履行法律监督职能的行为，具有特殊属性。

(一)侦查监督活动

我国《刑事诉讼法》第 8 条规定：“人民检察院依法对刑事诉讼实行法律监

---

① 参见于晓青：《法官的法理认同及裁判说理》，载《法学》2012 年第 8 期。

② 参见叶建丰：《法律监督权：检察权的合理定位》，载《河北法学》2004 年第 3 期。另见张智辉：《检察权研究》，中国检察出版社 2007 年版，第 21 页。

③ 参见温辉：《中国宪政体制下的检察权》，载《国家检察官学院学报》2003 年第 5 期。

督。”该条文赋予了检察机关天然的监督特性，通过实施侦查监督活动，人民检察院可以发现公安机关和侦查人员在侦查活动中违反法定程序的行为和刑讯逼供、敲诈勒索、贪赃枉法等违法犯罪行为，从而采取纠正和预防措施，进而有利于保障侦查活动的依法进行，以保护诉讼参与人特别是犯罪嫌疑人的合法权利，保证刑事案件得到正确有效地处理。尤其是在侦查权的发动、强制措施的采用、侦查取证的方向和措施、侦查终结后对案件和嫌疑人的处置问题上，检察机关的法律控制，是防止警方滥用权力，保证警方侦查效益的一种重要的制度性设置。①

（二）公诉活动

检察院行使职能的核心内容即行使公诉权，其他权力往往经由公诉权而衍生展开，从此意义上而言，公诉活动是司法评价中最为重要的评价客体之一。然而，检察机关确立其核心内容并非否定或是取代其法律监督职能，就其本质而言，公诉权的职能属性本身就反映了法律监督的性质，公诉活动往往寓于广义的法律监督活动之中。刑事诉讼中检察机关进行法律监督的主要方式就是以公诉人的身份出庭控诉犯罪，实现刑事追诉并监督法院的审判活动。公诉权的法律监督性质是其内在属性，并不是属于和法律监督权并列的一种职能。公诉权在与侦查权、审判权相互作用的过程中，具有控制侦查程序和审查侦查结果、启动审判程序和限定刑事审判范围的作用。这种作用从法治建设的角度看，就是维护法律的统一正确实施，具有法律监督的性质。② 如法官基于不告不理的原则，必须在检察机关提起公诉后才能进行审理，这本身就是对法院审判的一种制约，是法官独立、中立、公正的保证。③ 因此，检察机关行使职能的核心内容在于行使公诉权，并非否定检察机关法律监督职能的行使，而是强调检察机关公诉活动是法律监督活动中不可或缺的重要一环，其具体可划分为两个阶段：

其一，审查起诉活动。这一活动带有强烈的司法属性，从检察制度的历史发展脉络来看，检察官的角色及其制度实为法国大革命中“废除纠问式诉讼、改采控辩式诉讼”这一司法变革运动，检察官制度往往被称为“革命之子”抑或

① 参见黄常明：《检察活动的基本规律》，载《人民检察》2008 年第 9 期。

② 参见孙谦：《理念、制度与改革》，法律出版社 2004 年版，第 433 页。

③ 参见樊崇义：《一元分立权力结构模式下的中国检察权》，载《人民检察》2009 年第 3 期。

“启蒙的遗产”。启蒙先贤创立检察官角色及其制度的初衷与目的，就是通过建立“没有检察官，就没有法官”的诉、审应答机制分割法官的权力，将“纠问法官”还原为“审判法官”以防止法官集权擅断。因此，检察官行使的实际上是原本属于法官的部分职权，其实质意义上是司法权的一部分，也促成了刑事诉讼程序区别于民事诉讼程序、行政诉讼程序而呈现出一种“双法官模式”的构造特征。① 对此，有学者明确指出双法官模式更符合法治的精神与原则，“从刑事诉讼史来看，这毋宁说是非常合逻辑的：因为在此制下，侦查(起诉)本来就是纠问‘法官’的权力，因而，接手职司侦查者，也可以是其他‘法官’，只要侦查、审判不在同一个法官手中即可。”②因此，按照这样一种逻辑推演，检察官在审查起诉活动中充当的就是审前程序中“法官”的角色，是对侦查机关或侦查部门侦查终结移送起诉的案件受理后，依法对侦查机关或侦查部门认定的犯罪事实和证据、犯罪性质以及适用的法律等进行审查核实，并作出处理决定的一项诉讼活动。其内容包括：对移送起诉案件的受理；对案件的实体问题和程序问题进行全面审查，监督侦查机关或侦查部门的侦查活动，纠正违法情况；通过审查依法作出起诉或不起诉决定等。③

通过审查起诉活动，有利于检察机关查清案件事实，对符合起诉条件的依法提起公诉，然而从人权保障的视角而言，更重要的是运用刑事起诉裁量权对不符合起诉条件的依法作出不起诉决定，以确保起诉的公正性和准确性，防止将无罪之人、依法不需要追究刑事责任的人以及指控犯罪证据不足的人交付审判，保障公民的合法权益，节约诉讼资源。除了依照《刑事诉讼法》第 15 条④规定的具有法定情形不予追究刑事责任的事由，根据第 173 条第 1 款的规定作出不起诉决定之外，新修订的《刑事诉讼法》本着“恢复性”司法理念在第五编中规定了数种特别程序，丰富了第 173 条第 2 款酌定不起诉的情形，使之更具

---

① 参见万毅：《检察权若干基本理论问题研究——返回检察理论研究的始点》，载《政法论坛》2008 年第 3 期。

② 林钰雄：《检察官论》，台湾学林文化事业有限公司 1999 年版，第 74 页。

③ 参见陈光中主编：《刑事诉讼法》(第五版)，北京大学出版社、高等教育出版社 2013 年版，第 316 页。

④ 《刑事诉讼法》第 15 条规定：有下列情形之一的，不追究刑事责任，已经追究的，应当撤销案件，或者不起诉，或者终止审理，或者宣告无罪：(1)情节显著轻微、危害不大，不认为是犯罪的；(2)犯罪已过追诉时效期限的；(3)经特赦令免除刑罚的；(4)依照刑法告诉才处理的犯罪，没有告诉或者撤回告诉的；(5)犯罪嫌疑人、被告人死亡的；(6)其他法律规定免予追究刑事责任的。

有现实操作性，赋予检察机关更大的不起诉裁量权。对于未成年人附条件不起诉，《刑事诉讼法》第271条规定了对未成年人的附条件不起诉适用条件："对于未成年人涉嫌刑法分则第四章、第五章、第六章规定的犯罪，可能判处1年有期徒刑以下刑罚，符合起诉条件，但有悔罪表现的，人民检察院可以作出附条件不起诉的决定。"同时在第272条、第273条规定了对未成年人附条件不起诉的监督考察及考验期限，以及对未成年附条件不起诉决定的撤销程序。这样一些规定细化了原有的法律规定，体现了鼓励对未成年犯罪案件适用不起诉的精神，有利于及时、妥善处理未成年人犯罪案件，最大限度贯彻教育、挽救未成年犯罪嫌疑人的方针。当事人和解的公诉案件诉讼程序。《刑事诉讼法》第279条明确规定了公诉案件当事人和解的适用条件与适用范围，在该限定条件的基础上，"人民检察院可以向人民法院提出从宽处罚的建议；对于犯罪情节轻微，不需要判处刑罚的，可以作出不起诉的决定。"该程序设置既体现了鼓励适用不起诉和诉讼经济的精神，又有利于化解矛盾、促进社会和谐，如果适用得当将实现社会效果与法律效果的统一。

其二，提起公诉活动。根据我国《刑事诉讼法》第172条的规定，提起公诉是人民检察院代表国家将犯罪嫌疑人提交人民法院，要求人民法院通过审判追究其刑事责任的一种诉讼活动。对此，提起公诉必须符合以下三个方面的条件：犯罪嫌疑人的犯罪事实已经查清，证据确实充分；对犯罪嫌疑人应当依法追究刑事责任；人民检察院提起公诉应当符合审判管辖的规定。① 不仅如此，提起公诉作为司法活动中的重要一环，具有以下几方面表征：人民检察院是唯一的刑事公诉机关，独立行使公诉权，其独立于人民法院和行政机关，是否对案件起诉由检察机关独立决定，其他机关、团体与个人无权干涉。公诉人并非诉讼当事人，尽管检察官出席法庭支持公诉时，其诉讼上的权力与被告方在诉讼上的权利大致对等，但公诉方要信守客观公正的义务，并非像当事人那般追求单纯的"胜诉"。人民检察院作为一个整体行使公诉权，出庭支持公诉的检察官作为个人几乎没有可以独立作出决定的事项，与审判机关中法官独立作出裁决相异，亦与国外检察官独立行使刑事起诉权具有明显差异。检察机关提起公诉中起诉的证明标准较高，根据《刑事诉讼法》第172条，提起公诉的证明标准与人民法院有罪判决的证明标准无异，都要求"犯罪事实清楚，证据确实、充分"。这一点与域外刑事诉讼制度不同，一般而言，其提起公诉的证明

① 参见陈光中主编：《刑事诉讼法》(第五版)，北京大学出版社、高等教育出版社2013年版，第322~323页。

标准往往明显低于法院定罪的证明标准。在英美法系国家，刑事案件有罪判决的证明标准是“排除合理怀疑”；在大陆法系国家，则是“必然的确实心证”。而起诉的证明标准则一般都要求起诉以后有较大的定罪的可能性或有相当大的把握可能作出有罪判决，即案件起诉以后由无偏见的法官审判时，有罪判决比无罪开释具有更大的可能性。①

（三）抗诉活动

在现代法治国家，检察机关往往担负了国家的法律监督之职，检察机关在与公安机关、审判机关的关系互动中，形成一种法律监督关系。② 这一法律监督关系直接表现在检察机关对审判活动提起的抗诉。从种类与范围来看，我国法律赋予了检察机关广泛的抗诉权。从案件性质和诉讼程序的角度进行划分，我国检察机关行使抗诉权，开展审判监督活动，主要体现在以下三方面。③

其一，对刑事未生效裁判抗诉活动，即行使刑事二审抗诉权。根据修改后的《刑事诉讼法》第 217 条规定：“地方各级人民检察院认为本级人民法院第一审的判决、裁定确有错误的时候，应当向上一级人民法院提出抗诉。”第 219 条规定了不服判决的上诉期限为 10 日，不服裁定的抗诉期限为 5 日。据此，我国法律赋予了检察机关对一审未生效裁判的抗诉权。针对刑事未生效裁判的抗诉效力而言，《刑事诉讼法》第 223 条规定：人民检察院抗诉的案件，第二审人民法院应当组成合议庭，开庭审理。因此，人民检察院对于刑事未生效裁判的抗诉活动必然引起二审程序，除非上级人民检察院认为抗诉不当的情形，可以向同级人民法院撤回抗诉。针对刑事未生效裁判的抗诉范围，立法中未能作明确规定，最高人民检察院制定的《人民检察院刑事诉讼规则（试行）》第 584 条规定：“人民检察院认为同级人民法院第一审判决、裁定有下列情形之一的，应当提出抗诉：（一）认定事实不清、证据不足的；（二）有确实、充分证据证明有罪而判无罪，或者无罪判有罪的；（三）重罪轻判，轻罪重判，适用刑罚明显不当的；（四）认定罪名不正确，一罪判数罪、数罪判一罪，影响

① 参见王守安：《检察裁量制度理论与实践》，中国人民公安大学出版社 2011 年版，第 84~85 页。

② 参见张铁英：《论检察权的配置》，载《法学杂志》2012 年第 1 期。

③ 参见王守安：《检察裁量制度理论与实践》，中国人民公安大学出版社 2011 年版，第 112~114 页。

量刑或者造成严重社会影响的；(五)免除刑事处罚或者适用缓刑、禁止令、限制减刑错误的；(六)人民法院在审理过程中严重违反法律规定的诉讼程序的。”由此推知，检察机关对于未生效裁判的抗诉既可针对案件事实方面，亦可针对法律方面，即两者兼具，具有十分广泛的范围。

其二，对刑事生效裁判的抗诉活动，即行使刑事再审抗诉权，亦是审判监督活动的重要环节。根据《刑事诉讼法》第243条第3款、第4款规定：“最高人民检察院对各级人民法院已经发生法律效力的判决和裁定，上级人民检察院对下级人民法院已经发生法律效力的判决和裁定，如果发现确有错误，有权按照审判监督程序向同级人民法院提出抗诉。人民检察院抗诉的案件，接受抗诉的人民法院应当组成合议庭重新审理，对于原判决事实不清楚或者证据不足的，可以指令下级人民法院再审。”据此，《刑事诉讼法》赋予了检察机关对生效裁判的再审抗诉权，并且可以直接引起再审程序，这无疑是纠正法院错误裁判的重要渠道与手段。《人民检察院刑事诉讼规则(试行)》中对于人民检察院认为人民法院已经发生法律效力的判决、裁定确有错误而提出抗诉的情形规定了十种，这表明检察机关再审抗诉的范围是十分广泛的。此外，我国法律对检察机关的刑事再审抗诉并未规定时间限制，即检察机关在任何时候，一旦发现人民法院的裁判确有错误的，即有权提出抗诉。

其三，对民事、行政生效裁判的抗诉活动，即行使民事、行政再审抗诉权。在民事诉讼和行政诉讼活动中，检察机关一般并不作为诉讼主体参与和介入审判程序，但我国现行法律赋予了检察机关对民事、行政生效裁判的抗诉权，即检察机关对人民法院已经发生法律效力的民事、行政判决或裁定，如果发现确有错误的，有权按照审判监督程序提起抗诉。《民事诉讼法》第208条规定：“最高人民检察院对各级人民法院已经发生法律效力的判决、裁定，上级人民检察院对下级人民法院已经发生法律效力的判决、裁定，发现有本法第二百条规定情形之一的，或者发现调解书损害国家利益、社会公共利益的，应当提出抗诉。地方各级人民检察院对同级人民法院已经发生法律效力的判决、裁定，发现有本法第二百条规定情形之一的，或者发现调解书损害国家利益、社会公共利益的，可以向同级人民法院提出检察建议，并报上级人民检察院备案；也可以提请上级人民检察院向同级人民法院提出抗诉。各级人民检察院对审判监督程序以外的其他审判程序中审判人员的违法行为，有权向同级人民法院提出检察建议。”其中第200条规定了十三项申请再审的情形，涉及证据问题、适用法律错误、程序不当、据以作出裁判的法律文书变更、审判人员贪污受贿，徇私舞弊，违法裁判等不当行为数类情形。①

三、公检法三机关的协作与制衡

在我国现行司法制度的框架内，公检法三机关之间的关系是分工负责、互相配合、互相制约。我国《宪法》第135条规定：人民法院、人民检察院和公安机关办理刑事案件，应当分工负责，互相配合，互相制约，以保证准确有效地执行法律。据此，配合制约原则是调整我国公检法三机关关系的指导性准则，也是我国配置侦、控、审三项刑事追究权力的基本方案。②

（一）三机关之间的相互协作

三机关之间相互协作体现了公安机关、检察机关、人民法院之间工作上的衔接关系，在办理刑事案件的过程中，需要三机关相互配合，完成刑事司法追诉活动，以实现打击犯罪、保障人权的目的。这种协作关系表现有二：

其一，公安机关与检察机关之间的协作关系：（1）公安机关要求逮捕犯罪嫌疑人的时候，应当写出提请批准逮捕书，连同案卷材料、证据，一并移送同级人民检察院审查批准。必要的时候，人民检察院可以派人参加公安机关对于重大案件的讨论；公安机关释放被逮捕的人或者变更逮捕措施的，应当通知原批准的人民检察院。（2）检察院对公安机关侦查终结的案件，进行审查并决定是否起诉。

其二，检察机关与法院之间的协作关系：（1）人民法院依法受理检察机关

① 《民事诉讼法》第200条规定："当事人的申请符合下列情形之一的，人民法院应当再审：（一）有新的证据，足以推翻原判决、裁定的；（二）原判决、裁定认定的基本事实缺乏证据证明的；（三）原判决、裁定认定事实的主要证据是伪造的；（四）原判决、裁定认定事实的主要证据未经质证的；（五）对审理案件需要的主要证据，当事人因客观原因不能自行收集，书面申请人民法院调查收集，人民法院未调查收集的；（六）原判决、裁定适用法律确有错误的；（七）审判组织的组成不合法或者依法应当回避的审判人员没有回避的；（八）无诉讼行为能力人未经法定代理人代为诉讼或者应当参加诉讼的当事人，因不能归责于本人或者其诉讼代理人的事由，未参加诉讼的；（九）违反法律规定，剥夺当事人辩论权利的；（十）未经传票传唤，缺席判决的；（十一）原判决、裁定遗漏或者超出诉讼请求的；（十二）据以作出原判决、裁定的法律文书被撤销或者变更的；（十三）审判人员审理该案件时有贪污受贿，徇私舞弊，枉法裁判行为的。"

② 参见谢佑平、万毅：《分工负责、互相配合、互相制约原则另论》，载《法学论坛》2002年第4期。

提起公诉的刑事案件，并依法作出裁判。(2)人民法院依法审判由检察机关按照审判监督程序提出抗诉的案件。

(二)三机关之间的相互制衡

"互相制约"是三机关关系的核心价值要求，《宪法》中的人权条款是"互相制约"关系的宪法规范指引，即通过合宪、合法和有效的制约，防止权力滥用，确保审判权、检察权、侦查权的规范、公正行使。① 具体而言，这种协作关系表现为：

其一，检察机关与公安机关的相互制衡：(1)检察机关有权对公安机关的侦查活动是否合法进行监督。(2)对于公安机关提请批准逮捕的案件，检察机关经审查，对于不批准逮捕的，人民检察院应当说明理由，需要退回补充侦查的，应当同时通知公安机关；公安机关认为有错误的可以要求复议以及向上级人民检察院要求复核。(3)公安机关侦查终结后，人民检察院审查之后，需要补充侦查时，既可以决定将案件退回公安机关补充侦查，也可以决定自行侦查，必要时可以要求公安机关协助。经过补充侦查的案件，人民检察院仍然认为证据不足，不符合起诉条件的，应当作出不起诉的决定。

其二，检察机关与法院之间的相互制衡：(1)法院对检察院起诉的案件，如果认为事实不清、证据不足，可以退回检察院补充侦查；如果认为有违法情况，应当通知检察院纠正；(2)检察院监督法院的判决和审判活动是否合法，如果认为审判活动有违法情况，可以提出纠正意见；如果发现一审判决或裁定确有错误，应当向上级法院提出抗诉。②

在司法实践中，司法活动具有连续性，从而形成作为主体的动态过程，即司法具有过程性。司法活动往往体现为以将各种行为形式结合起来共同构成作为整体的司法过程，当评价主体的评价活动仅仅静态、定点地考察单个司法行为时，那么这种评价并不充分。应当全面、动态地分析整个司法过程中各种行为形式以及各种行为形式之间的关系，即以过程论的视角评价司法。从过程论的视角出发，司法评价的客体就是司法活动的整个过程，就个案而言，是从案件启动到案件执行完毕的整个过程，期间各环节、各主体、各行为要素以及整

---

① 参见韩大元、于文豪：《法院、检察院和公安机关的宪法关系》，载《法学研究》2011 年第 3 期。

② 参见韩大元、于文豪：《法院、检察院和公安机关的宪法关系》，载《法学研究》2011 年第 3 期。

个行为过程都是司法评价的客体。因此，无论是法院、检察机关的司法活动还是公、检、法三机关协作与制衡的整个过程，都应纳入评价客体进行具体考察。

第四节　司法评价的标准

司法评价标准即司法评价主体以何种尺度来衡量司法活动，尤其是在异体评价中，司法评价主体庞杂，因而其标准也不可能是一致的，且不同的人对同一司法活动的评价与解读可能大相径庭。一般情况下，可以从以下几个层面衡量司法的过程与结果并形成系统的司法评价标准：社会层面、政治层面以及法律层面。相应就有司法评价的社会标准、司法评价的政治标准和司法评价的法律标准。

一、司法评价的社会标准

司法评价的社会标准意指社会大众以司法活动是否符合民意作为司法活动的评判标准，侧重于民俗、社会主流意识、常理或者是伦理道德等角度来评判司法，具体的表现形式就是广大民众以及社会舆论对司法机关尤其是法院裁判活动的态度是认同还是反对。① 具体而言，我国司法评价的社会标准有三：②

（一）案结事了

司法活动既要考察“案结”又需要追求“事了”。“案结”是从形式意义上要求司法活动按部就班的历经每一程序，社会正义的实现固然需要一步一个脚印遵循程序正义，但程序本身并不必然代表实质性正义，反而以当事人信服为核心的“事了”则更能反映出社会的正义观。这就要求从以下层面评判司法审判活动：(1)是否起到了定纷止争③的功效。这是司法机构的使命使然，通过将

---

① 参见周幅：《论司法公正的法律标准与社会标准之共生》，载《求索》2010 年第 8 期。

② 参见江国华：《审判的社会效果寓于其法律效果之中》，载《湖南社会科学》2011 年第 4 期。

③ 对于“定分止争”与“定纷止争”的认识存在差异，在《管子 · 七臣七主》中就有“定分止争”的说法，“定分”意味着确定名分，现可理解为确立权利的归属，即通过确立权利的归属来达到解决纷争的功效，在明辨是非的基础上维护社会的稳定与和谐。参见王利明：《定分止争与定纷止争》，载《法制晚报》2012 年 8 月 20 日。

一般的规则适用于个案之中，解决业已存在的利益争端。一般的规则充当的是工具属性，其落脚点在于法官通过自身对规则的理解与运用，去解决现实问题，化解纠纷与矛盾。正如苏力教授所言“任何一个人都不可避免地要关注纠纷或争议如何处理，即使以法律审为主的上诉审的法官也不会完全不考虑纠纷的实际解决，而仅仅顾及规则。”①即是否实现了息诉服判的功效。这一点在民事诉讼中体现得尤为明显，现代法治中推行意思自治的基本准则，正所谓“每个人都是其自身利益最好的裁判者”。只要当事人自觉自愿接受法院的判决或是调解，通过正当的司法程序，就可以认定司法活动是“公正”的，哪怕存在着一定的瑕疵；反之，虽历经司法程序裁判，当事人却依然试图通过各类途径改变裁判，这就意味着司法审判未能够达到使当事人“心悦诚服”的效果，在这种情形下不能说未“息诉服判”就是不公正的，但至少是不成功的。(2)是否有效地衡平利益。纠纷的出现正是社会成员之间丧失均衡关系的状态，司法要实现社会正义其核心在于矫正业已存在的失衡状态。在这种矫正过程中，固然要适用法律，充分考量立法的目的及其实现，但同时也应当充分考量当事人的具体情况及其基本诉求，实现控辩双方的利益均衡。而欲实现当事人双方的利益均衡最有效的手段莫过于调解机制的构建，但这样一种利益均衡的实现机制要有一个审慎的态度，即“能调则调，当判则判”应当成为普遍性原则。如果单纯为了平衡双方利益，在该判决的案件中强行调解，那就是浪费人力物力财力，是不务实的，同样是教条主义，同样不会令当事人满意，同样会降低当事人对司法的满意度，同样不利于司法公信力和司法权威的塑造。②

(二)社会认同

司法活动要注重“社会认同”。司法活动的开展本身具有一定的专业性，但这种专业性活动的开展尤其是司法裁判必须符合最低限度的“社会认同”，即司法活动在社会中的可接受性。这样一种最低限度的可接受性作为司法评价的标准，要义有二：(1)司法活动不应当忤逆普遍的生活常识。司法活动中尤其是法院审判过程中不仅要尊重法律的规定，亦应当尊重一般人的生活常识，否则难以获得社会公众最低限度的信服与支持。虽然个体对司法活动的理解与认识存在差异性，但社会作为一个整体往往有其基本的价值准则，因而司法活

① 苏力：《送法下乡——中国基层司法制度研究》，中国政法大学出版社 2000 年版，第 184 页。

② 参见苏力：《关于能动司法与大调解》，载《中国法学》2010 年第 1 期。

动过程应当充分考量社会的普遍价值准则或是主流的价值观。(2)司法活动不应当违忤公序良俗。法律作为一种行为规范，其并非覆盖社会生活的全部领域。在正式的法律之外还存在着一套“民间法”，它的形成与发展不能不受到国家正式法律制度的影响，但它是在国家法以外自发生成的规则体系，是民众自己而不是国家机关意志的外化形式。① 这种“民间法”也就是我们常说的公序良俗，它于无形中规范着人们的行为，型塑着人们的观念，世代相传，被特定化的群体所继承，形成稳定的、延续的社会秩序，成为社会正义的基本判断依据。因此，司法活动若要得到最低限度的社会认同，在当前中国的法治环境之下，理应将法律规则这一以国家强制力保障实施的“硬法”与以舆论道德为内核的社会公序良俗这一“软法”相融合。至少也应当在司法活动中充分尊重法律规范之外的因素，而非片面强调案件在法律上的处理结果，否则必然导致裁判结果虽符合法律规定，但人民群众不理解、不认同、不接受，这样难以树立司法的公信力，造成司法公正与司法公信的脱节。② 总而言之，民意所反映的“社会认同”并非一成不变的，司法活动尤其是在个案裁判过程中，更需要谨慎的揣测流动的社会民意，与现实社会的主流意识相契合，民意所向之处，尽管未必就是正义隐匿之处，但正义离此一定不会太远，或许就在附近。

(三)合乎情理

司法活动要符合“伦理法则”。司法机关不仅仅是谦抑被动地解决社会纠纷，维护社会公正，保障社会公正不受侵犯，实现所谓司法的公平正义，③ 同时，也应当在司法活动中能动地为社会公正树立“伦理法则”，引导社会公众追求正义，其要义有三：(1)合乎正义的司法活动应该助人为善。司法活动尤其是司法审判应当通过详实的说理激发并且引导人们向善的天性，任何一项判决应当被当作引导人类善性弘扬，至少任何一项判决都不应当成为放纵恶人抑或引人向恶的借口。(2)合乎正义的司法活动应当促进社会的有机结合，增进社会成员之间的协作。社会是一定数量的人按照一定的规则组合起来的生活共同体，“只有组成社会的各要素和各部分都互相协调、彼此有序，生活共同体

① 参见于语和、戚阳阳：《国家法与民间法互动之反思》，载《山东大学学报》(哲学社会科学版)2005年第1期。

② 参见张旭东、刘时杰：《国家法与民间法冲突下司法公信力研究——以法律效果与社会效果的统一为视角》，载《河南大学学报》(社会科学版)2009年第3期。

③ 参见邵景均：《社会公正的三重涵义》，载《人民日报》2010年5月7日。

才有可能维持其最低限度的稳定与平衡；只有组成社会共同体的各个要素和各组成部分，都与社会整体本身保持一种良性互动的和谐状态，整个共同体的和谐才有可能。"①司法活动理应通过公道的裁判使得法律观念与法治观念深入人心，使每一个人都积极地肩负起促进共同体利益的责任，并且通过其裁判及其对法律的解读或补充形成活的合乎理性的规则，赋予社会成员参与共同体事业的权利。(3)合乎正义的司法活动应当有助于公民美德的塑造和提升。法官应当成为社会灵魂的工程师，通过理性的判决遏制人类自私的本能，激发人们相互之间的宽容之德、怜悯之心和相惜之情，促进社会民众树立健康的是非观念、衡平的社会人格以形成健康的社会风气。②

社会标准是社会民意的现实反映，同时亦是社会客观现象的反映，但其具有明显的不确定性特征。其主要原因有：(1)社会评价标准缺乏具体的指标，多元的社会评价主体往往会对同一司法活动作出不同的司法评价，甚至是同一司法评价主体亦会对同一司法活动作出截然不同的评价。(2)何谓社会民意亦需要重新审视，多少人能代表社会民意呢？十人？三五百人？抑或是三五万人？该标准本身就是不确定的，至少目前我国缺乏权威的民意调查机构，很难将抽象的民意以具体的计量指标反映出来，所谓的民意代表多少社会公众难以下一个准确的定论。(3)社会评价标准所具有的道德属性本身就是模糊的，抑或是带有主观感情色彩评价司法活动本身具有模糊性。当然，所言社会评价标准的不确定性并非否定社会评价标准存在的价值与意义，其在一定程度上反映了法律的本质与法律精神，也是司法公正所要求达到的目标，一方面促成司法机关在司法活动中充分考量社会标准，使其司法行为充分体现服务社会的职能；另一方面能够有效弥补立法、司法相对滞后于社会发展的缺陷，有利于社会公平正义的实现。这就需要在正视社会评价标准不确定性这一基础上，对社会评价标准予以具体化构建，使之符合当前我国的社会生态。

二、司法评价的政治标准

司法作为国家政治结构的一个单元，无法独立于政治而单独存在。司法的结构和布局是应政治的需要而构成的。国家权力无论是鼎立还是分立，是分散还是集中，是互相监督抑或是制衡，其结构都是为实现特定的政治目的、适应

---

① 江国华：《宪法与公民教育》，武汉大学出版社 2009 年版，第 99 页。

② 参见江国华：《常识与理性(二)：法官角色再审思》，载《政法论丛》2011 年第 3 期。

特定的政治需要而配置的。① 因此，司法活动在与政治相互区分的同时又必须遵循一定的政治准则。

(一)政治立场

司法行为是在特定的政治环境中的活动，须坚定基本的政治立场。我们主张司法应独立于政治，并非是主张司法与政治的割裂。世界各国的司法活动都有一个共同的政治立场，就是为政治提供合法性资源。司法评价的政治立场标准就是司法制度、司法过程、司法效果等能够使政治体系更加契合与同社会达成的价值共识。②

“努力让人民群众在每一个司法案件中都感受到公平正义”是我国司法改革的着力点，这一目标就谙合了司法的政治立场：只有让“人民群众在每一起案件中都能感受到公平正义”，才能赢得人民群众对司法制度的支持，进而赢得人民群众对国家政治结构的认同。因此，这样的司法观本质上符合司法的政治立场。

就司法的政治立场而言，司法确有为政治服务的功能与义务，但与我们日常所看到的司法泛政治化的司法工具主义是截然不同的。一旦行政领导以“政治挂帅”为名干预司法时，其结果是司法公正让位于行政领导的个人意志，这在本质上同政治体系与社会间达成的价值共识背道而驰，因而违背司法基本的政治立场。

(二)政治原则

司法作为一国政治体系的一部分，就要在整个政治系统中实现自洽。司法要完美嵌入国家政治结构，就要遵守政治体系中的基本原则。就我国的基本政治结构而言，与其他国家存在差异，这就决定了我国司法的政治原则与其他国家会有所不同。

宏观层面而言，我国的司法制度应当维护我国政治框架下的宪法结构，这是我国司法制度应当遵循的基本政治原则。微观层面而言，司法工作人员以及具体案件的审判活动应当遵守相应的政治原则：司法工作者应当具有牢固的政治意识、高度的政治敏锐性、政治觉悟和政治意识，应当有牢固的政治信仰和

---

① 参见江必新：《正确认识司法与政治的关系》，载《求是》2009 年第 24 期。

② 参见江必新：《司法与政治关系之反思与重构》，载《湖南社会科学》2010 年第 2 期。

优秀的政治素质，在大是大非问题上能够坚持政治原则；落实到具体司法活动当中，牢固树立起坚持党的领导的思想意识，富有大局观念，切实承担起保障科学发展、促进社会和谐的历史使命和政治责任。正如最高人民法院院长周强在2014年工作安排中明确提出的为全面深化改革提供有力的司法保障，紧紧围绕党中央关于全面深化改革的重大部署，发挥审判职能，依法审理改革过程中发生的各类案件。这一提法就兼具司法性与政治意蕴，要求司法工作者认清政治生态，服务于社会发展，服务于党在不同历史时期所确立的根本任务和发展目标。

（三）政治效果

具体的司法活动当中应当坚持在法律框架内寻求司法的政治效果，在法律框架内回应政治，通过案件的裁判来引领政治行为和政治价值的发展方向。①一切都应当立足于司法的本身所具有审判职能，在具体的案件裁判中，运用法律思维理性进行逻辑推理过程中，适度增添政治与政策因素，合理吸纳政治影响。比如在法律框架体系内兼顾政治取向、民间情理，以纠纷的彻底解决为目标，有效运用政策填补法律漏洞抑或“创造性”地解释法律与运用法律，而非机械地照搬照用条文，在不与现行法律直接冲突的情形下审慎地把握裁量尺度等。②

当然，并非每一具体的民事、刑事或者行政案件都具有直接的政治属性或政治内容，司法或者法官所面临的案件大多数是日常生活中的琐事，就案件本身而言多数于政治大局并无关联。这并不意味着这一层面的司法就可以脱离政治，而最大的政治标准即将法治贯彻落实好。③

三、司法评价的法律标准

司法评价的法律标准以司法活动是否符合法律的规定作为评判的基准，评判司法机关所进行的司法活动是否符合法律规定。法律的外延包含三个方面：

---

① 参见杨建军：《法治国家中司法与政治的关系定位》，载《法制与社会发展》2011年第5期。

② 参见吴英姿：《司法的公共理性：超越政治理性与技艺理性》，载《中国法学》2013年第3期。

③ 参见陈金钊：《被社会效果所异化的法律效果及其克服——对两个效果统一论的反思》，载《东方法学》2012年第6期。

(1)法律制度和规则。(2)法律精神和理念。(3)一般的社会道德规则。司法评价的法律标准就包括司法公正、法官的职业化、司法参与和司法效率。

(一)司法公正

司法公正在司法评价标准中显然是能够为国家、社会、公民甚至学界达成高度共识的基准性标准——无论是国家公信力的建设还是社会权利保障意识的诉求，司法公正这一标准都是司法评价最为关注的价值标准，同时也是司法权本身的价值目标。① 从现实层面考察，公正与法律具有天然的联系，公正是法律追求的最高价值，古罗马法学家乌尔比安将法律定义为“公正的艺术”。司法作为适用法律的手段，往往以法律的名义，通过公正的程序进行公正的审判以奠定其存在的理论基石。正是在司法公正作为法院存在理由的基础之上，才能使处于纠纷之中的当事人寻求司法裁决，获得权威性裁判，司法裁判越是显示其公正性，越能使人们相信司法救济是寻求社会正义最有效和最富权威性的途径。因而，司法公正在此意义上成为了法治社会建构的最基础性的品格。②因此，在评价司法过程中，人们往往基于司法的公平正义之品格来评判其是否达到了运送正义、实现了公正的标准。

具体而言，司法公正又可划分为实体公正与程序公正，前者要求司法活动的最终结果尤其是法院的审判结果符合公平正义的精神，对诉讼当事人的实体权利和义务关系所作出的裁决或处理是公正的；后者强调司法活动中坚持正当平等的原则，整个司法活动进程对相关人员而言是公正的，在各类诉讼活动中受到的对待是平等的，所得到的权利主张的机会亦是公平的。就整个司法活动的进程而言，如果说实体公正是司法活动产生的“产品”是公正的，那么程序公正则表明生产该“产品”的过程具有正当性。③ 实体的公正是司法所追求的根本目标，而程序的公正则是实现实体公正的措施和保障，两者不可偏废，这亦是司法评价中法律标准所追求的理想状态。片面追求实体公正会使得司法活动存在漠视或践踏诉讼参与者的正当权利的风险，进而扭曲了司法公正观念；片面追求程序公正，完全忽视实体的正义，司法活动则可能异化，不仅践踏了

---

① [英]戴维·M. 沃克:《牛津法律大辞典》，李双元等译，法律出版社 2003 年版，第 613 页。

② 参见程春明:《司法权及其配置——理论语境、中英法式样及国际趋势》，中国法制出版社 2009 年版，第 198 页。

③ 参见何家弘:《司法公正论》，载《中国法学》1999 年第 2 期。

司法的公信力，亦背离了司法追求正义的价值目标。然而，作为两种不同的价值目标，能够兼具固然可喜，但在现实生活中总有存在冲突与矛盾之处，这就要求两者在价值序列中有所先后，据此以评判司法活动的公正性。

然而实体公正的模糊性与不确定性的现实缺陷决定了其不能成为评判司法公正的首要考量对象，毕竟案件事实的认定并非总是黑与白，现实的复杂性将司法案件事实的认定置于非黑非白的“模糊地带”，其认定或多或少受到主观因素的影响，司法对于案件事实的认定与还原也不可能尽善尽美地达到完全正确的境界。而程序公正不然，司法的程序性正是司法裁判免于妄断的最好的过滤器。具体而言：(1)程序具有自治性，司法程序——主要是指审判程序，其是按照对具体纠纷进行个别和事后的公正处理这一中心而布置的，双方当事人和法官都是围绕如何使法律不致误用或歪曲而展开活动，在符合正当性要求的程序当中既使得社会矛盾在浓缩、可控条件下得以解决，又将作出裁判的法官限制在理性的司法领地内。① (2)程序的可控性。程序往往不涉及权利义务的处理，仅仅就权利、义务实现的步骤、顺序和方式等作出相应的规定。它往往能够指引人们的法律行为按照一定的指向和标准在时间上延续，在空间上得以进行，人们往往可以根据程序法的规定而行为，准确预测自己行为的后果，得以为法官和当事人所操作。(3)程序具有稳定性。程序法所具有的技术性使得程序相对独立于实体。相较之庞杂而纷繁的实体法律体系，程序性规定总能保持相对的稳定性和历史延续性，“当事人双方抑或控辩双方就事实与证据进行辩论，法院居间裁判”这一模式弥久而恒新，无非是在技术层面进行合理化修正。(4)程序所固有的刚性。作为国家倡导公力救济、排斥私人救济的法律形式，程序法本身是一种刚性规则，当事人之间难以就程序法的内容进行交涉，更不能通过双方合意的形式而规避程序，其规定的条件、步骤与方式各方都应当严格遵循。② 比如诉讼程序中往往规定有上诉权，如果当事人怠于行使该项权利，错过了相应的期限，司法判决即产生相应效力，不以当事人的意志为转移。

因此，在以司法公正为标准衡量或评价司法活动，要坚持实体公正与程序公正并重，要求司法活动输送个案正义，切实起到定分止争之功效；如在实体

---

① 参见江国华：《“人民法官为人民”之法理解读》，载《人民法院报》2009 年 6 月 9 日。

② 参见万毅：《程序法与实体法关系考辨——兼论程序优先理论》，载《政法论坛》2003 年第 6 期。

公正的内涵无法揭示的情形之下，在价值选择上注重程序正义的实现，即符合法律设定的程序，也应当可以被视为是公正的，有利于纠纷的解决，至少是可以接受的正义。

（二）法官职业化

法官的职业化是指法官以行使国家审判权为专门职业，不仅具备国家公务员必须具备的基本条件，而且具备法官必须具备的独特的职业意识、职业技能、职业道德和职业地位。法官职业化程度是司法评价的指标。

法官的职业意识是指法官群体对于法官职业的意识的总和。作为法官要有区别于非法律职业群体的职业意识，也要具备区别于其他法律职业群体的职业意识。具体而言，法官的职业意识主要有：(1)法官职业的荣誉意识。法官职业的荣誉意识指法官基于对法官职业的认同而产生的荣誉感。我国台湾法学家翁岳生曾言道："法律人的尊荣在于法律人的寂寞。"这种尊荣意识就是法官职业的荣誉意识。(2)法官职业的责任意识。是指法官群体对法官职业所肩负的使命与社会责任的认识。具体而言，包括法官的中立意识、公正意识、独立意识、忠于宪法法律的意识等。

法官的职业技能是指从事法官职业所必需的法律知识和思维方式。各国的法官都有一定的准入限制，限制的内容通常都是对职业技能的限定。如我国要求法官须通过国家司法考试以满足法官职业对于法律知识的底线性要求。在职法官也会通过培训学习补充法律知识与从业技能。法官职业所必需的思维方式主要指司法活动所必需的程序意识、逻辑意识、法律概念意识等具体的思维方式。

法官的职业道德是法官在行使审判权、履行审判职能的过程中或者从事与之相关的活动时，应当遵守的行为规范的总称。我国对于法官职业道德规范可见于《法官法》等法律文件。我国《法官法》第 7 条规定：法官应当"清正廉明，忠于职守，遵守纪律，恪守职业道德"；第 9 条规定法官"应当有良好的政治、业务素质和良好的品行"。2001 年对于《法官法》的修改进一步加强了对法官职业道德的要求。此外，最高人民法院还制定了《中华人民共和国法官职业道德基本准则》、《人民法院法官袍穿着规定》、《最高人民法院、司法部关于规范法官和律师相互关系维护司法公正的若干规定》、《法官行为规范(试行)》等一系列有关法官职业道德和相应的行为规范的规定。①

---

① 参见王晨光：《法官职业化和法官职业道德建设》，载《江苏社会科学》2007 年第 1 期。

法官的职业地位包括提高法官社会地位，维护法官的职业荣誉感，建立法官员额制。法院通过法官职业化建设，建立和完善法官的职业保障体系和运行机制，全面落实法律赋予法官的职业权力和职业地位，从制度上确保法官依法独立公正行使职权，同时依法保障法官的职业收入，保护法官的人身安全和合法利益，增强法官职业的尊荣，维护国家法律尊严和司法权威。法官职业保障的内涵较为丰富，它包括法官的职业权力保障、职业地位保障、职业收入保障、职业安全保障、职业教育保障和职业监督保障等内容。

(三)司法参与

司法参与原本指司法活动的主体全面、深入地参与到司法活动来。司法的参与程度是评价司法活动的重要指标。所谓充分的参与权主要有以下四个层次；(1)相关司法活动的主体以及其他司法参与人有权进入诉讼程序，参与并合理地影响司法活动。(2)司法活动的各参与主体有权充分表达自己的意见观点、利益诉求。(3)请求权人提出自己的利益诉求后，有权得到回应。(4)人民群众有对个案或整个司法制度评价的权利，针对司法制度改革的合理建议有被采纳的权利。在进行司法评价的过程中，要将司法参与的程度纳入考察范围。

但在我国的政治语境下，司法参与又有了人民参与司法的程度这一含义，我国法律确定的"人民司法"概念，既体现了司法的民主价值，也体现了司法的公正价值。党的十八届四中全会通过的《中共中央关于全面推进依法治国若干重大问题的决定》(以下简称《决定》)要求"保障人民群众参与司法"作为"保证公正司法，提高司法公信力"的一项重要任务，不仅揭示了我国司法制度的人民属性，也指明了司法体制的改革方向和具体要求。充分保障人民群众参与司法的主要途径有：(1)健全和完善人民陪审员制度。人民陪审员制度是人民群众直接参与司法裁判的唯一渠道，要从司法民主的高度重新认识人民陪审员制度的重要性。(2)构建和完善以人民群众为主体的多元纠纷解决机制。充分发挥自行和解、人民调解、行政解纷、司法解纷等多种解决方法，充分发挥人民群众在纠纷解决上的重要功能。(3)构建以人民群众为主体的司法监督体制。除了人大监督、社会监督等以民主性监督以外，政协监督、党纪监督等其他监督方式也要充分融入民主的力量，用完善民主参与的方式拓展监督渠道。

(四)司法效率

效率，作为一种经济学观念导入司法领域，是伴随着法律对社会生活的各个方面的影响日益加深而逐步形成，特别是将效率作为法律的基本价值目标和评价标准贯彻始终的经济分析法学的兴起，使得效率原则在法律中广泛确立，提倡立法、执法和司法都要有利于社会资源的配置和社会财富的增殖，尽量减少社会成本。① 如果说公正是司法的生命，是司法评价的核心标准的话，司法效率表明的是人们对司法活动所产生的效益的追求。两者看似承载着不同的价值取向，追求了公正往往意味着花费更多的人力、物力、财力查明事实真相，尽可能的接近事实；而司法效率要求司法制度能够在最短的时间里对进入诉讼程序的纠纷给出具有终极意义的结论，一边尽可能快的恢复法律秩序。其实不然，两者存在着对立统一的关系：一方面，在某种意义上而言，司法效率是司法公正的题中之义，两者在一定程度上是相契合的，正如法谚所言："迟来的正义非正义"，任何社会纠纷的存在都意味着权力处于不确定状态的延续，意味着秩序被破坏状态的延续，也意味着社会公正处在待实现的状态。因此，纠纷的解决不仅应当是公正的，而且应当是尽可能迅捷的，效率意味着公正的实现，两者内在地具有一致性。② 比如对于那些案件事实清楚、证据确实充分、争议不大或者涉及诉讼标的金额较小的案件，可以适用简易程序，以花费较少的诉讼资源、在较短的时间内结案，不影响公平正义的实现而更进一步促成公平正义。另一方面，司法公正与司法效率的统一并不意味着可以忽视他们之间的差异性，毕竟，无论采取何种法制，司法资源都是"有限财"，不可能无限制的扩张。③ 当两者不可避免的发生冲突时，必然要作出相应的取舍，因此必须清醒地认识到司法效率只是国家出于有效维护公共秩序、节约司法资源的考虑而在保障基本公正的基础上设定的非首要性目标，对于它的选择并不能否定公正在司法价值中的核心地位。有效率的司法是理性社会所要追求的，但绝不能以用不理性的方式牺牲公正为代价。④

在厘清司法公正与司法效率的关系基础上，司法效率作为一项评价司法的标准，如何运用这一标准对司法活动进行相应的评判可以从以下几个方面展开：(1)审判组织的设置是否方便公民诉讼，这要求法院的地域分布应当在距离和习惯上便利公民接近司法，使其首先能够快速、有效地进入司法轨道，保

---

① 参见时显群：《西方经济分析法学在中国》，载《现代法学》2002年第1期。

② 参见姚莉：《司法效率：理论分析与制度构建》，载《法商研究》2006年第3期。

③ 参见林钰雄：《刑事诉讼法》(下册)，中国人民大学出版社2005年版，第197页。

④ 参见程春明：《司法权及其配置——理论语境、中英法式样及国际趋势》，中国法制出版社2009年版，第203页。

障法律赋予公民的诉讼权利能够有效行使。① (2)审判组织的运行是否便利公民参与诉讼，尽可能使公民在司法程序中的成本投入降低并高效率地行使权利。比如法院是否在审判过程中严格遵照诉讼期限的规定，缩短诉讼周期，提高司法裁判的既判力和权威性。再如是否遵照各类诉讼法的规定正确适用简易程序，进一步缩短诉讼周期，抑或是否通过替代性纠纷解决方式顺利地化解相应的矛盾。(3)审判组织的内部运作机制是否符合效率的意旨，比如审判流程是否合理化与规范化，通过规范化的审判程序提升内部运行的效率；司法活动运作中法官是否专业化，是否具有专门的知识与经验，相对固定地从事某一种类型的案件审判工作或程序工作，是否有能力在保证审判质量的同时推进诉讼进程，提升司法效率。② (4)随着科学技术迅猛发展，我们虽不能将是否运用新兴科技手段作为司法评价的标准，但不可否认的是通过运用现代科学技术是实现司法高效的重要手段。比如，建立"电子法庭"、开发相应的数据库与电子应用程序、实现无纸化办公，确保各类审判和执行案件相关受理、分案、审理、审批等程序的电子化操作，实现对案件流转各个环节进行全面跟踪管理，提高效能。③ 尤其是在十八届三中全会后，司法改革的目标是推动法院生效裁判文书的公开，必然要求司法裁判与现代网络技术紧密结合，需要司法系统能够与时俱进，将司法裁判与现行信息化技术相结合，提升司法效率。

无论是从何种层面而言，社会标准与政治标准也好、法律标准也罢，都不能将三者割裂看待。一方面，在社会转型时期，社会政治经济发展对法治需求很强烈，但社会的剧烈变化使得稳定的法律不能与变革的社会相合拍，我们既渴望按照法律标准以法治的规则去运转司法权，又得根据社会的发展去调试法治的运行规则，两者间的平衡确实难以拿捏。在这种多元化与多样化的社会背景下，法律适用不再是如西方国家田园诗画般的静态逻辑推演，而是必须加入多样化的社会价值考量，需要将法律效果与社会效果进行有机结合，强调司法活动中社会价值的考量，因此变通适用或解释法律也在所难免。④ 另一方面，中华人民共和国的成立推翻了"封建主义"与"帝国主义"两座"大山"，我国参照苏式的国家权力建构模式构筑了相应的司法权制度：司法权作为人民主权的

① 参见左卫民、朱桐辉：《谁为主体，如何正义》，载《法学》2002年第7期。

② 参见姚莉：《司法效率：理论分析与制度构建》，载《法商研究》2006年第3期。

③ 参见罗东川、黄斌：《我国司法效率改革的实践探索——立足于当前人民法院"案多人少"问题的思考》，载《法律适用》2011年第3期。

④ 参见孔祥骏：《论法律效果与社会效果的统一》，载《法律适用》2005年第1期。

一部分，由审判机关与检察机关共同行使；检察机关以行政权的运作方式分享了司法权的同时，又经常处于“当事人”地位参与诉讼过程，实质性成为“两造”中的“一造”。在这样一种权力规则下，司法不可避免地与政治挂钩，且在运作模式上趋向于行政化，虽历经数十年的改造，但依然难以在短时间内消除这一运作方式，因此，成就了当今中国特有的司法权及司法制度存在和运行的逻辑惯式。① 因此，我们在评价司法活动中，应当符合我国现行的国情与政治架构，而遵循法律评价标准是毋庸置疑，司法作为法律适用当然应当符合司法公正、司法效率等评价标准，并应以此为基础审慎地探析司法评价的社会标准与政治标准。

第五节　司法评价指标体系的建构②

司法评价指标体系的建构是司法评价科学化的直接要求。科学性意味着司法评价不仅应当谙合于评价学基本规律，同时亦需充分考察司法与市场经济和社会生活之间的协同关系，满足社会发展的需要。此时，科学的评价方法将有利于提升司法评价的科学性。评价指标体系是管理科学的重要研究成果，作为对客体进行精准的量化分析的工具，其在司法评价中的应用将有利于提升司法评价的精准度，确保评价的科学性与规范性。司法评价指标体系可以根据评价对象的针对性的不同分别建构，如司法公正指标体系、司法文明指标体系、司法改革评价指标体系等。

一、司法评价指标体系之意涵

所谓评价，一般系指特定主体依一定的规则或标准对客体之构造、属性、功能等方面进行判断、分析并生成结论的活动。评价活动首先是一项主观活动，其本质上是人的主观思维进行运作的过程；与此同时，评价活动还是一项客观活动，其客观性表现为评价是主体认识客体的过程，评价所依据的规则和标准具有一定的客观性。司法评价指标体系就是司法评价赖以开展和维系评价客观性的保障，是覆盖评价客体之全部属性的评价指标以一定的逻辑方式所形

① 参见程春明：《司法权及其配置——理论语境、中英法式样及国际趋势》，中国法制出版社2009年版，第252页。

② 本节的部分内容可参见江国华、周海源：《司法体制改革评价指标体系的构建》，载《检察官学院学报》2015年第2期。

成的集合体。

（一）评价指标

评价指标是对客观事物进行量化分析的手段，是绩效评估制度发展的结果。在绩效评估制度的基础上，人们为准确测评客体之实际绩效，即需要依一定的规则对测评客体进行量化分析。换言之，评价指标是以细化和量化评价客体为基础的。① 不同的评价指标指向于评价客体的不同面向，从而实现对评价客体之整体状况的全方位评定。评价指标具有以下内涵：

其一，评价指标是一种量化分析的工具。作为一项科学活动，司法评价不仅需要对司法活动的过程与结果进行“定性”分析，同时需要对其进行量化分析。在定性的基础上进行量化分析，司法活动基本状况才能够得以准确界定。评价指标是作为一项量化分析工作而存在的。就评价指标的构造而言，评价指标由评价客体、评价理由与等级等内容构成，这些内容指向于评价客体的不同面向，并将评价客体某一方面的属性赋予一定的分值和评定事由，从而使评价主体能够客观评价该属性之优劣。从这个角度而言，评价指标即是一种量化分析的工具。

其二，评价指标是评价活动之开展所依托的规则。评价活动本身是一项科学活动，这种活动的目的在于评价客观事物的状况。而科学活动的开展，当然需要依据科学的方法和规则体系，这样才能防止人的主观倾向对科学活动造成不当影响。换言之，规则的客观性将有利于抑制人的主观思维的随意性，确保人的主观思维能够准确认识客观事物。司法评价活动作为一项科学活动，这项活动的开展，需要依赖一定的规则和工具以确保评价结果的客观性。而评价指标正是这样一种规则，评价指标设定司法评价的客体、考虑因素、计量尺度等，其目的即在于确保评价结果能够真实反映司法过程与结果的真实情况。为此，评价指标是作为评价活动规则存在的。

其三，评价指标需针对评价客体之不同构成部分而建构。在客观世界中，事物具有不同的构成部分，每一部分都有可能影响事物效能的发挥。为此，在对评价客体进行评价时，需要对其进行解构进而了解评价客体各方面的属性，在此基础上针对其不同的属性设置相应的评价标准体系。从这个角度而言，评价指标即需要针对客体之不同的构成部分进行建构。更为重要的是，评价客体

① 参见陈海燕、张庆旭：《社会主义法治评价指标量化研究》，载《科学社会主义》2009 年第 4 期。

各构成因素对评价目的的影响力可能是不同的，为此，评价指标的建构，则需要在对各构成因素进行分类的基础上，划定每一因素对整体功能发挥所起的作用，据此确定该指标的权重。

(二)评价指标体系

司法评价指标体系建立在司法评价指标的基础之上，是司法评价指标的集合。当然，司法评价指标体系需要按一定的逻辑集合到一起，其才可能对评价客体进行全面评定，这样的集合也才能成其为“体系”。为此，评价指标之意涵可以作如下解读：

其一，集合性。评价指标体系的集合性，是指评价指标体系由评价指标集合而成。单个的评价指标只能指向于评价客体某一方面的属性，不能对评价客体之全貌进行准确分析。为全面反映评价客体之整体状况，我们即需要按一定逻辑针对评价客体构成要素设定相应的评价指标，这些指标的集合即是评价指标体系。也就是说，评价指标体系是评价指标的集合。

其二，逻辑性。如上所述，评价指标体系是评价指标的集合。当然，评价指标的集合并不是无逻辑的，否则集合起来的评价指标将是杂乱无序的，不能成其为“体系”。评价指标体系具有逻辑性，这种逻辑性即表现为，评价指标体系需要采用一定的分类方法将评价客体之多方面构造进行分类，然后针对每一构成因素设定相应的评价指标。评价指标体系的逻辑性即表现为其分类方法的逻辑性，即分类方法需要科学划定评价客体的各方面构造，并对这些构成要素有逻辑地予以排列。

其三，周延性。所谓周延性，即是指评价指标体系应当涵盖评价客体的各方面属性。评价指标体系具有多种构成要素，各要素对其效能的发挥具有不同程度的影响。司法活动由司法主体、司法过程、司法价值、裁判结果等方面构成，这些构成要素之状况如何，直接影响到司法的目的能否实现。因而，司法评价指标体系即应当全面涵盖以上所有构成要素，只有这样，该体系才不会存在漏洞，采用这套评价指标体系进行评价生成的结果也才是全面的。当然，评价指标体系需要考虑的属性仅是与评价目的相关的要素，该要素应当与评价目标的实现具有实质性联系。评价指标体系具有周延性，指的是评价指标体系能够全面覆盖这些具有实质性联系的要素，同时需要将不相关的要素排除在外，避免其影响评价结果的科学性。

二、司法评价指标体系的设计逻辑

司法评价一般是针对特定的运行事项或是否符合特定的司法价值而作的评价，对整个“司法”进行评价是一个模糊而又浩大的工程，一般难以完成。因此，各类司法评价指标体系之间存在一定差异性。但同时，这些司法评价指标体系的评价客体都是司法运行过程及其结果，所以指标体系的建构均须参照司法原则并遵守基本的评价原则，从而能够从中得出共性的设计逻辑。

(一)以司法价值为依托

如果说成文法是当代人类理性之结晶，法律内含的价值体系就是历史经验的精华。司法改革不仅是当代的，还应当是历史的，司法机制的建构与运行应当对从历史中走来的司法价值保持高度的尊重。这是因为，相对于社会发展而言，司法本来就应当是相对保守的，其需要确保社会发展保持在原有的规则体系范围之内，避免社会过快发展而偏离历史的既有轨道。同样道理，司法体制的运行，不仅应当是合法的，更需要以司法价值为依托。司法活动的开展，首先需要提炼司法体制的基本价值，将司法价值作为司法制度的凝合剂，围绕司法价值建构层次分明的司法制度体系。因此，考察司法的相关内容，不仅需要放在“当前”之社会环境中加以考量，还应当将其置于历史的长廊中加以评价。其评价的依据，即是评价体系中的价值指标。

(二)硬指标与软指标结合

司法从来都不是在真空中运行，其是社会文明高度发展的产物，需要在一定的文化环境中运行。社会文明程度对司法之影响则主要通过司法人员实现，文化内化为司法人员的伦理观念与行为准则从而影响司法权的运行。换言之，司法活动最终由司法人员实施，司法人员的伦理观念与行为准则时刻影响着司法人员对事实的认定和案情的考量，“价值判断和利益博弈会渗透到事实认定的全过程，文化认识成为事实与法律之间的联系纽带”①，影响到司法权运作的结果。司法文明正是通过文明的司法活动而得以生成。法治建设需汲取中华法律文化精华。这表明，司法活动同时需放置于“文化”语境下进行考量。为此，评价指标体系中不仅需要设置价值指标、制度指标等“硬指标”，更需要对司法权运行的生态环境进行总体评价，这种评价即可通过“软指标”即文化

① 季金华：《司法权威的文化建构机理》，载《法律科学》2013 年第 6 期。

指标的设置而实现。

（三）过程评估与效果评估并重

司法法治不仅需要促使司法体制趋向于理想，理想的司法体制落实到社会生活中还应当能够产生良好的社会效应。具体而言，司法既是法律的，也是生活的，司法的过程，不仅是法律的，也是社会的，司法活动的展开必然会对社会生活形成各种各样的影响。“司法活动如不考虑到法律对社会所产生的效果和作用，那么就可能背离或偏离法律的目的，就会迷失方向。”①既然司法的过程需在法律的限度内追求社会效益的最大化，社会效益即应当成为司法评价过程中予以考虑的因素。为此，效果指标当构成司法评价指标体系之组成部分，价值指标、制度指标和文化指标用以检验司法活动于规则维度的合法性，效果指标则指向司法结果的合目的性。

三、司法评价指标体系之设置

评价指标体系的建构首先需要对评价客体进行解析，将所欲评价的对象的不同构成要素进行分类并设置相应的评价指标，在此基础上设置评价指标之权重、分值和评定事由，指标体系即得以建构完毕。

（一）评价客体解构

评价指标的建构首先需要确立评价的客体。评价活动作为一种有目的的社会活动，这种社会活动的开展，必然需要针对特定的客体作出。只有在确保客体的唯一性的基础上，评价的结果才是有意义的。换言之，不同评价客体应当适用不同的评价标准，同一类评价客体适用一套评价标准，评价的结果才具有可参考性。当然，在客体世界中，评价客体具有复杂性的特征，其是由多种要素构成的，不同要素具有不同属性。评价活动的开展，需要对其各个方面的属性进行综合评定。为此，评价指标的构造还需要对评价客体之要素进行解构，针对各要素确立相应的评价理由和等级。

（二）评价指标设置

一般的司法活动的评价维度有一定差异，评价指标的设置也存在不同，需要根据具体的评价客体进行相应的评价指标设置。如司法体制改革评价指标体

① 江必新：《在法律之内寻求社会效果》，载《中国法学》2009年第3期。

系可以从四个维度去进行指标设置：价值、制度、文化和效果，构成该指标体系的一级指标。一级指标之下，又可设置十个左右的二级指标。具体而言，价值指标下可以设置公平指标、效率指标；制度指标下可以设置司法权配置指标、司法关系指标和司法程序指标三项二级指标；文化指标下可以设司法理念、司法礼仪等二级指标；效果指标下设个案正义指标、司法效能指标、司法权威指标三个二级指标。二级指标下可继续下设三级指标，依次类推。

再如司法文明指数项目数涉及的司法文明指标体系，设置了四个领域、十个一级指标、五十个二级指标和九十七个赋值问卷。四个领域分别是司法制度、司法运作、司法主体、司法文化，十个一级指标包括：司法相关权力、当事人的诉讼权利、民事司法程序、刑事司法程序、行政司法程序、证据制度、职业伦理和腐败遏制、司法公开与司法公信力、法律职业人员的职业化及其保障、司法文化。

(三)权重、赋值和评定事由设置

评价客体具有复杂性的特征，其具有不同的面向，每个面向对客体效能的发挥具有不同的影响。由于评价客体各方面的属性对客体整体效能之发挥的影响可能是不同的，在对该客体进行评价时，各种属性对评价结果的影响也应当是不同的。为此，指标体系中还需要按客体各部分构造的重要程度设置其权重。“权重是指标本身的物理属性的客观反映，是主客观综合量度的结果”①，“如果不加权，实际上给了一种均等权数，而各个指标的重要性是不一样的，权数均等不能反映司法的实际。”②基于此，较为重要的构成部分，其权重比就应较大；反之则较小。就司法评价指标体系而言，该体系由一系列一级指标和二级指标，如这些二级指标在评价客体中占有同等重要性，这些二级指标所占权重一样，均为相同的百分比。

在分配权重的基础上，评价指标还需要确定各指标的分值。为计算的方便，评价指标体系采用百分制，每个二级指标的分值为一百分。在评价的过程中，评价者依各个指标进行估值，将按指标评价后所得的分数乘以其权重再求和，最终得出测评总分。

在赋值的基础上，评价指标体系还应当设定估值所依据的事由。例如，在

---

① 常建娥、蒋太立：《层次分析法确定权重的研究》，载《武汉理工大学学报》(信息与管理工程版)2007 年第 1 期。

② 江必新：《司法绩效综合评价的实践与思考》，载《中国审判》2006 年第 6 期。

司法改革评价体系中，评价指标中“司法平等”这个三级指标的分值为三十四分，评价主体在为改革活动评分时，首先需要对“何为司法平等”有足够的了解，通过将此状态与改革活动进行对照才能判定改革活动是否符合司法平等的价值，从而才能为改革活动评分。为此，评价指标体系中还需对司法平等状态进行描述以供评价主体进行评分时予以参考，此种描述即是评价指标体系中的评定事由。在解构评价客体、确定评价指标和设置权重、分值、评定事由的基础上，将以上因素予以组合即可形成相应的司法评价指标体系。